D1669352

Birte Rogacki-Thiemann

»Einen ganz gewaltigen Eindruck macht der eigentliche Kuppelsaal…

Hochauf ragen die mächtigen Säulen [...]. Über dem Saale wölbt sich die auf den Säulen ruhende riesenhafte Kuppel [...]. Das ist ein geradezu grandioser Anblick!«[1] Mit dieser Beschreibung illustrierte Christian Sprengemann den Kuppelsaal der neuen Stadthalle in Hannover, die im Juni 1914 eingeweiht wurde. Die mächtigen Säulen und die große Wölbung der Kuppel sind heute von innen nur noch bedingt erlebbar, was den Kuppelsaal in den hundert Jahren seines Bestehens vom großartigsten Raum der Stadt Hannover zu einem heute eher unscheinbaren Saal, der von der Öffentlichkeit auch nur noch am Rande wahrgenommen wird, hat herabsinken lassen. Diese Tendenz begann in der Nachkriegszeit, das Vergessen hat jedoch jetzt, nach 100 Jahren, fast schon erschreckende Ausmaße angenommen, ist doch der Kuppelsaal mittlerweile in zahlreichen Kunst- und Reiseführern zu Hannover[2] ebenso wenig erwähnt wie auf der Homepage der Tourismusregion Hannover.[3] Das ist umso bedauerlicher da der Kuppelsaal, das Herzstück der Stadthalle, ursprünglich ein Raum voller Superlative war und als solcher auch empfunden wurde. Wie kam es dazu, dass »ein [damals] grandioser Anblick« heute fast ignoriert wird?

Vorgeschichte

Bereits am Ende des 19. Jahrhunderts war in Hannover – wie zeitgleich in vielen deutschen Städten[4] – der Wunsch nach einer multifunktionalen und zugleich repräsentativen Stadthalle aufgekommen, hier insbesondere verbunden mit der Forderung nach einem großen Konzertsaal. Nachdem die Standortfrage im ersten Jahrzehnt des 20. Jahrhunderts schließlich zugunsten der damals noch gänzlich unbebauten Kleinen Bult entschieden worden war,[5] schrieb man 1910 einen Architektenwettbewerb aus.[6] Gefordert war der Entwurf einer multifunktionalen Halle, die Musikaufführungen, Kongresse, Versammlungen und festliche Veranstaltungen aufnehmen und hierfür einen zentralen Saal mit etwa 3500 Sitzplätzen und einem ansteigenden Podium für 80 bis 120 Musiker und 400 bis 600 Sänger bieten sollte.[7] Als Sieger des Wettbewerbs wurden die damals noch jungen Architekten Paul Michel Bonatz (1877–1956) und Friedrich Eugen Scholer (1874–1949), die in Stuttgart gemeinsam ein Architekturbüro betrieben, gekürt. Ihr Wettbewerbsentwurf mit dem Titel »Rundbau« war v.a. charak-

1   Christian SPENGEMANN: Die neue Stadthalle in Hannover. In: Illustrirte Zeitung. Leipzig 18.6.1914.
2   Merian Hannover, München 2012; Knut DIERS: Hannover. Merian live. München 2012; Cornelia KUHNERT: 111 Ort in Hannover, die man gesehen haben muss. Köln 2013; u.a.
3   Stand Juni 2014: www.tourismusregion-hannover.de.
4   Anke WIECK: Die Stadthalle. Eine Bauaufgabe im Deutschland der Jahrhundertwende. Dissertation. Kiel 1998, S. 22ff.
5   Doris APELL-KÖLMEL: Die Stadthalle Hannover – Ein Bau von Paul Bonatz und Friedrich Eugen Scholer in seinen architektur- und stadtgeschichtlichen Zusammenhängen. Hannover 1989, S. 63f.
6   Die Wettbewerbsunterlagen befinden sich zu großen Teilen im hannoverschen Stadtarchiv; StadtAH, Magazin.
7   Zum Vergleich: Die hamburgische Elbphilharmonie, die bis 2015 fertiggestellt sein soll, wird etwa 2000 Personen Platz bieten.

Abb. 1: Wettbewerbsentwurf »Rundbau«, Paul Bonatz/Friedrich Eugen Scholer 1910 (StadtAH, Magazin)

terisiert durch den zentralen Kuppelsaal, der die geforderten 3500 Konzertbesucher aufnehmen sollte (Abb. 1).

Angelehnt hatten sich Bonatz und Scholer bei ihrem Entwurf an das römische Pantheon[8] und wie bei diesem sollte auch der Zentralbau der Stadthalle im Innern eine Kugel umschreiben: Der Durchmesser der Kugel war somit zugleich die Höhe als auch die Breite des Kuppelsaals. Der äußere Baukörper war geprägt von der zylindrischen Grundform, an die sich ein Ringpultdach, ein mit Rundbogennischen geschmücktes Tambour, ein zweites Ringpultdach und darüber die riesige, mit Kupferblech gedeckte Kuppel anschloss (Abb. 2). Begonnen wurde mit dem Bau im Februar 1912.

Der Kuppelsaal 1914

Aus den zeitgenössischen Beschreibungen spricht die Bewunderung für die Superlative des großartigen Hauptraumes der Stadthalle Hannover. So heißt es im zur Eröffnung veröffentlichten »Festbuch«: Der Kuppelsaal »hat zwischen den Säulen gemessen einen Durchmesser von 42 ½ Metern und das gleiche Maß als lichte Höhe. An den Säulenkranz schließt sich eine ringsum laufende Galerie von 9 Metern Tiefe an, die nochmals durch 5 Meter tiefe logenartige Nischen erweitert wird. Der größte lichte Durchmesser beträgt demnach 70 ½ Meter. In der Höhe von 5 Metern über dem Saalfußboden ragt ein 5 Meter tiefer Balkon in das Saalinnere hinein; er hat fünf im Verhältnis von 40 zu 85 Zentimetern ansteigende Sitzreihen. In gleichem Verhältnis steigen von den Säulen gegen die Peripherie hin 14 weitere Sitzreihen an, so daß sich die Gesamtanlage vom Balkon an aufwärts als Amphitheater darstellt. Dieses kann durch einen entfernbaren Einbau bis zum Saalfußboden hinunter verlängert werden. Der Einbau enthält nochmals acht Sitzstufen, von denen die drei oberen als Logen ausgebildet sind.

---

8   Gebaut als Tempel im 2. Jh., Umwidmung zur christlichen Kirche im Jahre 609.

Abb. 2: Die hannoversche Stadthalle im Bau 1913 (Niedersächsisches Landesamt für Denkmalpflege, IFDN 890)

Das ganze Amphitheater hat demnach 27 Stufen mit einer Gesamthöhe von 12 Metern und einer Ringtiefe von 25 Metern. Im Innern bleibt noch ein ebener Kreis von 20 Metern Durchmesser frei, der bei dramatischen Vorführungen als Orchestra oder aber mit leicht ansteigendem entfernbaren Boden als Parkett für weitere Zuschauerplätze verwendet werden kann. [...] Die in den Saalkern fallenden Plätze, die in ähnlicher Weise ansteigen wie die der Musiker und Sänger, sind entfernbar.«[9]

Und auch die Innenarchitektur beeindruckte von Anfang an. Das festliche Ambiente des Kuppelsaals (Abb. 3) wurde bestimmt von vorwiegend weißen Elementen (Säulen, Kassettendecke, Grundfarbe der Wände), die kombiniert wurden mit farblich akzentuierten Details wie dem schwarz polierten Holz und den mattroten Bezügen der Sitzplätze, den violetten Vorhängen zur Verkleinerung des Auditoriums und einem Zyklus von Wandstuckaturen (Abb. 3

Abb. 3: Der Kuppelsaal um 1914 mit Blick auf Stuckaturen und Kuppel (StadtAH, Magazin)

9   N.N.: Festbuch zur Einweihung der Stadthalle in Hannover am 10., 11. und 12. Juni 1914. Hannover 1914, S. 29f.

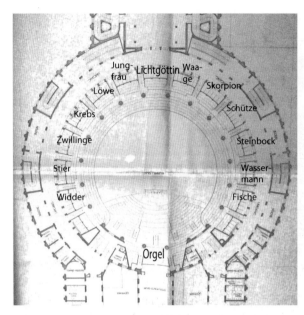

Abb. 4: Rekonstruktion der Lage der Tierkreiszeichen im Kuppelsaal 1914 auf Grundlage des Grundrissplans (1. OG) von 1914 (StadtAH, Magazin)

und 4). Für die künstlerische Ausgestaltung des Kuppelsaals waren die dem Stuttgarter Umfeld der Architekten entstammenden Bildhauer Widmann und Neumeister sowie der Kunst- und Monumentalmaler Wilhelm Köppen (1876–1917) zuständig: »Von Neumeister rühren die Stukkaturen her, die Kassetten, die Profilierung des Hauptgesimses und die schönen, von fern an ägyptische Bekrönungen gemahnenden Kapitelle der Säulen [Abb. 3 und 5], die leicht und frei die Kuppel tragen, und zwischen deren weitgemessenen Abständen ansteigende Sitzreihen des Umgangs und in den Wänden der Rundung Logen sichtbar werden. Über den Logenöffnungen hat Widmann in feinem flachen Relief die Monatszeichen [Abb. 3, 4 und 5] angebracht: Unter einem flachen Giebel, der dekoratives Motiv und Logenöffnung zusammenschließt, steht das Tierkreiszeichen, frei, aber doch mit der Notwendigkeit gerade an diesem Platze; die daruntergesetzte Schrift gibt den waagerechten Abschluß nach unten. Dem Rednerpulte gegenüber ragt an Stelle einer Logenöffnung eine geschlossene Wand. Hier hat Köppen unter einem Giebel [...] die monumentale Gestalt der ›Lichtgöttin‹ [Abb. 5] in flachem Stuckrelief eingefügt [...].«[10]

Über die erhaltenen Innenraumaufnahmen des alten Kuppelsaales lassen sich die einzelnen Darstellungen in ihrer Lage rekonstruieren (Abb. 4): Im Norden befand sich die Köppensche Lichtgöttin (Abb. 5), daneben schlossen sich nach Westen die von Widmann geschaffenen Tierkreiszeichen von Jungfrau, Löwe, Krebs, Zwillinge, Stier und Widder an, und nach Osten folgten von der Lichtgöttin aus gezählt Waage, Skorpion, Schütze, Steinbock, Wassermann und Fische.

Im Süden (Abb. 4, 6) wurde Ende 1914 eine Furtwängler & Hammer Orgel eingebaut,[11] die Orgelnische war umschlossen von zwei über den Kuppelsaal belichteten Treppenhäusern.

Bis 1945 wurde der Kuppelsaal zu vielfältigen Veranstaltungen genutzt. Hierzu gehörten zahlreiche große Konzerte ebenso wie Sportveranstaltungen, Feiern und Versammlun-

---

10   Hans HILDEBRANDT: Innenräume der Stadthalle zu Hannover. In: Moderne Bauformen 14/1915, S. 29.
11   StadtAH, HR 10 Nr. 474. Vgl. auch: N.N.: Die große Konzertorgel in der Stadthalle zu Hannover. In: Zeitschrift für Instrumentenbau H. 8/9, Dezember 1916, S. 1ff.

Abb. 5: Die Nordseite des Kuppelsaals mit der zentralen Lichtgöttin 1914 (Die Stadthalle in Hannover. In: Der Baumeister, August 1914, S. 119)

gen.[12] Ein Kernproblem des großartigen Raumes war von Anfang an die überaus schwierige Akustik, die durch zahlreiche Maßnahmen nachträglich verbessert werden sollte, leider ohne durchschlagenden Erfolg.[13]

Die Zerstörung des Kuppelsaals

Die erhaltenen »Anträge auf Entschädigung entgangener Nutzungen infolge eines Kriegsschadens« inklusive einer »Schadensaufstellung«[14] beziffern 1946 die am 9. Oktober 1943 und am 25. und 28. März 1945 erlittenen Schäden für den Kuppelsaal mit 90 % und die wenigen erhaltenen Fotos aus der Zeit unmittelbar nach Kriegsende scheinen dies zu belegen (Abb. 7). Aufgrund der Bestimmung der Lage der Tierkreiszeichen (Abb. 4) ist es heute möglich, die tatsächlichen Schäden besser zu verorten und gleichzeitig festzustellen – oder zumindest vorsichtig anzudeuten – dass natürlich vieles zerstört, erstaunlich mannigfache Details aber auch erhalten waren.

---

12   StadtAH, HR 10 Nr. 475 (Veranstaltungen der Stadthallendirektion), HR 10 Nr. 476 (Akten betreffend die Veranstaltung von Konzerten pp. in den Sälen der Stadthalle, insbesondere Verhandlungen mit der Konzert-Direktion Arthur »Bernstein« u.a.), HR 10 Nr. 479 (Akten betreffend die Vermietung von Räumen), HR 10 Nr. 503 (Stadthallen-Direktion), HR 10 Nr. 513 (Presse).

13   Vgl. hierzu Birte ROGACKI-THIEMANN: Die hannoversche Stadthalle im Wiederaufbau. Der Kuppelsaal und eine Historie seiner Akustik. In: Hannoversche Geschichtsblätter, N. F. 64 (2010), S. 171–182.

14   StadtAH, HR 10 Nr. 532.

Abb. 6: Die Südseite des Kuppelsaal um 1920 (Hannover – Die Stadthalle, 12 der schönsten Ansichten in Postkartenform, Kassel o.J., Nr. 5)

Abb. 7: Der (teil-)zerstörte Kuppelsaal 1945/46 (Landeshauptstadt Hannover, Geoinformation 020)

Relativ groß waren die Schäden im Bereich der Kassettendecke in der Kuppel (Abb. 7 und 8), ansonsten lassen sich im Wesentlichen nur zwei größere Zerstörungen feststellen; es handelt sich dabei um den Bereich um die Tierkreiszeichen des Aries (Widder) und des Taurus (Stier) im Südwesten des Kuppelsaales und damit westlich der Orgelnische und – in etwas kleinerem Ausmaße – um den Bereich der Nische, die mit dem Tierkreiszeichen des Leo (Löwe) geschmückt war, das sich im Nordwesten des Kuppelsaales befand (Abb.8). Weitere Schäden sind nicht dokumentiert, sie lassen sich aber auch weder auf Außenaufnahmen der

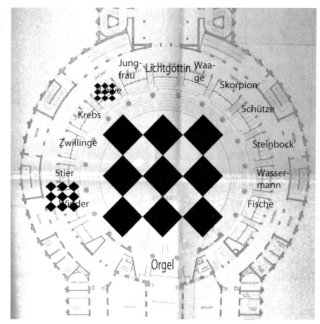

Abb. 8: Nachträgliche Bestandsaufnahme der Kriegsschäden (Birte Rogacki-Thiemann auf Grundlage des Grundrissplans (1. OG) von 1914; StadtAH, Magazin)

40er und 50er Jahre noch im heutigen Bestand tatsächlich feststellen. Auf allen Nachkriegsfotos sowie auf Innenraumaufnahmen der 50er Jahre sind zahlreiche Ausstattungsdetails wie die Wandstuckaturen nach wie vor erkennbar.

Der Wiederaufbau – Teil 1 (1947–1954)

Noch vor der Wiedereindeckung des Kuppelsaals bezog der Niedersächsische Landtag im Mai 1947 Räume des Seitenflügels der Stadthalle an der Clausewitzstraße.[15] Dies war vermutlich der Anlass zur erneuten Überprüfung der Standsicherheit des Kuppelsaals, die letztendlich dazu führte, dass im Juli 1947 »der etwa 80 cm hohe und 40 cm starke Betonkranz [der ehemaligen Kuppel] von einer Baufirma entfernt«[16] wurde und alle »nach Ansicht des Bauaufsichtsamtes gefährdeten Bauteile der Stadthalle […] abgetragen.«[17] Eine »Körperliche Bestandsaufnahme auf Grund Art. IX des Gesetztes Nr. 64 vom 22.6.48«[18] bezeichnet mit »Stichtag 19.6.1948« den »Kuppelsaal [als] stark beschädigt, unbenutzbar.«

Nur wenige Wochen danach, am 1. August 1948, wurde in Hannover der 38-jährige Rudolf Hillebrecht zum neuen Stadtbaurat gewählt,[19] der die Aufbaupläne der gesamten

---

15 N.N.: 1914–1989, 75 Jahre von der Stadthalle zum Congress-Centrum, Hannover 1989, S. 7. Die erste Sitzung fand am 13.05.1947 statt.
16 StadtAH, HR 13 Nr. 196, Aktenvermerk, 16.11.1946.
17 StadtAH, HR 13 Nr. 196, 12.07.1947.
18 StadtAH, HR 10 Nr. 472, 15.07.1948.
19 P. Paul ZALEWSKI: Rudolf Hillebrecht und der autogerechte Wiederaufbau Hannovers nach 1945. In: Rita SEIDEL (Hrsg.): Universität Hannover 1831–2006, Bd. 1. Hildesheim 2006, S. 88.

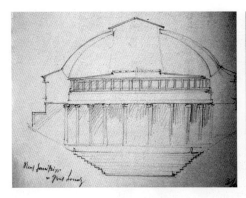

Abb. 9a und b: Zwei Skizzen, Paul Bonatz 1948 (StadtAH, Handakten Hillebrecht Nr. 1162, 03.10.1948)

Stadt und damit auch der Stadthalle in die Hand nahm.[20] Hillebrecht hatte durch breit gefächerte Tätigkeiten[21] bereits zahlreiche persönliche Kontakte zu Architekten und Planern im In- und Ausland und nutzte diese Kontakte in seiner 27-jährigen Amtszeit in Hannover immer wieder sehr effektiv.[22] Am 23. September 1948 erreichte ihn ein Brief des inzwischen 71-jährigen und seit 1943 in der Türkei lebenden Paul Bonatz,[23] der ihm – als Architekt von Stadthalle und Kuppelsaal – seine Hilfe beim Wiederaufbau derselben anbot. Hillebrecht zögerte nicht lange und schickte seinen Mitarbeiter im Amt, Hans Bettex,[24] zu einem persönlichen Gespräch mit Bonatz bezüglich der Möglichkeiten, die dieser für den Kuppelsaal sah. Bettex berichtete an Hillebrecht: »Die Wiederherstellung der Stadthalle interessiert [Bonatz] sehr. Wenn auch an der äußeren Gestalt des Baues nichts zu ändern ist, glaubt er bestimmt, daß er dem Innenraum zugleich mit einer einwandfreien Akustik ein ganz neues architektonisches Gesicht geben kann.«[25]

Bonatz händigte Bettex auch zwei erste Skizzen für Ideen zum Wiederaufbau des Kuppelsaales aus (Abb. 9a und b), die Bettex Hillebrecht gegenüber wie folgt erläuterte: »Bonatz denkt sich über dem Gesims der jetzt vorhandenen runden Säulen noch ein Stück senkrechter Wand (etwa in der Höhe der untersten Kassettenreihe) die eine reiche Gliederung in Stuck haben könnte. Darüber eine nicht ganz horizontale, sondern nach innen etwas ansteigende Decke, die, möglichst leicht konstruiert, im Fuß der eisernen Kuppelkonstruktion verankert werden könnte, so daß eine Aufhängung am Druckring der Kuppel nur noch zusätzlich nötig wäre und die Kuppel dadurch nicht wesentlich belastet würde. Die Lichtöffnung in der Mitte nicht mit Glas, sondern durch ein leichtes Gitter geschlossen, das allerdings auch als akustischer Abschluß des Raumes wirken müßte. Den vorhandenen Säulen möchte Bonatz die korinthischen Kapitäle nehmen und sie durch ganz flache, dünn profilierte ›toskanische‹ ersetzen, die Säulenschäfte evtl. polygonal (12-eckig) ausbilden, um die Höhe und Schlankheit möglichst zu steigern. Im Übrigen das Detail durch Wegnehmen

20 Rudolf Hillebrecht, 1910–1999, Architekt, Stadtplaner, Stadtbaurat in Hannover 1948–1975.
21 Er hatte in Hannover und Berlin studiert und zunächst bei Adolf Falke in Hannover gearbeitet, war dann in Berlin bei Walter Gropius tätig und wurde 1934 Regierungsbauführer in Hamburg. Während der NS-Zeit arbeitete er in Hamburg als Büroleiter von Konstanty Gutschow und war auch im Wiederaufbaustab von Albert Speer beschäftigt. Vgl. hierzu De Gruyter: Allgemeines Künstlerlexikon – Internationale Künstlerdatenbank – Online: Birte Rogacki-Thiemann: Rudolf Hillebrecht.
22 Der umfangreiche Aktenbestand aus dem Büro Hillebrecht befindet sich im StadtAH, Handakten Hillebrecht.
23 StadtAH, Handakten Hillebrecht Nr. 1162, Bonatz an Hillebrecht, 23.08.1948.
24 Hans Bettex, 1899–1963, Architekt, in Diensten der Stadt Hannover.
25 StadtAH, Handakten Hillebrecht Nr. 1162, Bettex an Hillebrecht, 03.10.1948.

Abb. 10: Bühnenraum 1953 (Hannover Congress Centrum, Archiv)

und Ergänzen ganz neu gestalten, so daß sich dem erstaunten Hannoveraner in der von außen ›alten‹ Stadthalle innen ein völlig neuer Raum mit guter Akustik darbieten würde.«[26]

Bonatz begriff damit die erfolgte Zerstörung als Chance, einerseits dem Kuppelsaal eine neue, verbesserte Akustik zu verschaffen, und andererseits auch eine neue Gestaltung zu realisieren und nahezu 40 Jahre nach dem ersten Entwurf nun einen moderneren, purifizierten vorzulegen. Den großen Kuppelraum bis in die Kuppel von innen sichtbar zu belassen, scheint er schon zu diesem frühen Zeitpunkt (fast) aufgegeben zu haben. Man erkennt stattdessen eine fast flache, leicht zur Mitte ansteigende (Holz?-) Decke (Abb. 9a), die in zahlreichen Varianten und auch durch Zufügung von ersten Schalldeckeln über dem Podium von Bonatz bis zu seinem Tod im Jahre 1956 in vielen Entwürfen durchprobiert und mit Hillebrecht sowie verschiedenen Akustikern und weiteren Fachleuten diskutiert wurde.[27]

Geld war bis 1950 zunächst nur für den äußeren Wiederaufbau der Kuppel aufzutreiben. Bis zur Ersten Bundesgartenschau der Bundesrepublik Deutschland im Jahr 1951 in Hannover wurde die Kuppel der Stadthalle zunächst notdürftig wieder geschlossen, 1953 folgte dann eine Sanierung[28] in durch Bonatz leicht veränderter Kubatur mit einem erhöhten Tambour und dadurch flacher geneigtem darüber liegendem Ringpultdach.[29]

Das Innere wurde zu diesem Zeitpunkt provisorisch wieder hergerichtet (Abb. 10). Auf den wenigen erhaltenen Aufnahmen aus dieser Zeit erkennt man noch deutlich die

26 Ebd.
27 StadtAH, Handakten Hillebrecht Nr. 1162 sowie Magazin. Vgl. auch Rogacki-Thiemann 2010.
28 StadtAH, HR 13 Nr. 196.
29 Vgl. Rogacki-Thiemann 2010, S. 177.

Überreste der ursprünglichen Wandgestaltung, während die alten Säulenkapitelle nach 1953 – den Wünschen und Forderungen Bonatz' entsprechend – bereits abgeschlagen und sehr minimiert und vereinfacht erneuert worden waren, die Basen waren entfernt und die Säulensockel standen roh und in ursprünglicher Quaderform da.

Den Archivalien ist zu entnehmen, dass die Großveranstaltungen der 50er Jahre eher in der wieder aufgebauten Niedersachsenhalle denn im Kuppelsaal stattfanden. Das alte hannoversche Problem – der feierliche und genügend große, akustisch einwandfreie Konzertsaal war erneut zu einem Manko geworden: »Die deutschen Zeitungen verkünden gegenwärtig, dass Hannover die größte Messe seit 1947 aufzuweisen habe. Aber – keinen Konzertsaal! Das mag zwar in den Augen der Wirtschaftler kein Messeartikel sein, es hat sich jedoch in den letzten Tagen gezeigt, daß die Teilnahme der Messebesucher an wertvollen kulturellen Veranstaltungen sehr rege ist. Wir können daher nur von neuem das oft variierte Thema anschlagen: Wann wird der unentbehrlich gewordene Konzertsaal der niedersächsischen Hauptstadt gebaut?«[30]

Der Wiederaufbau – Teil 2 (1961–1964)

Erst Anfang der 60er Jahre wurde die Gesamtsanierung des Stadthallenensembles in Angriff genommen. »Der bevorstehende Auszug des Niedersächsischen Landtages aus der Stadthalle hatte den Rat der Stadt im Zusammenhang mit den Haushaltsplanberatungen für das Rechnungsjahr 1961 veranlaßt, Überlegungen über den endgültigen Ausbau der im Kriege zerstörten Kuppelhalle anzustellen. Bei diesen Überlegungen war von entscheidender Bedeutung, daß Hannover als kultureller und wirtschaftlicher Mittelpunkt des Landes Niedersachsen eine Festhalle benötigt, in der sowohl Konzerte, Kongresse als auch gesellschaftliche Veranstaltungen durchgeführt werden können. [...] Auch für gesellschaftliche Veranstaltungen aller Art, wie Festbälle (zum Beispiel Opern- und Presseball), größere Tanzveranstaltungen und Tanzturniere mit Bewirtung, fehlt es bisher an geeigneten Räumlichkeiten.«[31]

Beauftragt mit den auch aus diesen Forderungen resultierenden großflächigen Umbauten wurde der hannoversche Architekt und Professor der TH Hannover Ernst Zinsser,[32] in Zusammenarbeit mit der Architektengemeinschaft Brandes.[33] Teil des Gesamtvolumens, das das Foyer, den Beethovensaal, die Umgänge und den südlichen Wirtschaftstrakt mit Gesellschaftsräumen und Restaurant umfasste, war auch die Renovierung und akustische Optimierung des Kuppelsaales. »Am Rohbau der Kuppelhalle wird nichts verändert. Auch die Schrägränge bleiben rohbaumäßig erhalten. Man wird jedoch im Parkett einen neuen Ring einziehen; ferner etwa in der Höhe, in der das Nesseltuch gespannt war, eine neue Decke einbauen und den Fußboden des Saales mit gutem Parkett belegen.«[34]

Mit Beginn des Jahres 1961 wurden zunächst umfangreiche Planunterlagen erstellt und die überkomme Bausubstanz untersucht.[35] Im April 1961 folgte der Abbruch der provisorischen Zwischendecke, und man begann mit den Betonierungsarbeiten für die neuen, in die »Orchestra« hereingezogenen Technik- und Versorgungsräume sowie die

---

30   Heinrich MATTHES (Leserbrief) in der Hannoverschen Allgemeinen Zeitung, 04.05.1956.
31   StadtAH, Presseamt Nr. 652.
32   Ernst Zinsser, 1904–1985, Architekt, Professor für Entwerfen und Gebäudekunde an der TH Hannover 1947–1971.
33   Archiv der Bauverwaltung, Stadthalle 06 (15.09.1961). Die im Archiv der Bauverwaltung liegenden Ordner zur Stadthalle wurden von der Verfasserin im Jahr 2010 durchnummeriert; eine weitere Erschließung fehlt bislang.
34   N.N.: Wieder Kuppelsaal mit 4000 Plätzen. In: Hannoversche Allgemeine Zeitung, 10.02.1961.
35   Archiv der Bauverwaltung, Planschrank; StadtAH, Magazin.

Abb. 11: Der Zinssersche »Wiederaufbau« des Kuppelsaals, 161 (Landeshauptstadt Hannover, Geoinformation 015)

neuen, zusätzlichen Balkone und Ränge (Abb. 11):[36] »Zwischen Parkett und Rang wird eine Zwischenebene, der Balkon, eingebaut. Der Rang wird zum voll umlaufenden Ring ergänzt und so umgebaut, daß man auf ihm an Tischen sitzen kann.«[37] Diese – wesentliche – Änderung gegenüber dem Ursprungsbau verkleinert die Grundfläche des Kuppelsaals, die ehemalige »Orchestra«, deutlich und nimmt dem Saal zusätzlich einiges von der ursprünglich vorhandenen Flexibilität.

Dazu wurde die innere Farbigkeit komplett verändert. Während ursprünglich vor allem Weiß vorherrschte (vgl. Abb. 3, 5 und 6), wurde nun an den Wänden hinter den Säulen eine dunkle Holzvertäfelung vorgesehen, die Säulen selbst wurden mit Rabitz-Geflecht[38] ummantelt (vgl. Abb. 11) und schwarz gefasst (Abb. 12a). Im Innenraum des Kuppelsaals wurde ein neues Parkett gelegt, der Fußboden in den oberen Geschossen war schwarz (Material »Contan«), die über dem Umgang und über den Nischen liegenden Decken dunkelgrau. Grau waren auch die Vorhänge und metallisch glänzend die hinter der Bühne liegende Akustik-Rückwand, die in polymorphen Formen gestaltet war (Abb. 12a).[39]

Am nachhaltigsten veränderten jedoch der Einzug der Akustikdecke aus verstellbaren Einzelelementen und der große schwarze Akustikschirm über der Bühne den Innenraum.

---

36   N.N.: Abbruch und Aufbau zugleich – Die Arbeiten im Kuppelsaal der Stadthalle haben begonnen. In: Hannoversche Allgemeine Zeitung, 12.04.1961.
37   Archiv der Bauverwaltung, Stadthalle 01 (Baubeschreibung, 25.07.1961).
38   Mit Rabitz bezeichnet man eine Konstruktion aus einer metallenen Unterkonstruktion, einem darauf aufliegenden Gitter als Putzträger und darauf aufgebrachtem Putzmörtel; genutzt wurde die Technik seit dem letzten Viertel des 19. Jahrhunderts für abgehängte Decken, Pfeilerummantelungen, leichte Gewölbe u.ä., heute ist sie durch den Trockenbau weitgehend verdrängt.
39   Archiv der Bauverwaltung, Stadthalle 06 (Innenraumgestaltung, 29.12.1961).

Abb. 12a: Der Kuppelsaal nach dem Zinsserschen Wiederaufbau 1964 (Hannover Congress Centrum, Archiv)

Die Akustikdecke war – wohl in Anlehnung an den Ursprungssaal – weiß gefasst und in ihrer Aufteilung in Bezugnahme auf die ehemals vorhandene Kassettendecke gegliedert (vgl. Abb. 3 und 12a). Sie wurde so weit heruntergezogen, dass sie die oberen Enden der Säulen verdeckt und diese durch die optische Verkürzung sowie auch durch die zusätzliche Ummantelung (vgl. Abb. 11) und die dunkle Farbe nun deutlich gedrungener wirkten als früher.

Die Montage der neuen Akustikdecke fand von August bis Oktober 1961 statt,[40] im Winter folgte dann noch die Konstruktion und die Einbringung des Akustikschirms, der von der Firma Weser-Flug aus Bremen entworfen wurde.[41]

Eingeweiht wurde der neue Kuppelsaal am 23. Oktober 1962 mit einem großen Sinfoniekonzert, zu dem geladene Gäste erschienen.[42] Die deutlich verbesserte Akustik und das moderne Ambiente sagte den Hannoveranern zu.[43] »Der Wiederaufbau des Kuppelsaales ist für unsere Stadt Hannover von außerordentlicher Bedeutung. Endlich haben wir nun mit diesem Raum einen großen, repräsentativen Konzertsaal, eine moderne Tages- und Kongressstätte und einen Ort für hervorragende gesellschaftliche Veranstaltungen.«[44]

In den mehr als 50 Jahren seit diesem großen Innenraum-Umbau wurden im Kuppelsaal der Stadthalle Hannover nur noch kleinere Maßnahmen durchgeführt, von denen die umfassendste eine 1998 erfolgte Überarbeitung der Farbigkeit des Innenraums durch die Weißung von Säulen und Akustikschirm (Abb. 12b) war; im Wesentlichen zeigt sich der Kuppelsaal heute noch wie vor 50 Jahren.

Neue Planungen für den Kuppelsaal (2014ff)

Nachdem seit 2010 im Hannover Congress Centrum Schritt für Schritt Sanierungen auf Grundlage von bauhistorischen Gutachten[45] durchgeführt wurden,[46] ist im Jahr des hundertjährigen Bestehens der Anlage nun auch der Hauptraum – der Kuppelsaal – wie-

---

40   Vgl. hierzu N.N.: Alles nur für die Akustik. In: Hannoversche Rundschau, 11.10.1961; N.N.: Wärme für die Stadthalle. In: Hannoversche Presse, 24.03.1962; N.N.: Schmuckstück der Technik – Raffinierte Leckerbissen im neuen Kuppelsaal, Stühle verschwinden im Boden. In: Hannoversche Presse, 20./21.10.1962 etc.
41   Archiv der Bauverwaltung, Stadthalle 11 (25.01.1962).
42   StadtAH, HR 15 Nr. 47 (Programm und Einladung sowie Einladungslisten).
43   N.N.: Schmuckstück der Technik – Raffinierte Leckerbissen im neuen Kuppelsaal, Stühle verschwinden im Boden. In: Hannoversche Presse, 20./21.10.1962.
44   StadtAH, HR 15 Nr. 47 (Rede von Oberbürgermeister Holweg zur Einweihung des Kuppelsaales, 21.10.1962).
45   Vgl. Birte Rogacki-Thiemann: Gutachten Gesamtbau mit Archivrecherchen und Befundaufnahme 2011; dies.: Gutachten Obere Säle mit Archivrecherchen und Befundaufnahme 2011; dies.: Gutachten Terrasse mit Archivrecherchen 2011.
46   Neu gestaltet sind mittlerweile (2014) die oberen Gesellschaftsräume und der davor befindliche Wandelgang sowie die Sanitärbereiche und der obere Kuppelumgang.

der in den Blickpunkt der Überlegungen gerückt. Ein Architekten-Wettbewerb, der neue Anregungen und Ideen zum »Raum des Jahrhunderts« forderte, wurde von der Stadt Hannover und dem HCC zum Anlass genommen, die Baugeschichte des Kuppelsaals noch einmal aufarbeiten und durch einzelnen Befundöffnungen verifizieren zu lassen. Die Ergebnisse dieser Recherchen, die im Wesentlichen oben zusammengefasst sind, führten zu Befundöffnungen und Untersuchungen im eigentlichen Kuppelraum über der Akustikdecke sowie an den Wand- und Deckenflächen im Kuppelsaal selber und erbrachten erstaunliche – neue – Erkenntnisse:[47]

Abb. 12b: Der Kuppelsaal nach der Renovierung 1998 (Hannover Congress Centrum, Archiv)

Die Kuppel

Die Kuppel, die dem Saal seinen Namen gegeben hat, ist heute von innen nicht mehr erlebbar. Trotz der Zerstörungen, die sie im Zweiten Weltkrieg erlitten hat und denen die ehemals hier vorhandene Kassettendecke zum Opfer gefallen ist, ist das eigentliche Kuppelgerüst bis heute erhalten (vgl. Abb. 7, 8 und 11); es liegt – von der Öffentlichkeit unbemerkt und natürlich auch ohne jegliches Besucheraufkommen – oberhalb der Akustikdecke und der noch darüber liegenden 1962 hier eingebrachten zweiten Tragkonstruktion, an der die Akustikdecke aufgehängt ist. Verloren ist dadurch auch die ehemals natürliche Belichtung des Saales über das (11 m im Durchmesser große) Oberlicht. Ob dieser Raum wieder sichtbar gemacht werden sollte, lässt sich nicht sofort entscheiden, sondern muss durch Abwägung aller Argumente hinsichtlich Ästhetik, Akustik und Kosten etc. diskutiert werden. Eine von innen sichtbare Kuppel wirft natürlich erneut vor allem die Frage nach der Akustik auf, würde dem *Kuppel*saal aber sicher wieder mehr Identifikationspotential verschaffen – die offen liegende Kuppelkonstruktion ist als solche für den (auserwählten) Betrachter durchaus beeindruckend, und das sogar, obwohl der Luftraum unter ihr durch die eingehängte Zwischendecke quasi halbiert wurde. Auf jeden Fall sind hier tatsächlich noch große Teile der Originalsubstanz vorhanden.

Die Säulen

Für den Innenraum besonders wichtig sind auch die 20 Säulen, die die Kuppel tragen. In ihrer ursprünglichen Gestaltung waren diese Säulen weiß, schmal und mit einem an korinthische Säulen erinnernden Kapitell und einer einfach geschwungenen Basis versehen (vgl. Abb. 3, 5 und 6). Die erste Überarbeitung nach dem Krieg, die auf Veranlassung von Paul Bonatz erfolgte, brachte einfache und in ihrer Form weitgehend minimierte Kapitelle; die Basen der Säulen wurden abgenommen (vgl. Abb. 9 und 10). Unter Zinsser wurden die Säulen mit einer Rabitzverkleidung ummantelt und zunächst schwarz

47 Vgl. Birte ROGACKI-THIEMANN: Bauhistorische Grundlagen zur Schwerpunktrenovierung Kuppelsaal »Der Raum des Jahrhunderts«, Hannover Congress Centrum, 2015, Gutachten vom Februar 2014.

Abb. 13: Stuckdecke von 1914 oberhalb der in den 60er Jahren abgehängten Decke der Nischen (3. Rang) (Birte Rogacki-Thiemann)

gestrichen, 1998 wurde eine erneute weiße Fassung darüber gelegt. Ein oberer und unterer Abschluss der Säulen in Form von Kapitell und Basis ist seit den 60er Jahren nicht mehr vorhanden: Die Quadersockel sind hinter einer umlaufenden Mamorstein-verkleidung verschwunden; die Akustik-decke reicht über den oberen Abschluss der Säule in den Raum hinein (vgl. Abb. 12a), über den Umgängen jenseits der Säulen ist zudem eine 50 cm tief abgehängte Rabitzde-cke eingebracht.

Die Untersuchung der Säulen vom heu-tigen Dachraum aus erbrachte zum einen die Erkenntnis, dass sich die alten Säulenschäfte hinter der Ummantelung erhalten haben,[48] zum anderen, dass auch die Kapitelle des Wiederaufbaus unter Bonatz oberhalb der abgehängten Rabitz-Decke und den Akustik-platten noch vorhanden sind (vgl. Abb. 10).[49] Auch hier hat sich also durchaus alte und ältere Substanz erhalten. Wie damit weiter verfahren wird, bedarf ebenfalls sorgfältiger Überlegung, fast einhellige Einstimmigkeit besteht jedoch ob des ästhetisch problemati-schen und akustisch wenig sinnvollen derzei-tigen Zustands der Säulen.

Die Ornamentik

Die ehemals vorhandene Ornamentik des Kuppelsaals, die oben bereits vorgestellt wur-de (vgl. Abb. 3, 4, 5 und 6), ist in großen Teilen nach dem Krieg erhalten gewesen (vgl. Abb. 7, 8 und 9). Der heutige Innenraum zeigt sich jedoch komplett anders – die ehemals weißen Wände sind nun mit dunklem Holz verkleidet, die Decken über den Umgängen und Nischen sind mit Rabitzkonstruktionen deutlich nach unten abgehängt (Abb. 12 und 14). Im Bereich des Umgangs hinter den Säulen, wo sich einstmals stuckverzierte Decken (vgl. Abb. 3) befanden, sind Befundöffnungen überflüssig, wie sich bereits auf den Nachkriegsfotos (vgl. Abb. 10 und 11) zeigt. Spannender waren die Deckenbereiche der Nischen, wo es einfache Stuckkanten gab (vgl. Abb. 7). Eine Untersuchung dieser Bereiche brachte Aufschluss über Reste dieser bauzeitlichen Decken, die sich oberhalb

48   Im restauratorischen Gutachten von Britta Butt, butt restaurierungen GmbH, Lübeck 2014, heißt es hierzu, S. 20: »[…] im Bereich des Säulenschaftes konnte eine intakte historische Stuckoberfläche nachgewiesen werden. Der historische Säulenstuck läuft unter der nachträglichen Marmorverkleidung [Sockelbereich] von 1961/62 weiter.« Vgl. auch ebd., S. 44: Befund 176: »Auf dem sehr harten Beton mit Flusssteinen befindet sich ein ockerfarbiger Putz. Darauf liegt die weiße Stuckschicht. Auf dieser Stuckschicht befinden sich ein Putz mit Armierung (Rabitzputz von 1961/62), darauf zunächst eine Gipsglätte, dann eine schwarze Fassung sowie die heutige weiße Sichtfassung.«

49   Ebd., S. 19: »Anhand von Freilegungen im Bereich der Säulen konnte festgestellt werden, dass das halbrunde Kapitell aus der ersten Umgestaltungsphase des Wiederaufbaus 1953 [vor 1953; Anm. d. Verf.] unter der sichtbaren Rabitzverkleidung noch erhalten ist.« Vgl. auch ebd., S. 32: Befund 172.

der hier nahezu einen Meter tief abgehängten Decke wiederfanden (Abb. 13). Diese an sich schon spannende Erkenntnis verdeutlicht zudem, dass die zehn vorhandenen Nischen (3. Rang; vgl. Abb. 14) heute durch extrem tief hängende Decken ganz erheblich verkleinert werden.

Abb. 14: Bereich der ehemaligen Lichtgöttin, Zustand 2014 (Birte Rogacki-Thiemann)

Ausgehend von diesem Befund sowie durch zahlreiche Befunde der letzten Jahre in den Räumlichkeiten außerhalb des Kuppelsaales[50] wurde nun nach weiteren bauzeitlichen Architekturoberflächen und erhaltener Ornamentik Ausschau gehalten. Hierzu wurde eine weitere Befundöffnung im Norden des Kuppelsaals oberhalb des Hauptzugangs gemacht (Abb. 14), wo sich ursprünglich die Lichtgöttin von Wilhelm Köppen befunden hatte (vgl. Abb. 4 und 5). Die hier vorgefundene Konstruktion (im oberen Ring) baut sich heute wie folgt auf: Die sichtbare Wandoberfläche besteht aus beweglichen Holz-Lamellen, die zur akustischen Optimierung einstellbar waren,[51] dahinter befindet sich eine dünne Mineralwolle-Dämmschicht, die wiederum vor einen etwa 35 cm tiefen Luftraum gesetzt ist.[52] Dieser Luftraum wird von den alten Wandoberflächen abgeschlossen, auf denen sich im Bereich der Befundöffnung die mittlerweile 100 Jahre alte Lichtgöttin erstaunlich gut erhalten hat (Abb. 15). Auch Reste der ursprünglich goldenen Fassung der Figur sind noch vorhanden.

Völlig überraschend hat Zinsser – wie schon an anderen Stellen im HCC bewiesen – auch hier

Abb. 15: Die Lichtgöttin von 1914 hinter der in den 60er Jahren vorgesetzten Wandverkleidung des Kuppelsaals (butt restaurierungen)

---

50 Hierzu gehören zahlreiche Fassungsreste der ursprünglichen Bemalung in den Kuppelsaal-Umgängen sowie in den oberen Gesellschaftsräumen; vgl. ROGACKI-THIEMANN: Gutachten Gesamtbau mit Archivrecherchen und Befundaufnahme 2011.

51 Archiv der Bauverwaltung, Stadthalle 01 (Baubeschreibung 25.07.1961): »Verstellbare Elemente (reflektierend und schluckend) oberhalb der Nischenöffnungen.« Die hierfür benötigte Pneumatik-Maschine ist mittlerweile abgebaut, daher sind die Lamellen heute nicht mehr steuerbar.

52 Was wiederum – umlaufend! – eine ganz erhebliche Reduzierung des Innenraumes nach sich zieht!

bauzeitliche Reste erhalten und sie damit der zukünftigen Diskussion an die Hand gegeben. Auch wenn weitere Befundöffnungen des laufenden Betriebes im Kuppelsaal wegen
zunächst nicht möglich waren, kann allein aufgrund der deutlich vor die alten Wände
gesetzten Konstruktion vermutet werden, dass auch die übrige Bauornamentik des Kuppelsaals noch vorhanden sein wird.

Ausblick

Der Kuppelsaal wird heute nur noch als einer von vielen Veranstaltungsräumen in Hannover wahrgenommen und spielt selbst hierin eine eher untergeordnete Rolle. Die Geschichte des Raumes, seine ehemalige Bedeutung und Großartigkeit ist nur wenigen bekannt, was auch darin begründet sein mag, dass nichts mehr davon wirklich erlebbar
ist. Selbst der Name »Kuppelsaal« erschließt sich nur mit einem verständigen Blick auf
die Silhouette des Bauwerks. Von der Stadt Hannover und dem HCC wird der Raum
überwiegend als Wirtschaftsfaktor betrachtet. Dies ist verständlich, man muss sich aber
fragen, ob es nicht ein gemeinsames Ziel geben könnte: dem Raum wieder mehr Identifi-
kation zu verschaffen und dadurch auch seine wirtschaftliche Attraktivität und seinen allgemeinen Bekanntheitsgrad wieder zu erhöhen. Die neuen Befunde bieten eine Chance,
hier auch an historische Zusammenhänge zu denken, die vorher als vollkommen verloren
galten. Ob dies gelingt, wird sich zeigen.

Stefan Kleinschmidt

Bombenschutz, Hotel, Kunst-Center: eine kurze Geschichte des Luftschutz-Tiefbunkers unter dem Klagesmarkt (1940 bis 2013)[1]

Der Klagesmarkt

Der große und lange Zeit ungepflasterte Platz, der »als platzart[iger] Raum nördlich des Hospitals St. Nikolai«[2] außerhalb der durch die Stadtmauer umgrenzten Altstadt schon im Mittelalter existierte, zeichnete sich seit jeher durch seine multifunktionale Nutzung aus.[3] Er diente durch die Jahrhunderte parallel oder nacheinander als Marktplatz im engeren Sinn (Viehmarkt, Wochenmarkt, Jahrmarkt, Pöttemarkt), als Obst- und Gemüsegroßmarkt, als Schützenplatz mit Schützenhaus, als Weihnachtsmarkt, als Ausweichgelände für ein großes Warenhaus (Fa. Neckermann, 1968/69)[4], als Ersatzbusbahnhof, als Parkplatz und bis zuletzt immer wieder als Versammlungsort sowie Ausgangs- und/oder Endpunkt der unterschiedlichsten Kundgebungen und Demonstrationen.[5] Hierbei konnte es sich um spontane und unangemeldete, um angemeldete, aber einmalige oder um sich regelmäßig wiederholende Veranstaltungen handeln. Zum letzteren Typ gehören vor allem die Maifeiern der Gewerkschaften; die letzte fand am 1. Mai 2013 an diesem Ort statt. Die Größe des Klagesmarkts bot Raum für Zehntausende von Menschen.[6]

---

1 Dieser Beitrag fasst die Ergebnisse eines kleinen Forschungsauftrags der Landeshauptstadt Hannover aus dem Jahr 2013 zusammen. Am Zustandekommen haben Cornelia Regin, Christian Heppner, Holger Horstmann und weitere Mitarbeiterinnen des Stadtarchivs Hannover einen nicht unwesentlichen Anteil. Dafür möchte der Verfasser bedanken. Dank für Unterstützung und Hinweise gebührt ebenso Bodo Dringenberg, Maren Fröhlich, Guido Janthor, Ralf Kirchhof, Karljosef Kreter, Wolf-Dieter Mechler, Jens Pohl, Margit Schmidt-Hager, Ilka Seyfarth und Ulrike Stampa-Weßel.

2 Eva Benz-Rababah: Klagesmarkt. In: Stadtlexikon Hannover. Von den Anfängen bis in die Gegenwart. Hrsg. v. Klaus Mlynek u. Waldemar R. Röhrbein mit Dirk Böttcher u. Hugo Thielen, Hannover 2009, S. 349/350, hier: S. 349.

3 Eine systematische Erforschung der Entwicklung und Bedeutung des Klagesmarktes und seiner Umgebung(sarchitektur) über die Jahrhunderte hinweg steht noch aus. Gerade angesichts der anstehenden Veränderungen könnte die Untersuchung des für die Stadt Hannover und ihre Geschichte wichtigen Platzes mit einem durch den *spatial turn* geschärften Blick fruchtbare Ergebnisse erbringen. Von den wenigen kurzen Überblicksdarstellungen seien neben dem Artikel von Benz-Rababah (siehe Anm. 2) noch die Beiträge von Zimmermann und Zankl genannt. Helmut Zimmermann: Vom Steintor bis nach Herrenhausen. Streifzüge durch Hannovers Geschichte, o. O. [Hannover] 1986, S. 12–15. – Plätze in Hannover früher und heute. Eine Gegenüberstellung historischer Photographien und aktueller Aufnahmen von Harald Koch und Texten von Franz Rudolf Zankl. Hrsg.: Theater am Küchengarten/Horst Janzen, Hannover 1998, S. 118/119.

4 Vgl. hierzu die Akten: Stadtarchiv Hannover (StadtAH), Stadtplanungsamt, Blockakten 208|30–36 (Klagesmarkt und Umgebung) [61–208/33]; und StadtAH, Immobilienverwaltung, 38.42.01/1 »Nutzbar gemachte Schutzbauten im Stadtgebiet – Am Klagesmarkt«.

5 Vgl. zu den unterschiedlichen Kundgebungen und Demonstrationen der Zwischenkriegszeit Klaus Mlynek: Hannover in der Weimarer Republik und unter dem Nationalsozialismus 1918–1945. In: Geschichte der Stadt Hannover. Hrsg. v. Klaus Mlynek u. Waldemar R. Röhrbein, Bd. 2: Vom Beginn des 19. Jahrhunderts bis in die Gegenwart, Hannover 1994, S. 404–577; hier S. 491, 492, 538. – Zu den Hungerdemonstrationen 1947 siehe: Waldemar R. Röhrbein, Hannover nach 1945: Landeshauptstadt und Messestadt. In: Geschichte der Stadt Hannover, Bd. 2, S. 579–800; hier S. 600. – Vgl. auch Hannover Chronik. Von den Anfängen bis zur Gegenwart. Hrsg. v. Klaus Mlynek u. Waldemar R. Röhrbein unter Mitarbeit v. Dieter Brosius, Carl-Hans Hauptmeyer, Siegfried Müller, Helmut Plath, Hannover 1991, S. 154, 213, 218, 284.

6 So versammelten sich beispielsweise am 19. Februar 1933 45 000 Menschen auf einen Aufruf der »Eisernen Front« hin zu einer Kundgebung gegen die Maßnahmen der NSDAP. Vgl. Klaus Mlynek: Hannover in der Weimarer Republik und unter dem Nationalsozialismus (wie Anm. 5), S. 492. Am 30. Oktober 1982 zog eine Großkundgebung des Deutschen Gewerkschaftsbunds 40 000 Menschen an. Vgl. Hannover Chronik (wie Anm. 5), S. 284. Einen kurzen Rückblick auf die Kundgebungen und Feiern der Gewerkschaften zum 1. Mai seit 1890 in Hannover und die Nutzung des Klagesmarktes dafür seit 1919 gibt auch Gunnar Menkens, Zur Sonne, zur Freiheit, zum Kuppelsaal, in: Hannoversche Allgemeine Zeitung (HAZ) vom 2.5.2013, S. 15.

Abb. 1: Großmarkt auf dem Klagesmarkt, Blick nach Süden, ca. 1950 (Foto: Geoinformation Hannover)

Spätestens seit dem Jahr 2001 befindet sich der Klagesmarkt in einem andauernden Umgestaltungsprozess. Damals wurde mit Bauarbeiten für einen Gastronomiebetrieb begonnen, dessen Gebäude den Platz fast mittig in einen südlichen und nördlichen Bereich teilte.[7] Noch massivere Veränderungen von Platzgestalt und -funktion sieht das Innenstadtkonzept »Hannover City 2020+« für den »Interventionsort« Klagesmarkt vor. Grundsätzlich sollen »neue Bauflächen auf städtischen Liegenschaften geschaffen werden, die die Innenentwicklung der Stadt stärken und u. a. neue Möglichkeiten der Wohnnutzung anbieten«.[8] Infolgedessen ist für den südlichen Teil des Platzes eine mehrgeschossige Wohnbebauung mit Einzelhandelsgeschäften und Büros geplant. Unter dem Baukomplex wird eine Tiefgarage errichtet.[9]

An dieser Stelle kommt nun die unterirdische Geschichte des Klagesmarkts ins Spiel, deren Einzelheiten teilweise in Vergessenheit geraten waren. Der vorliegende Beitrag möchte hier etwas Licht ins Dunkel bringen. Dabei geht es vorrangig um die Nachkriegsgeschichte des Tiefbunkers unter dem Klagesmarkt. Informationen zum Bunkerbau allgemein sowie zur Bauzeit des Klagesmarktbunkers und seiner Nutzung während des Krieges werden zum besseren Verständnis der Zusammenhänge vorangestellt.

7   Für die Außenfassade des Gebäudes wurden Steine des jordanischen Pavillons für die Weltausstellung (*Expo*) 2000 in Hannover »nachgenutzt«. Vgl. StadtAH, Chronik der Stadt Hannover 2000 bis 2001; und Helmut Knocke; Hugo Thielen: Hannover. Kunst- und Kultur-Lexikon. Handbuch und Stadtführer. Neuausgabe. 4., aktualisierte und erweiterte Auflage. Hrsg. v. Dirk Böttcher u. Klaus Mlynek, Springe 2007, S. 81.
8   Landeshauptstadt Hannover (LHH), Bebauungsplan Nr. 1752, Begründung vom 7. Februar 2013, S. 3.
9   Vgl. LHH, Bebauungsplan Nr. 1752, S. 5–6, 12; und LHH, Beschlussdrucksache 2173/2012 »Umbau Klagesmarkt, Abriss des Luftschutzbunkers« vom 26. September 2012. – Zum Medienecho vgl. z. B. Michael Krische: 30 Teams für Architekten-Wettbewerb in Hannover ausgewählt, in: Neue Presse (NP) (Online-Ausgabe) vom 18.12.2009 (http://www.neuepresse. de/Hannover/Meine-Stadt/30-Teams-fuer-Architekten-Wettbewerb-in-Hannover-ausgewaehlt; letzter Zugriff: 9.6.2014).

Bunkerbau (1940/41)

Im Deutschen Reich hatte man zu Beginn des Zweiten Weltkriegs den »aktiven« Luftschutz mit einer starken Luftwaffe und Flakartillerie den »passiven« Maßnahmen des zivilen Luftschutzes gegenüber favorisiert. »Deshalb waren in den norddeutschen Städten vor dem Herbst 1940 neben bloßen Deckungsgräben, Luftschutzkellern und ebenfalls nicht bombensicheren Sonderbauten in den Jahren 1939/40 nur vereinzelte Luftschutztürme für die Werften entstanden. Vor allem den Schutz der Zivilbevölkerung hatte man sträflich vernachlässigt.«[10]

Dies änderte sich erst mit dem Erlass des sogenannten »Führer-Sofortprogramms« vom 10. Oktober 1940.[11] Hannover gehörte zu den Großstädten und Rüstungszentren in Norddeutschland, die im Luftgaukommando XI zusammengefasst wurden und »höchste Priorität hinsichtlich des Luftschutzes« genossen. Damit befand sich die Stadt in der »ersten Welle« der 61 »Bunkerstädte«, für die das Bauprogramm zuerst galt.[12] »Die Bauzeit der I. Welle erstreckte sich von November 1940 bis Ende 1941, obwohl die Bauten eigentlich bis Sommer 1941 hätten fertiggestellt sein sollen.«[13] In dieser Zeit wurde auch der Bunker unter dem Klagesmarkt erbaut. Er war einer der ersten vollwertigen Bunker im damaligen Wortsinn, d. h. ein Luftschutzbau, der sowohl Bombensicherheit als auch Gasschutz garantieren sollte, was viele andere Luftschutzbauten bis dahin nicht taten.[14]

Archivalien, die konkretere Informationen zur Bauzeit des Klagesmarktbunkers geben, waren (bislang) nicht aufzufinden. Einige Fakten zum Bunkerbau in Hannover generell müssen daher hier ausreichen. Für den Luftschutzbunkerbau lag die Zuständigkeit bei Stadtbaurat Prof. Karl Elkart.[15] Für den Klagesmarktbunker war der Baubezirk Nord unter dem Stadtbauamtmann Mütze verantwortlich. Das Grundstück »Am Klagesmarkt« gehörte weiterhin der Stadt Hannover. Der Bau der Anlage wurde allerdings staatlich finanziert, dadurch wurde der Bunker Reichseigentum. Er war einer von sechs Tiefbunkern, die in Hannover gebaut wurden. Die anderen befanden sich unter der Bergstraße, unter dem Continentalplatz, dem Ernst-August-Platz (Deutsche Reichsbahn), dem Ballhof und dem Schützenplatz (mit Gaubefehlsstand).[16]

Für die Baustelle Klagesmarkt war als Bauunternehmer die Friedrich Mehmel AG beauftragt, ein in Hannover ansässiges mittelständisches Unternehmen.[17] Am Bunkerbau in Hannover waren generell lokale, regionale und überregionale Unternehmen beteiligt, kleine, mittlere und große Firmen. Dazu gehörten außer Friedrich Mehmel z. B. Philipp Holz-

10   Michael FOEDROWITZ: Bunkerwelten. Luftschutzanlagen in Norddeutschland, Berlin 1998, S. 9.
11   Inge Marszolek und Marc Buggeln geben eine plausible Erklärung für die Intention des »Führer-Sofortprogramms«: »In Nazi-Deutschland reagierten Hitler und die Führungsspitzen des Reiches mit Panik auf die ersten Angriffe der Royal Air Force. Für die NS-Führung blieb die Verhinderung einer Wiederholung der Jahre 1918/19 handlungsanleitend, denn das Ende des Ersten Weltkrieges wurde als Niederlage an der Heimatfront mit einer im Feld nicht geschlagenen Armee interpretiert. Der Loyalität der Bevölkerung war sich die NS-Führung nicht sicher. Darum galt es diese vor Nahrungsmittelengpässen und den Auswirkungen des Krieges so gut als möglich zu schützen. Die Angst führte zum größten Luftschutzbunker-Bauprogramm der Weltgeschichte …«. Inge MARSZOLEK; Marc BUGGELN: Bunker – Orte, Erinnerungen, Fantasmen. In: Dies. (Hrsg.): Bunker. Kriegsort, Zuflucht, Erinnerungsraum, Frankfurt/New York 2008, S. 9–25, hier S. 17.
12   Vgl. FOEDROWITZ: Bunkerwelten (wie Anm. 10), S. 10–12. – Zitat: Michael FOEDROWITZ: [Beiheft zur Ausstellung im Stadtarchiv Hannover] Beten in Beton … Die Geschichte hannoverscher Luftschutzbunker in Krieg und Frieden (Hefte zur Zeitgeschichte), o. O. [Hannover] u. J. [1995], S. 7.
13   Ders.: Beten in Beton (wie Anm. 12), S. 13.
14   Vgl. ders.: Bunkerwelten (wie Anm. 10), S. 32.
15   Vgl. ders.: Beten in Beton (wie Anm. 12), S. 10; und ders.: Air Raid Shelters In Hannover. In: After The Battle No. 124 (2004), S 3–25, hier: S. 11. Zur besonderen Rolle Elkarts, der 1937 Mitglied der NSDAP geworden war, vgl. Rüdiger FLEITER: Stadtbaurat Karl Elkart und seine Beteiligung an der NS-Verfolgungspolitik. In: Hannoversche Geschichtsblätter N.F. 60 (2006), S. 135–149.
16   Vgl. ders.: Bunkerwelten (wie Anm. 10), S. 12.
17   Vgl. ders.: Air Raid Shelters (wie Anm. 15), S. 7 (Bildunterschrift).

Abb. 2: Baugrube am Klagesmarkt, Blick nach Süden, Winter 1940/41 (Foto: Historisches Museum Hannover [HMH])

mann, Wayss & Freytag, Johannes Gundlach, Fritz Schuppert und Wilhelm Wallbrecht. Der Beton wurde von den Teutonia und Germania Zementwerken in Anderten geliefert. Die elektrische Ausrüstung kam von Siemens & Halske, Bunkertüren lieferte die Mannesmann AG, Filter und Lüftungssysteme die Firma Piller aus Osterode am Harz.[18] Am Bau der Luftschutzbunker waren Kriegsgefangene beteiligt, am Klagesmarkt zunächst Belgier und dann auch Franzosen.[19]

Nutzung während des Kriegs (1941 bis 1945)

Soweit bekannt, kam während des Kriegs im Bunker unter dem Klagesmarkt kein einziger Mensch ums Leben, der Bunker erhielt auch keinen Treffer und war bei Kriegsende praktisch unbeschädigt – ganz anders als seine nähere und fernere Umgebung.[20]

Allerdings spielten sich mehrfach schreckliche Szenen vor den beiden Eingangsbereichen ab. Der häufig zu spät ausgelöste Fliegeralarm führte zu Panikereignissen, die mehrere Menschen das Leben kosteten. Durch Drängeleien auf den Treppen, die hinunter zu den Bunkertoren führten, kamen Menschen zu Fall und wurden verletzt oder zu Tode getrampelt. Teilweise sprangen Menschen von oben über das Geländer auf die unten Wartenden.[21] Am 8./9. Oktober 1943 starben so mindestens zwei Frauen und ein Kind.[22] Am 18. Oktober 1943 kamen zwei weitere Frauen ums Leben.[23] Bei einem Schnellbomberangriff in der Nacht zum 15. Juli 1944 starben bei einer erneuten Panik auf den Treppen vor den Eingängen höchstwahrscheinlich 28 Menschen, darunter sechs Kinder, als über 300 Menschen gleichzeitig in den Bunker drängten, obwohl die Türen schon geschlossen waren.[24]

---

18   Vgl. ebd., S. 11.
19   Vgl. Rüdiger FLEITER: Stadtverwaltung im Dritten Reich. Verfolgungspolitik auf kommunaler Ebene am Beispiel Hannovers, Hannover 2006 (Hannoversche Studien 10), S. 303–305. Fleiter betont, dass innerhalb der Stadtverwaltung das Interesse zur Beschäftigung von Kriegsgefangenen für die Durchführung öffentlicher Arbeiten schon im September 1939 von Stadtbaurat Elkart bekundet wurde. Ab Mitte 1940 waren dann tatsächlich Kriegsgefangene in der Stadt; alle wurden erst dem Bauverwaltungsamt zugeteilt und von diesem dann innerhalb der Stadtverwaltung weiter verteilt. »Allein die Stadtverwaltung Hannover betrieb zeitweise 22 Lager und beschäftigte zu Spitzenzeiten bis zu 9000 Kriegsgefangene und Zwangsarbeiter. Hannover gehörte reichsweit zu den Städten, in denen insgesamt die meisten Ausländer zur Arbeit herangezogen wurden.« Fleiter: Stadtverwaltung, S. 361. Vgl. auch ders.: Stadtbaurat Karl Elkart und seine Beteiligung an der NS-Verfolgungspolitik (wie Anm. 15), S. 143–145; und FOEDROWITZ: Air Raid Shelters (wie Anm. 15), S. 22.
20   Vgl. z. B. FOEDROWITZ: Air Raid Shelters (wie Anm. 15), 24; und Thomas GRABE; Reimar HOLLMANN; Klaus MLYNEK; Michael RADTKE: Unter der Wolke des Todes leben … Hannover im Zweiten Weltkrieg, Hamburg 1983, S. 79.
21   Vgl. FOEDROWITZ: Beten in Beton (wie Anm. 12), S. 26/27; und ders.: Bunkerwelten (wie Anm. 1), S. 122/123.
22   Vgl. ders.: Air Raid Shelters (wie Anm. 15), S. 23.
23   Vgl. ders.: Beten in Beton (wie Anm. 12), S. 28; und GRABE u. a.: Unter der Wolke des Todes leben (wie Anm. 20), S. 153.
24   Vgl. FOEDROWITZ: Air Raid Shelters (wie Anm. 15), S. 23; und ders.: Bunkerwelten (wie Anm. 10), S. 123/124.

Am 11. September 1944 starben in einer vergleichbaren Situation sechs Menschen, am 18. Oktober 1944 noch einmal 21.[25]

Die einzige panikartige Situation innerhalb des Bunkers stellte sich bei einem Luftangriff im März 1945 ein, als das Gebäude so überfüllt war, dass kaum noch geatmet werden konnte. Es wurde berichtet: »Die Menschen hätten 5 Stunden so gestanden, das elektrische Licht sei ausgefallen, der Bunker habe geschwankt und gezittert von Nahtreffern und man sei am Rande einer Panik gewesen, zu Opfern kam es allerdings nicht.«[26]

Abb. 3: Stahldrahtmatten als Bewehrung der Bunkerdecke vor der Auffüllung mit Beton; im Hintergrund Kriegsgefangene als Zwangsarbeiter auf der Klagesmarkt-Baustelle, wahrscheinlich Anfang 1941 (Foto: HMH)

Erste Nachkriegsjahre (1945 bis 1950)

Die unmittelbare Nachkriegszeit war geprägt von ersten Wiederherstellungsbemühungen technischer, logistischer und (verwaltungs-)politischer Art. Flüchtlinge kamen in großer Zahl nach Hannover, Kriegsheimkehrer und Ausgebombte lebten mit ihnen zusammen und ihrer geretteten Habe in Kellern und eben auch in den unbeschädigten Bunkern mit noch funktionierenden sanitären Anlagen, weil die Innenstadt eine Trümmerwüste und kaum noch regulärer Wohnraum vorhanden war. Die britische Besatzungsmacht ordnete eine »Demilitarisation«, also Sprengung der Bunker an.[27]

Um die nichtmilitärischen Bunkeranlagen in Hannover, ursprünglich Reichseigentum, kümmerte sich zunächst treuhänderisch die städtische Hausgrundstücksverwaltung. Die Bunker sollten für städtische und andere zivile Zwecke nutzbar gemacht

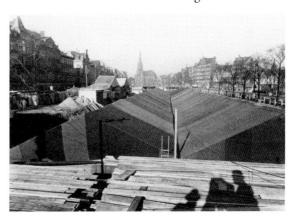

Abb. 4: Blick über die Baustelle nach Norden in Richtung Christuskirche. Der Fotograf, wahrscheinlich Edmund Lill, ist als Schatten erkennbar (Foto: HMH)

25 Vgl. ders.: Air Raid Shelters (wie Anm. 15), S. 23; GRABE u. a.: Unter der Wolke des Todes leben (wie Anm. 20), S. 165, Fußnote 1; und Ernst JÜNGER: Kirchhorster Blätter. In: Sämtliche Werke. Erste Abteilung: Tagebücher. Bd. 3: Tagebücher III (= Strahlungen II), Stuttgart 1979, S. 295–401, hier: S. 312. – Die hier wiedergegebenen Opferzahlen im Zusammenhang mit den Panik-Ereignissen am Klagesmarktbunker stammen offensichtlich vorwiegend aus Augenzeugenberichten und bewusst unklar gehaltenen Pressemeldungen der Zeit; sie sind geschichtswissenschaftlich heute nur noch teilweise zu verifizieren. Möglicherweise lassen sich durch weitere Forschungen diese Zahlen erhärten und/oder differenzieren.
26 FOEDROWITZ: Beten in Beton, (wie Anm. 12), S. 26.
27 Vgl. ders.: Beten in Beton (wie Anm. 12), S. 31; und ders.: Bunkerwelten (wie Anm. 10), S. 152–168.

werden.[28] Rückwirkend zum 1. September 1945 vermietete die städtische Hausgrundstücksverwaltung den Klagesmarktbunker an die ebenfalls städtische Markthallenverwaltung. Diese Stelle sollte monatlich 580,00 RM Miete auf das »Bunker-Verwahrkonto« bei der Stadthauptkasse einzahlen. Da die Markthallenverwaltung damit nicht einverstanden war, auch weil die konkrete Umnutzung des Bunkers noch nicht klar war, zogen sich die Verhandlungen bis 1947 hin.[29] Mit Wirkung vom 1. September 1946 gingen die ersten Hochbunker dann in die Verwaltung des Finanzamtes Hannover-Waterlooplatz, Abwicklungsstelle für Wehrmachtsvermögen, Waterlooplatz 11, über.[30] Am 31. Mai 1947 teilte die städtische Hausgrundstücksverwaltung der Markthallenverwaltung mit: »Rückwirkend ab 1. April 1947 müssen sämtliche Bunker im Stadtgebiet Hannover in die Verwaltung der Abwicklungsstelle für Wehrmachtsvermögen übergeben werden. Zu demselben Zeitpunkt werden 26 Bunker – wozu auch der Bunker Klagesmarkt gehört – von der Stadtgemeinde wieder gemietet. Wir machen schon jetzt darauf aufmerksam, daß die Hausgrundstücksverwaltung nicht in der Lage ist, für die Markthallenverwaltung den Mietzins [handschriftlich angemerkt: 4 848,– RM jährlich] für den Bunker Klagesmarkt an das Finanzamt zu entrichten.«[31]

Die Stadtverwaltung setzte sich bei der britischen Militärverwaltung für einen Erhalt der Tiefbunker ein. Am 18. Mai 1948 wurde eine Denkschrift erstellt, die die Argumente gegen eine Sprengung auch speziell des Klagesmarktbunkers zusammenfasste. So wurde die Gefährdung des schon wieder funktionierenden Wochenmarktes mit seinen festen Ständen und der letzten in der Nähe noch existierenden Wohnhäuser und Gewerbebetriebe durch die starken Sprengladungen, die nötig wären, um den massiven Bau zu zerstören, angeführt. »Der größte Schaden würde aber wahrscheinlich durch die Zerstörung der Versorgungsleitungen entstehen, die unmittelbar am Bunker entlang führen.« Die Beseitigung der großen durch engmaschige Stahlnetze verbundenen Betontrümmer sei außerdem technisch nicht möglich, weil weder Arbeitskräfte noch Gerät zur Verfügung stünden.[32] Dass die meisten Tiefbunker gerade auch für Wohnzwecke genutzt wurden, wurde nicht ausdrücklich erwähnt, war den Briten aber durchaus bekannt. Hunderttausende Menschen fanden in den Bunkern zwischen 1945 und den frühen 1960er-Jahren Schutz und Unterkunft.[33] Schließlich gaben die Militärbehörden nach: Nur drei Bunker wurden vollständig gesprengt (darunter der Luftschutzbunker Schützenplatz mit dem ehemaligen Gaubefehlsstand 1948), die Hochbunker teilweise »entfestigt«, also durch Heraussprengen einzelner Mauerteile für militärische oder Bombenschutzzwecke unbrauchbar gemacht. Die Tiefbunker blieben, wie sie waren. Am 27. Oktober 1950 titelte die »Hannoversche Allgemeine Zeitung« (HAZ): »Millionen-Betrag gespart. 34 Bunker bleiben unentfestigt / Verwendung für friedliche Zwecke«[34]. In diesem Artikel wird auch die Nutzung der Bunker Klagesmarkt und Welfenplatz als Hotels erwähnt.

---

28 Vgl. StadtAH, Tiefbauamt, Nr. 154: »Rundschreiben Nr. 139/45« von Oberbürgermeister Bratke an die Dezernenten und städtische Dienststellen und Betriebe vom 14. August 1945.
29 StadtAH, HR 7, Nr. 1394.
30 Vgl. StadtAH, Tiefbauamt, Nr. 154.
31 Ebd.
32 Ebd.: »Warum ist die Sprengung der Tiefbunker zu verhindern?«, dat. 18.5.1948.
33 Vgl. Dieter Tasch: Hannover zwischen Null und Neubeginn, Hannover 1985, ²2002, S. 198, S. 200; und Foedrowitz: Beten in Beton, (wie Anm. 12), S. 31. – Zu ähnlichen Auseinandersetzungen um die Sprengung mittlerweile zivil genutzter Bunker in Hamburg vgl. Malte Thiessen: Von der »Heimstätte« zum Denkmal. Bunker als städtische Erinnerungsorte – das Beispiel Hamburgs. In: Marszolek; Buggeln (Hrsg.): Bunker (wie Anm. 11), S. 45–60, hier S. 47–50. – Siehe auch Jan-Henrik Friedrichs: Massenunterkunft, Atombunker, Kunstobjekt. Bunkernutzungen im Nachkriegsdeutschland, ebd., 245–260, hier: 246–247.
34 (Jo): Millionen-Betrag gespart, in: HAZ vom 27.10.1950.

Der Bunker als Hotel (1947 bis 1963)

Die Markthallenverwaltung fand eine Nutzung für den Klagesmarktbunker: Rechtzeitig zur ersten hannoverschen Exportmesse vom 18. August bis 7. September 1947 verpachtete sie ihn an den Gastronomen Hans Schlott, der bereits vor dem Krieg die Gaststätte »Stadt Petersburg« auf dem städtischen Grundstück Am Klagesmarkt 32 als Pächter betrieben hatte und auch, nachdem das Gebäude im Oktober 1943 ausgebombt und im März 1945 noch weiter zerstört worden war, in den verbliebenen Kellerräumen weiter führte.[35] Schlott renovierte die Unterkunftskabinen und betrieb das Bunkerhotel bis 1963.[36]

Im »Bericht über die Prüfung des Umsatzes des Gastwirts Hans Schlott – Gastwirtschaft Stadt Petersburg, Klagesmarkt 32, und Bunkerhotel Am Klagesmarkt – im Geschäftsjahr 1948.« (datiert 17. März 1949) hatte die Stadt bereits festgestellt: »Das Hauptgeschäft liegt jetzt beim Bunkerhotel; die Gastwirtschaft auf dem Grundstück Klagesmarkt 32 hat nur noch eine untergeordnete Bedeutung. Ihre Lage und ihre Ausstattung tragen den gesteigerten Ansprüchen des Publikums berechtigt nicht mehr Rechnung. Dort werden im allgemeinen nur noch die warmen Speisen hergerichtet, die im Hotel, wo dafür keine Möglichkeit besteht, verabreicht werden. Der Küchenumsatz ist demzufolge vom Beginn bis zum Ende des Berichtsjahres um die Hälfte zurückgegangen.«[37]

Hans Schlott hatte daher die Absicht, neben dem Bunkerhotel auch wieder einen

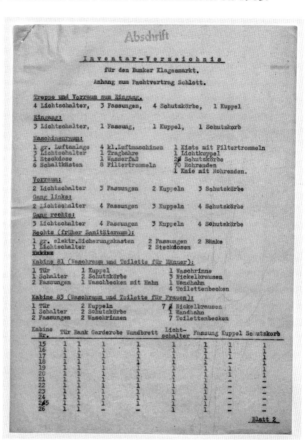

Abb. 5: »Inventar-Verzeichnis« des Hotels im Klagesmarktbunker, 1949, Seite 1 (Stadtarchiv Hannover [StadtAH], HR 7, Nr. 1394)

35   Vgl. StadtAH, HR 7, Nr. 1394; und StadtAH, Stadtplanungsamt, Blockakten 208|35.
36   Vgl. entsprechende Jahrgänge der Adressbücher der Landeshauptstadt Hannover und den handschriftlichen Vermerk in den Akten der Bundesvermögensstelle Hannover vom 10. September 1963: »Der Bunker ist geräumt.« – In der unmittelbaren Nachkriegszeit waren Hotels in Hochbunkern, aber auch in Tiefbunkern keine Seltenheit. Vgl. beispielsweise zu Hamburg Thiessen: Von der »Heimstätte« zum Denkmal (wie Anm. 33), S. 51. Zu Stuttgart siehe die Website »Bunkerhotels in Stuttgart« der »Forschungsgruppe Untertage e. V.« (http://fgut.wordpress.com/bauwerke/wk2/ziviler-luftschutz/bunker/bunkerhotels/; letzter Zugriff: 11.6.2014). – Siehe auch Friedrichs: Massenunterkunft (wie Anm. 33), S. 247.
37   StadtAH, HR 7, Nr. 1394.

»oberirdischen« Gastronomiebetrieb auf dem alten Grundstück zu errichten. Er schickte deswegen am 20. Juli 1949 ein schriftliches »Gesuch um Errichtung eines Provisoriums auf dem Grundstück Klagesmarkt 32 an Stelle Hotel u. G[a]ststätte ›Stadt Petersburg‹« an die »Städtische Marktverwaltung Hannover« und beauftragte sogar einen Architekten mit Planzeichnungen, die, den »Notbetrieb« im Keller integrierend, einen eingeschossigen oberirdischen Bau darstellten. Sein Gesuch begründete er damit, dass die Kellergaststätte »den Erfordernissen heutiger Tage in keiner Weise« entspreche. Feuchtigkeitsprobleme in den Räumen und Platzmangel wegen des wieder stärkeren Besucherandrangs nach Zunahme des Marktbetriebes (»teils alte Stammkundschaft«) führte er als weitere Gründe an. »Ich erachte es daher unbedingt für angebracht, unter Verwendung der fast heilen Kellerräume und der zum Teil noch stehenden Mauerwände, auf dem Grundstück Klagesmarkt 32 vorn an der Josephstrasse die alte Gaststätte ›Stadt Petersburg‹ wenigstens als Provisorium wieder zu errichten. Einen großen Teil der noch verwendbaren Mauersteine habe ich damals bei der Schutträumung gleich gebrauchsfertig stapeln lassen.« Da Grundstück und Gebäude(rest) der Stadt gehörten, setzte er noch hinzu: »Auf Grund meiner jahrelangen, trotz aller Schwierigkeiten und Hindernissen [sic!] besonders in meinem Gewerbe, guten und fruchtbaren Zusammenarbeit mit der für mich zuständigen Städt. Marktverwaltung, erlaube ich mir, der Hoffnung Ausdruck zu geben, daß die zuständigen Städt. u. Behördl. Stellen mir bei der Wiederer[r]ichtung eines Provisoriums die in ihren Kräften stehende Hilfe und Unterstützung zuteil werden lassen.« Die erweiterte Wiedereröffnung wäre »nicht zuletzt zum Nutzen der Hauptstadt Hannover«.

Die Städtische Marktverwaltung bestätigte den Bedarf, erklärte, dass »die jahrelange Zusammenarbeit zwischen uns und dem Gastwirt Schlott stets reibungslos verlaufen ist« und leitete den Vorgang mit Schreiben vom 23. Juli 1949 an die zuständige Bauverwaltung weiter. Das Bauordnungsamt sprach sich allerdings im Oktober gegen Schlotts Gesuch aus, u. a. mit der Begründung: »Der Kreuzungspunkt Klagesmarkt – Josephstr. – (Celler Str.) bedarf sorgfältiger Planung, sobald Innenstadt geklärt ist. Endgültige Fluchtlinie ist heute noch nicht zu übersehen. Auch ein Provisorium erscheint mir als unerwünschte Bindung.« Die Durchführungsabteilung im Stadtplanungsamt entschied daher im November: Es »... kann wegen der noch ungeklärten städtebaulichen Planung eine Baugenehmigung vorerst nicht in Aussicht gestellt werden. Das Grundstück liegt im Sperrgebiet.«[38]

In der Folgezeit wurden tatsächlich Verkehrsführung und Fluchtlinien verändert. Spätestens mit der Errichtung des Gewerkschaftshochhauses 1952/53 hatten sich alle Provisoriumspläne endgültig erledigt. Hans Schlott blieb am Klagesmarkt auf das Bunkerhotel beschränkt. Nachdem die Stadt ihren Pachtvertrag mit der Finanzverwaltung zum 1. April 1950 und damit auch das Unterpachtverhältnis Schlotts gelöst hatte,[39] wurde er als Pächter von der Finanzverwaltung und späteren Bundesvermögensstelle Hannover übernommen.[40]

Im Jahr 1948 arbeiteten in der »Gastwirtschaft Stadt Petersburg, Klagesmarkt 32, und Bunkerhotel Am Klagesmarkt« neben den Eheleuten Hans und Anni Schlott »2 Portiers, 2 Kellner, 2 Hotel- und Küchenmädchen«. In den Resten der alten Gastwirtschaft, in der »die warmen Speisen hergerichtet« wurden, waren außerdem »1 männliche Hilfe (auch

---

38 Vgl. StadtAH, Stadtplanungsamt, Blockakten 208|35. In dieser Akte befinden sich Schriftwechsel und Planzeichnungen; alle Zitate ebd. – Die o. a. Josephstraße wurde 1972 in Otto-Brenner-Straße umbenannt. Vgl. Helmut ZIMMERMANN: Die Straßennamen der Landeshauptstadt Hannover, Hannover 1992, S. 189.

39 Vgl. StadtAH, HR 7, Nr. 1394.

40 Bundesanstalt für Immobilienaufgaben (BImA), VV 2906.1 – V322 | 0035/14: LS-Bunker Hannover Am Klagesmarkt: »Der Bunker Am Klagesmarkt wurde dem Hotelier Hans Schlott, Hannover, lt. Mietvertrag vom 8./14. Juli 1950 ab 1.4.1950 für Hotelzwecke mietweise überlassen.«

mit kleinen Küchenarbeiten beschäftigt) und 1 Küchenmädchen« tätig. »Von den insgesamt 100 Räumen im Bunker stehen nach Abzug der Toiletten, Waschräume, Zimmer für das Personal usw. 85 Kabinen zum Vermieten zur Verfügung. Es muss aber bei
20 Kabinen die Einrichtung vervollständigt werden, so dass im Augenblick 65 in Betrieb
sind. Die Preise betragen pro Nacht für eine Kabine mit einem Bett 3,30 DM und einer
solchen mit zwei Betten 5,-- DM.« Weiterhin existierte im Bunkerhotel noch ein »Fri-
seurraum«.[41] Schon damals gab es Schwierigkeiten mit der anhaltenden Feuchtigkeit im
Bunker, ein Problem, das bis zum Abriss nicht nachhaltig gelöst werden sollte.

Die hannoverschen Adressbücher geben darüber Auskunft, dass neben normalen
Hotelgästen auch noch Mieterinnen und Mieter im Bunker gewohnt haben müssen. Für
die Jahre 1950 bis 1968 sind jährlich bis zu 15 Personen verzeichnet, von denen manche
dort mehrere Jahre lebten. Unter ihnen erscheint immer wieder auch der Gastwirt Hans
Schlott. Ebenfalls erfahren wir, dass Schlott in den 1950er und 1960er Jahren zusätzlich
eine Gaststätte in der Langenforther Straße 32 in Bothfeld betrieb.[42]

1958/59 geriet das Schlottsche Bunkerhotel als ein Schauplatz des bundesweit beachteten Kriminalfalls Marchlowitz-Popp in die Schlagzeilen. Die junge Komplizin des Dop-
pelmörders Gerhard Popp, Inge Marchlowitz, sah sich offensichtlich in einer ausweglosen
Situation und plante, im Bunker Suizid zu begehen. »Es wurde nie ganz geklärt«, so schrieb
die HAZ in einem Artikel aus dem Jahr 2009, »ob die Polizei der 17-Jährigen die falsche
Information zuspielte, Popp wolle sie als lästige Mitwisserin ermorden lassen. Sicher ist,
dass die verzweifelte Inge Marchlowitz sich mit einer vermeintlichen Freundin, die in Wirklichkeit die Polizei auf sie angesetzt hatte, zum gemeinsamen Selbstmord verabredete. Die
Frauen mieteten sich im üblen Bunkerhotel ›Stadt Petersburg‹ unter dem Klagesmarkt in
Kabine 50 ein, um dort Pflanzenschutzmittel zu schlucken. Marchlowitz gestand in ihrem
vermeintlich letzten Gespräch die Morde, Polizisten im Nebenzimmer hörten mit – und als
sie gerade das Fläschchen an die Lippen setzte, stürmten sie das Zimmer.«[43]

Wie sich bei einer Besichtigung durch das Amt für Zivilschutz am 28. Juni 1963 bestätigte, war ein Aufenthalt im Bunkerhotel in diesen Jahren tatsächlich nicht komfortabel,
was nicht nur an den seit 1947 gestiegenen Ansprüchen der Hotelgäste lag: »Nach Auskunft
des Pächters, Herrn Schlott, ist der hintere Teil des Bunkers bereits geräumt. Durch einen
technischen Fehler auf der Oberfläche ist dieser Teil des Bunkers auch so feucht, daß er wohl
praktisch als unbewohnbar zu bezeichnen ist. Der Hotelbetrieb selbst besteht nur in der
Übernachtungsmöglichkeit. Eine Restauration ist nicht vorhanden. Der vordere Eingang
des Bunkers ist durch ein Lichttransparent gekennzeichnet. Das Hotel öffnet ab 18.00 Uhr.
Z. Zt. sollen sich noch 14 Gäste dort befinden. Die Preise für die Übernachtung liegen
pro Bett zwischen 2,50 und 3,50 DM. Die Ausstattung der Kabinen besteht aus einem
Bett, einem Stuhl und einem Kleiderhaken. Schränke und Tische sind nicht vorhanden.
Die Bewirtschaftung führt Herr Schlott selbst mit einem älteren Mitarbeiter aus. Weitere Angestellte sind nicht vorhanden. Auch Polizei, »Gaststättenstelle des Ordnungsamtes«,
Gesundheitsamt und »Geschlechtskrankenfürsorge« wurden bei dieser Gelegenheit zu Stel-
lungnahmen aufgefordert. Man erfährt, dass die Polizei keine ernsthaften Bedenken gegen
eine Weiterführung des Betriebes hatte, »es aber auch nicht bedauern [würde], wenn das

41 Vgl. StadtAH, HR 7, Nr. 1394. Alle Zitate dort.
42 Vgl. entsprechende Jahrgänge der Adressbücher der Landeshauptstadt Hannover.
43 Vgl. Simon BENNE: Der »Todesengel von Krähenwinkel«. In: HAZ (Online-Ausgabe) vom 28.2./7.3.2009 (http://www.haz.de/
    Hannover/Aus-der-Stadt/Uebersicht/Der-Todesengel-von-Kraehenwinkel; letzter Zugriff: 11.6.2014). Dort das Zitat und die
    ausführlichere Darstellung des Kriminalfalls.

Bunkerhotel schließen müßte«. Die Gaststättenstelle fügte hinzu, dass »vor zwei Jahren in diesem Bunkerhotel katastrophale Zustände geherrscht hätten, so daß man allgemein der Ansicht gewesen ist, den Betrieb zu schließen. … Durch eine dauernde Überwachung des Betriebes ist es dann aber gelungen, die Zustände soweit zu ändern, daß in den letzten zwei Jahren Beanstandungen nicht mehr zu verzeichnen waren.« Der Amtsarzt betonte, den Betrieb genau zu kennen. »Die hygienischen Verhältnisse und technischen Anlagen, soweit sie für den Bunkerbetrieb von Bedeutung sind, werden vom Gesundheitsamt laufend überwacht. Notwendige Beanstandungen wurden von dem Pächter berücksichtigt.« Der Arzt fügte noch hinzu, dass »man den Bunkerbetrieb belassen sollte, weil hier ein ganz bestimmter Personenkreis, den es nun einmal in jeder Großstadt gibt, zusammenkommt. Die Überwachung ist also sowohl durch das Gesundheitsamt als auch durch die Polizei einfacher. Eine Schließung des Betriebes würde … dazu führen, daß sich die große Zahl der sogenannten unkontrollierten Pensionen in der Stadt noch vergrößern würde, weil zwar das Hotel, nicht aber die dort vorhandenen Zustände beseitigt werden könnten. Ähnlich argumentierte auch die leitende Fürsorgerin. Sie hielt »die Zustände für tragbar, zumal sie die feste Gewißheit hat, daß dort ›nicht abgestiegen‹

Abb. 6: Reste einer zu Kunst-Center-Zeiten teilweise übermalten Bunkerhotelkabinenausstattung mit Garderobe (Lampe und Lichtschalter später erneuert), Zustand am 7. Mai 2013 (Foto: Geoinformation Hannover)

wird. In Hannover gibt es eine Reihe von Hotels und Pensionen, wo aus der Sicht der Geschlechtskrankenfürsorge Verhältnisse herrschen, die weit mehr zu beanstanden wären.«[44]

Hans Schlott starb am 8. Februar 1968 im hannoverschen Oststadtkrankenhaus.[45] Der Bunker wird schließlich erst 1969 im hannoverschen Adressbuch als »unbewohnt« geführt.[46]

Zivilschutz (1955 bis 1969)

Während des »Kalten Krieges« verabschiedete die Bundesregierung am 11. Juli 1955 ein »vorläufiges Luftschutzprogramm«, auch »Vorabprogramm« genannt. Im Oktober 1957 trat das »Erste Gesetz über Maßnahmen zum Schutz der Zivilbevölkerung« in Kraft.

---

44   LHH, Immobilienverwaltung, 38.42.01/1: »Nutzbar gemachte Schutzbauten im Stadtgebiet – Am Klagesmarkt«.
45   Geboren wurde der »frühere Küchenmeister Johannes Gottfried Schlott« am 3. Dezember 1895 in Rothenberga (Thüringen). Zum Zeitpunkt seines Todes wohnte er in der Langenforther Straße 32 in Bothfeld, in der sich auch seine Gaststätte befand. Seine Witwe Anna Johanne Auguste (geborene Kaps) wohnte danach weiter dort, wie sich den Adressbüchern 1968 ff. entnehmen lässt. Vgl. Sterbeurkunde Hans Schlott: StadtAH, Standesamt I Hannover / Sterbebuch / Jahrgang: 1968 / Band 1 Nr. 1 bis 500, hier Nr. 440 (= 1246–440).
46   Adreßbuch der Landeshauptstadt Hannover 1970 unter Benutzung amtlicher städtischer Quellen, Hannover, o. J. [1969], Teil III, S. 18.

In der Folgezeit beschäftigte sich die Stadt Hannover wie andere Städte auch mit der Luftschutzplanung und der luftschutztaktischen Beurteilung der Bunker aus Kriegszeiten, bei der es u. a. um die Lage im Stadtgebiet, um die Wand- und Deckenstärken und die technische Ausrüstung ging. Nach dem Mauerbau in Berlin im August 1961 bekamen die Zivilschutzbemühungen noch einmal stärkeren Antrieb.[47]

In Hannover wurde 1963 ein »Amt für Bevölkerungsschutz« eingerichtet, das fortan für den Zivil- und Katastrophenschutz und damit auch für die Instandsetzung, Verwaltung und Wartung der in die Zivilschutzbindung aufzunehmenden Luftschutzbunker zuständig war und später in »Amt für Zivilschutz« umbenannt wurde.[48]

Der Aus- und Umbau zahlreicher Weltkriegsbunker zu mehr oder weniger modernen Schutzbauten sowie der Neubau von Schutzbauten waren in Bevölkerung und Politik der Bundesrepublik Deutschland stark umstritten, was sich auch im langwierigen diesbezüglichen Gesetzgebungsprozess widerspiegelt. Entwürfe zu einem »Gesetz über bauliche Maßnahmen zum Schutz der Zivilbevölkerung (Schutzbaugesetz)«, die in Bundestag und Bundesrat unter Einschaltung des Vermittlungsausschusses kontrovers diskutiert wurden, gab es bereits 1962 und 1963; das »Schutzbaugesetz« wurde schließlich erst im September 1965 verabschiedet.[49] Die Gründe für die ablehnende Haltung vieler Menschen waren zwar unterschiedlicher Natur, aber die Kriegserinnerungen eines großen Teils der Bevölkerung spielten dabei eine nicht zu unterschätzende Rolle. »Die Bunker blieben für Millionen Bundesbürger Symbole einer wenig ruhmreichen Vergangenheit.«[50]

In der »Luftschutzortsbeschreibung Hannover 1962« ist der Klagesmarktbunker als unzerstörter Tiefbunker und für das Vorabprogramm vorgesehen verzeichnet.[51] Im Zug der Beurteilung ließ man auch den Klagesmarktbunker 1963 neu vermessen; Grundrisse und Querschnitte wurden gezeichnet. Im »Vermerk über die Besichtigung der Bunkerhotels am Klagesmarkt und am Welfenplatz« vom 28. Juni 1963 wird zum Klagesmarktbunker festgestellt: »Der Tiefbunker hat einen Eingang in Höhe der Josephstraße und einen in Höhe der Theodor-Straße [sic!]. In dieser Entfernung erstreckt sich der Bunker unterirdisch. Er besteht aus zwei Seitengängen, die durch das Mittelteil mit vier Quergängen verbunden sind. Die Bunkerzellen sind jeweils rechts und links der Hauptgänge angelegt. … Der Bunker macht einen verwahrlosten Eindruck. Schönheitsreparaturen wurden überhaupt nicht ausgeführt. Die Eltanlage ist zum großen Teil in Ordnung. Bei der vorderen Schmutzwas-

47 Vgl. Foedrowitz: Bunkerwelten (wie Anm. 10), S. 174–176; StadtAH, Amt für Zivilschutz, Nr. 93; und Nicholas J. Steneck: Eine verschüttete Nation? Zivilschutzbunker in der Bundesrepublik Deutschland 1950–1965, in Marszolek; Buggeln: Bunker (wie Anm. 11), S. 75–87, hier S. 79.

48 Vgl. Hauptstadt Hannover, Hauptamt: Stadtverwaltung Hannover. Handbuch und Fernsprechverzeichnis, Ausgabe 1963, S. 47. – Die Neueinrichtung dieses Amts erfolgte im Rahmen einer größeren Verwaltungsreorganisation; es hatte seinen Sitz in der Bödekerstraße 60. Amtsleiter wurde Erhard Hulecke. Organisatorisch zugeordnet war das neue Amt der »Rechts-, Sicherheits- und Ordnungsverwaltung« im »Dezernat B« des Stadtdirektors und späteren Oberstadtdirektors Martin Neuffer. (Vgl. ebd.) 1966 bestand das »Amt für Bevölkerungsschutz« mit der Ordnungsziffer 38 aus den Abteilungen »0 Verwaltungsstelle«, »1 Abt. für Schutzbau, Selbstschutz und Versorgungsmaßnahmen« und »2 Abt. für Katastrophenschutz, Zivilschutz, Warn- und Alarmdienst«. (Vgl. Handbuch und Fernsprechverzeichnis, Ausg. 1966, S. 50.) Die Umbenennung in »Amt für Zivilschutz« wurde 1967 vorgenommen, zeitgleich mit dem Umzug in die Langensalzastraße 17. (Vgl. Handbuch und Fernsprechverzeichnis, Ausg. 1967, S. 48.) Hulecke blieb Amtsleiter bis zu seiner Pensionierung am 31. Dezember 1970. (Vgl. StadtAH, Amt für Zivilschutz, Nr. 107.)

49 Siehe z. B. den »Entwurf eines Gesetzes über bauliche Maßnahmen zum Schutz der Zivilbevölkerung (Schutzbaugesetz)« vom 14. 1.1963 (Deutscher Bundestag, 4. Wahlperiode, Drucksache IV/896) und den Bericht über die 286. Sitzung des Bundesrats am 16.7.1965. Vgl. dazu auch Steneck: Verschüttete Nation (wie Anm. 47), S. 77–85; und Friedrichs: Massenunterkunft (wie Anm. 33), S. 250.

50 Steneck: Verschüttete Nation (wie Anm. 47), S. 86. Dort findet sich u. a. eine ausführliche Schilderung der Positionen von Gegnern wie Befürwortern von Schutzraumneubau und Altbunkerumbau in der bundesrepublikanischen Gesellschaft und in den politischen Parteien.

51 StadtAH, Amt für Zivilschutz, Nr. 93: Karte 35 Luftschutzortsbeschreibung Hannover 1962, Maßstab 1:20000, angefertigt von der »Arbeitsgemeinschaft für Planungswesen an der Technischen Hochschule Hannover, Gruppe Ortsplanung, Leiter: Dr. Ing. Alfred Müller«.

serpumpe sind wahrscheinlich Motor und Pumpe defekt. Die eingebaute Gas-Heißluftheizung ist nicht in Ordnung. Der Bunker ist nie beheizt worden. Mit dem vorhandenen Gebläse wird der Bunker belüftet. Die Luftverhältnisse sind schlecht.«[52]

In der »taktische[n] Beurteilung des öffentlichen Tiefbunkers unter dem Klagesmarkt für die Einbeziehung in das Vorabprogramm« durch die Stadt vom 19. Juni 1964 heißt es: »Der Tiefbunker besteht aus zwei langgestreckten hintereinander angeordneten Baukörpern, die durch gasdichte Abschlüsse voneinander getrennt werden können. ... Heizung, Belüftung und Beleuchtung können für jeden Bunkerteil unabhängig voneinander betrieben werden. ... Die Bodenfläche aller Aufenthaltsräume beträgt 634 qm. Der Bunker würde nach dem Ausbau im Vorabprogramm ca. 850 Schutzplätze haben. Dieser Schutzbau ist an das städt. Versorgungsnetz angeschlossen. Er wurde während des 2. Weltkrieges nicht durch Bombentreffer beschädigt, auch später sind keine Entfestigungsmaßnahmen durchgeführt worden. Z.Zt. wird auch dieses Objekt im Rahmen der Nutzbarmachung für einen kurzen Aufenthalt hergerichtet. ... Der Bunker ist damit in LS-Planung des LS-Gebietes Hannover einbezogen.«[53]

Nach längeren Verhandlungen mit dem Niedersächsischen Innenministerium wurde der Klagesmarktbunker im März 1965 in das Vorabprogramm aufgenommen, allerdings mit der Einschränkung: »Mit einem alsbaldigen Baubeginn ist jedoch nicht zu rechnen, weil z.Zt. keine Mittel für diesen Zweck vorhanden sind.«[54] Am 22. Juni 1965 fand dann eine erneute Besichtigung des Bunkers unter dem Klagesmarkt statt: »Der Bunker ist geräumt und besenrein. Die technischen Anlagen sind in Ordnung. Die seinerzeit defekte Fäkalienpumpe wurde mit einem neuen Motor versehen. Keine Beanstandungen.«[55]

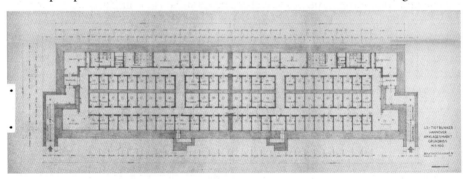

Abb. 7: Grundriss des Klagesmarktbunkers im Maßstab 1:100, neu angefertigt zur Vorbereitung seiner Aufnahme in das vorläufige Luftschutzprogramm (Vorabprogramm), 12. August 1963 (mit Ergänzungen vom 5. Mai 1965) (Geoinformation Hannover/LHH, Immobilienverwaltung, Akte 38.42.01/1)

Ein ausführlicher Briefwechsel des Amts für Zivilschutz mit der Oberfinanzdirektion Hannover über das ganze Jahr 1968 hinweg zeigt, dass bis dahin nicht einmal Planungen für die weitere Modernisierung des Klagesmarktbunkers vorgenommen worden

52 Vgl. LHH, Immobilienverwaltung, 38.42.01/1 (wie Anm. 44).
53 Ebd.
54 Ebd. – Diese finanzielle Argumentation fügt sich in den bundesrepublikanischen Gesamtzusammenhang. Kurz nach der Verabschiedung des Schutzbaugesetzes passierte das »Haushaltssicherungsgesetz« den Bundestag, »dessen zentrales Ziel die Kontrolle des wachsenden Staatsdefizits war. Das Gesetz sah vor, die Finanzen durch eine Kombination von sofortigen Ausgabestopps und der Beschränkung zukünftiger Ausgaben in den Griff zu bekommen. In diesem Rahmen wurde auch die Implementierung des Schutzbaugesetzes für drei Jahre ausgesetzt ...«. STENECK: Verschüttete Nation (wie Anm. 47), S. 80/81.

waren. Allerdings erwartete man, dass im Jahr 1969 Mittel des Bundes dafür zur Verfügung gestellt werden würden.[56] Vor der provisorischen Bebauung des südlichen Teils des Klagesmarkts durch die Firma Neckermann fand am 16. April 1968 eine Ortsbesichtigung statt, bei der festgestellt wurde, dass einer der drei oberirdischen Lüftungskamine »vollkommen verfallen ist«.[57] Ein interner Vermerk über die Besichtigung verschiedener Bunker am 26. und 27. August 1968 hielt für den Klagesmarktbunker fest: »Die Eingänge zum Tiefbunker sind stark verdreckt, so daß man über Schmutzhaufen erst an die Eingangspforte kommt. Im nördlichen Teil des Bunkers steht in einzelnen Gängen und Kabinen Wasser in ungefähr 5 cm Höhe.«[58]

Mit Datum vom 10. Dezember 1969 teilte die Bundesvermögensstelle Hannover dem Amt für Zivilschutz mit, dass der Klagesmarktbunker unter bestimmten Bedingungen für die Nutzung eines »Kunst-Flohmarkts« zur Verfügung gestellt werden dürfe.[59] Am 16. Dezember 1969 schloss sich eine erneute Begehung des Klagesmarktbunkers an, bei der festgestellt wurde, dass eine der beiden Pumpen wieder instandgesetzt werden musste, das Wasser im nördlichen Eingang abgesaugt und die Belüftungsmaschinen entrostet und gestrichen werden sollten.[60] Dies waren die Vorbereitungen für eine neue (vorübergehende) Nutzung des Bunkers.

Kunst-Center (Dezember 1969 bis Mai 1973)

Auf Initiative des »Flohmarktdirektors« Reinhard Schamuhn[61] wollten junge Künstlerinnen und Künstler die Räumlichkeiten des Klagesmarktbunkers als Ateliers bzw. Studios, Galerie und Kino nutzen. Am 5. Dezember 1969 war das Amt für Zivilschutz durch den Leiter des Kulturamts auf Wunsch von Schamuhn daraufhin angesprochen worden. In einem Vermerk vom 10. Dezember 1969 heißt es dazu: »Herr Schamuhn hat sich … mit verschiedenen Vertretern seiner Arbeitsgemeinschaft den Schutzbau angesehen und hält ihn

---

55   LHH, Immobilienverwaltung, 38.42.01/1 (wie Anm. 44).

56   Vgl. ebd. – Auch diese hannoversche Entwicklung passt in den bundesweiten Zusammenhang. »Grundsätzlich lässt sich zunächst feststellen, dass die Weltkriegsbunker in den Zivilschutzplanungen des Bundes keine größere Rolle spielten.« Die schon erwähnten finanziellen Restriktionen trafen sich mit dem »spezifischen Charakter der zu erwartenden militärischen Bedrohung«. »Waren die Bunker bis 1945 darauf ausgelegt, einer möglichst großen Zahl von Menschen für einen kurzen Zeitraum Schutz zu bieten, sollten die neuen Schutzräume mindestens 14 Tage autark funktionieren können. Dies beschränkte natürlich die Aufnahmekapazität, da nur eine begrenzte Menge an Lebensmitteln und Trinkwasser eingelagert werden konnte. Darüber hinaus befanden sich die meisten vorhandenen Bunker in den Stadtzentren, wo ein wirksamer Schutz vor atomaren Bomben – zumal in oberirdischen Bunkern – schon frühzeitig als illusorisch eingestuft worden war.« Erschwerend dazu kamen »die extrem kurzen Vorwarnzeiten im Falle eines Atomkrieges. Der Bevölkerung wären nur wenige Minuten geblieben, um nach einem Alarm einen Schutzraum zu erreichen. Deshalb galt grundsätzlich die Parole, dass jeder dort Schutz zu suchen hätte, wo er oder sie sich gerade befand, in den meisten Fällen also am Arbeitsplatz oder in den eigenen vier Wänden. … Die Frage, wie sich ein Überleben nach den zwei Wochen im Bunker gestaltet hätte, blieb stets unberücksichtigt.« So FRIEDRICHS: Massenunterkunft (wie Anm. 33), S. 250. – Tatsächlich veränderte der Regierungsantritt der SPD-F.D.P.-Koalition mit Bundeskanzler Willy Brandt an der Spitze 1969 die politische Konstellation in der Bundesrepublik auch hinsichtlich des Zivilschutzes entscheidend. Die neue Sicherheitspolitik mit dem Leitgedanken ›Wandel durch Annäherung‹, »in deren Fokus, anstatt militärischer Konfrontation und Bunkerbau, nun eine Verständigungspolitik mit dem kommunistischen Ostblock im Rahmen von Brandts *Ostpolitik* stand«, sah keine Ausgabenerhöhungen für den Zivilschutz vor. Vgl. STENECK: Verschüttete Nation (wie Anm. 47), S. 81 (dort auch das Zitat).

57   Vgl. LHH, Immobilienverwaltung, 38.42.01/1 (wie Anm. 44).

58   Ebd.

59   Vgl. ebd.

60   Vgl. ebd.

61   Der Aktionskünstler und Galerist Reinhard Schamuhn gilt zusammen mit Klaus Partzsch als Ideen- und Anstoßgeber des hannoverschen Flohmarkts nach Pariser Vorbild, den er am 8. April 1967 zunächst auf dem Holzmarkt und bald darauf am Hohen Ufer organisierte. Schamuhn initiierte Ende der 1960er-Jahre zahlreiche ungewöhnliche Kunstaktionen und -projekte in Hannover. Er starb 2013 im Alter von 73 Jahren in Uelzen, wo er seit 1972 lebte. Vgl. JK [= Juliane KAUNE]: Flohmarkt-Gründer Schamuhn ist tot, in: HAZ vom 2.7.2013, S. 12; und Kristian TEETZ: 66 Sekunden Eiffelturm am Tag, in: HAZ vom 6.7.2013, S. 17; sowie Hannover Chronik (wie Anm. 5), S. 260/261.

für seine Zwecke für außerordentlich geeignet. Die erforderlichen Instandsetzungsarbeiten (ein Teil des Bunkers ist durch Sickerwasser etwas verschlammt; einige Lüftungsschächte anscheinend verschüttet oder stark verschmutzt) will er mit befreundeten Helfern beseitigen. Außerdem sollen einige Schäden, die an den Treppen entstanden sind, vor der beabsichtigten Ausstellung behoben werden, damit eine unnötige Unfallgefahr ausgeschlossen wird.«[62]

Die »Hannoversche Allgemeine Zeitung« hatte schon in ihrer Sonnabendausgabe vom 6./7. Dezember 1969 getitelt: »Die Kunst soll in den Untergrund. Reinhard Schamuhn will aus dem Klagesmarkt-Bunker ein Pop-Zentrum machen«[63]. Die »Hannoversche Presse« (HP) meldete am selben Tag, dass die Eröffnung des »Kunst-Center[s] Hannover« schon am 21. Dezember erfolgen sollte. Man plane neben Ateliers für Grafiker und Bildhauer eine »Mal- und Bastelstube für Kinder«, eine »bunte Bunker-Bühne«, Räume für Musiker und ein Teestübchen. »Außerdem sollen die Wände des Bunkers bemalt werden. Licht und Heizung sind vorhanden. ... In dem Kunstcenter im Underground [sic!] haben etwa 3000 Menschen Platz.«[64] Die HAZ ergänzte am 11. Dezember 1969: »Bereits am Sonnabend (13.12.) ist um 18 Uhr die erste Bühnenprobe im Untergrund-Theater, das den Namen ›floodlight‹ (Flutlicht) erhalten hat.«[65] Und am 13. Dezember 1969: »40 der rund 100 Räume, die alle sechs Quadratmeter groß sind – sie wurden bis in die Mitte der fünfziger Jahre noch als Hotelzimmer genutzt – haben bereits Abnehmer gefunden.«[66]

Abb. 8 und 9: Von Wilhelm Hauschild gestellte Szenen mit Künstlerinnen und Künstlern in ihren Studios, 1969 (Foto: HAZ-Hauschild-Archiv/HMH)

Die HP kündigte am 15. Dezember 1969 die Premiere des Einakters »Filmrezession« an. Am 16. Dezember meldete die HAZ: »Das Underground Center unter dem Klagesmarkt ist völlig ausgebucht.«[67]

Die Eröffnung am Sonntag, 21. Dezember 1969, 11:00 Uhr, wurde ein voller Erfolg. Aber es gab auch Probleme. Die Feuerwehr bemängelte fehlende Feuerlöscher und

62   StadtAH, Amt für Zivilschutz, Nr. 103.
63   Vgl. ebd.
64   Vgl. ebd.
65   Vgl. ebd.
66   Vgl. ebd.
67   Vgl. ebd.

Kennzeichnung der Notausgänge, wofür zunächst niemand Geld hatte. Die Luftqualität im Bunker war weiterhin schlecht. Insbesondere wenn sich viele Menschen dort aufhielten, sorgte die Belüftungsanlage nicht für ausreichend Frischluft. Die Fäkalienhebeanlage arbeitete auch nicht immer korrekt. Stromschulden liefen auf. Reinhard Schamuhn zog sich wie geplant bald aus dem Projekt zurück und widmete sich vorrangig seinen anderen Aktivitäten. Am 15. März 1970 eröffnete beispielsweise im Bunker unter dem Ballhof das von ihm initiierte »Popeum« mit einer ähnlichen Ausrichtung wie das Kunst-Center unter dem Klagesmarkt, das mit seiner Mischung aus bildender Kunst, Theateraufführungen, Konzerten, Lesungen und Filmvorführungen Maßstäbe gesetzt hatte. Beide »Kunstbunker« kooperierten bei größeren Veranstaltungen auch miteinander.[68]

Am 25. August 1970 meldete die HP eine Vereinsgründung der Nutzer (»Verein Kunst-Center«). Bald entstand ein zweiter Verein und Streit unter den Nutzern. Eine neue Nutzungsvereinbarung wurde am 21. bzw. 30. September 1971 von der Stadt mit dem Geschäftsführer des »Kunst-Center-Förderkreises« Werner Brandes geschlossen. Am 29. Oktober 1971 titelte die HAZ: »Mini-Kino im Bunker hat Premiere«. In direkter Folge entstanden Streitigkeiten mit der Stadt wegen der nicht genehmigten Umbauten für den Kinobetrieb etc., die sich mindestens bis Mai/Juni 1972 hinzogen. Im November 1971 stand erneut Wasser im Bunker.

Abb. 10: Ehemalige »Kinoklause« des Kunst-Centers im Klagesmarkt-bunker, Zustand am 2. Mai 2013 (Foto: Geoinformation Hannover)

Die HAZ titelte am 5. Dezember 1972: »Kunstcenter in Gefahr«. Und am 23. März 1973: »Offener Streit im Kunstcenter. ›Unsolides Gebahren [sic!] des Geschäftsführers‹ / Neuer Verein als Träger«. Die HP ergänzte am 24./25. März 1973: »Jetzt zwei Vereine und kein Kunstcenter mehr«. Am 27. März 1973 kündigte dann die HAZ an: »Eine neue Bleibe für das Kunstcenter.

Abb. 11: Künstler-Studio, Zustand am 2. Mai 2013 (Foto: Geoinformation Hannover)

Umzug ins ehemalige Schwedenheim«. Und weiter: »Als Ersatz für die bisherigen Räume im Bunker unter dem Klagesmarkt kann die Stadtverwaltung dem Center jetzt einen Flügel des früheren Schwedenheims zwischen Lister Turm und Eilenriede anbieten, wo sich

---

68   Vgl. zu Schamuhns vielfältigen Aktivitäten z. B. StadtAH, Kulturamt, Nr. 261; und TEETZ: 66 Sekunden Eiffelturm (wie Anm. 61).

bislang Unterkünfte von Studenten der Musikhochschule befunden haben.« Der Umzug sollte spätestens zum 31. Mai 1973 erfolgen. »Einmütig empfahl der Kulturausschuß dem Verwaltungsausschuß, die für die aufwendige Belüftung und Beleuchtung im unterirdischen Klagesmarktbunker und für Wasserverbrauch noch offenen Kosten aus dem Stadthaushalt zu bezahlen. Sie betragen rund 43 000 Mark.«[69]

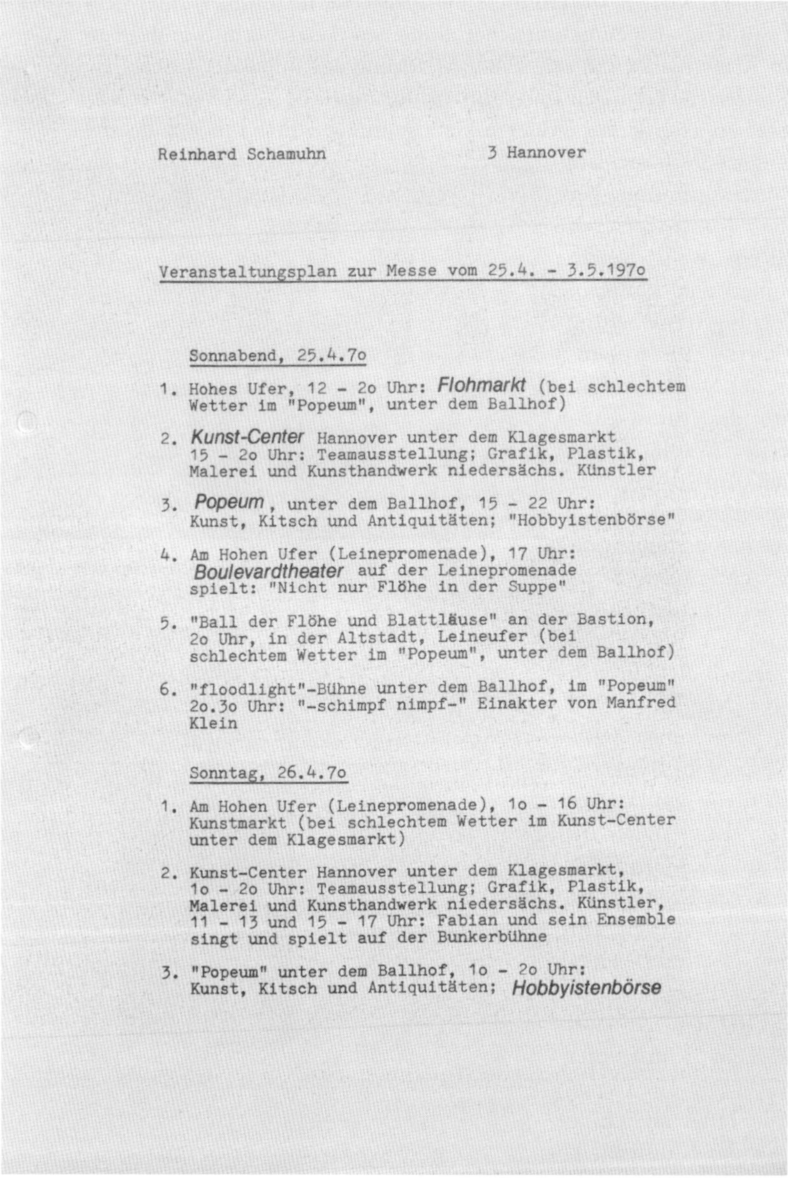

Reinhard Schamuhn   3 Hannover

Veranstaltungsplan zur Messe vom 25.4. - 3.5.1970

Sonnabend, 25.4.70

1. Hohes Ufer, 12 - 2o Uhr: *Flohmarkt* (bei schlechtem
   Wetter im "Popeum", unter dem Ballhof)

2. *Kunst-Center* Hannover unter dem Klagesmarkt
   15 - 2o Uhr: Teamausstellung; Grafik, Plastik,
   Malerei und Kunsthandwerk niedersächs. Künstler

3. *Popeum*, unter dem Ballhof, 15 - 22 Uhr:
   Kunst, Kitsch und Antiquitäten; "Hobbyistenbörse"

4. Am Hohen Ufer (Leinepromenade), 17 Uhr:
   Boulevardtheater auf der Leinepromenade
   spielt: "Nicht nur Flöhe in der Suppe"

5. "Ball der Flöhe und Blattläuse" an der Bastion,
   2o Uhr, in der Altstadt, Leineufer (bei
   schlechtem Wetter im "Popeum", unter dem Ballhof)

6. "floodlight"-Bühne unter dem Ballhof, im "Popeum"
   2o.3o Uhr: "-schimpf nimpf-" Einakter von Manfred
   Klein

Sonntag, 26.4.70

1. Am Hohen Ufer (Leinepromenade), 1o - 16 Uhr:
   Kunstmarkt (bei schlechtem Wetter im Kunst-Center
   unter dem Klagesmarkt)

2. Kunst-Center Hannover unter dem Klagesmarkt,
   1o - 2o Uhr: Teamausstellung; Grafik, Plastik,
   Malerei und Kunsthandwerk niedersächs. Künstler,
   11 - 13 und 15 - 17 Uhr: Fabian und sein Ensemble
   singt und spielt auf der Bunkerbühne

3. "Popeum" unter dem Ballhof, 1o - 2o Uhr:
   Kunst, Kitsch und Antiquitäten; *Hobbyistenbörse*

Abb. 12: Seite 1 des von Reinhard Schamuhn zusammengestellten Veranstaltungsprogramms anlässlich der Hannover-Messe 1970 (StadtAH, Kulturamt, Nr. 261)

69   Vgl. StadtAH, Amt für Zivilschutz, Nr. 103.

Mit dem Umzug endete also nicht die Geschichte des Kunst-Centers, aber die des Kunst-Centers im Klagesmarktbunker. Ab Dezember 1973 gab es noch langwierige Auseinandersetzungen in der Verwaltung um die Räumung und Entrümpelung des Bunkers, die dann schließlich im Dezember 1974 durchgeführt wurde. Um die Kostenübernahme wurde zwischen Amt für Zivilschutz und Kulturamt sowie um Räumungsstromkosten mit Werner Brandes noch bis zum 11./15. November 1976 gestritten.[70]

Abb. 13: Plakat mit dem typischen Kunst-Center-Schriftzug, 1972 (StadtAH, Plakat Nr. 5725)

70 Vgl. ebd. Siehe auch Hans-Peter WIECHERS: Die Kunst im Keller, in: HAZ vom 13. Juli 2013, S. 15. – Die Geschichte des Kunst-Centers hätte eine ausführlichere Darstellung verdient, als sie an dieser Stelle geleistet werden kann. Eine Untersuchung, die sich mit der ausgestellten und aufgeführten Kunst und den Kreativen, gerade auch in Beziehung zu den »oberirdischen« Kunstströmungen der Zeit gesetzt, beschäftigte, könnte spannende neue Erkenntnisse liefern. Das damalige Medienecho war groß, im Stadtarchiv existieren neben Akten auch umfangreiche Zeitungsausschnittsammlungen zum Thema. Im Historischen Museums Hannover lassen sich im Nachlass des Pressefotografen Wilhelm Hauschild (HAZ-Hauschild-Archiv) noch zahlreiche Fotos entdecken. Als Wegweiser durch die Materialfülle kann die vom Verf. zusammengestellte Dokumentation im Stadtarchiv dienen. Nicht zuletzt könnten auch noch Zeitzeugen zurate gezogen werden.

Der Bunker in den 1970er- bis 2000er-Jahren

Während und nach der Kunst-Center-Zeit lief selbstverständlich die Verwaltung des Klagesmarktbunkers durch das Amt für Zivilschutz weiter. In einem Schreiben des Stadtvermessungsamts an das Amt für Zivilschutz vom 18. Februar 1971 wurde noch einmal ausdrücklich festgestellt, dass die »bisherige Regelung der vermögensrechtlichen Zugehörigkeit des Grund u. Bodens« bestehen blieb, also der Bunker dem Bund gehörte und die Verwaltung dem Amt für Zivilschutz oblag, das im Oktober 1971 die Gasversorgung im Bunker durch die Stadtwerke stilllegen ließ.

Es gab Meldungen über Beschädigungen und ungewöhnliche Verschmutzungen. Eine Aktennotiz vom 30. Mai 1973 warnte: Beim Bau eines Verteilerschrankes wurden Basaltsteine aus dem Fußweg entfernt und in den Nordausgang gelegt. »Vorbeigehende Passanten schmeißen weiteren Unrat dazu, so daß hier ein Schuttabladeplatz zu entstehen droht.« Man ließ die Verschmutzungen beseitigen.[71]

Dem von der Bauverwaltung am 18. September 1973 geäußerten Wunsch, man möge doch den südlichen Lüftungskamin des Bunkers auf dem Klagesmarkt entfernen dürfen, weil »während der Umbauarbeiten für den Z.O.B. am Raschplatz ... der südl. Teil des Klagesmarktes als Ersatzbusbahnhof benötigt« werde und so »eine störungsfreie Zufahrt für die Busse« erreicht werden könne, wurde unter der Bedingung entsprochen, dass »die entstehende Öffnung mit einer wasserundurchlässigen und befahrbaren Eisenklappe« abgedeckt wird. Man versicherte sich allerdings vorher rück beim Staatshochbauamt III, das in seinem Antwortschreiben vom 10. Oktober 1973 interessanterweise auch darauf hinwies, dass »der Bunker ›Am Klagesmarkt‹ für eine Instandsetzung vorgesehen [ist], da die Kapazität über 1000 Schutzplätze liegt«.[72]

Die Anfrage eines Bauunternehmens vom 7. Januar 1974, ob man die Bunkeranlage für ein bis anderthalb Jahre als Unterkunft für Bauarbeiter der Großbaustelle Osterstraße mieten könne, wurde aus bauordnungsrechtlichen Gründen unter Berufung auf die Vorschriften der Niedersächsischen Bauordnung von 1973 abgelehnt.[73] Im April 1983 wurde festgestellt, dass durch den nördlichen Eingang Grundwasser in den Bunker eindrang und die diesbezüglichen baulichen Maßnahmen von 1982 nicht ausreichend gewesen waren.[74] Die Anfrage eines hannoverschen Bürgers vom 6. September 1984, der im Bunker ein »Rumänien-Haus« einrichten wollte, wurde ebenfalls mit Verweis auf Bauordnung und mangelnde bauliche Gegebenheiten abschlägig beschieden.[75] Ende Oktober 1989 wurde ein weiterer oberirdischer Lüftungsschacht des Bunkers abgetragen und ein bodengleicher Schachtabschluss hergestellt, nachdem ein LKW infolge eines Schwächeanfalls des Fahrers mit dem kaminartigen Schacht kollidiert war und ihn zum Umstürzen gebracht hatte.[76]

1994 ging die Zuständigkeit für die hannoverschen Bunker vom Amt für Zivilschutz auf die Feuerwehr Hannover (Abteilung für Zivil- und Katastrophenschutz) über. Daher beantragte die in Langenhagen ansässige Firma »Unicorn Deutschland / Freizeit und Urlaub«, eine Veranstaltung im Klagesmarktbunker durchführen zu können, am 19. September 1994 mit einem Schreiben an die Feuerwehr. Es sollte dabei um eine

---

71 Vgl. LHH, Immobilienverwaltung, 38.42.01/1 (wie Anm. 44).
72 Vgl. ebd.
73 Vgl. ebd.
74 Vgl. ebd.
75 Vgl. ebd.
76 Vgl. ebd.

Talentauswahl für interessierte Darsteller im Bereich des Laienspiels und deren filmische Dokumentation gehen. Unicorn schilderte den geplanten Ablauf so: »Bei unserem vorliegenden Projekt stellen verschiedene Akteure erdachte Personen dar, die in Zeitsprüngen von der Vergangenheit bis in unsere heutige Zeitepoche geraten. Hierbei werden fiktive Erlebnisse simuliert, die natürlich entsprechend bewältigt werden. Vorgesehen sind ca. 70–80 Personen, von denen sich nicht mehr als 30 Personen gleichzeitig in der Anlage aufhalten.« Nach gründlicher Prüfung wurde mit der Firma am 18. Oktober 1994 eine schriftliche Überlassungsvereinbarung für den Zeitraum 25. November bis einschließlich 5. Dezember 1994 gegen Übernahme der entstehenden Stromkosten geschlossen. Für eine weitere derartige »Abenteuer-Laienspielveranstaltung« der Firma Unicorn wurde am 4. April 1995 noch eine Überlassungsvereinbarung für den Zeitraum 21. April bis einschließlich 3. Mai 1995 getroffen.[77]

Ab März 1995 gab es Bestrebungen, den Klagesmarktbunker aus der Zivilschutzbindung zu lösen, einerseits wegen seines baulichen Zustands, andererseits da man begann, die gesamte Situation des Klagesmarkts planerisch neu zu überdenken. Durch zunächst ungeklärte Fragen der Kostenübernahme, eine fehlende konkrete Nachnutzung des Bunkers und das Stocken der Klagesmarkt-Neuplanungen zog sich dieses Verfahren bis 1999 hin. Am 4. Juni 1999 erfolgte eine Begehung zur Feststellung zukünftiger Nutzungsmöglichkeiten (z. B. Disco-Betrieb). Eine konkrete Nutzung ergab sich allerdings nicht, so dass man zunächst nicht weiter auf die Lösung aus der Zivilschutzbindung drängte.[78]

Zum Ablauf des letztendlichen Eigentumsübergangs gibt es noch offene Fragen, da entsprechende Akten bislang nicht zugänglich waren. Es ist allerdings davon auszugehen, dass der »Schutzbau unter dem Klagesmarkt« durch die Überlassungsvereinbarung vom 1. Dezember 1969 (anlässlich der Kunst-Center-Einrichtung; aktualisiert 18. März/19. April 1983) von der Bundesvermögensverwaltung an die Landeshauptstadt Hannover übergeben wurde. Die Änderung der politischen Lage nach 1989 ließ die Nutzung des Tiefbunkers für Zivilschutzzwecke zunehmend unwahrscheinlich werden. Trotzdem war die Entlassung aus der Zivilschutzbindung und damit die freie Nutzung des Geländes und Grundstücks durch die Stadt aber noch am 25. August 2003 vom »begründeten Einzelfall bei Vorliegen eines übergeordneten öffentlichen Interesses« – städtischerseits meinte man dieses Interesse durchaus belegen zu können – und von der Zahlung eines 1998 festgesetzten »Vorteilsausgleichs« von DM 31 606,00 an den Bund abhängig. Die Berechnungsgrundlage für diesen Betrag war aber bis dato der Stadt nicht bekannt und wurde infolgedessen angezweifelt. Irgendwann zwischen August 2003 und dem Abrissbeschluss durch den Rat muss man sich dann über das bestehende öffentliche Interesse und die Geldfrage geeinigt haben.[79]

Abgesehen von den geschilderten Laienspielveranstaltungen der Firma Unicorn beschränkte sich die Nutzung des Bunkers in den 1980er- und 1990er-Jahren im Wesentlichen auf die einer – offiziell jeweils genehmigten – Stromquelle für die zweimal jährlich stattfindenden »Pöttemärkte« und für einzelne Veranstaltungen des Deutschen Gewerkschaftsbundes.[80]

77 Vgl. ebd.
78 Vgl. ebd.
79 Vgl. ebd.
80 Vgl. ebd.

Die jüngste Vergangenheit (2006 bis 2014)

Im April 2006 wurden die Treppenabgänge zum Bunker auf Wunsch des Bezirksrats Mitte mit einer Stahlkonstruktion verschlossen. Die Antragsbegründung der SPD-Bezirksratsfraktion vom 24. Januar 2006 lautete: »Beschwerden von Bürgern haben ergeben, dass die Zugänge der Bunkeranlage sehr stark durch Müll und Drogenutensilien verunreinigt sind. Da sich einer der Zugänge unmittelbar in der Nähe des Kinderspielplatzes auf dem Klagesmarkt befindet, ist hier dringend Abhilfe erforderlich.«[81]

In der Folgezeit konkretisierten sich die Um- und Neubauplanungen im Bereich des Klagesmarkts wieder. Der hannoversche Rat beschloss 2010 ein »Innenstadtkonzept« basierend auf dem »Städtebaulichen Wettbewerbs Hannover City 2020+«, dessen erster »Baustein zur Umsetzung ... die Umgestaltung und Umnutzung des Klagesmarktes mit den angrenzenden Flächen des aufgelassenen St.-Nicolai Friedhofes [sic!] und der Goseriede« werden sollte. Für den Südteil des Klagesmarktes wurde eine Wohnbebauung vorgesehen. »Der Aufstellungsbeschluss für den Bebauungsplan Nr. 1752 ›Klagesmarkt‹ wurde im Mai 2011 einstimmig beschlossen.« Als »Voraussetzung für die Klagesmarkt-bebauung« wurde unter anderem »der Rückbau des Klagesmarktkreisels einschließlich der Umgestaltung der Goseriede« angegangen. »Die Bauarbeiten zur Umgestaltung der Verkehrsflächen haben im Mai 2012 begonnen und werden bis Ende 2013 abgeschlossen sein. ... Neben dem Umbau der Verkehrsflächen erfordert die Baureifmachung des Grundstücks zudem den Rückbau des heute in der Fläche vorhandenen Schutzbunkers. ... Der Rückbau dieses Tiefbunkers ist erforderlich, um einerseits die geplanten neuen Gebäude auf dem Grundstück fachgerecht gründen zu können, aber auch um innerhalb der Fläche eine Tiefgarage realisieren zu können, in der die erforderlichen Stellplätze nachzuweisen sind.« Als Kosten für den Abriss des Bunkers setzte man 2,6 Millionen Euro an. Die detaillierten technischen Maßnahmen zum Abriss des Bunkers wurden im September 2012 beschlossen.[82]

Es entwickelte sich ein reges Medien- und Publikumsinteresse an Platzumgestaltung und Bunkerabrissplänen. So schrieb die »Neue Presse« (NP) im Oktober 2012 unter dem Titel »2,5 Millionen für Bunker-Abriss unter dem Klagesmarkt«: »5850 Kubikmeter Stahlbeton schlummern derzeit noch unsichtbar unter dem Klagesmarkt. ... Weil ein reines Zertrümmern des Gebäudes zu laut und ein Abbruch mit Diamantsägen oder hydraulischen Pressungen zu teuer wäre, setzt die Stadt auf ein gemischtes Verfahren. Heißt: Der Beton soll mit Sprengungen gelockert und dann mittels hydraulischen Beißzangen an Großbaggern Stück für Stück abgetragen werden.«[83] Gleichzeitig suchte der Widerstand gegen die Baupläne verstärkt die Öffentlichkeit: »Ein Bündnis hat mehr als 1000 Unterschriften gegen die Bebauung des historischen Marktplatzes gesammelt und Klage angedroht.«[84] Noch im Frühjahr 2013 gab es Widerstand gegen das genehmigte Bauvorhaben, wie sich einem Flugblatt entnehmen lässt. Das »unabhängige Aktionsbündnis Neuer Klagesmarkt« hatte sich nach eigener Aussage schon im Sommer 2011 »aus kommunal-

---

81 Vgl. LHH, Immobilienverwaltung, 38.42.01/1 (wie Anm. 44). Einen vergeblichen Anlauf des Bezirksrats Mitte in dieser Angelegenheit hatte es bereits 2003 gegeben; vgl. ebd.

82 Vgl. LHH, Beschlussdrucksache 2173/2012 »Umbau Klagesmarkt, Abriss des Luftschutzbunkers« vom 26. September 2012 (alle Zitate ebd.).

83 Christian BOHNENKAMP: 2,5 Millionen für Bunker-Abriss unter dem Klagesmarkt, in: NP (Online-Ausgabe) vom 12.10.2012 (http://www.neuepresse.de/Hannover/Meine-Stadt/2–5-Millionen-fuer-Bunker-Abriss-unter-dem-Klagesmarkt; letzter Zugriff: 8.6.2014).

84 [N. N.:] Umbau des Klagesmarktes wird teurer, in: NP (Online-Ausgabe) vom 5.10.2012 (http://www.neuepresse.de/Hanno-ver/Meine-Stadtteile/Mitte/Umbau-des-Klagesmarktes-wird-teurer; letzter Zugriff: 8.6.2014).

politisch interessierten Hanno-
veraner/innen unterschiedlicher
politischer Herkunft« zusammen-
gefunden.[85] Auch wenn sich noch
während der letzten Maikund-
gebung der Gewerkschaften auf
dem Klagesmarkt 2013 Widerspruch gegen die Neubebauung
des südlichen Teils des Platzes ar-
tikulierte, so hielt dies den Abriss
des Bunkers nicht weiter auf.[86]

Bereits Mitte 2012 war dem
Fachbereich Tiefbau der Bunker
von der Feuerwehr Hannover für
den Abriss übergeben worden.[87]

Abb. 14: Nordeingang des Bunkers mit geöffneter Abdeckplatte,
Zustand am 2. Mai 2013 (Foto: Geoinformation Hannover)

März/April 2013 entfernte man
die wiederholt aufgebrochenen
Vorhängeschlösser an der Me-
tallkonstruktion und schweißte
die Metallabdeckungen über den
Eingängen zu, um die unbefug-
te Nutzung durch Unbekannte
zukünftig zu verhindern.[88] Im
April 2013 fand in der Bunkeranlage noch eine Übung der Polizei
statt.[89]

Ebenfalls im April 2013 erteilten sämtliche Fraktionen des Rats
der Landeshauptstadt Hannover
im Kulturausschuss der Verwaltung in einem Dringlichkeitsan-
trag den Auftrag, eine Dokumentation der historischen Bedeutung

Abb. 15: Innerer Nordeingangsbereich des Bunkers, Zustand am
2. Mai 2013 (Foto: Geoinformation Hannover)

des Klagesmarktbunkers zu erarbeiten.[90] Im Mai 2013 fanden die letzten Begehungen des
Bunkers zwecks Erstellung einer Fotodokumentation statt. Kurz danach wurde der Bauzaun
errichtet und am 21. Mai 2013 mit den ersten Abrissarbeiten begonnen.

In den folgenden Wochen sorgten vor allem die ersten Sprengungen für Aufsehen und
zogen auch viele Schaulustige an. Die zunächst sehr rege Berichterstattung der hannover-

85 Vgl. Flugblatt »Spendenaufruf zur Verfolgung der Interessen der Anwohner des Klagesmarktes und aller interessierten Bürger
    dieser Stadt«, verfasst vom Verein Hannoversche Stadtbaukultur, datiert März 2013.
86 Vgl. Andreas SCHINKEL: Zum letzten Mal Klagesmarkt, in HAZ vom 2.5.2013, S. 15.
87 Mündliche Auskunft von Jens POHL (Stadt Hannover, Fachbereich Tiefbau) am 12. September 2013.
88 Mündliche Auskunft von Jens POHL am 12. September 2013.
89 Mündliche Auskunft von Jens POHL am 12. September 2013.
90 LHH, Drucksache Nr. 0913/2013 vom 18. April 2013; vgl. ASL [= Andreas SCHINKEL]: Politik will Bunker-Dokumentation, in:
    HAZ vom 15.4.2013, S. 7. Diese Dokumentation besteht aus einem Abriss der Geschichte des Bunkers, einer kommentierten
    Materialsammlung und einer Fotodokumentation des Bauzustandes unmittelbar vor dem Abriss. Sie ist im Stadtarchiv Hanno-
    ver einzusehen (siehe auch Anm. 70).

schen Presse, die gerade die Sprengungen sehr detailliert verfolgte[91] (die Meldung über die erste Sprengung schaffte es sogar auf die Titelseite der HAZ vom 20. Juli 2013), ebbte allmählich ab. Die Sprengungen verliefen unspektakulär.[92] Nachdem es nur zu minimalen Verzögerungen bei den Sprengungen[93] gekommen und auch der große Abrissbagger ausreichend gewürdigt worden war, wurde es spätestens ab Ende August deutlich ruhiger um die Baustelle, da weiter nichts Aufregendes passierte oder aus dem Untergrund zum Vorschein kam.

Die Spekulation über die tatsächlichen Kosten des unter großen Vorsichtsmaßnahmen ausgeführten Abrisses beschäftigte die Medienöffentlichkeit noch längere Zeit: »Nach NP-Informationen wird dieser aller Voraussicht nach nur rund die Hälfte der ursprünglich veranschlagten 2,6 Millionen Euro kosten. Beim Ausschreibungsverfahren soll mindestens ein Angebot dabei gewesen sein, das diese Summe erheblich unterschreitet. Die Stadt will sich dazu derzeit noch nicht äußern und verweist darauf, dass das Verfahren noch nicht abgeschlossen sei.«[94]

Am 11. Dezember 2013 konnte die NP dann schließlich titeln: »Bunker ist Geschichte – Sand gegen Wassereinbruch« und berichtete weiter: »Viel ist nicht mehr übrig vom Weltkriegsbunker unter dem Klagesmarkt. Bagger sind damit beschäftigt, die letzten Betonreste zu entfernen, die den Untergrund für das massive Bauwerk bildeten. Voraus-

---

91   So schrieb beispielsweise die HAZ: »Gegen 13 Uhr erschüttert heute die erste Testsprengung im Klagesmarktbunker die City. Die Bauverwaltung will mit der sogenannten Lockerungssprengung testen, ob die errechneten Sprengtechniken und -dosierungen ausreichen. Der unterirdische Großbunker macht einer Wohnanlage Platz. Experten haben für die Testsprengung eine Wand ausgewählt. Auf zwölf Meter Breite sind in sie von oben 20 senkrechte Bohrungen mit 50 Millimeter Durchmesser vorgenommen worden. In jede Bohrung werden 800 Gramm Sprengstoff eingeführt und gezündet. Das Areal wird dazu weiträumig gesperrt, Fanfarensignale künden vom Beginn der Aktion. Die Sprengung dient zunächst nur dazu, Instabilität in den meterdicken Beton zu bekommen. Die Risse erleichtern später die Abbrucharbeiten. Wenn die Ergebnisse des Tests ausgewertet sind, erfolgen ab 29. Juli weitere Sprengungen.« MED [= Conrad von MEDING]: Heute Sprengung im Bunker am Klagesmarkt, in: HAZ vom 19.7.2013, S. 11. – Vgl. auch Andreas SCHINKEL: Bunker auf Klagesmarkt wird gesprengt, in: HAZ vom 11.7.2013, S. 12.
92   Die NP berichtete, dass »nur ein tiefer, dumpfer Knall zu hören [war], die Erschütterung war ganz leicht spürbar. Im Ganzen wurden 16 Kilo Sprengstoff in der 1,56 Meter dicken Decke gezündet. Laut Stadt war das zunächst eine Art Test, bei dem geklärt werden soll, ob die Sprengstoffmenge ausreicht. So sollen später auch die 1,80 Meter dicken Außenwände geknackt werden. Wenn die Wände aufgebrochen sind, sollen sie mit so genannten Abrisszangen weiter zerlegt und dann abtransportiert werden.« Dirk ALTWIG: Bunker am Klagesmarkt: erste Testsprengung, in: NP (Online-Ausgabe) vom 18.7.2013 (http://www. neuepresse.de/Hannover/Meine-Stadt/Bunker-am-Klagesmarkt-Erste-Testsprengung; letzter Zugriff: 26.6.2014). Die HAZ meldete noch detaillierter: »Am Ende war der Knall eher blechern-hohl. ›Krawumm‹ machte es am Freitag um 13.11 Uhr und 42 Sekunden, etwa so laut, wie wenn ein Lkw einen leeren Stahlcontainer absetzt. Fast zehn Kilogramm des nitroglykolhaltigen Sprengstoffs Eurodyn 2000 hatten eine Innenwand des unterirdischen Weltkriegsbunkers am Klagesmarkt erschüttert – eine Lockerungssprengung, um den bevorstehenden Abbruch zu erleichtern. … Eine tonnenschwere Gummimatte, beschwert noch durch einen Bagger, sorgte dafür, dass der Explosionsstaub am Boden blieb. Dutzende Neugierige durften aus etwa 50 Metern Entfernung zuschauen – und staunten darüber, wie leise die Explosion war. … Der größte sogenannte Knabberbagger, der derzeit in Deutschland einsetzbar ist, soll am Klagesmarkt wirken. Die Kiefern seiner Stahlschere öffnen sich bis zu 2,20 Meter weit und können bis zu 600 Tonnen Brechkraft einsetzen. … Um sich gegen Klagen auch von Hauseigentümern zu schützen, begleiten bis zu sieben Erschütterungsmelder in den Nachbarhäusern und zwei Lärmmessgeräte am Baustellenrand dauerhaft die Arbeiten.« Conrad von MEDING: Ein dumpfer Knall aus dem Bunker, in: HAZ vom 20.7.2013, S. 14. – NDR 1 Niedersachsen sekundierte am 19./22.7.2013: »Nur ein ganz leises ›Rumms‹ war zu hören, als am Freitagmittag in Hannover Sprengstoff gezündet wurde. Denn der explodierte unter Tage: Im ehemaligen Schutzbunker unter dem Klagesmarkt wurden die ersten Wände gesprengt – kaum spürbar für Anwohner und Passanten. Schon in 50 Metern Entfernung war nichts mehr zu merken von der Explosion, und es stieg kaum Staub nach oben. … Am Montag hat die Stadt bekannt gegeben: Die Sprengung war erfolgreich. Die Betonwände sind bei dem Test ausreichend gelockert worden.« Eric KLITZKE; Franziska AMLER: Erste Sprengung am Klagesmarkt erfolgreich (http://www.ndr.de/regional/niedersachsen/hannover/bunker285.html; letzter Zugriff: 27.7.2013). Vgl. auch Conrad von MEDING: Sprengung im Bunker war erfolgreich, in: HAZ vom 23.7.2013, S. 12.
93   Vgl. Christian BOHNENKAMP: Klagesmarkt: Bunker-Sprengung verzögert sich, in: NP (Online-Ausgabe) vom 28.7.2013 (http://www.neuepresse.de/Hannover/Meine-Stadt/Klagesmarkt-Bunker-Sprengung-verzoegert-sich; letzter Zugriff: 9.6.2014); Mathias KLEIN: Sprengungen um eine Woche verschoben, in: HAZ vom 29.7.2013, S. 8; und MED [= Conrad von MEDING]: Heute Sprengung im Klagesmarktbunker, in: HAZ vom 5.8.2013, S. 8.
94   Christian BOHNENKAMP: Bunkerabriss kostet nur die Hälfte, in: NP (Online-Ausgabe) vom 5.4.2013 (http://www.neuepresse. de/Hannover/Meine-Stadt/Bunkerabriss-kostet-nur-die-Haelfte; letzter Zugriff: 8.6.2014). Vgl. auch ders.: Start für den Bunkerabriss in Hannover, in: NP (Online-Ausgabe) vom 20.5.2013 (http://www.neuepresse.de/Hannover/Meine-Stadt/Start-fuer-den-Bunkerabriss-in-Hannover; letzter Zugriff: 8.6.2014); und ALTWIG: Bunker am Klagesmarkt (wie Anm. 92).

sichtlich bis Weihnachten sollen die Arbeiten abgeschlossen sein. Danach soll die Baugrube an die städtische Wohnungsgesellschaft GBH übergeben werden, die auf dem Gelände ihre neue Zentrale sowie Wohnungen errichtet. Vor dem Frühjahr werden die Bauarbeiten aber nicht beginnen. Die GBH will erst die Frostperiode abwarten. Damit bis dahin die Baugrube nicht voll Wasser läuft, hat die Stadt bereits damit begonnen, diese mit großen Mengen Sand zu verfüllen. Das ist günstiger, als permanent Wasser abpumpen zu müssen.«[95]

Resümee und Ausblick folgten am 3. März 2014: »Vom Bunker unter dem Klagesmarkt ist nichts mehr übrig. Der Abriss ist abgeschlossen und ohne größere Proteste von Anliegern über die Bühne gegangen. Mit Lockerungssprengungen hatte eine Fachfirma zunächst den massiven Beton geknackt, zerlegte dann das Weltkriegsungetüm mit hydraulischen Beißscheren. Was bleibt, ist eine große Grube. ... Noch in diesem Frühjahr beginnt dann das städtische Wohnungsunternehmen GBH mit dem Bau einer Tiefgarage. Wenn alles glatt geht, könnte 2014 auch noch der Hochbau starten.«[96] Auch zur finanziellen Seite hatte die NP Positives zu berichten: »Auf Anfrage sagte Stadtsprecher Alexis Demos gestern, dass die Neugestaltung des Areals [Goseriede und Klagesmarkt; S. K.] 4,5 Millionen Euro kosten wird – 1,5 Millionen weniger als erwartet. Auch der Bunkerabriss auf dem Klagesmarkt komme mit nun 1,3 Millionen Euro rund eine Million güns-

Abb. 16: Blick in einen der Gänge, Zustand am 2. Mai 2013 (Foto: Geoinformation Hannover)

Abb. 17: Pumpenraum mit Abwasserhebeanlage, Zustand am 7. Mai 2013 (Foto: Geoinformation Hannover)

95 BOH [= Christian BOHNENKAMP]: Bunker ist Geschichte – Sand gegen Wassereinbruch, in: NP vom 11.12.2013, S. 17.
96 Christian BOHNENKAMP: Das Bunker-Geschäft boomt in Hannover, in: NP (Online-Ausgabe) vom 3.3.2014 (http://www.neuepresse.de/Hannover/Meine-Stadt/Das-Bunker-Geschaeft-boomt-in-Hannover; letzter Zugriff: 9.6.2014). Er schreibt ohne weiteren Beleg ebd. auch: »Im Jahr 2012 ist die Zivilschutzbindung für Hannovers Weltkriegsbunker aufgehoben worden.« – Zu den Neubauplänen auf dem Areal des Bunkers vgl. z. B. auch Andreas SCHINKEL: Wohnraum für alle am Klagesmarkt, in: HAZ vom 22.6.2013, S. 20; und [N. N.:] Gesicht der Stadt wird neu gestaltet, in: NP (Online-Ausgabe) vom 2.10.2013 (http://www.neuepresse.de/Ratgeber/Bauen-Wohnen/Gewerbeimmobilien/Neue-Wohnungen-und-Laeden-am-Klagesmarkt; letzter Zugriff: 16.6.2014). – Tatsächlich war noch am 15. Juli 2014 von einer Neubautätigkeit nichts zu bemerken.

Abb. 19: Das mit einem Bauzaun abgesperrte Baustellenareal am 28. September 2013; Blick nach Norden auf Gastronomiebau und Christuskirche (Foto: Verfasser)

Abb. 18: Der letzte Lüftungskamin und höchste oberirdische Teil des Bunkers am 19. Mai 2013, Am Klagesmarkt, Nähe Theodorstraße (Foto: Verfasser)

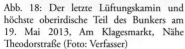

tiger als kalkuliert. Grund für die so in der Stadtkasse bleibenden 2,5 Millionen Euro: günstige Angebote bei den Ausschreibungen. Die Gesamtkosten betragen demnach 5,8 statt 8,3 Millionen Euro.«[97]

Ende gut, alles gut? Vielleicht. Mit dem Luftschutz-Tiefbunker unter dem Klagesmarkt ist ein interessantes Stück hannoverscher Geschichte entsorgt, mit dem südlichen Teil des Klagesmarkts selbst verschwindet in den nächsten Monaten ein historisch bedeutender Stadtraum, dessen Geschichte noch geschrieben werden muss.

97 [N. N.:] Umbau von Goseriede und Klagesmarkt 2,5 Millionen billiger, in: NP (Online-Ausgabe) vom 21.5.2014 (http://
   www.neuepresse.de/Hannover/Meine-Stadt/Umbau-von-Goseriede-und-Klagesmarkt–2–5-Millionen-billiger; letzter Zugriff:
   9.6.2014).

Christian Hoffmann

Die Kurze-Kamp-Kolonie in Hannover-Bothfeld: Das Barackenlager an der Hartenbrakenstraße (1941–1956)

Zu den vielen Unterdrückungsmaßnahmen, unter denen die jüdische Bevölkerung Hannovers während des Dritten Reiches schon vor den im Dezember 1941 einsetzenden Deportationen in die Vernichtungslager zu leiden hatte, gehörte auch das Zusammendrängen auf engstem Wohnraum. Die nationalsozialistische Gauleitung Südhannover-Braunschweig plante im Jahr 1941 im Verbund mit dem hannoverschen Regierungspräsidenten und der Stadtverwaltung die Errichtung eines Barackenlagers am nordwestlichen Stadtrand zur Ghettoisierung der hannoverschen Juden. Über die Planungen und Maßnahmen zur Umsetzung dieses Vorhabens sind wir durch die Forschungen von Marlis Buchholz und Rüdiger Fleiter gut informiert.[1] Nicht bekannt hingegen ist, dass dieses Lager tatsächlich gebaut wurde – an anderer Stelle und zu einem anderen Zweck.

Das geplante Barackenlager für Juden an der Stelinger Straße 1941

Die NS-Gauleitung hatte seit dem Frühjahr 1941 erwogen, die ca. 1600 noch in der Stadt Hannover lebenden Juden in einem neu zu errichtenden Barackenlager am Stadtrand zusammenzufassen. Der städtische Verwaltungsrat Dr. Walter Kopp (geb. 1910) hielt am 28. März 1941 im Zusammenhang mit der »Freimachung der Wohnungen im Hause Brühlstrasse 7« fest, der Leiter der Mobilmachungsabteilung der Stadtverwaltung, Stadtinspektor Ernst Schwerdtfeger (geb. 1910), habe ihm die Abschrift eines Schreibens des Gauleiters Lauterbacher an den hannoverschen Regierungspräsidenten vorgelegt, »aus dem hervorgeht, dass der Gauleiter sofort die Einleitung von Massnahmen wünscht, um den zur Zeit von Juden bewohnten Wohnraum in Hannover freizubekommen. Gauleitung und Regierung erwägen zur Zeit Sofortmassnahmen, um die noch in Hannover ansässigen Juden abzuschieben bzw. in Baracken ausserhalb Hannovers unterzubringen«.[2]

Wenngleich der ehemalige Gauleiter Hartmann Lauterbacher (1909–1988) nach dem Zweiten Weltkrieg bestritt, die Zusammenfassung der hannoverschen Juden in einem Barackenlager angeordnet zu haben, so lassen die überlieferten Quellen doch keinen Zweifel daran, dass die entsprechenden Pläne zumindest in Lauterbachers engstem Umfeld entstanden sind und ganz sicher nicht ohne seine Billigung hätten verfolgt werden können. Dabei verstieß diese Maßnahme selbst nach damaligem Stand gegen geltendes Recht, da sie auch noch in jüdischem Eigentum stehende Wohnhäuser betraf. Die Ghettoisierung der hannoverschen Juden in einem Barackenlager sollte – so Kapp in einem anderen Vermerk vom 29. Juli 1941 – in erster Linie erfolgen, »um für arische Volksgenossen

1 Marlis Buchholz: Die hannoverschen Judenhäuser. Zur Situation der Juden in der Zeit der Ghettoisierung und Verfolgung 1941 bis 1945 (= Quellen und Darstellungen zur Geschichte Niedersachsens, 101). Hildesheim 1987, S. 33–39. Rüdiger Fleiter: Stadtverwaltung im Dritten Reich. Verfolgungspolitik auf kommunaler Ebene am Beispiel Hannovers (= Hannoversche Studien, 10). Hannover 2006, S. 220–222. Ders.: Stadtbaurat Karl Elkart und seine Beteiligung an der NS-Verfolgungspolitik, in: Hannoversche Geschichtsblätter NF 60 (2006), S. 135–149; hier S. 141–143.
2 Stadtarchiv Hannover (im folgenden: StadtAH) HR 9 Nr. 1318. Zu Kopp siehe Fleiter: Stadtverwaltung (wie Anm. 1), S. 348–351 und Hans-Dieter Schmid: Die »Anstalt für Germanische Volks- und Rassenkunde in der Gauhauptstadt Hannover«, in: Schreibtischtäter? Einblicke in die Stadtverwaltung Hannover 1933 bis 1945, bearb. v. Wolf-Dieter Mechler und Hans-Dieter Schmid (= Kleine Schriften des Stadtarchivs Hannover, 2). Hannover 2000, S. 57–63; hier S. 58 f. Zu Schwerdtfeger siehe Sandra Blanke: Gefürchteter als die Gestapo – Stadtinspektor Ernst Schwerdtfeger, in: Ebd. S. 39–41.

und diejenigen Volksgenossen, die ihre Wohnungen infolge der Fliegerangriffe verloren hätten, Wohnraum zur Verfügung zu haben«. Hierüber bestand zwischen dem Oberbürgermeister von Hannover, dem hannoverschen Regierungspräsidenten, der Gauleitung und der Provinzialverwaltung – wie die Verhandlungen vom 25. August 1941 zeigen – Einvernehmen.[3]

Als Standort für das geplante Barackenlager wurden von Stadtbaurat Karl Elkart (1880–1959) ein städtisches Areal im Stadtteil Stöcken an der Stelinger Straße sowie ein angrenzendes Grundstück der Stadt, welches allerdings schon jenseits der Stadtgrenze in der Gemeinde Engelbostel lag, vorgesehen. Hier war bislang die Errichtung einer »Asozialen-Kolonie« geplant gewesen. Am 26. August 1941 schon stellte Elkart in einer Dezernentenbesprechung allerdings fest, dass das Barackenlager nicht vor April 1942 fertiggestellt sein würde.[4] Schwierigkeiten zunächst bei der Lieferung der Baracken für das geplante Lager, dann auch Kompetenzstreitigkeiten zwischen den beteiligten Behörden verhinderten die zügige Umsetzung der Planungen und bewogen schließlich den Gauleiter, jene Aktivitäten ausführen zu lassen, die in der Stadtgeschichtsschreibung Hannovers untrennbar mit seinem Namen verbunden sind.

Bereits in der genannten Besprechung vom 26. August 1941 machten die Ausführungen des Stadtrats Bakemeier deutlich, dass die Gauleitung intensiv auf eine »Aktion« gegen die hannoverschen Juden drängte. Bakemeier kündigte an, dass in den nächsten Tagen die jüdischen Einwohner Hannovers, die etwa 200 Wohnungen benutzten, auf 20 Wohnungen zusammengedrängt werden sollten. Der dadurch freigewordene Wohnraum sollte an durch Luftangriffe obdachlos Gewordene vergeben, auch das vorhandene Mobiliar konfisziert und von der NS-Volkswohlfahrt an Fliegergeschädigte verteilt werden. Durch die »Aktion Lauterbacher« wurde den hannoverschen Juden am 3. September aufgegeben, ihre Wohnungen binnen 24 Stunden unter Mitnahme nur des Notwendigsten zu räumen; am 4. September 1941 schließlich wurden sie in 15 Häusern im Stadtgebiet regelrecht zusammengepfercht.[5]

Bothfeld statt Stöcken: Das Ausweichlager an der Hartenbrakenstraße 1941–1943

Nach Durchführung der »Aktion Lauterbacher« bestand eigentlich kein Bedarf mehr für die Errichtung eines Barackenlagers für die hannoverschen Juden an der Stelinger Straße. Die Planungen zur Errichtung eines solchen Lagers am Stadtrand wurden jedoch – wie Buchholz zutreffend feststellt – weiter verfolgt. Der am 12. September 1941 vom Stadtplanungsamt erstellte Lageplan des auf den städtischen Grundstücken Stöcken XII 4 – verpachtet als Pfarrdotationsland an die Pfarre Stöcken – und Engelbostel I 1 – verpachtet an den Landwirt Karl Meyer – geplanten Lagers sah die Errichtung von 34 Wohnbaracken vor. Die anscheinend einzige Zufahrt zum Lager sollte von der Stelinger Straße unmittelbar vor der leichten Rechtskurve, die die bis dahin stadtauswärts nach Nordwesten verlaufende Straße nach Norden hin macht und die gleichzeitig die Stadtgrenze markiert, liegen. Diese Zufahrt und ein Bereich mit Verwaltungs-, Laden- und Waschbaracken sollten das Lager

3   StadtAH HR 9 Nr. 1318. Niedersächsisches Landesarchiv Hannover (im folgenden: NLAH) Hann. 180 Hannover b Nr. 25/1. Zu Lauterbacher siehe u. a. Stadtlexikon Hannover. Von den Anfängen bis in die Gegenwart. Hrsg. v. Klaus MLYNEK und Waldemar R. RÖHRBEIN. Hannover 2009, S. 388.
4   Zu Karl Elkart, Stadtbaurat in Hannover 1925–1945, siehe Stadtlexikon (wie Anm. 3), S. 158 f. FLEITER: Stadtbaurat Karl Elkart (wie Anm. 1).
5   BUCHHOLZ: Hannoversche Judenhäuser (wie Anm. 1), v. a. S. 39–55 und S. 91–165. Stadtlexikon (wie Anm. 3), S. 17.

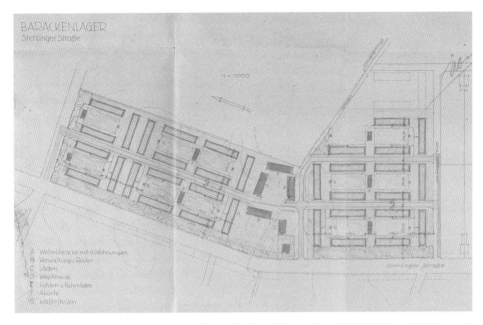

Abb. 1: Lageplan des Barackenlagers an der Stelinger Straße 1941 September 12 (NLAH Hann. 180 Hannover b Nr. 25/5)

zugleich in zwei etwa gleich große Bereiche teilen.[6] Es ist allerdings nicht mehr eindeutig zu bestimmen, ob diese Planungen noch einem Lager für die aus ihren Wohnungen verdrängten Juden galten oder ob sie schon unter anderen Gesichtspunkten entstanden sind.

Denn am 7. Oktober 1941 teilte der Oberbürgermeister von Hannover dem Regierungspräsidenten mit, dass der Generalbevollmächtigte für die Regelung der Bauwirtschaft mit Erlass vom 6. September des Jahres für Hannover die Lieferung von 34 Mannschaftsbaracken »zur Durchführung von Luftschutzmaßnahmen« freigegeben habe. Auch der hannoversche Regierungspräsident sprach am 14. Oktober 1941 in einem Schreiben an den Reichsinnenminister von »Ausweichunterkünften anläßlich von Fliegerschäden«. Dabei war die Auswahl des in Aussicht genommenen, ca. 56 433 Quadratmeter umfassenden städtischen Geländes im Stöcken offensichtlich ohne Beteiligung des Städtischen Grundstücksamtes erfolgt, welches am 3. Oktober 1941 von den Plänen noch keine Kenntnis hatte, am 7. Oktober aber aufgefordert wurde, die betreffenden Grundstücke aus der Pacht zu nehmen. Am 10. Oktober ergingen demzufolge die Kündigungen an die Pächter mit der schlichten Begründung, das betreffende jeweilige Grundstück werde »für ein sofort auszuführendes Bauvorhaben benötigt«.[7]

Am 21. November 1941 stand jedoch fest, dass das Barackenlager nicht am nordwestlichen Stadtrand von Hannover errichtet werden sollte. An diesem Tag nahm die Stadt-

---

6   NLAH Hann. 180 Hannover b Nr. 25/5; siehe Abb. 1. Weitere Ausfertigungen in StadtAH HR 7 Nr. 1011 und ebd. HR 7 Nr. 1466 (Abb. und Beschreibung hiernach bei BUCHHOLZ: Hannoversche Judenhäuser; wie Anm. 1, S. 36–38). Zu den Planungen siehe auch NLAH Hann. 180 Hannover b Nr. 25/4; diese Akte ist vermutlich wegen des Aktentitels »Bau und Einrichtung von Barackenausweichunterkünften für bombengeschädigte Obdachlose in Hannover an der Stehlinger [sic!] Landstraße 1941« von Buchholz und Fleiter nicht herangezogen worden.

7   StadtAH HR 7 Nr. 1466. NLAH Hann. 180 Hannover b Nr. 25/5.

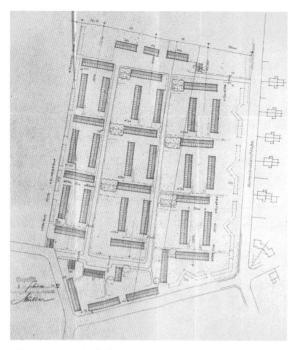

Abb. 2: Lageplan des Barackenlagers an der Hartenbrakenstraße 1941
November 20 (NLAH Hann. 180 Hannover b Nr. 25/6)

verwaltung die ausgesprochenen Kündigungen zurück, weil – wie man den Pächtern mitteilte – »das vorgesehene Bauvorhaben nicht zur Ausführung kommt«. Der hannoversche Regierungspräsident allerdings ging noch am 27. November 1941 davon aus, dass das Lager nach wie vor an der Stelinger Straße errichtet werden sollte, hatte demzufolge keine Kenntnis von dem Widerruf der Pachtkündigungen.[8] Im Juni/Juli 1942 sollten die Planungen des Jahres 1941 noch einmal aufgegriffen werden, indem man überlegte, auf den im Vorjahr in den Blick genommenen städtischen Grundstücken ein Lager für ausländische Zwangsarbeiter der Continental Reifenwerke zu errichten, wobei man sich an der Lagerkonzeption von 1941 orientierte. Diese Planungen verliefen jedoch anscheinend schon bald im Sande.[9]

Im November 1941 war die Entscheidung gefallen, das geplante Barackenlager nicht in Stöcken, sondern in Bothfeld zu errichten. Auf einem Situationsplan vom 20. November 1941 werden die bestellten 34 Baracken auf dem überwiegend städtischen Areal zwischen Gartenheimstraße und Hartenbrakenstraße angeordnet. Der genaue Standort war noch nicht festgelegt; noch am 19. Dezember des Jahres dachte man im Stadtplanungsamt alternativ über das Gelände östlich der Hartenbrakenstraße nach. Die grundsätzliche Entscheidung allerdings, das Lager in der nördlichen Feldmark von Bothfeld, also am äußersten nordöstlichen Stadtrand zu errichten, war gefallen.[10]

Bei der Verlegung des Lagerstandorts spielte wiederum Gauleiter Lauterbacher eine entscheidende Rolle. Eine Aufstellung der kalkulierten Baukosten für das ursprünglich in Stöcken geplante Barackenlager vom 7. Oktober 1941 versah der Sachbearbeiter des hannoverschen Regierungspräsidenten später mit der Bemerkung: »Dem Gauleiter passt die Gegend nicht (früher Juden!)«. Entsprechend berichtete der Oberbürgermeister von Hannover dem hannoverschen Regierungspräsidenten am 16. Januar 1942, »in der Bearbeitung des Bauvorhabens [sei] eine Änderung eingetreten, weil auf Wunsch des Herrn

8   StadtAH HR 7 Nr. 1466. NLAH Hann. 180 Hannover b Nr. 25/5; hier Schreiben des Regierungspräsidenten an den Oberbürgermeister von Hannover vom 27. November 1941.
9   StadtAH HR 7 Nr. 1011. Der Aktenvermerk des Stadtbauamtes »Der gesamte städtische Besitz war bereits für die Errichtung einer Barackensiedlung für Juden vorgesehen" zeigt, dass die Planungen die gleichen Grundstücke betrafen.
10   NLAH Hann. 180 Hannover b Nr. 25/5; siehe Abb. 2.

Gauleiters, Staatsrat Lauterbacher, die zu bauenden Baracken in einer verkehrsgünstigen Lage errichtet werden sollen«.[11]

Dabei war noch am 10. Juni 1941, als sich Vertreter der allgemeinen Verwaltungsbehörden und verschiedener Fachbehörden mit der Umquartierung als vorsorglicher Luftschutzmaßnahme sowie mit der Unterbringung bereits durch Luftangriffe obdachlos gewordener Stadtbewohner beschäftigten, Bothfeld wegen der hier gelegenen Kasernenanlagen als luftgefährdeter und deshalb für die Errichtung von Ausweichquartieren ungeeigneter Stadtteil bzw. Vorort eingestuft worden. Die Anbindung an die Innenstadt durch die von Groß-Burgwedel über Isernhagen und Bothfeld führende Straßenbahnlinie 17 stellte jedoch sicher, dass gegebenenfalls nach hier zu Evakuierende ihre Arbeitsstätten in den Industriezentren der Stadt noch würden erreichen können.[12]

Die Aufgabe, Ersatz für zerstörten Wohnraum zu schaffen, war im Sommer 1941 für die hannoversche Stadtverwaltung durchaus bereits gegeben. Elkart berichtete am 25. August anlässlich einer Besprechung beim Gebietsbeauftragten Bau, dass durch die Luftangriffe auf die Provinzhauptstadt vom 10. Februar, 16. Mai, 15. Juli und 15. August des Jahres ca. 1000 Wohnungen beschädigt worden seien; schneller als die Schäden zu beseitigen wären aber Ausweichquartiere zu errichten. Sowohl der Vertreter des Gebietsbeauftragten Bau, Landesplaner Dr. Briefe, als auch Stadtrat Schwager als Vertreter der Gauleitung vertraten in dieser Besprechung noch entschieden die Position, Wohnraum für ausgebombte Volksgenossen sei am besten durch Verdrängung von Juden, deren Wohnungen unversehrt geblieben waren, in ein Barackenlager zu schaffen. Wenige Tage später bereits sollten durch die bereits erwähnte »Aktion Lauterbacher« Überlegungen dieser Art hinfällig sein.[13]

Insbesondere die Vermerke des Oberregierungs- und Baurats Müller als Vertreter des hannoverschen Regierungspräsidenten zum Protokoll der Sitzung der Kommission für die Errichtung von Ausweichunterkünften vom 12. November 1941 kennzeichnen den Übergang von der Planung eines Lagers zur Ghettoisierung der hannoverschen Juden in Stöcken zur Planung eines Ausweichlagers für Ausgebombte in Bothfeld. Oberbaurat Stein vom Stadtbauamt hatte in der Sitzung noch einmal darauf hingewiesen, dass »voraussichtlich der Landrat des Landkreises Hannover gegen die Errichtung der Baracken an der Stehlinger Strasse Einspruch erheben würde, weil ein Teil dieser Baracken in dem Landkreis zu liegen käme«. Müller vermerkte am 1. Dezember 1941 dazu am Rand: »Nun 272 Wohnungen nach Bothfeld«. Weiter hatte Stadtrat Schwager festgestellt, »dass wahrscheinlich die Baracken nicht mehr ihrem ursprünglichen Zweck (handschriftlicher Zusatz Müllers: »Juden«) zugeführt werden würden«.[14]

Die beteiligten Behörden – Oberbürgermeister, Gauleitung, Regierungspräsident, Reichsinnenminister und Außenstelle Hannover des Luftgaukommandos – hatten sich für die Anlage des Lagers schon bald auf das Gelände nordwestlich der Kreuzung Hartenbrakenstraße/Gartenheimstraße in Bothfeld geeinigt. Nur hier wären – wie der Regierungspräsident dem Reichsinnenminister am 4. Februar 1942 berichtete – alle Anforderungen, die an die Siedlung zu richten waren, zu erfüllen. Der Gauleiter wünschte

11   NLAH Hann. 180 Hannover b Nr. 25/5.
12   NLAH Hann. 180 Hannover b Nr. 25/1 und Nr. 25/5. Zu den Bothfelder Kasernenanlagen (Prinz-Albrecht-Kaserne, Scharnhorst-Kaserne, Fla-Kaserne = später Freiherr-von-Fritsch-Kaserne, General-Wever-Kaserne) siehe Gerhard STOFFERT: Von Botvelde 1274 bis Bothfeld 2009. Chronik und Heimatbuch, Teil 1. Hannover 2009, S. 152–161.
13   NLAH Hann. 180 Hannover b Nr. 25/1. Vgl. zu den Auswirkungen der genannten Luftangriffe Thomas GRABE u. a.: Unter der Wolke des Todes leben … Hannover im Zweiten Weltkrieg. Hamburg 1983, S. 25–29.
14   NLAH Hann. 180 Hannover b Nr. 25/1.

eine verkehrsgünstige Lage, das Luftgaukommando sah hier aus Luftschutzgründen eine ausreichende Entfernung von militärischen oder Rüstungsbauten oder sonstigen Wohnbauten gegeben. Hier war die Möglichkeit zum Anschluss der Baracken an die städtische Kanalisation und Wasserversorgung möglich.[15]

Das in Aussicht genommene Gelände befand sich allerdings nur zum Teil in städtischem Besitz. Seit Ende 1941 wurden als Ersatz für den landwirtschaftlich genutzten, nicht im Eigentum der Stadt Hannover befindlichen Teil des für den Lagerbau ausgewählten Geländes – das Fischer'sche Grundstück, »ein Streifen von ca. 33 m Breite längs der Hartenbrakenstraße«, der auf Grund des Reichsleistungsgesetzes am 4. Dezember 1941 für den Barackenbau beschlagnahmt wurde – Brachflächen im Umfang von ca. 5 000 Quadratmetern auf der Ostseite der Hartenbrakenstraße südlich der Einmündung der Oldekopstraße urbar gemacht und für die landwirtschaftliche Nutzung zur Verfügung gestellt.[16]

Die Bekanntgabe des Standorts des geplanten Lagers in Bothfeld hatte Beschwerden des Ortsbauernführers und der betroffenen Grundstückseigentümer und Pächter zur Folge, die jedoch abgewiesen wurden. Die Stadt hatte – wie Oberregierungs- und Baurat Müller dem Major der Schutzpolizei Spieker am 9. Januar 1942 mitteilte – »sämtliche in Betracht zu ziehenden Plätze innerhalb Hannovers […] durch Rundfahrt geprüft mit der Feststellung, daß dies das geeignetste oder überhaupt nur das einzig geeignete Grundstück (in Bothfeld) darstellt weit ab von Industrie- und Militäranlagen, sodaß es keinesfalls im Bereich eines Fliegerzieles liegt«.[17]

Der Oberbürgermeister von Hannover begründete am 18. Juni 1942 gegenüber dem Regierungspräsidenten nochmals, weshalb ein Teil des für das Barackenlager vorgesehenen Geländes auf Grund des Reichsleistungsgesetzes in Anspruch genommen werden musste: »Für die Siedlung war ein Grundstück von etwa 70 000 qm Größe erforderlich, das nur in Bothfeld an der Hartenbrakenstraße greifbar war. Von dem Gelände gehört ein Teil der Stadt, der andere Teil verschiedenen Besitzern. Der Oberbürgermeister entschied, daß, falls das Grundstücksamt diese Grundstücke nicht freihändig kaufen könnte, zur Beschlagnahme geschritten werden müßte. Die Beschlagnahme sollte auch ausgedehnt werden auf die Kleingärten, die sich auf dem städtischen Grundstück befanden. Die sofort vom Grundstücksamt der Stadt eingeleiteten Verhandlungen stießen überall auf größte Schwierigkeiten, da keiner der Beteiligten zum Verkauf des Landes oder zur Aufgabe der Gärten bereit war«. Die Ansprüche der Pächter – genannt werden Bauer Heinrich Homeyer, Gernsstr. 5, Pächter Sawade, Gernsstr. 6, Bauer Rene Halberstadt, Im Heidkampe 33, sowie Krull und Behre – wurden schließlich durch Zahlung einer Gesamtsumme von 2041,20 RM abgegolten.[18]

Kurz und knapp fasste der Bericht des Stadtbaurats Stein am 12. Januar 1942 den derzeitigen Planungsstand zusammen: »Die Baracken sollen als Siedlung an der Hartenbrakenstrasse in dem Vororte Hannovers, Bothfeld, errichtet werden. Im ganzen kommen 34 Baracken nach dem RAD-Muster (umgebaut) zur Aufstellung. Jede Baracke ist zu 6 Wohnungen, Stube, Kammer, Küche, Flur und Abort aufgeteilt. Im ganzen werden dadurch 204 Wohnungen geschaffen. Wasser- und elektrischer Anschluss ist vorgesehen. Die elektrische Lichtzufuhr geschieht durch Freileitungen. Die Stuben erhalten Kohleöfen,

---

15   NLAH Hann. 180 Hannover b Nr. 25/5.
16   Ebd., v. a. Bericht Elkarts an die NS-Gauleitung vom 19. Dezember 1941.
17   NLAH Hann. 180 Hannover b Nr. 25/5.
18   NLAH Hann. 180 Hannover b Nr. 25/5; neben dem zitierten Bericht des Oberbürgermeisters v. a. die Aufstellung der bisherigen Gesamtausgaben für die Siedlung vom 16. Januar 1943.

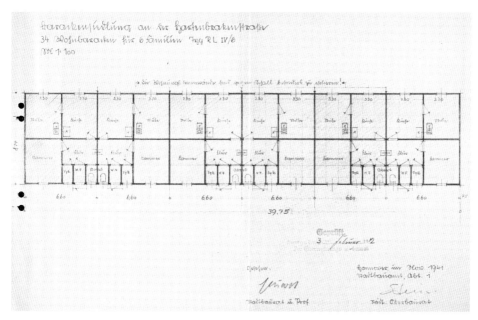

Abb. 3: Grundriss einer Holzbaracke 1941 November (NLAH Hann. 180 Hannover b Nr. 25/6)

gekocht wird auf kleinen Herden. Die Strassen werden chaussiert«. Am 29. Januar ergänzte Stein, dass die Baracken »auf einem Betonsockel und einer durchgehenden Betonplatte errichtet« würden und massive Schornsteine erhielten. Die Planung größerer Wohneinheiten pro Baracke ging abermals auf Gauleiter Lauterbacher zurück, der den hier unterzubringenden deutschen Volksgenossen nicht ganz die Enge zumuten wollte, die er für jüdische Bewohner des Barackenlagers als durchaus ausreichend angesehen hatte. Durch diese Änderung waren nun bei gleichbleibender Grundfläche pro Baracke nicht mehr acht, sondern lediglich noch sechs Wohneinheiten vorgesehen.[19]

Die vier Tage später vom Stadtbauamt angefertigte Aufstellung der voraussichtlichen Baukosten für die Barackensiedlung sah vor, dass die Firma Oppermann aus Lengerich 20 Wohnbaracken, eine Ladenbaracke, zwei Waschbaracken und eine Kohlenbaracke, zwei Firmen aus Güstrow – Eilmann & Co. sowie Boeckmann – jeweils fünf Wohnbaracken, die Firma Kölner Holzbauwerke schließlich vier Wohnbaracken errichten sollten. Die Gesamtkosten einschließlich Herstellung der Grünflächen und Bepflanzung wurden auf 1 528 000 RM taxiert. Die Kosten für die Errichtung einer Verwaltungsbaracke sowie eines Wohnhauses für den Lagerverwalter – beides hatte der Reichsinnenminister bei den Planungen aus Kostengründen gestrichen – übernahm der Oberbürgermeister der Stadt Hannover, da man diese seitens des Städtischen Planungsamtes für unverzichtbar hielt.[20]

Zur Reduzierung der Gesamtkosten der Anlage wurden im Juni 1942 165 Küchenherde, die seinerzeit aus Reichsmitteln »für die rückgeführte Bevölkerung aus den westlichen Freimachungsgebieten […] beschafft worden« waren und nun im Landkreis Germers-

19   NLAH Hann. 180 Hannover b Nr. 25/5 und Nr. 25/6. Vgl Abb. 3.
20   NLAH Hann. 180 Hannover b Nr. 25/5.

heim lagerten, nach Hannover überführt. »Die Herde sind gebrauchfähig ausgemauert und 60 mal 40 cm gross, Rumpf braun lackiert, grade durchgehende Eckschienen, Bratofengrösse 25 mal 24 cm, mit einer Heiztür und einem Aschkasten, Schutzstange vorn, Heizplatte geschwärzt, mit 2 Ringlöchern, Rohrstutzen ½ rechts, ½ links oben auf der Platte«.[21] Die ersten Monate des Jahres 1942 waren allerdings verstrichen, ohne dass mit dem Bau der Baracken begonnen worden wäre. Wegen »des anhaltenden Frostwetters und der später angeordneten Sperre für die Lieferung von Baracken konnte« – wie Elkart dem Regierungspräsidenten am 23. Dezember 1942 berichtete – »mit der Durchführung dieses Bauvorhabens erst im Juni 1942 begonnen werden«. Inzwischen aber waren alle Baracken aufgestellt, der größte Teil auch schon bezugsfertig.[22]

Das für die Errichtung des Barackenlagers in Bothfeld ausgewählte Gelände an der Hartenbrakenstraße nahm eine Fläche von gut 75 000 Quadratmetern ein. Ein Zugang zum Lager von Westen her wurde von der Abzweigung der Kurze-Kamp-Straße nach Süden angelegt; ein anderer Zugang von der Hartenbrakenstraße aus lag im Norden der Anlage auf Höhe des Doppelhauses Hartenbrakenstraße 28/30. Verkehrsmäßig erschlossen wurde das Gelände durch Anlage zweier Plätze, die in gerader Linie mit den Lagereingängen verbunden waren (Nordplatz und Südplatz). Zwischen diesen beiden Plätzen wurden zwei von Norden nach Süden verlaufende Straßen angelegt (Westweg und Ostweg), die den überwiegenden Teil des Geländes in drei Abschnitte untergliederten. In jedem dieser Abschnitte wurden je neun Baracken errichtet in der Form, dass jeweils drei Baracken in ihrer Anordnung ein nach Norden geöffnetes »U« bildeten. Vier weitere Wohnbaracken lagen am Südplatz, drei davon unmittelbar an der Kurze-Kamp-Straße bzw. Gartenheimstraße. Ferner befanden sich am Südplatz die Verwaltungsbaracke und das Wohnhaus des Verwalters. Am Nordplatz wurden – die Barackenformationen von Westweg und Ostweg abschließend – drei weitere Wohnbaracken sowie nördlich des Platzes zwei Waschbaracken errichtet.[23]

Nach dem Stand vom 6. Oktober 1942 waren zu diesem Zeitpunkt acht Baracken ganz fertiggestellt. 20 weitere Baracken standen zwar schon, waren aber zum Teil noch ganz ohne Innenausbau. Die Gesamtkosten für die insgesamt 40 Gebäude umfassende Anlage wurden nun auf 1,6 Millionen RM veranschlagt. Bereits zu diesem Zeitpunkt wurde die Frage einer möglichen Belegung der fertigen Baracken zum Winter hin verneint, da die Kohlenbaracke noch nicht fertiggestellt war. Das Hauptproblem bestand darin, dass »Arbeitskräfte und Kriegsgefangene [...] nur spärlich verfügbar« waren. Aber schon stellte man seitens des hannoverschen Regierungspräsidenten fest, dass zur Unterrichtung der in dem Lager gegebenenfalls unterzubringenden Kinder die beiden Bothfelder Schulen (Bürgerschule 41 an der Ebelingstraße, Bürgerschule 64 am Grimsehlweg) in Betracht kommen würden.[24]

Am 16. Januar 1943 konnte das Stadtbauamt dann dem Regierungspräsidenten berichten, dass »die Barackensiedlung Bothfeld [...] im wesentlichen fertiggestellt [sei], zur Zeit wird noch an dem inneren Ausbau von 8 Baracken und einer Waschküchenbaracke gearbeitet. Die Arbeiten für die Versorgung der einzelnen Wohnungen mit elektrischem Licht sind zur Zeit noch im Gange. Strassenbau, Kanalisation und Ringwasserleitung

---

21   NLAH Hann. 180 Hannover b Nr. 25/5: Reichsinnenminister an Regierungspräsidenten Hannover am 31. Januar und am 16. April 1942 sowie Oberbürgermeister Hannover an Regierungspräsidenten Hannover am 8. Juni 1942.
22   NLAH Hann. 180 Hannover b Nr. 25/5.
23   Lageplan in NLAH Hann. 180 Hannover b Nr. 25/5; siehe die bereits oben genannte Abb. 2.
24   NLAH Hann. 180 Hannover b Nr. 25/5.

sind fertiggestellt. Rückständig sind die beantragten Luftschutzbauten als Kleinbunker, über die eine Entscheidung noch nicht vorliegt«. Bei der Anlage der Straßen der Siedlung in der Zeit vom 12. April 1942 bis zum 8. Februar 1943 waren Kriegsgefangene zum Einsatz gekommen. Am 29. September und am 21. Oktober 1942 hatten die Städtischen Betriebswerke die Anschlüsse der Siedlung an die Trinkwasserversorgung hergestellt. Die Gesamtkosten betrugen bis dahin 1 039 747,63 RM, allein 554 872,84 RM entfielen davon auf die Lieferung der Baracken.[25]

Ein Protokoll des Oberregierungs- und Baurats Müller über die Besichtigung der Anlage am 15. Januar 1943 zeigt konkreter, welche Arbeiten noch auszuführen waren: »Bei den Wohnbaracken war der Maler noch beim Anstrich, die Dachdecker beim Teeren der Pappdächer, die Maurer beim Herstellen der Betonrinnen nach den Strassen und bei einigen Wohnungen waren bereits die Reinemachfrauen beim Säubern. Bei der Waschbaracke wurden die Zwischenwände mit Eternitplatten verkleidet. Die Strassen waren mit Schotter und Splitt befestigt, die Gossen gepflastert. Kanalisation und Hydranten sind vorhanden, elektrische Leitungen sind in die Wohnungen verlegt. Es fehlen noch die elektrischen Uhren. Trinkwasserleitung ist vorhanden, ebenso Ausgüsse und Zapfstellen und W.C. Auch standen in der Mehrzahl der Wohnungen Öfen und Herde. Im ganzen ergab sich bereits ein sauberes ordentliches Bild«.[26]

Die Gesamtherstellungskosten der Barackensiedlung in Höhe von schließlich 1 611 000 RM sollten nach dem Vorschlag des Städtischen Oberbaurats Stein durch jährliche Mieteinnahmen in einer Gesamthöhe von rund 75 000 RM zumindest zum Teil gedeckt werden. Die monatliche Miete für eine Wohnung mit einer Größe von 53 Quadratmetern Grundfläche sollte dabei nach Steins Berechnungen 30 RM betragen.[27]

Über Luftschutzmaßnahmen für die Siedlung machte man sich in den planenden Behörden erst spät Gedanken. Die britischen und amerikanischen Bomberverbände hatten nach einer Schonfrist von einem Jahr im August 1942 ihre Angriffstätigkeit gegen die Stadt Hannover wieder aufgenommen. Dies machte auch entsprechende Vorkehrungen für die im Bau befindliche Barackensiedlung in Bothfeld erforderlich. »Als voraussichtliche Luftschutzsicherung sollten« – wie Stadtbaurat Elkart dem Regierungspräsidenten am 19. Dezember 1942 berichtete – »Deckungsgräben dienen, wenn möglich auch Kellerräume einer in der Nähe befindlichen abgebrochenen Kapelle des Judenfriedhofes. Zurzeit der Projektbearbeitung im Dezember 1941 war während der anhaltenden Frostperiode eine Prüfung des Grundwasserstandes auf dem Baugelände nicht möglich. Leider erwies sich auch der Ausbau der Kellerräume der abgebrochenen Kapelle, die zur Unterbringung eines kleinen Teils der Insassen der Siedlung herangezogen werden sollten, als undurchführbar, weil nach Forträumen des Schuttes festgestellt wurde, dass die Decke bereits durch Witterungseinflüsse teilweise zerstört war und nicht die erforderliche Stärke aufwies«. Nun sollten jedoch richtige Luftschutzbunker geschaffen werden.[28]

Am 28. November 1942 wandte sich Stadtbaurat Elkart abermals an den Regierungspräsidenten, um die Frage der Sicherung der Siedlung gegen Luftgefahr zu erörtern. Bei voller Belegung würden etwa 700 Menschen in dem Lager Unterkunft finden; für diese wären Luftschutzräume zu schaffen. Wegen des hohen Grundwasserstandes auf dem Baugelände musste von der Ausführung der ursprünglich vorgesehenen Deckungs-

25   Ebd.
26   Ebd.
27   Ausführliche Berechnungen Steins in NLAH Hann. 180 Hannover b Nr. 25/5.
28   NLAH Hann. 180 Hannover b Nr. 25/5.

gräben abgesehen werden. Stattdessen sollten nun 23 »kleine, splittersichere und gasdichte LS-Bunker« errichtet werden, von denen jeder 30 Personen aufnehmen können sollte.
Die Kosten für einen solchen Bunker betrugen 5000 Reichsmark. Elkart ging angesichts
der Wiederaufnahme der alliierten Luftangriffe auf Hannover anscheinend davon aus,
dass das Barackenlager schon bald als Ausweichquartier benötigt werden würde, und so
folgerte er: »Da die Baracken schon zum größten Teil fertiggestellt sind, ist es notwendig,
die Bunker so schnell wie möglich zu errichten«.[29]

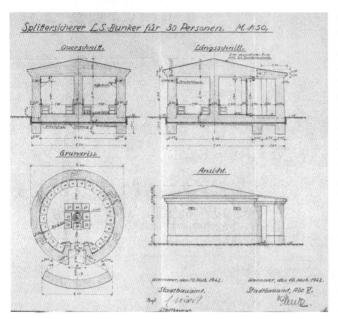

Abb. 4: Bauzeichnungen für einen Luftschutzbunker für 30 Personen
1942 November 10 (NLAH Hann. 180 Hannover b Nr. 25/6)

Der Oberregierungs-
und Baurat Müller un-
terstützte Elkart in dieser
Ansicht. Die geforderte
Anlehnung an einen
vorhanden Bunker ent-
fiel in Bothfeld mangels
Bunkeranlagen nahezu
völlig. Die Bevölkerung
hatte sich Erdbunker auf
ihren Grundstücken an-
gelegt. Die einzige massive Bunkeranlage befand
sich an der Straße Os-
terforth in unmittelbarer
Nähe zur Volksschule am
Grimsehlweg. Eine auf
den 10. November 1942
datierte Bauzeichnung
für einen splittersicheren
Luftschutzbunker für 30
Personen stellt den ersten
Hinweis auf solche Über-
legungen dar. Im Fe-
bruar 1943 wurden die
Baukosten für einen solchen Bunker auf noch 4000 Reichsmark taxiert. Am 12. Januar
1943 gab der Baubevollmächtigte des Reichsministeriums Speer im Bezirk der Rüstungs-
inspektion XI seine Einwilligung zur Errichtung der Bunker. Die Herstellung der Luftschutzbunker zwischen dem 30. April und dem 20. August 1943 verursachte noch einmal
Ausgaben in einer Gesamthöhe von 78 516,19 RM.[30]

   Diese abschließende Baumaßnahme war noch im vollem Gang, als das Lager an
der Hartenbrakenstraße auch schon dringend benötigt wurde. Der Tagangriff, den die
amerikanische Luftwaffe am 26. Juli 1943 gegen die Stadt Hannover flog, hatte neben
273 Toten und 422 Schwerverletzten auch 4000 Obdachlose zur Folge. Getroffen wurden
bei dem Angriff in erster Linie die Altstadt, der Hauptbahnhof und die Stadtteile Linden,

29   Ebd.
30   NLAH Hann. 180 Hannover b Nr. 25/1. Bauzeichnungen der Luftschutzbunker ebd. Hann. 180 Hannover b Nr. 25/6; vgl.
     Abb. 4. Eine Bauzeichnung für einen anderen Luftschutzbunker für 30 Personen, der im November/Dezember 1944 auf dem
     Grundstück der Tierärztlichen Hochschule am Misburger Damm 16 geplant wurde, ist in NLAH Hann. 180 Hannover b Nr.
     361/6 enthalten. Siehe auch ebd. Hann. 180 Hannover b Nr. 25/5.

Stöcken und Vahrenwalde.[31] 135 betroffene Familien aus der Altstadt, der Calenberger Neustadt, aus der Nordstadt, aus Vinnhorst, Vahrenwald usw., die bei diesem Luftangriff ihre Wohnung verloren hatten, fanden nun im Barackenlager in Bothfeld eine Bleibe.[32]

Zerstörung des Lagers und erste Wiederaufbaupläne 1943–1945

Bei der Auswahl des Bauplatzes für die Ausweichunterkunft hatten in den Jahren 1941 und 1942 die beteiligten Dienststellen die Ansicht geäußert, das Gelände an der Hartenbrakenstraße in Bothfeld sei besonders dafür besonders geeignet, weil – wie etwa der Polizeipräsident von Hannover am 19. Januar 1942 ausführte – »die Bauten an der Stadtrandsiedlung errichtet werden […], in welcher die Luftgefährdung ziemlich gering« sei.[33] Der Luftangriff der britischen Luftwaffe vom 27./28. September 1943 zeigte, dass alle Überlegungen dieser Art hinfällig waren. Stadtbaurat Elkart musste dem hannoverschen Regierungspräsidenten am 2. Oktober 1943 berichten: »Bei dem Fliegerangriff in der Nacht vom 27./28. September 43 ist die nach dem Tagesangriff vom 26. Juli dieses Jahres mit bombengeschädigten Familien belegte Barackensiedlung vollständig durch Brand zerstört worden. Es stehen noch 3 Wohnbaracken mit je 6 Wohnungen, die durch Erschütterungen z. T. beschädigt sind. Die Instandsetzung ist veranlaßt. Außerdem sind die beiden Waschbaracken und die Koh-

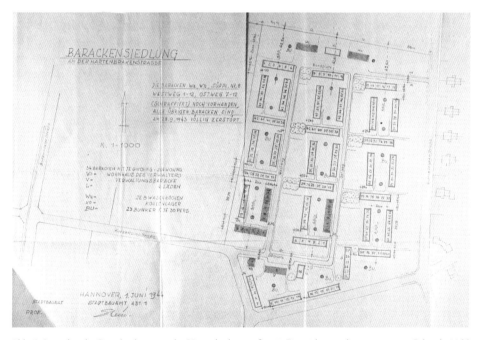

Abb. 5: Lageplan des Barackenlagers an der Hartenbrakenstraße mit Einzeichnung der unzerstörten Gebäude 1944 Juni 1 (NLAH Hann. 180 Hannover b Nr. 25/5)

31 Grabe u. a: Unter der Wolke des Todes (wie Anm. 13), S. 61–69 und S. 132–135.
32 Exemplarischer Abgleich der in NLAH Hann. 180 Hannover b Nr. 25/5 überlieferten Liste der ehemaligen Bewohner des Barackenlagers vom 8. August 1944 mit dem Adressbuch der Stadt Hannover für 1943.
33 NLAH Hann. 180 Hannover b Nr. 25/5.

lenbaracke stehen geblieben. Diese Gebäude weisen aber teilweise so starke Beschädigungen auf, daß Wiederinstandsetzung nur soweit vertretbar ist, als es die Waschküchenbenutzung und Kohlenlagerung für die noch verbliebenen 18 Familien erforderlich macht.

Die Ursache der totalen Zerstörung« – so Elkart weiter – »ist durch die zahlreichen niedergegangenen Phosphorbrandbomben hervorgerufen, die zu gleicher Zeit viele Baracken in Brand setzten. Da die Gebäude mit Pappe gedeckt waren, wurde der Brand durch Funkenflug schnell von Haus zu Haus übertragen. Durch die in unmittelbarer Nähe während des Brandes niedergegangenen Minen wurden dann die brennenden Baracken umgelegt. Die etwa 850 Kopf starke Belegung der Siedlung ist nur dadurch gerettet worden, daß die nachträglich gebauten massiven Rundbunker standgehalten haben.

Bemerkt sei, daß alle zum Schutze gegen Brandausbreitung vorgeschriebenen Maßnahmen getroffen waren. Es waren außer den in jeder Wohnung befindlichen Sandtüten 40 Betonbehälter mit je 270 L Wasser und 10 Holzbehälter mit je 250 L Wasser aufgestellt. Zur weiteren Brandbekämpfung standen 13 Oberflurhydranten, die an die Ringwasserleitung angeschlossen sind, zur Verfügung.

Die von der Feuerwehr bald nach dem Brande eingeleiteten Löschversuche mußten angesichts der schnellen Ausbreitung des Brandes und wegen des Zusammensturzes der meisten Baracken eingestellt werden. Es gelang nur 3 Wohnbaracken, die nicht eingestürzt waren, zu retten. Dieser Vorfall zeigt, daß die gewählte leichte Holzbauweise bei der Gefahr der Luftangriffe keinesfalls für den gedachten Zweck geeignet war«.[34]

Erhalten geblieben waren lediglich die Wohnbaracken Südplatz 8, Westweg 1–12 und Ostweg 7–12 – auch diese allerdings nicht ganz ohne Beschädigungen – sowie die am Südplatz gelegene Verwaltungsbaracke und das benachbarte Wohnhaus des Lagerverwalters und die beiden Waschbaracken am Nordplatz. Ebenfalls hatten – wie Elkart am 12. Juni 1944 gegenüber dem Regierungspräsidenten weiter ausführte – »die 23 Rundbunker […] den Spreng- und Brandbomben standgehalten«. Die Stadt Hannover plante ab Ende November 1943, das Lager wieder aufzubauen; nun aber sollten »Massivbaracken auf den Fundamenten der abgebrannten Holzbaracken« errichtet werden. Die Kalkulation der Baukosten vom 10. Juni 1944 ging zunächst davon aus, dass die Errichtung einer massiven Wohnbaracke ca. 23 000 RM kosten würde. Nach dem überarbeiteten Kostenvoranschlag des Stadtbauamtes für den Wiederaufbau der Siedlung vom 6. Juli 1944 sollte die Errichtung einer Wohnbaracke 31 500 RM, einer Ladenbaracke 15 300 RM und einer Kohlenbaracke 12 200 RM kosten.[35]

Was aus den nun binnen weniger Monate zum zweiten Mal ausgebombten Familien wurde, geht aus den Akten nur vage hervor. Überlebt hatten den Luftangriff offensichtlich alle Bewohner des Lagers. Nach Auskunft des Wohnungsamtes der Stadt Hannover vom 5. Juli 1944 hatten die betroffenen Familien aber »bei diesem Angriff den noch teilweise im Juli geretteten Hausrat, der ihnen infolge Mittellosigkeit von der NSV und dem Wohlfahrtsamt zur Verfügung gestellt war, vollständig verloren. Da die Familien nach dem Angriff grösstenteils nach auswärts verschickt und ihre Anschriften unbekannt sind«, war es der Behörde auch nicht möglich, die noch ausstehenden Mietzahlungen einzuziehen.[36]

---

34 NLAH Hann. 180 Hannover b Nr. 25/5; vgl. v. a. den Situationsplan vom 1. Juni 1944 mit Kennzeichnung der wenigen erhalten gebliebenen Gebäude (Abb. 5). Zu dem Angriff vom 27./28. September 1943 vgl. GRABE u. a: Unter der der Wolke des Todes (wie Anm. 13), S. 70 f.

35 NLAH Hann. 180 Hannover b Nr. 25/5: u. a. Stadtbaurat Elkart an den Regierungspräsidenten Hannover am 29. November 1943 sowie am 12. Juni 1944.

36 NLAH Hann. 180 Hannover b Nr. 25/5; hier auch die bereits oben zitierte Aufstellung der Haushaltsvorstände der vor der Zerstörung des Lagers hier untergebrachten Familien.

Der Reichswohnungskommissar ermächtigte am 5. August 1944 den Oberpräsidenten der Provinz Hannover »mit Rücksicht darauf, dass die Fundamente, die Zu- und Abwasserleitungen sowie die elektrische Lichtleitung unversehrt geblieben und wieder zu verwenden sind, und unter der Bedingung, dass diese Baracken nach ihrem Wiederaufbau ausschließlich kinderreichen Familien zugewiesen werden, […] ausnahmsweise, die wohnungspolitische Zustimmung für den geplanten Wiederaufbau der Baracken zu erteilen unter der Voraussetzung, dass der Baubeauftragte des Reichsverteidigungskommissars die Ausnahme vom Bauverbot erteilt.« Die entsprechende Genehmigung des Reichsverteidigungskommissars ließ auf sich warten, wurde dann aber doch erteilt. Die entscheidende Erteilung der Ausnahme vom Bauverbot durch den Baubeauftragten blieb jedoch aus. »Eine Ausführung des Bauvorhabens wäre aber« – wie nach Kriegsende der kommissarische Stadtbaurat Meffert am 5. November 1945 ausführte – »ohnehin nicht mehr möglich gewesen, da durch weitere schwere Zerstörungen in der Siedlung völlig neue Verhältnisse eintraten. So wurden u. a. durch Bombenvolltreffer die Straßen, Bunker und vor allem die Versorgungsleitungen und Fundamente stark in Mitleidenschaft gezogen bzw. teilweise zerstört. Der Rest der Siedlung wurde soweit zerstört, dass nunmehr von sämtlichen Baracken nur noch das Verwalterwohnhaus, die frühere Verwaltungsbaracke, in der inzwischen 4 Wohnungen eingerichtet wurden, […] und von den reichseigenen Wohnbaracken nur noch 5 Wohnungen als Teile zweier Baracken vorhanden sind«.[37]

Die Kurze-Kamp-Kolonie 1946–1956

Mit dem Schreiben des Regierungspräsidenten in Hannover an den Stadtbaurat Elkart vom 2. September 1944 endeten die Bemühungen des Dritten Reiches um den Wiederaufbau der Barackensiedlung in Bothfeld. Erst mehrere Monate nach Kriegsende erkundigte sich der von der britischen Besatzungsmacht eingesetzte Regierungspräsident am 11. Oktober 1945 beim neuen hannoverschen Oberbürgermeister, »wie weit die Bauarbeiten für die Ausweichsiedlung in Hannover-Bothfeld gediehen« seien. Stadtbaurat Otto Meffert (1879–1970), der kommissarische Nachfolger des wegen seiner politischen Belastung außer Dienst gestellten Elkart, antwortete am 5. November, dass man im September 1944 für die Wiederherstellung der Siedlung die Aufhebung des allgemeinen Bauverbots beantragt habe, es »infolge der immer schwieriger werdenden Verhältnisse auf dem Baustoff- und Arbeitsmarkt« aber nicht mehr zu einer Genehmigung gekommen sei, zumal die Siedlung durch weitere Bombenangriffe weitestgehend zerstört worden sei. »Auf Grund der neuen Bestimmungen der Militärregierung über die Bautätigkeit« – so schloss Mefferts Bericht – »besteht im Augenblick keine Möglichkeit, die Siedlung wie geplant, wiederaufzubauen«.[38]

Im Gefolge des Zustroms von Flüchtlingen nach Hannover führte der dadurch erheblich verstärkte Wohnraummangel dann doch dazu, dass wohl 1946/47 das Lager wieder aufgebaut wurde. Allerdings erfolgte dieser Wiederaufbau nicht in der 1944 vorgesehenen massiven Bauweise, sondern in Form der schnell zu errichtenden Nissenhütten. Bei diesen von dem kanadischen Offizier Peter Norman Nissen im Jahr 1916 entworfenen Unterkünften handelte es sich um schnell zu errichtende, selbsttragende Konstruktionen

37   NLAH Hann. 180 Hannover b Nr. 25/5. Auf dem bei Stoffert: Bothfeld 1 (wie Anm. 12), S. 216 abgebildeten Luftbild der
     US-amerikanischen Luftwaffe vom 7. April 1945 sind auf dem Gelände des Lagers 29 Bombentrichter auszumachen. Vgl. auch
     die Abb. aus dem Jahr 1944 ebd. S. 200.
38   NLAH Hann. 180 Hannover b Nr. 25/5. Zu Meffert siehe Stadtlexikon (wie Anm. 3), S. 436.

aus gewölbten Wellblechstücken, die eigentlich nur als provisorische Notunterkünfte, zur vorübergehenden Unterbringung von Durchziehenden gedacht waren.[39]

Die Kurze-Kamp-Kolonie in Bothfeld, wie die Barackensiedlung nun bezeichnet wurde, gehörte jedoch zu den Lagern dieser Art in Hannover, die mancher Familie beinahe ein Jahrzehnt lang als Wohnung dienen sollten. Ab 1948 finden sich die Unterkünfte der Kolonie als amtliche Adressen im Adressbuch der Stadt Hannover, etwa für den Angestellten A. Mundhenke (Südplatz 1), den Heizer A. Mundhenke (Südplatz 8a), den Schalthauswärter Arthur Kiesow (Westweg 6), den Bautechniker Karl Zwingmann (Nordplatz 7) oder den Arbeiter Erich Frädermann (Ostweg 13). Kiesow sollte noch Ende 1955 in der genannten Baracke wohnen. Im Lauf der Zeit erweiterte man die Nissenhütten bei Bedarf mit einfachen Backsteinanbauten.[40]

Nach dem Stand vom 30. September 1950 waren für die Kolonie insgesamt 138 Haushaltungen vermerkt, die in 81 Unterkünften lebten. Zum Teil handelte es sich dabei um alleinstehende Personen, die sich eine Baracke teilten, zum Teil aber auch um Familien mit Kindern. Besonders in den Wintermonaten offenbarte sich die ganze Unzulänglichkeit dieser eigentlich provisorischen Unterkünfte, denn – wie Fotografien zeigen – der auf viele Hütten gefallene Schnee schmolz nicht; ein Beleg dafür, dass die Hütten kaum richtig zu beheizen waren.[41] Und so verwundert es nicht, wenn etwa in den Kirchenbüchern der seinerzeit für die katholischen Bewohner der Kurze-Kamp-Kolonie zuständigen Kirchengemeinde St. Bruder Konrad in der List der traurige Eintrag zu finden ist, dass am 21. Mai 1953 ein Mädchen, dessen Familie im Ostweg der Kolonie wohnte, im Alter von nur acht Monaten einer Lungenentzündung erlag.[42]

Im Rahmen der Barackenräumprogramme der 1950er Jahre wurde auch die Kurze-Kamp-Kolonie aufgelöst. Den Auftakt bildete das Reihenhaus-Ensemble, welches die Niedersächsische Heimstätte in den Jahren 1953/54 südlich des Südplatzes der Kolonie unmittelbar an der Gartenheimstraße errichtete.[43] Bereits im Adressbuch der Stadt Hannover für 1956, welches den Stand des Spätsommers 1955 widerspiegelt, werden dann mehrere geplante Neubauten auch an Nordplatz, Westweg und Ostweg genannt. Der Bereich westlich des Ostwegs wurde 1955/56 von der Gemeinnützigen Baugesellschaft Hannover mit Mehrfamilienhäusern bebaut, während auf dem Areal zwischen diesem Weg und der Hartenbrakenstraße ab 1955 z. T. von der Niedersächsischen Heimstätte überwiegend Reihenhäuser errichtet wurden. Wenngleich die Bebauung des Areals erst später zum Abschluss gebracht werden konnte, so ist die Kurze-Kamp-Kolonie doch im Spätsommer 1956 bereits aus dem Adressbuch der Landeshauptstadt verschwunden.[44]

39　Vgl. u. a. Uwe CARSTENS: Zur Geschichte der Notunterkünfte nach dem 2. Weltkrieg am Beispiel eines Nissenhüttenlagers, in: Jahrbuch für Ostdeutsche Volkskunde 35 (1992), S. 375–395. Zwei Abbildungen des Barackenlagers an der Hartenbrakenstraße bei STOFFERT: Bothfeld 1 (wie Anm. 12), S. 424 f.

40　Adressbuch der Hauptstadt Hannover 1948/49 (Red. Nov. 1948), II S. 122, S. 235, S. 339 und S. 560. Ebd. 1956 (Red. 30. September 1955), III S. 244. Vgl. v. a. die Abb. bei STOFFERT: Bothfeld 1 (wie Anm. 12), S. 425, wobei die Lage der Bunker darauf hindeutet, dass das Foto das Lager nicht von der Kurze-Kamp-Straße aus, sondern aus südöstlicher Richtung (Ostweg bzw. Hartenbrakenstraße) zeigt.

41　Adressbuch Hannover 1950, III S. 181. Heinz KOBERG: Hannover 1945. Zerstörung und Wiedergeburt. Bilddokumente eines Augenzeugen. Hannover 1985, S. 18 f.

42　Pfarramt Heilig-Geist Hannover-Bothfeld: Todes- und Begräbnisbuch der St. Konrads-Kirche in Hannover für die Zeit vom 1. Mai 1936 bis 31. Dezember 1989; hier Jahrgang 1953 Nr. 14.

43　Adressbuch der Hauptstadt Hannover 1954 (Red.: 30. September 1953) III S. 223: Kurze-Kamp-Kolonie Nr. 25 A bis L: geplante Neubauten. Ebd. 1955 (Red.: 30. September 1954) III S. 236: Kurze-Kamp-Straße 25 A bis K. Ebd. 1958 (Red.: 30. September 1957) III S. 256: seit 13. September 1957 Gartenheimstraße 1 bis 19.

44　Adressbuch der Hauptstadt Hannover 1956 (Red.: 30. September 1955) III S. 244. Vgl. Adressbuch der Hauptstadt Hannover 1957 (Red.: 30. September 1956). STOFFERT: Bothfeld 1 (wie Anm. 12), S. 424–427.

Abb. 6 und 7: Die Auflösung der Kurze-Kamp-Kolonie 1955/56: Luftbild 1954
(NLAH BigS 16567) und Luftbild 1957 April 5 (NLAH BigS 16810 und 16822)

Lediglich dem mit dem historischen Quellenmaterial Vertrauten erschließt sich noch, dass Hartenbrakenstraße, Gartenheimstraße und der nördliche Teil der heutigen Böckerstraße die äußere Begrenzung eines ehemaligen Barackenlagers nach Süden und Osten hin nachzeichnen. Die innere Gliederung des Lagers ist nur noch zum Teil anhand zweier Straßenzüge zu erkennen: So handelt es sich bei der heutigen östlichen Verlängerung der Kurze-Kamp-Straße um nichts anderes als den Südplatz der ehemaligen Barackensiedlung, während der daran anstoßende Gerhart-Hauptmann-Weg in seinem Verlauf exakt dem Ostweg der Kurze-Kamp-Kolonie folgt und lediglich um wenige Meter bis zur Einmündung in die Gartenheimstraße nach Süden verlängert worden ist. Ansonsten erinnert in Bothfeld heute nichts mehr an die Kurze-Kamp-Kolonie, das Ausweichlager an der Hartenbrakenstraße, das einst anstelle des in Stöcken geplanten Barackenlagers zur Ghettoisierung der hannoverschen Juden gebaut worden war.

Maria Kapp

Das St. Monikaheim in Ricklingen: Geschichte und Inventar der vinzentinischen Niederlassung mit der Kirche St. Monika

Meinem geliebten Vater zum 100. Geburtstag am 16. April 2014 gewidmet.

Im Sommer 2014 wurde durch die Verfasserin im Auftrag der Kirchlichen Denkmalpflege des Bistums Hildesheim ein Kunstinventar für das St. Monikaheim in Ricklingen erstellt. Damit wurde – nach dem Marienhaus und dem Vinzenzkrankenhaus – auch die dritte und letzte der heute existierenden vinzentinischen Niederlassungen in Hannover aufgenommen und gewürdigt.[1] Zugleich wurde mit der Arbeit in Ricklingen die kunsthistorische Bestandsaufnahme aller vinzentinischen Filialen in der Diözese Hildesheim durch die Verfasserin abgeschlossen, die im Jahr 2002 auf Wunsch und unter Mithilfe der Kongregation der Barmherzigen Schwestern vom heiligen Vinzenz von Paul begonnen hatte. Die Arbeit im St. Monikaheim umfasste die Beschreibung der zugehörigen Häuser, der Kapelle des Schwesternhauses und der St. Monika-Kirche, außerdem die Durchsicht der Archivalien im Bistumsarchiv Hildesheim, im Pfarrarchiv der St. Augustinus-Kirche in Ricklingen und im Mutterhaus der Vinzentinerinnen. Das erstellte Inventarbuch, das einen umfangreichen Textteil und eine Bilddokumentation enthält, wird in vier Exemplaren im Bistumsarchiv Hildesheim, bei der Kirchlichen Denkmalpflege, im Mutterhausarchiv und im St. Monikaheim verwahrt. Im Folgenden sollen die Ergebnisse der Arbeit zusammengefasst und vorgestellt werden.

Zur Geschichte des St. Monikaheimes und der Kirche St. Monika

Das St. Monikaheim in Ricklingen gehört zu den späten Gründungen der Vinzentinerinnen in Hannover, wo sich seit der zweiten Hälfte des 19. Jahrhunderts ein Schwerpunkt vinzentinischer Tätigkeit gebildet hatte. Zur Zeit der Gründung des St. Monikaheimes im Jahr 1930 lebten und arbeiteten in Hannover ca. 150 (!) Schwestern.[2]

Die Geschichte des St. Monikaheimes ist unmittelbar mit der katholischen Gemeinde in Ricklingen verbunden, die zu Beginn des 20. Jahrhunderts durch die St. Godehard-Gemeinde in Hannover-Linden betreut wurde.[3] Am 11. Dezember 1910 wurde der erste katholische Gottesdienst in Ricklingen im Gesellschaftshaus in der Stammestraße gefeiert, in den folgenden Jahren wurde ein regelmäßiger Gottesdienst

---

1 Vgl.: Maria KAPP: Das Marienhaus in der Gellertstraße und das Vinzenzkrankenhaus in Kirchrode: zwei vinzentinische Niederlassungen in Hannover und ihre Ausstattung. In: Hannoversche Geschichtsblätter N. F. 67 (2013), S. 39–54.

2 Lieselotte STERNER: Die Kongregation der Barmherzigen Schwestern vom hl. Vinzenz von Paul in Hildesheim von 1852 bis zum Zweiten Vatikanischen Konzil. Hannover 1999; Für den Menschen. 150 Jahre Kongregation der Barmherzigen Schwestern vom hl. Vinzenz von Paul in Hildesheim 1857 – 2007. Hrsg. von der Kongregation. Hildesheim 2007.

3 Für das Folgende vgl.: Archiv der Vinzentinerinnen in Hildesheim (im Folgenden: AdVH), Bestand A IX c, Nr. 1–10; Bistumsarchiv Hildesheim (im Folgenden: BAH), Bestand: Ortsakten (OA) I, Hannover-Ricklingen St. Augustinus, Nr. 1–4; Pfarrchiv St. Augustinus Hannover-Ricklingen (im Folgenden: PfA), Nr. 4–6, 10–14. Vgl. auch: Festschrift. 70 Jahre Gründung der Seelsorgestelle St. Augustinus. Hrsg. von der Pfarrei. Hannover 2000.

eingerichtet. Im Jahr 1921 wurde die Kapelle auf dem sog. Edelhof in Ricklingen für zehn Jahre als Gottesdienstraum für die stetig anwachsende katholische Gemeinde gepachtet, wo am 26. Juni 1921 die erste Heilige Messe gelesen wurde. Ein Jahr vor Ablauf des Pachtvertrages, im Januar 1930, erwarb die St. Godehard-Gemeinde die Gastwirtschaft »Ricklinger Turm« am Hahnensteg 53, um den Kinosaal der Wirtschaft als Kirchenraum auszubauen – für den Erwerb eines Bauplatzes und den Neubau einer Kirche waren die erforderlichen Geldmittel nicht vorhanden. Etwa gleichzeitig, im März 1930, kaufte die Kongregation die benachbarte Villa am Hahnensteg 55, d. h. das direkt neben dem »Ricklinger Turm« liegende Grundstück. Die im Jahr 1898 im Stil der Neorenaissance erbaute Villa diente als »Hannoversche Diener-, Reit- und Fahrschule«; zum Zeitpunkt des Erwerbs war Paul Kursawe Eigentümer des Grundstücks. Die Schwestern richteten in den folgenden Monaten die Villa als Altersheim ein, parallel dazu erfolgte der Ausbau des ehem. Kinosaales zur Kirche und der Umbau des unmittelbar an den Kirchenraum angrenzenden Wirtschaftshauses zum Wohnhaus der Schwestern, zum Pfarramt und Gemeinderaum. Am 31. August 1930 konnte Domka-

Abb. 1: Blick auf die St. Augustinus-Kirche und das St. Monikaheim, 1930 (Foto: Archiv der Vinzentinerinnen, Hildesheim)

pitular Friedrich Schneider sowohl die St. Augustinus-Kirche benedizieren als auch die Räume des St. Monikaheimes einweihen. Mit der Wahl des Kirchenpatrons wurde der bedeutendste Kirchenlehrer der katholischen Kirche, Augustinus, geehrt; im Jahr 1930 feierte die Kirche den Jubiläumsgedenktag seines Todes im Jahr 430. Mit der Patronin des Heimes, St. Monika, wurde an die Mutter des Augustinus erinnert; gleichzeitig symbolisierte die Namenwahl die enge Beziehung und Zusammengehörigkeit von Gemeindekirche und Schwesternstation (Abb. 1).

Wegen wirtschaftlicher Schwierigkeiten kaufte die im Jahr 1930 gegründete »Katholische Seelsorgehilfe« des Bistums in den folgenden Jahren (1932 bzw. 1934) sowohl das St. Monikaheim als auch das Kirchengrundstück (Hahnensteg 53 und 55). Erst im Jahr 1966 wurden beide Grundstücke auf die Kongregation übertragen, die bis heute Eigentümerin ist.[4]

Im Oktober 1943 wurden Kirche und Altersheim durch Bombenangriffe beschädigt, beide Häuser konnten jedoch bald instand gesetzt werden. Bereits am 19. Mai 1945 eröffneten die Schwestern (zusätzlich zum laufenden Altersheimbetrieb) einen Kindergarten. Die folgenden Jahrzehnte bis heute sind durch ständige Baumaßnahmen und Vergrößerungen der Häuser sowie durch die fortlaufende Anpassung an technische und pflegerische Standards geprägt. 1968 wurde der neue Kindergarten eingeweiht (Architekt: Karl Ax, Hildesheim), 1970 das neue Altersheim (Architekt: Horst-Günther Jahn, Hannover); dafür wurde die ehem. Villa 1969 abgerissen. Zwischen 2006 und 2009 wurden alle vorhandenen Gebäudeteile nach Plänen des Herzberger Architekten Günter Geile neu errichtet. 2007 wurde zunächst der Kindergarten eröffnet, am 6. November 2008 konnte das Altenpflegeheim eingeweiht werden (vgl. Abb. 2), am 9. Dezember 2009 das Schwesternhaus, das als Schwesternaltersheim dient; gegenwärtig zählt der Konvent sechs Schwestern.

Abb. 2: Blick auf die Gartenseite des Altenpflegeheimes, 2014 (Foto: Dr. Maria Kapp, Goslar)

Durch die Aufnahme von Vertriebenen und Flüchtlingen war auch die katholische Gemeinde in Ricklingen nach Kriegsende zahlenmäßig stark angewachsen. Mit der Bereitstellung der Augustinuskirche war zum 1. September 1930 die Seelsorgestelle (Lokalkaplanei) Ricklingen gegründet worden; die neue Gemeinde zählte zu diesem Zeitpunkt etwa 900 Seelen. Zum 1. Juni 1950 wurde Ricklingen selbständige Kuratiegemeinde; die Salesianerpatres Don Boscos übernahmen die Seelsorge und Betreuung der ausgedehnten Gemeinde, die im Jahr 1952 bereits 5840 Mitglieder hatte. Für eine Gemeinde dieser Größe war die Augustinuskirche völlig ungeeignet, weshalb ein neuer Kirchenbauplatz an der Göttinger Chaussee erworben wurde, wo im Jahr 1954 der Grundstein für die neue St. Augustinus-Kirche gelegt wurde, die am 6. November 1955 benediziert werden konnte.

Der Schwerpunkt des kirchlichen Lebens der Ricklinger Gemeinde hatte sich damit grundlegend verschoben, die alte Kirche wurde seitdem nur noch von den Schwestern und den Bewohnern des Altersheimes benutzt, als Gemeindekirche hatte sie keine Bedeutung mehr. Bereits 1961 begannen Überlegungen zur Umgestaltung der alten Kirche, die in den Jahren 1963/64 unter Leitung des Architekten Horst-Günther Jahn durchgeführt wurden. Am 8. Dezember 1964 weihte Bischof Heinrich Maria Janssen den neuen Hochaltar. In der Weihurkunde wird erstmals der neue Titel der Kirche »St. Monika-Kirche« genannt und die Bezeichnung Ordenskirche (Ecclesia conventualis) verwendet.[5]

---

4 AdVH, Registratur, Aktenordner: Monikaheim. Grundstück, Kunsthistorische Gegenstände.
5 BAH, OA I, Hannover-Ricklingen St. Augustinus, Nr. 27.

Seit 1966 ist die Kongregation Eigentümerin des Kirchengrundstückes (vgl. oben); der Bischöfliche Stuhl hat das Nutzungsrecht für Kirche und Sakristei und übernimmt die Bauunterhaltung des Kircheninnenraumes.

Im Jahr 1990 wurde der Kirchenraum unter der künstlerischen Leitung von Paul König, Hildesheim, umgestaltet; 2009 erfolgten die jüngsten Sanierungsmaßnahmen, u. a. die Erneuerung des Innen- und Außenanstrichs.

Die historische Kirchenausstattung (1930)

In den ersten Monaten des Jahres 1930 wurde der ehem. Kinosaal der Gastwirtschaft »Ricklinger Turm« unter Leitung des Architekten Rudolf Freckmann, Hannover, zum Kirchenraum umgestaltet, der bereits am 31. August desselben Jahres benediziert werden konnte.[6] Der nach Süden orientierte Raum (Abb. 3) gliederte sich in die Saalkirche und das kleine Seitenschiff an der Ostseite. Als Altarraum diente die deutlich eingezogene, erhöhte ehemalige Bühne an der Südseite mit gerade geschlossener Rückwand. Die flache Holzdecke des

Abb. 3: Innenraum der St. Augustinus-Kirche, 1930er Jahre (Foto: Archiv der Vinzentinerinnen, Hildesheim)

Schiffes wurde durch hölzerne Unterzüge und Kopfbänder, jeweils mit Schnitzwerk, gegliedert. Das Gestühl war in zwei Blöcken seitlich des Mittelganges aufgestellt; im rückwärtigen Bereich des Schiffes war das Taufbecken angeordnet, im Untergeschoss des Turmes an der Nordostseite der Beichtstuhl. Der Altarbereich war durch eine zweiteilige Kommunionbank

---

6 Vgl.: Ein neues kath. Gotteshaus. Die St. Augustinuskirche in Ricklingen. In: »Hannoversche Volkszeitung«, Ausgabe vom 30. 08. 1930. Bauakten zum Umbau des Kirchenraumes haben sich nicht erhalten. Der Artikel beschreibt den Kircheninnenraum und führt die am Bau beteiligten Firmen auf.

vom Schiff getrennt; er lag zunächst eine Stufe erhöht (sog. Kommuniongang), dann folgten fünf weitere Stufen. Auf dem Altar mit dreiteiligem Unterbau stand der Tabernakel, als Altarretabel diente ein großformatiges Gemälde mit der Darstellung des Gekreuzigten. Östlich neben dem Altarraum wurde eine kleine Seitenkapelle eingerichtet, in der eine Pietà in altarähnlicher Aufstellung stand. Dieser Raum wurde durch zwei Fenster an der Ostwand mit figürlichen Glasmalereien (Darstellungen der Hlg. Magdalena und des Hlg. Bernhard) erhellt; die Fenster lieferte die bekannte Glasmalereiwerkstatt Hubert Henning, Hannover. Südlich neben dem Altarraum befand sich die Kanzel aus gelblichem Kunstsandstein, die von der Sakristei hinter dem Altarraum zu betreten war. An der Westwand waren Figuren des Christ-König, des Hlg. Augustinus und der Hlg. Monika angeordnet, außerdem gehörte der im November 1930 geweihte Kreuzweg zum Inventar, eine Figur der Gottesmutter und eine des Hlg. Joseph mit dem Jesuskind. Für die Ausmalung des Raumes wurden die Farben Blau und Weiß gewählt.

Die Einrichtung des Kirchenraumes kann als konservativ bezeichnet werden; sie ist noch dem Historismus verpflichtet und verbindet neobarocke und neogotische Stilelemente. Die Umgestaltung des ehem. Kinosaales darf als sehr überzeugend und gelungen bewertet werden.

Durch den Bombenangriff im Oktober 1943 wurden die Decke der Kirche, Altar, Fenster und Teile des Inventars zerstört. Der Innenraum konnte bald wieder instand gesetzt und benutzt werden; historische Photos aus den Nachkriegsjahren haben sich jedoch nicht erhalten. Mit Beginn der Planung der neuen St. Augustinus-Kirche wurde die alte Kirche vernachlässigt; in den Jahren vor der Umgestaltung 1963/64 wird ihr Zustand als »total unwürdig« beschrieben.[7]

Die Umgestaltung des Kirchenraumes im Jahr 1964

Nach den Plänen des Architekten Horst-Günther Jahn, Hannover, und unter der künstlerischen Leitung des Braunschweiger Graphikers Claus Kilian entstand im Jahr 1964 ein moderner, sachlicher, dem Zeitgeschmack entsprechender Kircheninnenraum, in dem kaum noch etwas an die alte Kirche erinnerte.[8] Die äußere Wand des Seitenschiffes wurde abgerissen und als zweischalige Betonwand mit Maßwerk neu aufgebaut, der Nebenaltar im Seitenschiff wurde entfernt, an der Stirnwand wurde der neue Tabernakel angeordnet (Abb. 4). Die ehem. Seitenkapelle neben dem Altarraum wurde geschlossen und zur Sakristei umgebaut. Die Stufenfolge im Altarraum blieb erhalten, eine (wiederum) zweiteilige Kommunionbank trennte den Altarbereich vom Schiff (Abb. 5). Die Stirnwand des Altarraumes wurde als Betonfiligranwand mit gelblichem Glas gestaltet, die indirekt durch die Sakristeifenster erhellt wurde. Es wurde ein neuer, schlichter Altartisch aus Anröchter Dolomit aufgestellt, im Altarraum hing ein schmuckloses Kruzifix. Die Kanzel rechts neben dem Altarraum wurde abgebaut, ebenso der Beichtstuhl im Turmuntergeschoss. Ein neuer Beichtstuhl wurde an der Ostwand des Schiffes in die Wand eingebaut; im Turm wurde das (vorhandene) Taufbecken aufgestellt. Altar, Beichtstuhl und Kommunionbank entstanden nach Entwürfen des Architekten Jahn. Die großformatigen Stahlrahmenfenster, die an der Westseite neben dem Altarraum und an der Eingangswand (Nordseite) eingebrochen wurden, erhielten nach Entwür-

7   BAH, OA I, Hannover-Ricklingen St. Augustinus, Nr. 27; Schreiben der Oberin an das Generalvikariat vom 20. 03. 1963.
8   BAH, OA I, Hannover-Ricklingen St. Augustinus, Nr. 27–29.

fen Kilians eine figürliche Bleiverglasung. Der Holzfußboden
der Kirche wurde durch einen
Belag aus Keramikplatten ersetzt; die hölzernen Unterzüge
und Kopfbänder der Decke
wurden entfernt; Schiff und
Altarraum erhielten eine mit
Holz verschalte Decke; an den
Längsseiten des Schiffes wurden jeweils fünf Pfeiler aus
Stahl aufgestellt, die die Decke
tragen. Alle Wände bekamen
einen einheitlichen, hellen Anstrich, die Stirnwand des Seitenschiffes mit dem Tabernakel
wurde in einem rötlichen Farb-
ton abgesetzt, die seitlichen
Wände neben dem Altarraum
wurden mit braunen Ziegelstei-
nen verblendet. In den Jahren
1966/67 wurde das Gestühl
erneuert, 1970 fertigte Claus
Kilian einen neuen Kreuzweg
in Hinterglasmalerei.

Abb. 4: Innenraum der St. Monika-Kirche, Blick zum Seitenschiff, um
1970 (Foto: Archiv der Vinzentinerinnen, Hildesheim)

Die Umgestaltung des
Kirchenraumes fand bei den
Schwestern und in der Gemeinde großen Anklang. Da die Arbeiten 1964, d. h. während des
Zweiten Vatikanischen Konzils
(1962–65) durchgeführt wurden, konnten die Liturgiereformen des Konzils naturgemäß
noch nicht berücksichtigt werden.

Abb. 5: Blick zum Altarraum der St. Monika-Kirche, um 1970 (Foto:
Archiv der Vinzentinerinnen, Hildesheim)

Die Umgestaltungen des Kirchenraumes von 1970 bis heute

Die Liturgiereformen des Konzils machten schon bald weitere grundlegende Veränderungen des Kircheninnenraumes nötig. Es ist heute nicht mehr bekannt, wann diese Maßnahmen durchgeführt wurden; es ist möglich, dass sie um 1978 zu datieren sind, da der
neue Kreuzweg am 23. Februar 1978 geweiht wurde. Zu den Umgestaltungsarbeiten
gehörten die Entfernung der Kommunionbänke, die Tieferlegung des Altarpodestes, die
Verkleinerung der Altarmensa an den Schmalseiten und die Veränderung des Altarstand-
ortes, der so weit vorgezogen wurde, dass die Zelebration zum Volk hin möglich wurde.
Außerdem wurden schlichte Sedilien und ein Ambo aufgestellt.

Abb. 6: Innenraum der St. Monika-Kirche, 2014 (Foto: Dr. Maria Kapp, Goslar)

Im Jahr 1990 erhielt der Kircheninnenraum unter der künstlerischen Leitung von Paul König, Hildesheim, sein heutiges Aussehen.[9] Das ehem. Seitenschiff wurde geschlossen, die offenen Wandabschnitte vermauert, hier entstanden die neue Sakristei und ein Abstellraum. Die Wandflächen oberhalb der beiden neu eingesetzten Türen wurden durch drei horizontale, vierteilige Fensterbänder mit Bleiverglasung belebt. Im Altarraum wurde vor der Betonfiligranwand eine neue, schmucklose Wand eingezogen, in die der Tabernakel eingefügt wurde; das Altarpodest wurde tiefer gelegt. Der Altarstipes wurde mit einer künstlerischen Einfassung geschmückt, außerdem entstanden nach den Entwürfen Königs neue Sedilien, das Ewige Licht, Altarleuchter und ein Ambo; der Corpus des vorhandenen Kruzifixes wurde auf ein neues Kreuz montiert, als künstlerische Materialien dienten Bronze und Bergkristall. Schließlich erhielten auch die beiden Fenster an der Ostwand des Schiffes eine künstlerische Verglasung, wiederum nach Entwürfen Königs. Der Innenanstrich wurde erneuert, die beiden Wände neben dem Altarraum, die 1964 eine Klinkerverblendung bekommen hatten, wurden verputzt.

Im Jahr 2009 wurde auch die mit Holz verschalte Decke des Kirchenschiffes verputzt, gleichzeitig wurde der Innenanstrich erneuert, sodass der Innenraum heute einheitlich hell gestaltet ist; die seitlichen Pfeiler im Schiff sind in einem Cremeton abgesetzt. Im Turmuntergeschoss wurde eine Josephskapelle eingerichtet, hier ist der Fußboden eine Stufe erhöht und hat einen Belag aus grau-grünem Naturstein. Der Altarraum ist heute zunächst eine breite Stufe erhöht (ehem. Kommuniongang), dann folgen zwei weitere Stufen. Im Mittelgang des Schiffes und im mittleren Bereich des Altarraumes ist ein roter Teppich verlegt (Abb. 6).

Der Außenbau der Kirche ist weiß verputzt; an der Rückseite (Südseite) wird der Baukörper mit Anbauten aus der Zeit um 1970 unmittelbar fortgesetzt. Über dem Kirchenraum (erster Stock) liegt eine Wohnung, außerdem ist auch das Dachgeschoss über der Kirche zu Wohnzwecken ausgebaut. An der Nordostseite befindet sich der runde Turm mit kegelförmigem Dach; im Turmobergeschoss ist die kleine Glockenstube für die Glocke angeordnet. Auf dem Dach ist ein lat. Kreuz über einer Urkundenkugel (Kupferblech) errichtet. Die Bausubstanz ist sowohl im Außen- wie auch im Innenbau in gutem Zustand.

---

9   AdVH, Registratur, Aktenordner: Monikaheim. Grundstück, Kunsthistorische Gegenstände.

Das Primärinventar der St. Monika-Kirche

Die Ausstattung der Kirche wird heute durch die Stücke aus den Jahren 1964 und 1990 bestimmt. Von der historischen Ausstattung hat sich lediglich das ehem. Taufbecken erhalten, das heute im Turmuntergeschoss steht und als Stele für die Figur des St. Joseph mit dem Jesuskind dient, die ebenfalls zum historischen Inventar gehört. Das ehem. Taufbecken ist an der Vorderseite mit einer reliefierten Darstellung der Taufe Christi durch Johannes geschmückt; es kann vermutet werden, dass die Werkstatt B. Dingeldey, Hannover, die die Bild- und Steinhauerarbeiten durchführte, auch das Taufbecken in Anröchter Dolomit gestaltete. Die überzeugende Qualität des Reliefs ist hervorzuheben; da das Taufbecken heute als Stele dient, wurde es gedreht, d. h. die Darstellung befindet sich jetzt auf der Rückseite.

In das Jahr 1964 datieren die beiden großen Fensterflächen an der Nord- und Westwand des Raumes, die nach Entwürfen von Claus Kilian mit figürlichen Glasmalereien geschmückt wurden.[10] Das Fenster beim Altarraum (Abb. 7) zeigt St. Augustinus als Prediger vor dem Volk, mit der Rechten weist er auf das Kreuz, die Linke ist im Redegestus erhoben. Rechts über ihm ist seine Mutter, St. Monika, angeordnet, die kniend für ihren Sohn betet. Das Fenster im Eingangsbereich stellt im Zentrum ein frühes Symbol der Dreifaltigkeit dar, drei Fische mit einem gemeinsamen Kopf, umgeben von zahllosen weiteren Fischen, die die Seelen der Gläubigen symbolisieren. Ebenfalls 1964 wurde der Tabernakel ausgeführt, das Weihwasserbecken im Eingangsbereich, der Altar (beides in Anröchter Dolomit), außerdem eine Darstellung der Maria mit dem Kind in Email, die rechts neben dem Altarbereich angeordnet ist. Die eindrucksvolle Arbeit wurde ebenfalls von Claus Kilian entworfen.

Abb. 7: Fenster, 1964; Entwurf: Claus Kilian, Braunschweig (Foto: Dr. Maria Kapp, Goslar)

Die Inventarstücke, die im Jahr 1990 hinzugefügt wurden, sind gestalterisch gut in den Raum eingepasst. Der Hildesheimer Künstler Paul König, der zahlreiche Kirchenräume im Bistum Hildesheim neu gestaltete bzw. umgestaltete,[11] entwarf das Kruzifix im Altarraum, den Ambo, die Sedilien, das Ewige Licht, die Altarleuchter und die Einfassung des Altarstipes; als künstlerische Materialien dienten ihm Bronze und Bergkristall, die Formensprache seiner Entwürfe stimmte er sehr überzeugend auf den vorhandenen Tabernakel aus dem Jahr 1964 ab, sodass der Altarraum heute als stilistische Einheit empfunden wird. Weniger überzeugend hingegen fügen sich die Bleiverglasungen Königs in das Kirchenschiff ein; farblich und formal kontrastieren sie mit den figürlichen Fenstern von 1964. Die Fenster im rückwärtigen Bereich des Schiffes an der Ostseite stellen die Begriffe »Gebet« (Abb. 8) und

---

10   Claus Kilian: geb. 1928; Graphiker, bildender Künstler, Diakon. Zahlreiche Entwürfe für Einzelwerke und Kirchenausstattungen für Kirchen des Bistums Hildesheim, Gestaltung von Mosaiken, Entwürfe für Paramente der Fa. Clemens Jansen, Aachen.
11   Paul König: geb. 1932; zahlreiche Entwürfe für Altarräume und Fenster im Bistum Hildesheim.

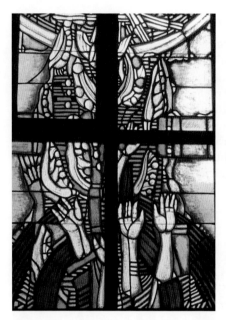

Abb. 8: Fenster, 1990; Entwurf: Paul König, Hildesheim (Foto: Dr. Maria Kapp, Goslar)

»Gnade« dar; die drei vierteiligen Fensterbänder über den Türen zur Sakristei und zum Abstellraum symbolisieren die Trinität.

Das Inventar der Hauskapelle der Schwestern

Eine besondere Erwähnung verdient die Hauskapelle der Schwestern in dem 2009 eingeweihten Schwesternhaus. Die beiden Fenster des kleinen, schmucklosen Raumes im Erdgeschoss erhielten eine künstlerische Verglasung durch die Glasgestalterin Christiane Schwarze-Kalkoff, Halle, die im Jahr 2008 auch die Verglasung des Aussegnungsraumes des Altenpflegeheimes entwarf.[12] Die Künstlerin, die für die Diözese bereits 1997 in der kleinen Kirche in Gleichen-Rittmarshausen (bei Göttingen) tätig war, wählte für die Räume in Ricklingen jeweils leuchtende Farben und symbolhafte Motive aus; die Fenster wurden durch die bekannte Glaswerkstatt Peters in Paderborn in der modernen Sandstrahlentechnik ausgeführt.

Das Inventar der Hauskapelle wurde aus dem im Jahr 2009 aufgelösten St. Josefstift in Hannover-Linden übernommen. Hierzu gehörten neben verschiedenen modernen Stücken aus den Jahren um 1980/90 (Zelebrationsaltar, Ambo, Ewiges Licht, Leuchter) auch zwei historische Teile, die das St. Josefstift wiederum aus der Kapelle des Elisabeth-Krankenhauses in Harsum erhalten hatte: der Hochaltar von 1905 und der Kreuzweg von 1913.[13] Der im neogotischen Stil ausgeführte Hochaltar entstand in der Werkstatt des Duderstädter Bildschnitzers Friedrich Oppermann, die hohe Qualität der Eichenholzschnitzereien, die virtuose Behandlung der Ornamentik ist zu betonen.[14] Im Hauptgeschoss sind zwei Reliefs angeordnet, die 1906 eingefügt wurden; es kann vermutet werden, dass sie in der Werkstatt von Anton Mormann in Wiedenbrück gearbeitet wurden. Die vielfarbig gefassten Reliefs aus Lindenholz zeigen die Hlg. Elisabeth von Thüringen, die Arme und Kranke beschenkt (Abb. 9), und St. Vinzenz von Paul mit einem Kind auf dem Arm, zwei weiteren Personen und einer Vinzenzschwester, wahrscheinlich Luise von Marillac. Der Kreuzweg wurde am 29. November 1913 geweiht; bei den Stationsbildern handelt es sich um Reproduktionen (Drucke) der bekannten Stationen von Gebhard Fugel. Hinzuweisen ist auf die sorgfältige Gestaltung der Rahmen mit historistischem Schnitzwerk; jeder Rahmen trägt ein lat. Kreuz mit Kleeblattendigungen, auf dem Sockel des Kreuzes ist die jeweilige Stationsnummer angeordnet. Altar und Kreuzweg haben sich in gutem Zustand erhalten; dass sie sich überhaupt bis heute erhalten haben, darf als ein glücklicher, keinesfalls selbstverständlicher Umstand gewertet werden.

12 Christiane Schwarze-Kalkoff: geb. 1955; seit 1983 als freiberufliche Glasgestalterin tätig.
13 AdVH, Bestand: A IX h, Nr. 2a (betr. Altar); BAH, OA I Harsum St. Cäcilia, Nr. 39, Bl. 46 (Hinweis auf die Weihe des Kreuzweges am 29. 11. 1913).
14 Friedrich Oppermann: geb. 1861, gest. 1945, Duderstadt; er übernahm 1893 die Werkstatt seines Vaters Carl Oppermann und gilt als der wichtigste Bildschnitzer des Historismus im Untereichsfeld, der zahlreiche Kirchen ausstattete; seine Zusammenarbeit mit Anton Mormann in Wiedenbrück ist für mehrere Kirchen nachgewiesen.

Das bewegliche Inventar der St. Monika-Kirche und des St. Monikaheimes

Das bewegliche Inventar – Skulpturen, Gemälde, Goldschmiede- und Metallarbeiten, Paramente, Möbel – in der Kirche und in den Häusern ist umfangreich und umfasst verschiedene kunsthistorisch und zeitgeschichtlich wertvolle Stücke. Die Provenienz der Objekte ist in vielen Fällen nicht bekannt, mehrere Teile wurden aus dem St. Josefstift übernommen.

Unter den Skulpturen fallen einige historische Bildwerke aus der Zeit um 1900 auf, darunter eine sehr qualitätvolle Figur der Maria mit dem Kind, eine Figur des Hlg. Joseph (beide im Schwesternhaus) und ein großes Kruzifix (Aussegnungsraum). Etwas später, um 1930 entstand die gefasste Tonfigur des St. Joseph mit dem Jesuskind, die im Turmuntergeschoss der Kirche steht und bereits als historischer Bestand der Kirche erwähnt wurde (Abb. 10). Aus der zweiten Hälfte des 20. Jahrhunderts sind weitere Kruzifixe zu erwähnen, außerdem zwei Figuren der Gottesmutter mit dem Kind und des Hlg. Joseph, die in der Hauskapelle aufgestellt wurden.

Hervorzuheben sind die beiden Gemälde des Bestandes. Von dem Hildesheimer Maler Friedrich Winter hat sich eine stimmungsvolle Ansicht der Apsis des Hildesheimer Domes erhalten (um 1950/60); weitere Werke des Malers befinden sich im Mutterhaus der Vinzentinerinnen in Hildesheim. Das zweite Gemälde in St. Monika wurde den Schwestern zum Zeitpunkt der Inventarisierung von dem Salesianerpater Karl Fox geschenkt; es ist eine Darstellung des Hlg. Joseph mit dem Jesuskind (Öl auf Leinwand), die um 1700 zu datieren ist; die überzeugende Qualität des Bildes ist zu betonen.

Erstaunlich groß ist die Zahl der Goldschmiede- und Metallarbeiten, unter denen die ältesten Stücke in die Zeit um 1900 datieren. Von herausragender Qualität ist die Kelchgarnitur, die der bekannte Paderborner

Abb. 9: Hochaltar aus dem ehem. St. Josefstift, Detail, 1905/06 (Foto: Dr. Maria Kapp, Goslar)

Abb. 10: St. Joseph mit dem Jesuskind, um 1930 (Foto: Dr. Maria Kapp, Goslar)

Abb. 11: Kelch, Josef Fuchs, Paderborn, um 1904
(Foto: Dr. Maria Kapp, Goslar)

Abb. 12: Detail des Kelchfußes (Foto: Dr. Maria Kapp, Goslar)

Goldschmied Josef Fuchs arbeitete.[15] Da die Garnitur aus dem St. Josefstift übernommen wurde, kann vermutet werden, dass sie um 1904, dem Jahr der Gründung des Stiftes, entstand. Der Kelch (Silber, vergoldet; Abb. 11) ist als Prunkkelch in neoromanischer Formensprache ausgeführt; die Fußoberseite ist mit vier Emailmedaillons geschmückt, die die Geburt Christi, das Letzte Abendmahl, die Kreuzigung Christi (Abb. 12), und das Pfingstgeschehen darstellen. Reicher Palmettenschmuck (graviert, in plastischer Ausführung, oder mit Emailfarben gemalt) ist auf der Fußoberseite, am Schaft, Nodus und am Korb der Cuppa angeordnet. Die detailbetonte Gestaltung des Kelches ist ebenso zu betonen wie der gute Erhaltungszustand. Ebenfalls in die Zeit um 1900 bzw. in den Beginn des 20. Jahrhunderts datieren zwei Messkännchen, zwei Versehpatenen und ein Krankenölgefäß, die jeweils aus Silber gearbeitet sind. Etwas später, d. h. in der Zeit um 1930, entstand eine silberne, teilweise vergoldete Versehpyxis der bedeutenden Münsteraner Goldschmiedin Ursula Bach-Wild.[16] Die flache Deckeloberseite des kleinen Gefäßes (Abb. 13) ist mit einem gravierten, stilisierten Christusmonogramm geschmückt, die Buchstabenschäfte sind durch geometrische Motive und Punzierungen belebt. Die Auffindung eines – gut erhaltenen – Werkes der bekannten Künstlerin darf als ein weiteres wichtiges Ergebnis der Inventarisierung bezeichnet werden. Ebenfalls um 1930 ist eine Monstranz der Hildesheimer Goldschmiedewerkstatt Maxen und Sonnenschein zu datieren (Abb. 14). Die kupfervergoldete Monstranz hat eine Höhe von 44 cm; das runde Schaugefäß wird von einem Strahlenkranz eingefasst; es bildet die Vierung eines griechischen Kreuzes, in den Kreuzarmenden sind silberne Medaillons mit den vier Evangelistensymbolen angeordnet, die Kreuzarme sind durch einen Kreis verbunden, der die Inschrift trägt: »ECCE + PANIS / ANGELORUM / FACTUS + CI-

---

15 Josef Fuchs: geb. 1876, Eröffnung der Goldschmiedewerkstatt 1901, gest. 1946. Vgl.: Die Werkstatt Josef Fuchs in Paderborn. In: »Was Du ererbt von Deinen Vätern…« Kunstinventarisation im Erzbistum Paderborn. Katalog des Diözesanmuseums Paderborn, hrsg. von Christoph Stiegemann. Paderborn 1998, S. 158–173.
16 Ursula Bach-Wild: geb. 1903, gest. 1987.

BUS / + VIATORUM +« (Thomas von Aquin, Beginn eines Hymnus' zum Fronleichnamsfest). Die überzeugende Gestaltung und repräsentative Ausführung der Arbeit ist zu betonen, die Werkstatt Maxen und Sonnenschein, seit 1896 in Hildesheim ansässig, war das führende Spezialgeschäft für kirchliche Metallgerätschaften im Bereich der Diözese.[17]

Schließlich sei auf zwei Goldschmiedearbeiten hingewiesen, die in das zweite Viertel bzw. die Mitte des 20. Jahrhunderts zu datieren sind: ein Krankenölgefäß und ein Kelch (Abb. 15) mit Patene der Werkstatt Carl Lipp in Waldstetten.[18] Beide Stücke sind aus Silber

Abb. 13: Versehpyxis, Ursula Bach-Wild, Münster, um 1930 (Foto: Dr. Maria Kapp, Goslar)

(beim Kelch lediglich die Cuppa) gefertigt und sorgfältig ausgeführt; die Formensprache ist zeittypisch-schlicht, der gute Erhaltungszustand ist wiederum hervorzuheben. Aus der zweiten Hälfte und dem Ende des 20. Jahrhunderts sind verschiedene Gebrauchsgerätschaften, Leuchter, Krankenpatenen, Hostiendosen, Ciborien und Weihrauchgarnituren zu erwähnen, darunter einige Teile aus der Werkstatt Bernd Cassau in Paderborn.[19]

Im Vergleich zu dem umfangreichen und sehr überzeugenden Bestand der Metallarbeiten ist der Paramentenbestand in St. Monika von geringer Bedeutung. Die vorkonziliaren Textilien (sowohl die der Vor-, als auch die der Nachkriegszeit) wurden leider fast vollständig aussortiert; hinzuweisen ist auf eine weiße Stola zur Priesterweihe aus der Zeit um 1950 mit sehr qualitätvoller und sorgfältig ausgeführter Handstickerei (Abb. 16); außerdem sind einige Messgewänder aus jüngerer Zeit mit guten Handstickereien zu erwähnen.

Abb. 14: Monstranz, Detail, Maxen und Sonnenschein, Hildesheim, um 1930 (Foto: Dr. Maria Kapp, Goslar)

Zuletzt seien die beiden Möbelstücke des Inventarbestandes hervorgehoben. Um 1900 entstand der kleine Sakristeischrank mit neogotischem Schnitzwerk, der heute im Schwesternhaus aufgestellt ist. Die Provenienz des zeittypischen, repräsentativ gestalteten Schrankes ist nicht bekannt. Aus dem St. Josefstift wurde eine historische Kirchenbank übernommen, die ihren Platz im Aussegnungsraum des Altenpflegeheimes gefunden hat.

---

17 Maria Kapp: Die Hildesheimer Goldschmiedefirma Maxen und Sonnenschein. In: Die Diözese Hildesheim in Vergangenheit und Gegenwart 69 (2001), S. 219–230; Dieselbe: Die Hildesheimer Goldschmiedefirma Maxen und Sonnenschein. Neue Forschungsergebnisse. In: Die Diözese Hildesheim in Vergangenheit und Gegenwart 77/78 (2009/2010), S. 225–234.
18 Carl Lipp: Gründung des Unternehmens 1862; die Firma besteht bis heute.
19 Bernd Cassau: geb. 1952. Vgl.: Heribert Cassau. 100 Jahre Werkstätte für kirchliche Gold- und Silberschmiedekunst. Hrsg. von der Fa. Heribert Cassau. Paderborn 1992.

Abb. 15: Kelch, Carl Lipp, Waldstetten, Mitte 20. Jhdt. (Foto: Dr. Maria Kapp, Goslar)

Abb. 16: Stola zur Priesterweihe, Detail, um 1950 (Foto: Dr. Maria Kapp, Goslar)

Die ebenfalls im neogotischen Stil ausgeführte Bank wurde wahrscheinlich 1904 (zur Gründung des St. Josefstiftes) oder wenig später gearbeitet. Die erwähnten Teile sind gut erhalten und überzeugende Beispiele des zeitgenössischen, kirchlichen Gebrauchsmobiliars.

Ralf Dorn

Rudolf Hillebrecht und das Neue Bauen – Zu den beruflichen Anfängen des hannoverschen Stadtbaurats

Die Ungewissheit über die eigene Zukunft gehörte für die Generation der zwischen 1907 und 1918 Geborenen zu den prägenden Erfahrungen der Jahre nach dem Ersten Weltkrieg. Inflation, Wirtschaftskrise und die politische Unsicherheit der Weimarer Republik zählten zu den Erfahrungen einer Studentengeneration, die auch untereinander in immer stärkeren Wettbewerb geriet.[1] »Die Angehörigen dieser Jahrgänge wurden während dieser zeitspezifischen Einbrüche und gesellschaftlichen Veränderungen sozialisiert und gelten als die ›überflüssige Jugend-Generation‹«, so Anette Schröder in ihrer Studie über die Studierenden an der TH Hannover in der Zeit von 1925 bis 1938.[2] Zu dieser Generation gehörte auch der Architekt Rudolf Hillebrecht, der im Sommer 1933, ein halbes Jahr nach der Machtübernahme der Nationalsozialisten, als frisch Diplomierter die TH verließ.

Für Hillebrecht stellte sich nach seinem bestandenen Diplom die Frage nach einer auskömmlichen und sinnvollen Beschäftigung, wie er dem Regierungsbaumeister Karl Grabenhorst in einem Brief offenbarte.[3] Darin führte er sämtliche für ihn in Frage kommenden Optionen auf: eine Beschäftigung mit dem klassizistischen Architekten Georg Ludwig Friedrich Laves im Rahmen einer Dissertation, was eine Fortsetzung seiner bisherigen Studien zu diesem Baumeister bedeutet hätte; eine Tätigkeit bei Walter Gropius oder Otto Ernst Schweizer, bei denen er sich mit einer Arbeitsmappe beworben hatte; oder eine Ausbildung zum Regierungsbaumeister, was ihm mehr als alles andere widerstrebte. In Kleinbuchstaben verfasst, was ihn als Anhänger des Bauhauses verriet, schrieb er Grabenhorst: »nichts ist mir aber, ehrlich gesagt, mehr zuwider als die laufbahn des beamten. [...] ich habe einen wahren horror davor, jetzt vier jahre lang mich auf hochbauämtern herumzudrücken, lediglich um die berechtigung zu einem neuen examen zu bekommen. wenn ich mir die hiesigen bauführer ansehe, habe ich den starken eindruck, dass sie alle ohne ausnahme vertrotteln. ihr nichtstun, das dann meistens auch in nichts können ausartet, suchen die leute obendrein durch eine leere arroganz zu verschleiern, die eben auch nur durch die hoffnungslosigkeit des absitzens von 4 jahren zu erklären ist. was soll ich ihnen viel begründen? sie werden verstehen: ich habe ein grauen vor dieser ›beschäftigung‹«.[4] In resignierendem Ton stellt er am Endes seines Briefes fest: »dann setze ich mich doch lieber auf mein rad und fahre 4 jahre lang kreuz und quer über die erde, habe zwar dann einen titel weniger, bin aber wenigstens ein mensch geworden, der gelernt hat, sich durchzuschlagen.« Sichtlich frustriert erhoffte sich Hillebrecht Rat von Grabenhorst und bat ihn, ihm Nachricht zu geben, »wenn irgendwo die möglichkeit besteht zu arbeiten«.[5]

1   Anette SCHRÖDER: »Männer der Technik im Dienst von Krieg und Nation.« Die Studenten der Technischen Hochschule Hannover im Nationalsozialismus. In: Bayer, Karen; Sparing, Frank; Woelk, Wolfgang (Hrsg.): Universitäten und Hochschulen im Nationalsozialismus und in der frühen Nachkriegszeit. Stuttgart 2004, S. 33–52.
2   Anette SCHRÖDER: Vom Nationalismus zum Nationalsozialismus. Die Studenten der Technischen Hochschule Hannover von 1925 bis 1938. Hannover 2003, S. 14.
3   StadtAH, NL Hillebrecht, Nr. 327, Schreiben Hillebrecht an Karl Grabenhorst vom 20. Juli 1933, o.S.
4   Ebd.
5   Ebd.

Im Büro Nitzschke

Trotz aller Aussichtslosigkeit auf eine feste Stelle und ein geregeltes Einkommen bemühte sich Hillebrecht noch während seines Diploms erfolgreich um eine Beschäftigung in einem Architekturbüro. Bereits einen Tag nach der Verleihung des Diplom-Zeugnisses trat er eine Stelle bei dem Künstler und Architekten Hans Nitzschke an. Sehr wahrscheinlich lernte ihn Hillebrecht auf einem der vielen Vortragsabende in der Kestner-Gesellschaft kennen, zu der er seit seiner Mitarbeit an einer Gropius-Ausstellung 1931 gute Kontakte besaß, insbesondere zum dortigen Kurator Justus Bier.[6] Vom 2. Juli bis zum 14. August 1933 arbeitete er in Nitzschkes Büro an Wettbewerbsentwürfen und der Planung von Wohnhäusern.[7]

Der gebürtige Hannoveraner Hans Nitzschke (1903–1944) hatte eine Ausbildung an der Kunstgewerbeschule seiner Heimatstadt absolviert und arbeitete seit 1922 bei dem Berliner Architekten Michael Rachlis.[8] Bald darauf machte er sich in Berlin selbständig und schuf Inneneinrichtungen für Unternehmen wie beispielsweise das Schuhhaus Salamander. 1924 ging er zurück in seine Heimatstadt und verkehrte dort in dem Künstlerkreis um Alexander Dorner, dem Direktor der Kunstsammlung (heutige Landesgalerie) und Mitglied der Kestner-Gesellschaft.[9] Noch im gleichen Jahr hatte sich Nitzschke mit dem konstruktivistisch arbeitenden Künstler Friedrich Vordemberge-Gildewart zu der »Gruppe K« zusammengeschlossen.[10] Gemeinsam mit Kurt Schwitters, El Lissitzky und weiteren Künstlern gründete er und Vordemberge-Gildewart 1927 die Künstlervereinigung »die abstrakten hannover«.[11] Deren Mitglieder besaßen beste Beziehungen zur Berliner Avantgarde sowie zum Dessauer Bauhaus[12] und machten in Hannover durch Ausstellungen und Vorträge regelmäßig auf sich aufmerksam.[13] Gleiches tat Alexander Dorner, der seine Beziehungen nutzte, um in- und ausländische Künstler und Architekten einzuladen.[14]

Nitzschke selbst stand in direktem Kontakt zu Künstlerarchitekten wie El Lissitzky oder Theo van Docsburg, dem Gründer der De Stijl-Gruppe[15] und blieb nach Auflösung der Gruppe »die abstrakten hannover« gegen 1932 als Künstler und Architekt in Hannover tätig. Er entwarf Stahlrohrmöbel, schuf moderne Innenausstattungen und realisierte Wohnhäuser für private Bauherren.[16] Es ist kaum anzunehmen, dass Hillebrechts Tätigkeit bei

6   Zu Justus Bier siehe Klaus Mlynek; Waldemar R. Röhrbein (Hrsg.): Stadtlexikon Hannover. Von den Anfängen bis in die Gegenwart. Hannover 2009, S. 66f.
7   StadtAH, NL Hillebrecht, Nr. 686, Bescheinigung von Hans Nitzschke vom 20. Juni 1934.
8   Ausst.Kat.: Die Zwanziger Jahre in Hannover. Bildende Kunst – Literatur – Theater – Tanz – Architektur 1916–1933, Kunstverein Hannover 1962. Hannover 1962, S. 109 – Jan van Geest; Otakar Mácel: Hans Nitzschke: Eine provisorische Rekonstruktion. In: Ausst.Kat.: die abstrakten hannover. Internationale Avantgarde 1927–1935. Sprengel Museum Hannover 1987–88; Wilhelm-Hack-Museum Ludwigshafen 1988. Hannover 1987, S. 77–84.
9   Ines Katenhusen: Ein Museumsdirektor auf und zwischen den Stühlen. Alexander Dorner (1893–1957) in Hannover. In: Heftrig, Ruth; Peters, Olaf; Schellewald, Barbara (Hrsg.): Kunstgeschichte im »Dritten Reich«. Berlin 2008, S. 156–170.
10 Ausst.Kat. Die Zwanziger Jahre in Hannover 1962, S. 104.
11 Ebd.
12 Christian Grohn: Merzbau – Bauhaus. In: Ausst.Kat.: die abstrakten hannover. Internationale Avantgarde 1927–1935. Sprengel Museum Hannover 1987–88; Wilhelm-Hack-Museum Ludwigshafen 1988. Hannover 1987, S. 93–98.
13 Ausst.Kat. Die Zwanziger Jahre in Hannover 1962, S. 104: »Die Vereinigung hatte zunächst ein kunstpolitisch-wirtschaftliches Ziel: Als Gruppe konnten sich die Abstrakten eher durchsetzen. [...] Vortragende waren die Künstler selbst, einige der fördernden Mitglieder (Bier und Dorner etwa) oder Gäste von außerhalb (Gabo, Walden und andere).«
14 Dorner besaß zudem gute Kontakte zur TH Hannover. Am 11. Februar 1930 hielt Professor Walther Wickop einen Vortrag zum Thema »neue städtebauliche zeitfragen«. Siehe Ausst.Kat.: die abstrakten hannover. Internationale Avantgarde 1927–1935. Sprengel Museum Hannover 1987–88, Wilhelm-Hack-Museum Ludwigshafen 1988. Hannover 1987, S. 23. Dies erklärt auch, warum Dorner zur Jahrhundertfeier der TH eine Schrift über das Bauen in Hannover vorlegen konnte. Vgl. Alexander Dorner: 100 Jahre Bauen in Hannover. Hannover 1931.
15 Geest/Mácel 1987, Nitzschzke, S. 77.
16 Ausst.Kat. Die Zwanziger Jahre 1962, S. 183.

Nitzschke gegen Bezahlung erfolgte, auch sind keine konkreten Bauprojekte bekannt, an denen Hillebrecht mitarbeitete.[17] Wahrscheinlich ist jedoch ein Sommerhaus für Wilhelm Metzig in Großenheidorn bei Steinhude aus der Zeit um 1932.[18] Metzig hatte von 1908 bis 1912 an der Werkkunstschule in Hannover studiert und arbeitete freiberuflich als Gebrauchsgrafiker.[19] Er war es, der am 2. Mai 1933 Ruth Frommhold, Hillebrechts spätere erste Frau, nach dem Abbruch ihres Architekturstudiums zur Ausbildung als Gebrauchsgrafikerin einstellte.[20] Hillebrecht war seit seiner Studienzeit mit Wilhelm Metzig befreundet. Dieser war am 4. Mai 1933 aufgrund seiner Ehe mit einer jüdischen Frau als »Alter Herr« aus dem Akademischen Architektenverein ausgeschlossen worden, genau einen Tag nach Hillebrechts Austrittserklärung.[21] Durch seine Kontakte zu Metzig könnte Hillebrecht auch an die Stelle bei Nitzschke gelangt sein.[22] Nach sechs Wochen verließ er das Büro, da seine Tätigkeit aufgrund der schlechten Auftragslage Nitzschkes sicherlich befristet war.

Im Büro Falke

Hillebrechts zweiter Arbeitgeber, der Hannoveraner Architekt Adolf Falke, sah sich ebenfalls außerstande ihn zu bezahlen.[23] Da Hillebrecht seine Tätigkeit übergangslos am 15. August 1933 aufnahm, spricht dies für eine reguläre Beendigung seiner Tätigkeit bei Nitzschke. Sowohl Nitzschke als auch Falke, die einander gut kannten und miteinander verkehrten, galten in Hannover als Vertreter des Neuen Bauens und entsprachen mit ihrer Architekturauffassung ganz den Erwartungen Rudolf Hillebrechts.[24] Hillebrecht kannte Falke bereits seit 1926, als er seine Schülerarbeit über Georg Ludwig Friedrich Laves schrieb.[25]

Adolf Falke (1888–1958) stammte aus dem niedersächsischen Brome und nahm 1910 ein Architekturstudium an der TH Hannover auf. Nach beruflichen Anfängen in den Firmen Pelikan und Bahlsen, die eigene Bauabteilungen unterhielten, machte sich Falke 1919 in Hannover selbständig. Seine modernen Bauten machten ihn vor allem bei jüdischen Auftraggebern bekannt, die der avantgardistischen Strömung aufgeschlossen gegenüber standen.[26] Zu seinen größten Projekten zählte die Wohnsiedlung Liststadt an der Podbielskiallee. Die weiß verputzten und mit modernen Flachdächern versehenen funktionalistischen Zeilenbauten entstanden zwischen 1929 und 1931. Nach der nationalsozialistischen Machtübernahme brach sein vorwiegend jüdischer Auftraggeberstamm durch Emigration und Verfolgung weg.[27] Hinzu kam, dass Falke aufgrund seiner Ehe mit einer Jüdin fortan massiven Einschüchterungen ausgesetzt war.[28] 1937 wurde ihm

17 Zu den Aufträgen Nitzschke und seinen Privathäusern siehe GEEST/MÁCEL 1987, Nitzschke, S. 81–83.
18 GEEST/MÁCEL 1987, Nitzschke, S. 82.
19 Zu Wilhelm Metzig siehe Klaus MLYNEK; Waldemar R. RÖHRBEIN (Hrsg.): Stadtlexikon Hannover. Von den Anfängen bis in die Gegenwart. Hannover 2009, S. 439f.
20 StadtAH, NL Hillebrecht, Nr. 689, Lebenslauf Ruth Frommhold vom 1. Juli 1934, S. 1: »Am 2. Mai 1933 begann ich als Volontär bei Gebrauchsgraphiker B.D.G. Wilhelm Metzig, Hannover, zu arbeiten, um mir dort durch praktische Tätigkeit und Erfahrung die Grundlage für mein Studium an der Akademie zu schaffen.«
21 StadtAH, NL Hillebrecht, Nr. 457, Protokoll der Semesterantrittsversammlung vom 4. Mai 1933.
22 Arta Jacoba Angela Nora VALSTAR: »die abstrakten hannover«. Bonn 1987, S. 125.
23 StadtAH, NL Hillebrecht, Nr. 327, Schreiben Hillebrecht an Walther Wickop vom 13. März 1934, S. 1: »In Hannover verdiene ich, trotzdem ich bei Herrn Falke den ganzen Tag arbeite, nicht einen Pfennig«.
24 Friedrich LINDAU: Planen und Bauen der fünfziger Jahre in Hannover. Hannover 1998, S. 22.
25 Sid AUFFARTH: Rudolf Hillebrecht 26.2.1910–6.3.1999. Eine biographische Skizze. In: Sid Auffarth; Ralf Dorn (Hrsg.): Ein Leben für Hannover. Festschrift zum 100. Geburtstag von Rudolf Hillebrecht. Hannover 2010, S. 11.
26 Klaus KLEMMER: Adolf Falke. Ein Meister der Moderne in Hannover. In: Niedersachsen, 1991, H. 4, S. 192.
27 Ebd., S. 192f.
28 StadtAH, NL Hillebrecht, Nr. 688, Schreiben Hillebrecht an Major Greet vom 17. März 1946, S. 2: »Ich ging dann zu Arch. Falke-Hannover, der, selbst durch seine jüdische Ehefrau belastet, mich nur halbtags einstellen konnte.«

schließlich Berufsverbot erteilt.[29] Die beiden überstanden die NS-Zeit nur durch heimliche Auftragsarbeiten und die Unterstützung von Freunden.[30]

Wie seinem Arbeitszeugnis zu entnehmen ist, erledigte Hillebrecht in Falkes Büro sämtliche Arbeiten eines Architekten. »Seine Tätigkeit bestand in der Ausarbeitung von Bauzeichnungen und Anfertigen der für diese Bauten erforderlichen Detailzeichnungen, sowie in der örtlichen Bauleitung. Er hat außerdem an der Bearbeitung von Wettbewerben teilgenommen.«[31] Im Oktober 1933 konnte Hillebrecht seine aushilfsweise Anstellung in ein festes, wenn auch weiterhin unbezahltes, Arbeitsverhältnis umwandeln. »Ich bin insofern ganz zufrieden, als ich das Gefühl habe, dass ich hier vor allem meine technischen und praktischen Kenntnisse erweitere und wirkliche Bauerfahrung allmählich bekommen werde«, so Hillebrecht in einem Schreiben an seinen ehemaligen Professor Paul Kanold, »aber im Grunde kann ich doch schlecht den Wunsch unterdrücken, bald in etwas grösseren Arbeiten erprobt und hoffentlich als gut befunden zu werden.«[32] Doch sollte es ihm vorerst nicht gelingen, während des nun einsetzenden Aufschwungs im Bauwesen Fuß zu fassen. Nach Rücksprache mit Falke und einigen Freunden stellte Hillebrecht schließlich den Antrag auf Ausbildung zum Regierungsbauführer im Staatsdienst.[33] Am 2. Januar 1934 wurde er vom Regierungspräsidenten Hannover eingestellt und zur Ausbildung an Adolf Falke überwiesen.[34] Nun lief plötzlich doch alles auf die ungeliebte Beamtenlaufbahn hinaus.

Im Büro Gropius

Bereits im Juli 1933, wenige Tage nach seinem Diplom, schrieb Hillebrecht Walter Gropius von seinem erfolgreichen Studienabschluss und dem insgeheimen Wunsch, einmal bei ihm arbeiten zu dürfen.[35] 1934 sollte dieser Wunsch Wirklichkeit werden, denn am 12. Februar erhielt Hillebrecht ein lang ersehntes Schreiben, in dem Gropius ihn nach Berlin einlud. »ich will den öffentlich ausgeschriebenen wettbewerb für volkshäuser mitmachen, umsomehr, als mir der leitende mann in dieser sache im propaganda-ministerium dringend angeraten hat, mich zu beteiligen. da mein büro aber sehr zusammengeschmolzen und mit anderer arbeit beschäftigt ist, suche ich nach einem jungen architekten, der bereit ist, mit mir unter unserer beider namen den wettbewerb einzuliefern und mit mir das projekt auf meinem büro durchzuarbeiten. ich bin bereit, einen eventl. preis nach abzug meiner buchmäßigen unkosten in zwei gleichen teilen zu teilen. sind sie bereit und in der lage, ohne gehalt auf meinem büro dieses projekt mit mir zu bearbeiten? es ist am 1. april abzugeben, also keine zeit zu verlieren.«[36] Hillebrecht stimmte begeistert zu, regelte binnen weniger Tage die Aussetzung seiner Ausbildung und reiste am 15. Februar 1934 nach Berlin.[37]

29   StadtAH, NL Hillebrecht, Nr. 458, Schreiben Hillebrecht an Verwaltungsrat Lücke vom 17. Okt. 1956, o.S.: »Nach 1933 erfuhr Herr Falke sehr viele Widerwärtigkeiten durch die Tatsache, dass er eine jüdische Ehefrau hat. Er erhielt 1935 Berufsverbot und hat infolgedessen bis 1945 in wirtschaftlicher und seelischer Hinsicht sehr schwere Jahre durchgemacht.«
30   Zu Adolf Falke siehe Klaus MLYNEK; Waldemar R. RÖHRBEIN (Hrsg.): Stadtlexikon Hannover. Von den Anfängen bis in die Gegenwart. Hannover 2009, S. 174.
31   StadtAH, HA Hillebrecht, Nr. 1096, Zeugnis von Adolf Falke vom 17. April 1934, o.S.
32   StadtAH, NL Hillebrecht, Nr. 327, Handschriftliches Schreiben Hillebrecht an Prof. Paul Kanold vom 16. Dez. 1933, Blatt 1.
33   StadtAH, NL Hillebrecht, Nr. 327, Schreiben Hillebrecht an Bernhard Schneidt vom 7. Jan. 1934, o.S.: »Auf Anraten einiger älterer Freunde und auch der Professoren meiner Hochschule habe ich mich noch 2 Tage vor Ablauf des Termins am 28. 12. zur Regierungslaufbahn gemeldet. Ich bin bereits zur Ausbildung einem Privatarchitekten überwiesen worden.«
34   StadtAH, NL Hillebrecht, Nr. 688, Schreiben Hillebrecht an Major Greet vom 17. März 1946, S. 2: »Daraufhin stellte ich nach Rücksprache mit dem Arch. Falke den Antrag auf Ausbildung als Reg-Bauführer im Staatsdienst u. wurde am 2. Januar 1934 vom Reg-präsidenten Hannover eingestellt.«
35   StadtAH, HA Hillebrecht, Nr. 269, Schreiben Hillebrecht an Walter Gropius vom 13. Juli 1933, o.S.
36   StadtAH, HA Hillebrecht, Nr. 269, Schreiben Walter Gropius an Hillebrecht vom 12. Feb. 1934, o.S.
37   Sid AUFFARTH: Rudolf Hillebrecht 26.21910–6.3.1999. Eine biographische Skizze. In: Sid Auffarth; Ralf Dorn (Hrsg.): Ein Leben für Hannover. Festschrift zum 100. Geburtstag von Rudolf Hillebrecht. Hannover 2010, S. 13.

Im Januar 1934 hatte das Kulturamt der Deutschen Arbeitsfront einen »Ideenwettbewerb aller deutschen Architekten zur Klärung der Frage der ›Häuser der Arbeit‹« ausgeschrieben.[38] Der Wettbewerb unterschied sich nach Ansicht der »Bauwelt« von allen bisherigen dadurch, dass weder ein Bauprogramm noch ein bestimmtes Grundstück, geschweige denn eine genaue Bausumme festgelegt worden war. Verlangt wurde nicht mehr und nicht weniger als der Entwurf einer neuen Bauaufgabe.[39] »Es gilt dem neuen Baugedanken, der ein Gebäude als Brennpunkt des Gemeinschaftslebens des schaffenden Volkes vorsieht, gerecht zu werden. Das ›Haus der Arbeit‹ wird nicht allein gemeinsamer Erholung und künstlerischem Genuß, gleichsam als Klubhaus, sondern auch gemeinsamen Festakten und Feiern, gleichsam als Kultstätte deutschen Arbeitsgeistes dienen.«[40] Der Wettbewerb geriet zum »Testfall und Signal für die künftige Richtung nationalsozialistischer Kulturpolitik« und war von Seiten der Vertreter der Moderne mit hohen Erwartungen verknüpft.[41] Entsprechend groß war die Teilnehmerzahl: 692 Einsendungen, darunter Beiträge von Otto Bartning, Martin Elsässer, Walter Schwagenscheidt, Hans Schwippert und von den Brüdern Hans und Wassili Luckhardt.[42] Als Preisrichter waren vorgesehen: Paul Bonatz, Kurt Frick, Carl Christian Loercher, Fritz Schupp, Albert Speer und Heinrich Tessenow.[43]

Ein solch konservativ geprägtes Gremium versprach wenig Aussicht auf Erfolg. Dennoch lieferten Gropius und Hillebrecht ihren Beitrag fristgerecht zum 1. April 1934 im Berliner Kulturamt der DAF ab. Nach Aussage seines Biographen Reginald R. Isaacs hatte Gropius mehrere Gründe für seine Wettbewerbsteilnahme. Zum einen interessierte ihn die Aufgabe eines Gemeinschaftswerks, das er unter den angegebenen sozialen Aspekten als Herausforderung begriff, zum anderen – und dies war sicherlich der ausschlaggebende Grund – gab es zu diesem Zeitpunkt nur noch wenig Arbeit für sein Büro.[44] »Vor allem aber sah er darin einen letzten Versuch, ob er nicht doch auch im ›neuen Deutschland‹ weiterarbeiten könne, ohne sich selbst der Partei zu verschreiben – einen Testfall, an dem sich die zukünftigen Rahmenbedingungen erweisen könnten.«[45] Hillebrecht selbst erinnerte sich eines weiteren Grundes für die Teilnahme: »Man müsse sich beteiligen, um zu zeigen, daß es auch die andere Seite noch gibt.«[46] Sämtliche Bemühungen waren jedoch von vorne herein zum Scheitern verurteilt, da das Programm zu einem Zeitpunkt verfasst worden war, als die Führungsriege des NS-Regimes sich noch um die Ausrichtung der künftigen Kulturpolitik stritt.[47]

---

38 Wettbewerbs-Nachrichten. In: Bauwelt 1934, H. 2, S. 46.

39 Entsprechend vage äußerte sich der höchste Repräsentant der DAF, Reichsorganisationsleiter Robert Ley, zu der neuen Bauaufgabe. Vgl. Zum Wettbewerb: »Häuser der Arbeit«. In: Bauwelt 1934, H. 4, S. 77f.

40 Wettbewerbs-Nachrichten. In: Bauwelt 1934, H. 2, S. 46.

41 Werner Durth; Paul Sigel: Baukultur. Spiegel gesellschaftlichen Wandels. Berlin 2009, S. 300.

42 Zum Wettbewerb und dessen Implikationen siehe Winfried Nerdinger: Versuchung und Dilemma der Avantgarden im Spiegel der Architekturwettbewerbe 1933–35. In: Frank, Hartmut (Hrsg.): Faschistische Architekturen. Planen und Bauen in Europa 1930 bis 1945. (Stadt Planung Geschichte; 3). Hamburg 1985, S. 65–87 sowie Werner Durth: Übergänge – Seitenwechsel. Orientierungsprobleme zwischen Kunst und Politik. In: Brüder Luckhardt und Alfons Anker. Berliner Architekten der Moderne. (Schriftenreihe der Akademie der Künste; 21). Berlin 1990, S. 57–74.

43 Zum Wettbewerb: »Häuser der Arbeit«. In: Bauwelt 1934, H. 4, S. 78.

44 Ein wenig naiv war zu diesem Zeitpunkt die Äußerung Hillebrechts gegenüber Walther Wickop. Vgl. StadtAH, NL Hillebrecht, Nr. 669, Schreiben Hillebrecht an Walther Wickop vom 17. Feb. 1934, o.S.: »Im übrigen hat Herr Prof. Gropius durchaus zu tun, er arbeitet für eine Berliner Ausstellung »Deutsches Volk, Deutsche Arbeit«, die Ende März eröffnet wird. Ob mir nach dem 1. April das Glück zuteil wird, weiter hier bleiben zu können, weiss ich nicht.«

45 Reginald R. Isaacs: Walter Gropius. Der Mensch und sein Werk. Berlin 1986, Bd. 2/1, S. 639. Siehe auch Durth/Sigel 2009, Baukultur, S. 300.

46 Zit. n. Werner Durth: Deutsche Architekten. Biographische Verflechtungen 1900–1970. Braunschweig 1986, S. 150.

47 Nerdinger 1985, Versuchung, S. 76.

Abb. 1: Walter Gropius u. Rudolf Hillebrecht, Entwurf »Häuser der Arbeit«, 1934 (Foto: StadtAH, HA Hillebrecht 268)

Der Entwurf Gropius/Hillebrecht zeigt ein Gebäudeensemble entlang einer großen Verkehrsstraße, bestehend aus einem mehrgeschossigen Vortrags- und Verwaltungsbau in L-förmiger Anordnung und einem straßenseitig gelegenen Empfangsgebäude. (Abb. 1) Dem Verwaltungstrakt folgte der geforderte Aufmarschplatz, der auf einen multifunktional nutzbaren Festsaal mit großer Vorhalle samt Flugdach ausgerichtet sein sollte. An der südlichen Langseite des Platzes, optisch getrennt durch vier große Fahnenmasten, schloss sich ein Sportplatz mit begleitendem Flachbau an. In dem eingeschossigen Gebäude sollten weitere Versorgungs- und Vortragsräume untergebracht werden. Als mögliche Standorte schlugen die beiden Architekten den Tiergarten südlich der Charlottenburger Chaussee (heute Straße des 17. Juni) und den Treptower Park vor. »Der Erholungscharakter des Hauses der Arbeit fordert ferner eine günstige Grünanlage um die Gebäudegruppen, denen gute Luftverhältnisse gesichert werden müssen«.[48] Der gesamte Entwurf zeigte eine konsequent moderne Formensprache, mit mehrgeschossigen Stahlskelett- bzw. Stahlbetonskelettbauten, hell verputzt und sämtlich mit Flachdächern versehen.

Über die Chancen ihres Entwurfes gab sich Hillebrecht keinerlei Illusionen hin. »Einen Preis werden wir allerdings kaum bekommen; denn es ist alles doch etwas zu modern geworden, aber im Augenblick ist ja auch selbst Tessenow zu modern.«[49] Im Juli 1934 meldete Gropius Hillebrecht ihren Misserfolg: »sie haben wohl schon gehört, dass wir mit unserem projekt durchgefallen sind. ich habe mir die ausstellung angesehen, die ein grauenvolles bild zeigt. soviel schund habe ich noch niemals beisammen gesehen. zwei

---

48 StadtAH, NL Hillebrecht, Nr. 268, Erläuterungsbericht.
49 StadtAH, NL Hillebrecht, Nr. 327, Schreiben Hillebrecht an Walther Wickop vom 13. März 1934, Blatt 3.

der preisgekrönten entwürfe sind leidlich, aber die tendenz der preisverteilung wird nicht klar.«[50] Letztendlich wurde keiner der Entwürfe ausgeführt, das Projekt »Häuser der Arbeit« wurde eingestellt und der Wettbewerb geriet bald in Vergessenheit.[51]

Für Hillebrecht waren die sechs Wochen im Büro Gropius jedoch die Erfüllung eines langgehegten Traumes und in jeder Hinsicht ein Gewinn. »Nicht allein, dass in seinem Büro die Architektenzeitschriften aller Länder zusammenlaufen«, schrieb Hillebrecht im März 1934 an Walther Wickop, »sondern dass aus diesem Büro auch täglich wieder etwas in alle Länder hinausgeht. Und mit diesem großen geistigen Gut ist Gropius nicht geizig. Wenn wir mitten in der Arbeit sind findet er plötzlich Anlaß, ein langes Gespräch zu spinnen, das seinen Anfang bestimmt in der vorliegenden Arbeit nahm, dann weite Wege geht und zum Schluss wieder zu unserer Arbeit zurückfindet. Ich habe noch nie solche Vorlesungen über Humanismus und Hellenismus gehört wie in diesen Privatvorlesungen.«[52] Wohl mit Blick auf den Adressaten seines Briefes schrieb er: »Bei der Arbeit selbst merke ich, dass ich kein schlechter Schüler in der Hochschule gewesen bin, auch Gropius, scheint mir, ist das aufgefallen; jedenfalls spricht er mit großer Achtung von Hannover.« Seinen ehemaligen Lehrer Wickop lobend fährt er fort: »Und das ich in manchen Punkten mit meinen Entscheidungen in der Arbeit den Entscheidungen Gropius' gewachsen bin, beweist mir, dass ich doch Einiges gelernt habe.«[53]

Trotz seiner kurzen Tätigkeit im Büro Gropius hinterließ Hillebrecht bei diesem einen bleibenden Eindruck. »ihre unarrogante und unnervöse art, sich auf die dinge und die umwelt einzustellen«, so Gropius »geben mir das gefühl, dass sie etwas richtiges und starkes zuwege bringen werden«.[54] Gleiches betonte Gropius auch in seinem knapp gehaltenen Arbeitszeugnis für Hillebrecht: »Ich möchte hinzufügen, dass Herrn Hillebrecht's intensive und gründliche Art mir diese gemeinsame Arbeitszeit an dem genannten Projekt besonders wertvoll gemacht hat.«[55] Die Rückkehr nach Hannover fiel Hillebrecht sichtlich schwer.

Beim Reichsverband der deutschen Luftfahrtindustrie

Nach seiner Rückkehr aus Berlin im April 1934 warteten auf Hillebrecht gleich mehrere Arbeitsangebote. Er entschied sich schließlich für eine Tätigkeit beim Reichsverband der deutschen Luftfahrtindustrie (RDLI) in Travemünde. Bald darauf berichtete er Walter Gropius von seiner Entscheidung zugunsten des Reichsverbandes: »mich haben zwei gründe gelockt: die aufgabe des flughafens, die am wenigsten unter kunstgesetzgebungen leidet und die gründe, die dieser bau hat. ich bin in einer denkbar komischen situation: ich bin in einem büro von 14 leuten als leitender dipl.-ing. eingestellt und man hat mir die ›geheime kommandosache des neuen reichsheeres‹ voll vertrauen in die hände gelegt.«[56] Zwar war der Reichsverband noch nicht vollständig in das Reichsluftfahrtministerium integriert, doch geschah dies bereits wenige Monate später: »Schon bald nach der Machtergreifung durch die Nationalsozialisten werden die Kapazitäten der deutschen Luftfahrtindustrie vom Reichsluftfahrtministerium verwaltet und gelenkt. Die Mitglie-

---

50   StadtAH, HA Hillebrecht, Nr. 269, Brief Walter Gropius an Hillebrecht vom 23. Juli 1934, o.S.
51   Vgl. Isaacs 1986, Gropius, Bd. 2/1, S. 640.
52   StadtAH, NL Hillebrecht, Nr. 327, Schreiben Hillebrecht an Walther Wickop vom 13. März 1934, Blatt 2.
53   Ebd., Blatt 3. Siehe auch Isaacs 1986, Bd. 2/1, S. 640.
54   StadtAH, HA Hillebrecht, Nr. 269, Brief Walter Gropius an Hillebrecht vom 7. Mai 1934, o.S.
55   StadtAH, HA Hillebrecht, Nr. 1096, Arbeitszeugnis vom 7. Mai 1935, o.S.
56   StadtAH, HA Hillebrecht, Nr. 269, Brief Hillebrecht an Walter Gropius vom 20. April 1934, o.S.

derversammlung des RDLI vom 28. Juni 1934 beschließt die Überleitung des Verbandes
als ›Fachgruppe Luftfahrt‹ in der ›Gruppe Fahrzeug-Industrie‹ der deutschen Industrie.«[57]
Das Bauprojekt läßt sich einordnen in die frühen Rüstungsprojekte des Dritten Reiches.

Bei dem Projekt handelte es sich um die Errichtung eines Erholungsheims der Luftwaffe
auf dem Priwall in Travemünde. Es sollte Hillebrechts erstes Bauprojekt werden, für das er
vollkommen eigenverantwortlich tätig wurde. Allerdings zeigte er sich von der Situation in
Travemünde sichtlich eingeschüchtert. Bis zur Verhängung einer Aufnahmesperre im April
1933 kam es zu hunderttausenden Parteieintritten in die NSDAP, von den Nationalsozialisten ironisch als ›Märzgefallenen‹ bezeichnet. Viele dieser neuen Parteimitglieder arbeiteten
auch in Travemünde. »hier ist niemand, dem ich offen gegenüber treten kann«, bekannte
Hillebrecht gegenüber Gropius. »jedes thema, jede geste ist gefährlich: meine schauspiele-
rische leistung übersteigt meine berufliche mehrfach und ich bin abends, wenn ich endlich
vor dem schlafen allein bin, weidlicher erschöpft von dem dauernden gespanntsein als von
der nebenbei gesagt sehr schweren arbeit des tages.«[58] Kleinlaut bekennt er seinem Mentor:
»ich habe hier also eine vertrauensstellung inne, und ich weiß nicht, wie ich dazu gekommen bin. das ganze büro besteht aus s.s.-leuten und alten p.g.s. die rund 700 arbeiter der
bauten gehören mit wenigen ausnahmen der s.a. an und ich als zweiter dipl.ing. des reichsverbandes gehöre keiner formation und überhaupt noch nichts an.«[59]

Trotz der Schwierigkeiten, die ihm die politische Situation bereitete, stürzte sich Hillebrecht voller Elan in seine neue Aufgabe. Eine Beschreibung der Bauaufgabe findet sich
in einem Briefentwurf Hillebrechts an Walter Gropius. »in travemünde habe ich in genau halbjähriger bauzeit ein erholungsheim für ca. 300 personen gebaut. einzelzimmer,

eßzimmer, rauch-, club-, lesezimmer,
unterrichtsräume, sportsäle, kranken-
abteilung mit operationszimmer. kü-
chenanlage und waschanlage. 5 ein-
familienwohnungen. das ganze hat
1,3 millionen gekostet. der baukomplex umfaßt eine fläche von 170 x 120
m. das wichtigste: es ist mein eigener,
selbständiger entwurf und die bauleitung wie die ausschreibung, verge-
bung und abrechnung lag in meinen
händen. zuerst hatte ich nur eine hilfe, ein ganz junger kleiner techniker,
jetzt habe ich zwei weitere kräfte zur
abrechnung.«[60]

Abb. 2: Travemünde, Erholungsheim der Luftwaffe, Rudolf Hillebrecht, 1934, Wachgebäude (Foto: StadtAH, HA Hillebrecht
268)

Der aus drei U-förmig angeordneten Gebäuden bestehende Komplex auf rechtecki-
gem Grundstück liegt mit seiner Längsseite an einer Straße. (Abb. 2) Dort befand sich
das Eingangstor samt Wachgebäude. An den Kurzseiten des Grundstücks legte Hillebrecht
zweigeschossige Flachbauten mit Mannschaftsquartieren an, während das zentrale Gebäude an der gegenüberliegenden Langseite die Standortleitung, die Küche, den Speisesaal

57   Diese Information ist der Homepage des Bundesverbandes der Deutschen Luftfahrtindustrie e.V. (BDLI) entnommen. URL:
     http://bdli.de/index.php?option=com_content&view=article&id=1300&Itemid=223 (6.6.2014).
58   StadtAH, HA Hillebrecht, Nr. 269, Brief Hillebrecht an Walter Gropius vom 20. April 1934, o.S.
59   Ebd.
60   StadtAH, HA Hillebrecht, Nr. 269, Briefentwurf Hillebrecht an Walter Gropius, undatiert, 1935, o.S.

und alle weiteren Sonderräume aufnahm. (Abb. 3) Das Gebäude wird
am seitlich gelegenen Haupteingang
durch ein vorspringendes Treppenhaus betont und beherbergt in der
Mitte einen mit Doppelflügeltüren
versehenen Speisesaal. Die vorgela-
gerte Terrasse wird zur Rechten vom
Treppenhaus, zur Linken von einem
vorspringenden Bauteil mit darüber
befindlichem Balkon flankiert. (Abb.
4) Die in Backstein errichteten Bauten des Erholungsheims erhielten
steinsichtige Sockel und weißen Rauputz. Die weißen Doppelflügelfenster
und -türen wurden dunkel abgesetzt
und erhielten eine schlichte Sprosse-
neinteilung. (Abb. 5) Im Innern der
Bauten sind die Flure und Treppen-
häuser, funktionalen Gesichtspunkten
entsprechend, mit Bodenfliesen und
Treppenstufen aus Kunststein ausgestattet. Die übrigen Räumlichkeiten
erhielten Linoleumböden und wurden mit Stahlrohrmöbeln bestückt.
(Abb. 6) Trotz der Verwendung von
ortsüblichem Backstein und Rauputz
für die Fassaden wirken die Bauten
in ihrer Gesamterscheinung modern.
Gleiches galt für die technischen Ein-
bauten der Heizung, der Großküche
und des Vortragssaales.

Mit sichtbarer Genugtuung
schrieb Hillebrecht in seinem Briefentwurf an Gropius über die moderne Gestaltung des Erholungsheimes:
»ich bin glücklich. niemand, aber
auch gar niemand hat mir irgendwel-
che anweisungen gegeben. ich war
völlig mir selbst überlassen, so un-
glaublich das klingt. und nun steht
frech mit flachen dächern, weissem
putz, z.t. mit stahlfenstern versehen
mein bau an der ostsee im kiefern-

Abb. 3: Travemünde, Erholungsheim der Luftwaffe, Rudolf Hillebrecht, 1934, Hauptgebäude (Foto: StadtAH, HA Hillebrecht
268)

Abb. 4: Travemünde, Erholungsheim der Luftwaffe, Rudolf Hillebrecht, 1934, Hauptgebäude (Foto: StadtAH, HA Hillebrecht
268)

Abb. 5: Travemünde, Erholungsheim der Luftwaffe, Rudolf
Hillebrecht, 1934, Mannschaftsgebäude (Foto: StadtAH, HA
Hillebrecht 268)

61   Ebd.

Abb. 6: Travemünde, Erholungsheim der Luftwaffe, Rudolf Hillebrecht, 1934, Schreibstube (Foto: StadtAH, HA Hillebrecht 268)

wald.«[61] Deutlicher konnte eine Bezugnahme auf das Neue Bauen nicht ausfallen. Weiß verputzte Bauten mit Flachdächern und Stahlfenstern sprachen eine deutliche Sprache. Hier hatte ein Anhänger und Schüler des als »Baubolschewist«[62] verunglimpften Walter Gropius einen Gebäudekomplex im Stil des Neuen Bauens mitten auf dem Priwall errichtet und war sichtlich stolz darauf. Dies war um so bemerkenswerter, da sowohl die Architekten als auch die Werke des Neuen Bauens seit der Machtübernahme der Nationalsozialisten auf dem Rückzug waren und an einzelnen Orten sogar mit konkreten Gegenmaßnahmen bekämpft wurden.[63]

In einem Arbeitszeugnis für Hillebrecht sparte Hauptmann von Holleben, Kommandant des Fliegerhorsts, nicht mit Lob und verwies auf die gute Zusammenarbeit mit dem Architekten. Darin heißt es: »Zum ersten Male sind von Herrn Regierungsbauführer Hillebrecht hier Vorschläge für die Verbesserungen von Kasernen angewandt worden, die sich sehr gut bewährt haben, so daß Soldaten besonders gern in dieser Kaserne wohnen.«[64] Sein unmittelbarer Vorgesetzter, Regierungsbaumeister Bernhard Schneidt, hob insbesondere die neuartige Umsetzung der Bauaufgabe hervor. »Die von Hillebrecht gegebene Lösung zeigt im Gegensatz zu der gedanklich und praktisch veralteten früheren Auffassung von Kasernenbauten (Burgen-, Festungs- und Gefängnisstil) einen vollständig neuen Weg. Es werden hier die Grundelemente eines großzügigen Entwurfes, nämlich militärtechnische Forderungen, grundstücklich sowie landschaftliche Gegebenheiten und architektonisch-städtebauliche Gesichtspunkte in einem glücklichen Wurf vereinigt.«[65] Die Bebauung des Kasernengeländes war zugleich Teil der 1. Bautechnischen Aufgabe im Ausbildungsabschnitt I seiner Ausbildung zum Regierungsbauführer und wurde von Schneidt mit »sehr gut« benotet. Auch Schneidt stellte Hillebrecht ein Arbeitszeugnis aus, in dem er dessen Fähigkeiten besonders heraus hob.[66]

Das ehemalige Erholungsheim der Luftwaffe, Hillebrechts erster eigenständig ausgeführter Bauauftrag, ist noch erhalten.[67] Der Komplex wurde nach dem Ende des Zweiten Weltkriegs in eine Klinik umgewandelt, die bis 2004 in Betrieb blieb. Seit 2005 stehen die Gebäude leer und verfallen. Lediglich das Eingangs- und Wachgebäude wird weiter genutzt und beherbergt heute eine Kita. (Abb. 7) Siegbert Bruders, Vorsitzender der »Bürgerinitiative behutsame Priwallentwicklung e.V.«, berichtete auf Anfrage des Verfassers:

---

62   Zu diesem Begriff siehe Barbara MILLER LANE: Architektur und Politik in Deutschland 1918–1945. Braunschweig 1986, S. 142–160.

63   Vgl. Anke BLÜMM: »Entartete Baukunst«? Zum Umgang mit dem Neuen Bauen 1933–1945. München 2013, S. 183–326.

64   StadtAH, HA Hillebrecht, Nr. 1096, Zeugnis (undatiert, um 1935/36), o.S.

65   StadtAH, HA Hillebrecht, Nr. 1096, Zeugnis Regierungsbaumeister Schneidt (undatiert, 1936), S. 1.

66   StadtAH, HA Hillebrecht, Nr. 1096, Zeugnis Regierungsbaumeister Schneidt vom 20. Mai 1935, o.S.: »Unerwähnt soll nicht bleiben, daß mich Hillebrecht durch seine künstlerische Begabung sowie durch seinen guten Geschmack wesentlich unterstützt hat.«

67   Das Objekt befindet sich in der Mecklenburger Landstraße 49.

»[…] das ehemalige Priwallkrankenhaus ist im Wesentlichen dem Verfall preisgegeben. Wir versuchen als Bürgerinitiative gerade zumindest die Häuser 4–6 zu retten. 1–3 scheinen nach Auskunft unseres Architekten abgängig.«[68] (Abb. 8) Ob Hillebrechts Erstlingswerk noch gerettet werden kann, hängt vor allem von den Gegebenheiten vor Ort ab. Der Gebäudekomplex steht in einem Gebiet, das aufgrund seiner attraktiven Lage auf dem Priwall, einer Landzunge an der Travemündung, unter erheblichem Nutzungsdruck steht und das Interesse von Investoren auf sich gezogen hat.

Abb. 7: Travemünde, ehemaliges Erholungsheim der Luftwaffe, Wachgebäude 2013 (Foto: Ralf Dorn)

Ausbildungsende

Nach der erfolgreichen Beendigung seiner Tätigkeit in Travemünde wurde Hillebrecht am 1. Mai 1935 in die Baugruppe der Deutschen Verkehrsflieger-Schule nach Berlin berufen, um Entwürfe für die ersten Flakabteilungsbauten der neu eingerichteten Luftwaffe in Altona-Osdorf zu entwerfen.[69] Dort arbeitete Hillebrecht bis zum Januar 1936 an weiteren Unterkunftsbauten.[70] Auch diese Tätigkeit wurde ihm als Ausbildungsabschnitt II seiner Ausbildung zum Regierungsbauführer anerkannt. Bezeichnend für sein kritisches, penibel auf Vollständigkeit bedachtes Arbeiten

Abb. 8: Travemünde, ehemaliges Erholungsheim der Luftwaffe, Hauptgebäude 2013 (Foto: Ralf Dorn)

ist seine schriftliche Hausarbeit über den Bau von Kasernenstuben, die er auf Anregung von Regierungsbaumeister Schneidt seinem Lehrer Professor Walther Wickop übersandte. Dieser empfahl ihm eine weitere Ausarbeitung der Untersuchung zwecks Anerkennung als Dissertation.[71] Hillebrecht verfolgte das Vorhaben jedoch nicht weiter. Für den Abschluss seiner Regierungsbauführertätigkeit im Preußischen Verwaltungsdienst kehrte Hillebrecht nach zwei Berufsjahren Ende Januar 1936 zurück nach Hannover und wurde dem Staatshochbauamt I zugeteilt.[72] Die Tätigkeit dort scheint ihn mehr als nur gelang-

68   Mail Siegbert Bruders vom 2. Sep. 2013 an den Verfasser.
69   StadtAH, HA Hillebrecht, Nr. 1060, Handschriftlicher Lebenslauf von 1943, o.S.
70   StadtAH, HA Hillebrecht, Nr. 1096, Zeugnis Regierungsbaumeister Schneidt vom 27. Jan. 1936, S. 1.
71   StadtAH, NL Hillebrecht, Nr. 327, Schreiben Hillebrecht an Ministerialrat Gallwitz vom 21. Aug. 1936, o.S.: »Herr Prof. Wickop hat eine Beurteilung mit gutem Ergebnis vorgenommen und hat mich ermuntert, die Untersuchung im Hinblick auf die Wirtschaftlichkeit der Spannweiten fortzuführen und die Ergebnisse in einer Dissertation vorzulegen.«
72   StadtAH, HA Hillebrecht, Nr. 1097, Schreiben der Bauleitung der Flakabteilung Altona-Osdorf vom 28. April 1936, o.S.: »Die Bauleitung bittet die Arbeit dem Herrn Regierungspräsidenten in Hannover weiterzureichen, da Hillebrecht seit dem 1. Januar 1936 dem Preussischen Staatshochbauamt I in Hannover zur weiteren Ausbildung überwiesen ist.«

weilt zu haben, sehnte er sich doch zurück in den hohen Norden.[73] So lässt sich seine Beteiligung an dem 1936 ausgeschriebenen Annateich-Wettbewerb in Hannover wohl als willkommene Abwechslung bezeichnen. Gemeinsam mit seinem Kollegen Hans Klüppelberg reichte Hillebrecht einen Entwurf ein und gewann.[74] An der Realisierung des 1939 in Hermann-Löns-Park umbenannten Volksparks war Hillebrecht nicht mehr beteiligt.

Am 3. November 1936 erhielt Hillebrecht endlich seine Zulassung zur »Staatsprüfung für das Hochbaufach« und zeitgleich die schriftliche Aufgabe, die bis zum 6. Februar 1937 in Berlin abgeliefert werden musste.[75] Über seine Arbeit tauschte er sich mit seinem Freund und Kollegen Carl Cromme aus, der zeitgleich mit ihm den Abschluss zum Regierungsbaumeister machte. »Von meiner Arbeit: die reinste Bauaufnahme!«, schrieb Hillebrecht seinem Freund. »Alles festgelegt, lies mal genau durch, mir bleibt wohl nur ein genaues Auftragen über! Trotzdem: bin ich sehr zufrieden, die Sache liegt mir: zweifellos Lübeck. Gott sei Dank keine ›neue Baukunst‹, nix Monumentales. Gestellt von Meffert.«[76] Gemeint war Otto Meffert, die rechte Hand von Stadtbaurat Karl Elkart und nach dem Krieg dessen kommissarischer Nachfolger. Seit der Neuregelung des Ausbildungswesens für den höheren bautechnischen Verwaltungsdienst vom 16. Juli 1936 erfolgten alle Prüfungen reichseinheitlich in Berlin.[77] Im März 1937 wurde seine »häusliche Probearbeit« für »annehmbar befunden« und die Zulassung zur mündlichen Prüfung erteilt.[78] Im April 1937 legte er schließlich sein zweites Staatsexamen ab und schloss damit seine Ausbildung zum Regierungsbaumeister ab. Am 15. Mai 1937 erhielt er sein Zeugnis und durfte sich fortan »Bauassessor« nennen.[79]

Während seiner Studienzeit und bis zum Ende seiner Ausbildung zum Regierungsbaumeister verwirklichte Hillebrecht seine Projekte konsequent im Sinne des Neuen Bauens. Trotz der politischen Umbrüche blieb er sich und seiner Einstellung zur Moderne treu. Selbst die konsequente Kleinschreibweise in seinen Briefen kann als Ausdruck seiner Verbundenheit mit dem Neuen Bauen, personifiziert in der Person seines Lehrers Walter Gropius, gelesen werden. Was seine beruflichen Anfänge betrifft, lässt sich Hillebrecht daher ohne Übertreibung als ein Architekt des Neuen Bauens charakterisieren. Zugleich zeigt sich jedoch bereits, wie er – begabt und enthusiastisch für die Architektur – sich sukzessive in die Bautätigkeit des NS-Systems hineinziehen ließ.

Zwischenzeitlich hatte er sich um eine Anstellung als Bauassessor innerhalb der Baugruppe des Reichsluftfahrtministeriums im Hamburger Raum, »insbesondere um die Bauleitung des Flugplatzes Altona-Bahrenfeld«, beworben.[80] Die Bewerbung wurde abschlägig beschieden, doch ließ ihn die Aussicht auf eine Tätigkeit bei einem Hamburger Privatarchitekten noch im gleichen Monat den ungeliebten Staatsdienst quittieren. Im

73 StadtAH, NL Hillebrecht, Nr. 328, Schreiben Harald Hanson an Hillebrecht vom 3. Mai 1936, S. 1: »Mir von Heimweh nach der Wasserkante zu schreiben! Da kommst Du gerade an den Richtigen. ... Dass Du die Preussen – zumal in Hannover – satt hast, begreife ich. Auch ich kenne den Totengeruch in diesen fürchterlichen Hochbauämtern in der Lavesstrasse noch von Grabenhorsts Zeiten her.«
74 Hermann WERNICKE: Wettbewerb Annateich Hannover. In: Die Gartenkunst 49, 1936, S. 177–182.
75 StadtAH, HA Hillebrecht, Nr. 1096, Schreiben Reichsprüfungsamt für höhere bautechnische Verwaltungsbeamte an Hillebrecht vom 3. Nov. 1936, o.S.
76 StadtAH, NL Hillebrecht, Nr. 668, Schreiben Hillebrecht an Carl Cromme vom 8. Nov. 1936, S. 1.
77 Horst OSSENBERG: Was bleibt, das schaffen die Baumeister. Das Württembergische Hof- und Staats-Bauwesen vom 15. bis 20. Jahrhundert. Norderstedt 2004, S. 27f.
78 StadtAH, HA Hillebrecht, Nr. 1096, Schreiben Reichsprüfungsamt für höhere bautechnische Verwaltungsbeamte an Hillebrecht vom 2. März 1937, o.S.
79 Ebd.
80 StadtAH, HA Hillebrecht, Nr. 1096, Bewerbungsschreiben an das Reichsluftfahrtministerium vom 2. Feb. 1937, o.S.

Mai 1937 trat er eine Stelle bei Konstanty Gutschow an.[81] Bereits nach wenigen Monaten sollte er zum stellvertretenden Leiter in dessen Büro aufsteigen. Dies eröffnete ein neues Kapitel in Hillebrechts Berufsleben. Es sollte ihn, wie viele Architekten und Planungsexperten dieser Zeit, tief in die Tätigkeit deutscher Technokraten für das nationalsozialistische Regime verstricken.

81 Rudolf HILLEBRECHT: Autobiographische Bemerkungen. In: Böhm, W. Ernst: Forscher und Gelehrte. Stuttgart 1966, S. 241f., hier S. 241: »Das zweite Staatsexamen beendete diese gute Lehre und ließ mich 1937 gleichzeitig aus dem Staatsdienst ausscheiden. Ich wollte Architekt und nicht Baubeamter werden.«

Florian Grumblies

Boykott, »Arisierung«, Rückerstattung

Zur Geschichte des Kaufhauses Sternheim & Emanuel und seiner jüdischen Inhaber vor und nach 1945

Im Herbst 2007 besuchten die aus Argentinien, Brasilien und der Schweiz angereisten Nachkommen des jüdischen Kaufmanns und ehemaligen Hannoveraners Paul Steinberg erstmals die Stadt Hannover.[1] Paul Steinberg war bis zu seiner Vertreibung durch die nationalsozialistische Judenverfolgung zusammen mit seinem Onkel Louis Sternheim und dessen Schwiegersohn Karl Munter Inhaber eines der bedeutendsten Textilunternehmen Hannovers gewesen, des jüdischen Kaufhauses Sternheim & Emanuel. Stellvertretend für viele jüdische Unternehmen aus Hannover, die das hannoversche Geschäftsleben prägten, ehe sie zwischen 1933 und 1939 »arisiert« oder zwangsweise aufgelöst wurden, soll im Folgenden die Geschichte dieses Kaufhauses und seiner Eigentümer vor und nach 1945 näher beleuchtet werden. Besonders ausführlich wird die Phase der »Wiedergutmachung« nationalsozialistischen Unrechts nach 1945 untersucht.

Die Darstellung basiert auf meiner 2007 geschriebenen Magisterarbeit[2] mit dem darin genutzten Material und wird ergänzt durch neuere Recherchen im Niedersächsischen Landesarchiv, Standort Hannover und im Stadtarchiv Hannover. Mein besonderer Dank gilt an dieser Stelle der Familie Magis, die mir für meine Forschungen zur »Arisierung« des Kaufhauses Sternheim & Emanuel durch die Magis KG und den späteren Rückerstattungsverhandlungen eine große Zahl an Dokumenten aus ihrem Familienarchiv zugänglich machte.

1. Das Kaufhaus Sternheim & Emanuel vor 1933

Am 1. Oktober 1886 eröffneten die jüdischen Kaufleute Louis Sternheim und Max Emanuel in Hannover ein »Manufaktur-, Mode- und Konfektionsgeschäft«[3]. Ihr Geschäft Sternheim & Emanuel mit drei Angestellten lag zunächst in »bescheidenen Mieträumen« im Erdgeschoss der Großen Packhofstr. 44. Dank des sich schnell einstellenden Erfolgs konnte schon bald nach der Geschäftsgründung das Grundstück erworben und einem den »damaligen Verhältnissen entsprechenden Umbau« unterzogen werden. Als auch diese Räumlichkeiten für das stetig wachsende Geschäftsaufkommen nicht mehr ausreichten, kauften die beiden Kaufleute das Nachbargrundstück Osterstraße 99 hinzu und erbauten 1896 auf beiden »ein für das damalige Hannover sehenswertes Kaufhaus«. Das Geschäft florierte derartig, dass das Unternehmen seine Geschäftsräume alle paar Jahre durch den Zukauf von angrenzenden Grundstücken erweiterte. Hinzu kamen die Osterstraße 98 (1902), die Große Packhofstraße 41 (1908) und 42 (1910). Die darauf errichteten Neu- oder Umbauten wurden dem Kaufhaus angegliedert, wodurch sich die Nutzfläche von 1 000 auf 3 000 qm erhöhte. Der Erste Weltkrieg konnte diese Entwicklung nur vorübergehend verlangsamen. Mittels aufwendiger moderner Umbauten in der Nach-

1   Hannoversche Allgemeine Zeitung (HAZ) vom 10.10.2007, S. 19.
2   Florian Grumblies: »... weniger als ein Butterbrot«. Die »Arisierung« jüdischer Kauf- und Warenhäuser und die Praxis der »Wiedergutmachung« in Hannover, unveröffentlichte Magisterarbeit am Historischen Seminar der Universität Hannover, 2007.
3   Adreßbuch, Stadt- und Geschäfts-Handbuch der Königlichen Residenzstadt Hannover und der Stadt Linden 1888, S. 739.

kriegszeit und dem Anschluss der 1924 erworbenen Grundstücke Osterstraße 100–101 sowie Johannishof 1–5 bzw. 7–10 wuchs die Verkaufsfläche bis 1927 schließlich auf rund 9000 qm. Im Inneren führten nun eine Freitreppe und Personenaufzüge zu den verschiedenen Etagen des Kaufhauses. Große verkehrsgünstige Eingänge und 48 Schaufenster bildeten die Außenfassade. Die notwendige Energie zum Betrieb der diversen elektrischen Geräte des Hauses erzeugte eine im Keller befindliche eigene Dieselmotorenanlage. Im Geschäft warteten nun über 30 Spezialabteilungen, die alle Arten von Textilien in den unterschiedlichsten Preisklassen en detail für Kunden bereithielten.[4] Diese »waren Beamte, Militärs bis zur Generalität, Großkaufleute aus betriebsfremden Branchen, Konsumenten aus der Mittelschicht und Arbeiter.«[5] Über Tausend von ihnen frequentierten – nach Firmenangaben – zu jeder Jahreszeit täglich das Kaufhaus. Besonders beliebt war bei den Kunden der vornehm eingerichtete, hauseigene Erfrischungsraum mit angegliederter, voll ausgestatteter Konditorei. Als einer der größten Arbeitgeber Hannovers im Einzelhandel beschäftigte das Kaufhaus vor 1933 ca. 480 Angestellte und ArbeiterInnen.

Nicht nur äußerlich hatte sich das Unternehmen seit der Gründung verändert. Im Januar 1899 starb der 1858 geborene Inhaber Max Emanuel. Seine Erben mussten anschließend ausbezahlt werden. 1907 beteiligte Louis Sternheim dann seinen Neffen, den elf Jahre jüngeren Paul Steinberg, am Unternehmen.[6] Louis Sternheim stammte aus Neustadt am Rübenberge. Sein Vater Jeremias Sternheim (1816–1893) hatte neben Louis Elisier Sternheim noch vier Töchter (Helene, Mathilde, Ida und Therese).[7] Paul Steinberg war der Sohn von Louis Sternheims Schwester Therese Steinberg, die in die ebenfalls in Neustadt ansässige jüdische Familie Steinberg eingeheiratet hatte. Mitglieder beider Familien, Leo Steinberg und Helene Sternheim, eine weitere Schwester Louis Sternheims, führten bis zu ihrer Vertreibung durch die Nationalsozialisten bekannte Textilgeschäfte in Neustadt.[8] Der 1873 geborene Paul Steinberg hatte im Kaufhaus Sternheim & Emanuel bereits seine dreijährige Kaufmannslehre absolviert. Nach Beendigung seiner Militärzeit und einer Tätigkeit als Vertreter für eine Textilgroßhandlung in Berlin kehrte er als Prokurist ins Unternehmen zurück, ehe er 1907 zum Teilhaber avancierte. Ohne eine Kapitaleinlage leisten zu müssen, wurde er mit 25 % am Warenlager und damit an Gewinn und Umsatz beteiligt.[9]

Ausschlaggebend für die Beteiligung Paul Steinbergs war Louis Sternheims Wunsch nach Unterstützung bei dem steigenden Geschäftsaufkommen. Im August 1891 hatte Louis Sternheim die aus Rodenberg bei Hannover stammende Adele Cohn geheiratet. Ihre Kinder, Margarete (geb. 1892) und Otto (geb. 1898), waren aber noch zu jung. Der geplanten Beteiligung des Sohnes am Unternehmen setzte dann aber der Erste Weltkrieg ein jähes Ende.[10] Otto Sternheim fiel im März 1918.[11]

4   Paul SIEDENTOPF (Hrsg.): Das Buch der alten Firmen der Stadt Hannover im Jahre 1927. Leipzig 1927, S. 291.
5   Fragebogen zur Ermittlung des Goodwillschadens vom 28.2.1959, NLA-HSTAH, Nds. 110 W Acc. 14/99 Nr. 101961 (BEG-Akte Sternheim & Emanuel), Bl. 14f.
6   Karl Zahn an Entschädigungsbehörde Hannover vom 9.3.1959, NLA-HSTAH, Nds. 110 W Acc. 14/99 Nr. 101961 (BEG-Akte Sternheim & Emanuel OHG), Bl. 21f.
7   Vgl. die Lebens- und Todesdaten der Familie Sternheim aus Neustadt am Rübenberge. Online unter: http://www.geni.com/people/Louis-Sternheim/6000000003995367176 (10.10.2014).
8   Nancy KRATOCHWILL-GERTICH, Antje NAUJOKS: Neustadt am Rübenberge. In: Herbert OBENAUS, David BANKIER, Daniel FRAENKEL (Hrsg.): Historisches Handbuch der jüdischen Gemeinden in Niedersachsen und Bremen. Göttingen 2005, S. 1091–1098, hier: S. 1093f.
9   Eidesstattliche Versicherung Karl Zahn vom 26.4.1954, NLA-HStAH, Nds. 110 W Acc. 14/99 Nr. 101961 (BEG-Akte Paul Steinberg), Bl. 38.
10   Karl Zahn an Entschädigungsbehörde Hannover vom 9.3.1959, NLA-HSTAH, Nds. 110 W Acc. 14/99 Nr. 101961 (BEG-Akte Sternheim & Emanuel OHG), Bl. 21f.
11   Siehe die Gedenkseite für Otto Sternheim. Online unter: http://www.weltkriegsopfer.de/Krieg-Opfer-Otto-Sternheim_Soldaten_0_469921.html (20.06.2014).

Aufgrund des Ausfalls der männlichen Erbfolge entschied sich Louis Sternheim in den 1920er Jahren den 1914 angeheirateten jüdischen Ehemann seiner Tochter Margarete, den Zahnarzt Dr. Karl Munter, als Mitinhaber in das Unternehmen aufzunehmen. Wie Paul Steinberg erhielt Karl Munter, ohne eine Kapitaleinlage erbracht zu haben, einen Anteil von 25% am Unternehmen. Grundstücke, Gebäude, Inventar und Maschinenpark sowie die verbliebene Hälfte des Geschäfts (Gewinne und Verluste aus dem Warenlager) verblieben hingegen im Besitz von Louis Sternheim.[12]

Das als offene Handelsgesellschaft geführte Unternehmen war selbst Teilhaber des später »arisierten« Kölner »Alsberg-Eteg-Konzerns«. Dieser kaufte Textilproduktionen günstig auf, setzte sie an die Konzernmitglieder um und bildete damit eine wichtige Grundlage des wirtschaftlichen Erfolges des Kaufhauses Sternheim & Emanuel.[13]

Sternheim & Emanuel war eines von etwa 18 Kauf- und Warenhäusern, die sich zwischen 1925 und 1930 in Hannover nachweisen lassen.[14] Räumlich konzentrierten sie sich im Wesentlichen auf wenige Straßenzüge (Georgstraße, Osterstraße, Große Packhofstraße und Seilwinderstraße etc.) in der hannoverschen »City«.[15] Die Mehrzahl der hannoverschen Kauf- und Warenhäuser waren jüdische Geschäfte. Vielen dieser hannoverschen Unternehmen war gemein, dass sie sich seit Mitte des 19. Jahrhunderts aus kleinen Familienbetrieben entwickelt und jüdische Kaufleute sie gegründet hatten bzw. immer noch betrieben. Verstärkt jüdische Unternehmer hatten, analog zur Entwicklung im gesamten Deutschen Reich, auch in Hannover frühzeitig die aus der Industrialisierung resultierenden wirtschaftlichen Möglichkeiten erkannt, ihre Geschäftsmodelle entsprechend angepasst und ihre Betriebe zu rational geführten, modernen Großunternehmen entwickelt.[16] Von den jüdischen Unternehmen der Kauf- und Warenhäuser in Hannover war das Kaufhaus Sternheim & Emanuel sicherlich das größte, die Geschäfte Molling & Co und Elsbach & Frank ein wenig kleiner.[17]

Die Erfolgsgeschichte der Sternheim & Emanuel OHG dämpfte erstmals die Weltwirtschaftskrise. Zwar erreichte der kontinuierlich ansteigende Umsatz des Kaufhauses 1931 seinen Höhepunkt mit 6,5 Millionen RM, begann danach (1932: 5,8 Millionen RM) aber zu fallen.[18] Schon vor dem Ersten Weltkrieg sahen sich Kauf- und Warenhäuser überall in Deutschland und auch im Ausland mit Anfeindungen der kleineren Einzelhändler und Spezialgeschäfte konfrontiert. Vor allem die kleineren Einzelhändler fühlten sich von der Konkurrenz der Kauf- und Warenhäuser und deren Konzernen, ihren

---

12 Karl Zahn an Entschädigungsbehörde Hannover vom 9.3.1959, NLA-HSTAH, Nds. 110 W Acc. 14/99 Nr. 101961 (BEG-Akte Sternheim & Emanuel OHG), Bl. 21f.
13 Fragebogen zur Ermittlung des Goodwillschadens vom 28.2.1959, NLA-HSTAH, Nds. 110 W Acc. 14/99 Nr. 101961 (BEG-Akte Sternheim & Emanuel OHG), Bl. 14f.
14 Hinzu kamen noch bis zu 6 Spezialgeschäfte, die in Größe und Auftreten dem Warenhaustyp ähnlich waren. Vgl. Adressbücher der Stadt Hannover 1925–1933 – Thomas MASSELINK: Modernisierungstendenzen im Einzelhandel der zwanziger Jahre unter besonderer Berücksichtigung der Stadt Hannover. Ihre Auswirkungen auf die Einzelhandelsangestellten. Hannover 1992, S. 23 und 26.
15 Der wirtschaftliche Schwerpunkt der Innenstadt verlagerte sich im 19. Jahrhundert von der Altstadt in Richtung Hauptbahnhof. Dieser Modernisierungsprozess wird »Citybildung« genannt. Vgl. Edel SHERIDAN-QUANTZ: »Hier strömt das Geld zusammen«. Citybildung und die räumlichen Auswirkungen ausgewählter kapitalkräftiger Wirtschaftszweige in der Innenstadt Hannover 1820–1920. In: Hannoversche Geschichtsblätter 51 (1997), S. 5–33, hier: S. 23f.
16 Vgl. Peter SCHULZE: Hannover. In: Herbert OBENAUS, David BANKIER, Daniel FRAENKEL (Hrsg.): Historisches Handbuch der jüdischen Gemeinden in Niedersachsen und Bremen. Göttingen 2005, S. 726–796, hier: S. 747–749 und 758. Die Mehrzahl der unter den Rubriken »Kaufhaus«, »Warenhaus« und »Manufaktur- und Modewaren« in den Adressbüchern 1930–1933 gefundenen Unternehmen firmierten später als »jüdische Kauf- und Warenhäuser« in der nationalsozialistischen Hetzschrift »Juden in Hannover«. Herausgegeben von Heinz Siegmann, Leiter der »Stürmer-Freunde Hannover«, Hannover 1935.
17 SHERIDAN-QUANTZ, Citybildung, S. 23.
18 NLA-HSTAH, Nds. 110 W Acc. 14/99 Nr. 101961 (BEG-Akte Sternheim & Emanuel OHG) und SIEDENTOPF, Firmen, S. 291.

modernen Geschäftspraktiken und häufig aggressiven Werbe- und Verkaufsstrategien in ihrer Existenz bedroht.[19]

Die Nationalsozialisten griffen diesen Unmut früh auf. Bereits in ihrem Wahlprogramm von 1920 forderten sie die »Kommunalisierung der Groß-Warenhäuser und ihre Vermietung zu billigen Preisen an kleine Gewerbetreibende«. »Aufklärungsfeldzüge«, erste Boykottaktionen und Versammlungen speziell gegen die Warenhäuser sollten die Wählergunst des unzufriedenen Mittelstands gewinnen.[20] Aus dem ursprünglich mittelständischen »Abwehrkampf gegen moderne Distributions- und Produktionsmethoden« formten die Nationalsozialisten einen »antisemitisch umdefinierten Modernisierungskonflikt«[21]. So war es nicht verwunderlich, dass im Januar 1928 Nationalsozialisten auch in Hannover besonders jüdische Waren- und Kaufhäuser in ihrem »Kampf gegen Warenhauspolypen und Konsumvereinsschmarotzer«[22] treffen wollten. Zusammen mit den Filialen des Karstadt-Konzerns wurden jüdische Geschäfte wie Sternheim & Emanuel, Molling & Co, Elsbach & Frank, Berliner Warenhaus Gebrüder Wolff und Eduard Wolff anlässlich des »Saisonausverkaufs« in einem Flugblatt der NSDAP als »Raubinstitute« verunglimpft. Ihre Geschäftsmethoden wurden als »Betrugsmanöver« und »Schwindel« gebrandmarkt und ihnen vorgeworfen, sie »plünderten die Deutschen systematisch aus.«[23]

Doch der eigentliche wirtschaftliche Abstieg von Sternheim & Emanuel begann erst 1933 mit den einsetzenden organisierten antijüdischen Boykotten. An direkten nationalsozialistischen Terrorakten überliefert ist beispielsweise ein Tränengas- und Stinkbombenanschlag im Weihnachtsgeschäft 1934 auf Sternheim & Emanuel sowie auf andere jüdische Geschäfte und missliebige Warenhäuser. Täter wurden nicht ermittelt.[24] Infolge der diversen Boykottmaßnahmen sank der Umsatz von Sternheim & Emanuel bis 1938 rasant auf 2,2 Millionen RM herab.[25]

2. Die »Arisierung« des Kaufhauses Sternheim & Emanuel durch die Magis KG

Bereits seit 1935 hatten Louis Sternheim und seine Teilhaber Ausschau nach einem Käufer für das Kaufhaus gehalten. Gespräche mit potentiellen Erwerbern (z.B. Leffers aus Delmenhorst) waren aber alle an der Größe des Objekts gescheitert.[26] Erst mit dem in Münster geborenen Dr. Norbert Magis kam es 1938 zu konkreten Verkaufsverhandlungen. Auf Vermittlung des jüdischen Leiters des Kölner Alsberg-Eteg-Konzerns, Dr. Alfred Alsberg, bei dem Louis Sternheim nach potentiellen Käufern nachgefragt hatte, traten

---

19   Vgl. Uwe Spiekermann: Das Warenhaus. In: Alexa Geisthövel, Habbo Knoch (Hrsg.): Orte der Moderne. Erfahrungswelten des 19. und 20. Jahrhunderts. Frankfurt am Main 2005, S. 207–217 – Heinrich Uhlig: Die Warenhäuser im Dritten Reich. Köln 1956.

20   Vgl. ebd., S. 31. Für Niedersachsen vgl. Jeremy Noakes: The Nazi Party in Lower Saxony 1921 – 1933. London 1971, S. 125f.

21   Frank Bajohr: »Arisierung« als gesellschaftlicher Prozeß. Verhalten, Strategien und Handlungsspielräume jüdischer Eigentümer und »arischer« Erwerber. In: Irmtrud Wojak, Peter Hayes (Hrsg.): »Arisierung« im Nationalsozialismus. Volksgemeinschaft, Raub und Gedächtnis. Frankfurt am Main 2000, S. 15–30, hier: S. 24.

22   Zitiert nach: Friedrich Wilhelm Rogge: Antisemitismus 1918–1945. In: Historisches Museum am Hohen Ufer (Hrsg.): »Reichskristallnacht« in Hannover. Eine Ausstellung zur 40. Wiederkehr des 9. November 1938. Hannover 1978, S. 26–55, hier: S. 43.

23   Vgl. NLA-HSTAH, Hann.171 Hann. Nr. 128. Die Akte enthält neben den Flugschriften den Prozess, den die Kauf- und Warenhausbesitzer gegen die für die Flugblätter verantwortlichen Nationalsozialisten führten.

24   Betroffen waren hiervon auch die Karstadt-Filialen und Einheitspreisgeschäfte. Vgl. NLA-HSTAH, Hann. 80 Hann. II Nr. 755, Bl. 2763.

25   Für die Umsätze vgl. Fragenbogen zur Ermittlung des Goodwillschadens vom 28.2.1959, NLA-HSTAH, Nds. 110 W Acc. 14/99 Nr. 101961 (BEG-Akte Sternheim & Emanuel OHG), Bl. 20.

26   Abschrift Schreiben Karl Zahn an Finanzamt Moabit-West vom 21.1.1941, NLA-HSTAH, Nds. 110 W Acc. 14/99 Nr. 101961 (BEG-Akte Sternheim & Emanuel OHG), Bl. 34–37.

beide Parteien im Frühjahr 1938 in Kontakt zueinander.[27] Der promovierte Jurist Norbert Magis war zu diesem Zeitpunkt Geschäftsführer des Zentralkaufhauses Magis in Oberhausen und des Kaufhauses »Magis am Markt« in Wesel. Nach Beendigung des Studiums und seiner Promotion 1934 hatte er sich, nach Aussage seiner Töchter aus Ablehnung der nationalsozialistisch geprägten Justiz und des Verhaltens des Nationalsozialistischen Rechtswahrerbundes, für eine kaufmännische Tätigkeit im Kaufhaus seines Vaters Hans Magis in Oberhausen entschieden.

Erste Erfahrungen mit dem Erwerb eines jüdischen Kaufhauses hatte Norbert Magis bereits im März 1934 bei der Übernahme des Textilkaufhauses Leyens & Levenbach in Wesel sammeln können. Der jüdische Inhaber Erich Leyens hatte zum 1. April 1933 mit dem Verteilen von Flugblättern, dem Tragen seiner Uniform aus dem Ersten Weltkrieg, an der neben seinem Eisernen Kreuz Erster Klasse bereits zu diesem Zeitpunkt ein gelber »Judenfleck« hing, gegen den Boykott seines und anderer jüdischer Geschäfte protestiert. Trotz mehrfacher Sympathiebekundungen der örtlichen Bevölkerung schwoll der Terror von Seiten der Nationalsozialisten in der folgenden Zeit derart an, dass er sich schon im Herbst 1933 gezwungen sah, sein Geschäft zu verkaufen und auszuwandern.[28] Über einen Makler kam es zu Verkaufsgesprächen mit Norbert Magis, dessen Vater Hans Magis und einem Karl Josef Meyer. Schließlich erwarb die Magis GmbH Wesel am 2. März 1934 »zu sehr günstigen Konditionen«[29] das Warenlager für 120 000 RM und pachtete die Geschäftsräume und das Inventar von Leyens. An Stelle einer an den Umsatz gekoppelten Pacht durfte nach dem Willen der örtlichen Preisbehörde dann aber nur eine jährlichen Festmiete gezahlt werden. Nach Kriegsende meldete die Familie Leyens 1948 einen Rückerstattungsanspruch für die damalige Geschäftsübernahme gegen die Firma Magis GmbH in Wesel an. Sie verlangten rund 130 000 RM Schadensersatz für den ihrer Ansicht nach nicht angemessenen Kaufpreis für das Warenlager und die Differenz zwischen Fest- und Umsatzmiete. Die Firma Magis bestritt die Rechtmäßigkeit des Anspruchs, da aus ihrer Sicht sowohl der Kaufpreis angemessen bzw. nach den Vorstellungen von Leyens zustande gekommen war, als auch durch die Umwandlung der Umsatzmiete in eine Festmiete kein Nachteil entstanden sei. Trotz der gegenteiligen Auffassungen einigten sich beide Parteien aber im November 1949, wenige Monate nach Inkrafttreten des Rückerstattungsgesetzes für die britische Besatzungszone, auf eine Ausgleichszahlung durch Magis über 10 000 DM.[30]

Im Fall des Kaufhauses Sternheim & Emanuel in Hannover verabredeten Louis Sternheim und Norbert Magis in einem Vertrag vom 23. Juni 1938 ein ähnliches Übernahmemodell. Danach sollte die Magis KG von Louis Sternheim die von der Firma Sternheim & Emanuel genutzten Grundstücke und Gebäude bis auf Teile der Osterstr. 101 und 102/103 lediglich mieten, um dort selbst ein Kaufhaus zu betreiben. Einen Verkauf der Grundstücke hatte Louis Sternheim nach Aussage von Norbert Magis abgelehnt.[31]

27   Bericht der Magis KG über ihre Beziehungen zu Sternheim & Emanuel. Anlage zum Schreiben von Norbert Magis an Fritz Ahrens vom 3.10.1949, Dokumente aus dem Familienarchiv Magis.

28   Zur Person Erich Leyens und seinem Verfolgungsschicksal vgl. Wolfgang BENZ: Deutsche Juden im 20. Jahrhundert. Eine Geschichte in Porträts. München 2011, S. 36 und den Artikel »Vor 115 Jahren wurde der Weseler Kaufmann Erich Leyens geboren« im Onlineauftritt der Stadt Wesel. Online unter: http://www.wesel.de/C125746C002E4FAB/html/DD3D6799587542F-1C1257AE20038FB5B?Open.

29   Ebd., S. 40.

30   Zur »Arisierung« des Kaufhauses Leyens in Wesel und die Rückerstattung nach 1945 durch die Magis GmbH vgl. Landesarchiv NRW – Abteilung Rheinland, Gerichte Rep. 0196 Nr. 5509 und BR 0336 Az. 23/138/6704.

31   Bericht der Magis KG über ihre Beziehungen zu Sternheim & Emanuel. Anlage zum Schreiben von Norbert Magis an Fritz Ahrens vom 3.10.1949, Dokumente aus dem Familienarchiv Magis.

Für die Räumlichkeiten und das Inventar des Kaufhauses wäre jährlich eine Miete von 60 000 RM an Sternheim zu entrichten. Das Warenlager, an dem auch Paul Steinberg und Karl Munter beteiligt waren, sollte an Magis am Tag der Übergabe für einen durch Sachverständige der IHK zu schätzenden Preis veräußert werden.[32] Zum Zwecke der Übernahme des Kaufhauses Sternheim & Emanuel hatten Norbert Magis und die »Alster-Grundstücksverwaltungsgesellschaft mbH, Berlin«, am gleichen Tag eine Kommanditgesellschaft, die Magis KG mit Sitz in Hannover, gegründet. Als persönlich haftender Gesellschafter brachte Norbert Magis eine Einlage von 50 000 RM, die Kommanditistin weitere 650 000 RM ein.[33]

In welcher Art und Weise die Kaufverhandlungen zwischen der Magis KG und den Inhabern der Sternheim & Emanuel OHG abliefen, ist schwer einzuschätzen. Der beurkundende Notar Wilhelm Wolter und auch Norbert Magis betonten nach 1945 den damaligen »freundschaftlichen Umgang« miteinander.[34] Karl Munter hingegen bemerkte nach dem Krieg in einem persönlichen Brief an seinen Bevollmächtigten Karl Zahn: »Aber bei allem wird von mir nie vergessen werden das Verhalten des M[agis] in Köln bei den s.Zt. Verkaufsverhandlungen. Wir gingen zum Mittagessen ins Hotel ›Excelsior‹ als die beiden Geldgeber von Magis, der eine von der Holl[and] Bank, der andere von der ›Alster‹-Grundstücksgesellschaft auf uns zukam und uns von sich aus erklärten, sie könnten sich dieses Verhalten des M[agis] nicht mehr mit ansehen und empfahlen uns die Verhandlungen abzubrechen, falls der Mann seine Art nicht änderte. Zwischendurch wurde ich von Herrn Heutelbeck aus Iserlohn ans Telefon gerufen, der das Geschäft sofort kaufen wollte. Und erinnern sie sich noch, als dann in den Vertrag noch die Verpfändung der Eigentümergrundschuld von M[agis] gefordert wurde, aber sogar die Partei diesen Passus strich?«[35]

Ähnliche oder anderslautende Beschreibungen der Verkaufsverhandlungen von Seiten der Inhaber der Sternheim & Emanuel OHG sind allerdings nicht überliefert. Karl Zahn und Karl Munter enthielten sich nach 1945 offenbar jeglicher Vorwürfe dieser Art gegenüber der Magis KG und pflegten stattdessen einen höflichen, geschäftsmäßig freundlichen Tonfall im Schriftverkehr mit der Magis KG. Der Notar Wilhelm Wolter, der seinerzeit die Kaufverträge beurkundet hatte, betonte 1946 in einem Schreiben an Norbert Magis die »freundschaftliche Art« bei den damaligen Kaufverhandlungen und das Einverständnis Louis Sternheims mit den damaligen Vertragsbedingungen.[36] Wie genau die Kaufverhandlungen 1938 abliefen, wird nicht mehr zu klären sein.

Aus anderen Forschungen und Fällen ist bekannt, dass solche Verhandlungen durchaus in einer im kaufmännischen Bereich üblichen Weise abliefen, sofern kein direkter Zwang böswilliger »Ariseure« auf die jüdischen Verkäufer ausgeübt wurde. Anzeichen für ein solches Verhalten sind bei der Magis KG aber nicht erkennbar. Bei den unter wirtschaftlichen Gesichtspunkten geführten Aushandlungsprozessen besaßen die jüdischen Veräußerer boykottierter Unternehmen jedoch verfolgungsbedingt die schlechtere Verhandlungsposition. Trotz eines »freundschaftlichen« oder »höflichen« Umgangs mit-

---

32   Mietvertrag zwischen der Louis Sternheim und der Magis KG über das Inventar und die Geschäftsräume des Kaufhauses Sternheim & Emanuel vom 23.6.1938, NLA-HSTAH, Nds. 225 Hannover-Mitte Acc. 2003/100 Nr. 7, Bl. 11.

33   Gesellschaftsvertrag zwischen Norbert Magis und der »Alster-Grundstücksverwaltungsgesellschaft mbH, Berlin« vom 23.6.1938, Dokumente aus dem Familienarchiv Magis.

34   Vgl. hierzu die zitierten Aussagen von Wilhelm Wolter und Norbert Magis im Kapitel zu den Rückerstattungsverhandlungen nach 1945.

35   Kopie eines Schreibens von Karl Munter an Karl Zahn vom 15.11.1947, NLA-HSTAH, Nds. 110 W Acc. 14/99 Nr. 101961 (BEG-Akte Margarete Munter nach Karl Munter), Bl. 6.

36   Vgl. Rechtsanwalt Wilhelm Wolter an Norbert Magis vom 6.7.1946, Dokumente aus dem Familienarchiv Magis.

einander begegneten sich die Vertragsparteien daher strukturell bedingt niemals auf Augenhöhe. Die Folge waren Kaufverträge, die, obwohl scheinbar auf freiwilliger Basis mit den Verfolgten geschlossen, in der Regel zugunsten der »Ariseure« ausfielen. Kurz gesagt: Ohne Verfolgung hätten die jüdische Inhaber ihre Unternehmen nicht verkauft und vor allem bessere Konditionen erzielen können.

Zur Umsetzung der Vereinbarungen zwischen Sternheim und der Magis KG vom Juni 1938 bedurfte es abschließend, da die Inhaber von Sternheim & Emanuel allesamt Juden waren,[37] noch der Genehmigung der Verträge durch den Oberbürgermeister der Stadt Hannover – Abteilung Gewerbe.[38] Im Zusammenspiel mit dem lokalen Gauwirtschaftsberater der NSDAP, der örtlichen IHK und der zuständigen Preisbehörde für Mieten und Pachten beim Oberbürgermeister wurden die Person des Erwerbers, die wirtschaftliche Notwendigkeit des weiteren Erhalt des Unternehmens[39] und der vereinbarte Kaufpreis überprüft und die vertraglichen Bedingungen entsprechend dem staatlichen Interesse einer forcierten »Arisierung« jüdischer Unternehmen angepasst.[40] Im Fall von Sternheim & Emanuel sprach sich, nach einem Bericht von Norbert Magis, der hannoversche Einzelhandelsverband vehement gegen eine Weiterführung des Kaufhauses durch Magis aus. Auch habe die fehlende Parteimitgliedschaft von Norbert Magis sowie das eigene Interesse eines an der Genehmigung beteiligten Beamten am Unternehmen Schwierigkeiten hervorgerufen. Erst nach langwierigen Verhandlungen mit dem Reichswirtschaftsministerium in Berlin sei es ihm gelungen, die Widerstände zu beseitigen.[41] Am 6. Dezember 1938 genehmigte der Oberbürgermeister der Stadt Hannover schließlich unter Auflagen die Verträge mit Sternheim.[42]

Das Kaufhaus Sternheim & Emanuel war zu diesem Zeitpunkt bereits geschlossen. In der Reichspogromnacht vom 9./10. November 1938 waren die Scheiben des Kaufhauses eingeworfen und das vorhandene Bargeld von SS-Obergruppenführer Jeckeln persönlich beschlagnahmt worden.[43] Das Reichswirtschaftsministerium hatte wenige Tage später den hannoverschen Polizeipräsidenten angewiesen, eine etwaige Wiedereröffnung jüdischer Geschäfte, darunter Sternheim & Emanuel, bis zum offiziellen Ausschluss der Juden aus der deutschen Wirtschaft zum 1. Januar 1939 zu unterbinden.[44] Derweil war am 12. November 1938 der Prokurist der Firma, der mit den Familien der Inhaber befreundete und seit 1915 im Unternehmen tätige Karl Zahn, von der »Deutschen Arbeitsfront« als Treuhänder zur Abwicklung des Kaufhauses und der Immobilien und als Bevollmächtigter von Louis Sternheim eingesetzt worden.[45]

37   Seit dem 26. April 1938 unterlag die Veräußerung und Verpachtung von Unternehmen und Betrieben einer Genehmigungspflicht, sofern eine der Vertragsparteien ein Jude war. Vgl. § 1 der Anordnung auf Grund der VO über die Anmeldung des Vermögens von Juden vom 26.4.1938, RGBl. I 1938, S. 415.

38   Rüdiger FLEITER: Stadtverwaltung im Dritten Reich. Verfolgungspolitik auf kommunaler Ebene am Beispiel Hannovers. Hannover 2007 (= Hannoversche Studien, Bd. 10), S. 179f.

39   Nach der Reichspogromnacht 1938 und der folgenden »Verordnung der Juden zur Ausschaltung aus dem deutschen Wirtschaftsleben« vom 12.11.1938 sollten die jüdischen Betriebe generell liquidiert werden. Eine Weiterführung der Unternehmen durch nichtjüdische Erwerber war nur gestattet, sofern der Betrieb zur »Versorgung der Bevölkerung« unbedingt notwendig erschien. Vgl. § 1 Abs. 2 der Durchführungsverordnung zur Verordnung zur Ausschaltung der Juden aus dem deutschen Wirtschaftsleben vom 23.11.1938, RGBl. I 1938, S. 1642.

40   Britta BOPF: »Arisierung« in Köln. Die wirtschaftliche Existenzvernichtung der Juden 1933 – 1945. Köln 2004, S. 210.

41   Bericht der Magis KG über ihre Beziehungen zu Sternheim & Emanuel. Anlage zum Schreiben von Norbert Magis an Fritz Ahrens vom 3.10.1949, Dokumente aus dem Familienarchiv Magis.

42   Notarielle Erklärung von Louis Sternheim und Norbert Magis vom 14.12.1938 zum Mietvertrag vom 23.6.1938, NLA-HSTAH, Nds. 225 Hannover-Mitte Acc. 2003/100 Nr. 7.

43   SCHULZE, Hannover, S. 778.

44   NLA-HSTAH, Hann. 87 Hannover Nr. 258, Bl. 120.

45   Abschrift Karl Zahn an Finanzamt Moabit-West vom 21.1.1941, NLA-HSTAH, Nds. 110 W Acc. 14/99 Nr. 101961 (BEG-Akte Sternheim & Emanuel OHG), Bl. 34.

Am 14. Dezember 1938 unterzeichneten Louis Sternheim und Norbert Magis die nach den Wünschen der Behörde veränderten Verträge. Behördlich wurde die Miete von 60 000 RM auf 55 000 RM herabgesetzt und der Passus über das Inventar gestrichen. Stattdessen kaufte die Magis KG nun für 25 000 RM das Inventar, welches Louis Sternheim ebenfalls alleine gehörte.[46] Gegenüber den Finanzbehörden bezifferte Karl Zahn 1941 den tatsächlichen Wert des Inventars mit 75 000 RM .[47]

Zur Sicherung der Ansprüche der Magis KG musste Louis Sternheim ferner eine Sicherungshypothek über 300 000 RM auf den Mietgrundstücken eintragen. Zugleich ordnete die Behörde an, dass Sternheim der Magis KG ein Vorkaufsrecht einräumen musste, bei dem der Kaufpreis in Höhe der Hypothekenbelastungen, damals rund 1 606 000 RM, festgesetzt wurde.[48]

Nach dem Vertrag vom Juni 1938 sollte das Warenlager in folgender Weise geschätzt werden: Bei den minderwertigen Waren sollten sich beide Parteien jeweils auf einen Preis einigen, in Zweifelsfällen sollten von ihnen benannte Schiedsrichter einen Preis aushandeln; die restlichen Waren sollten zum Lieferantenpreis übernommen werden.[49] Im nach den Auflagen der Behörde veränderten Vertrag vom 13. Dezember 1938 zum Warenlager wurde diese Vorgehensweise gestrichen. Ein von der IHK Hannover benannter Sachverständiger sollte nunmehr die Waren am Tag der Übernahme schätzen. Eine Möglichkeit des Einspruchs gegen den festgesetzten Wert bestand nicht.[50] Nach der Aussage von Karl Zahn belief sich der Wert des Warenlagers bei der Inventur am 10. November 1938 im Einkaufswert auf 436 170 RM. Im Verkauf hätte das Kaufhaus damit seines Erachtens rund 750 000 RM erlösen können. Von den Sachverständigen der IHK festgestellt und von der Magis KG anschließend bezahlt wurde aber nur ein Wert von 287 507 RM.[51]

Das Kaufhaus Magis eröffnete am 30. Januar 1939. Bekannt gegeben worden war der Termin drei Tage zuvor mit einer ganzseitigen Anzeige in der »Niedersächsischen Tageszeitung« (NTZ).[52] Den Geschäftswechsel hatte die Magis KG schon am 25. Januar bekannt gemacht: »Magis […] Wir haben die Firma Sternheim & Emanuel übernommen«[53]. Die Neueröffnung des Kaufhauses war offenbar ein voller Erfolg, denn schon acht Tage später kündigte das Kaufhaus einen preisgünstigen Resteverkauf an, der »infolge des riesigen Andranges […] in unserem Hause« nötig geworden war.[54] Ebenso wurde begonnen, die Lücken in der Personalstruktur zu füllen, indem nach neuen Verkäufern und Bürokräften gesucht wurde.[55] Bis zur offiziellen Übergabe an die Magis KG am 29. Januar 1939 hatte der Treuhänder Karl Zahn das arische Personal weiter beschäftigen müssen, obwohl das Geschäft nicht mehr geöffnet war. Das mehrheitlich jüdische Personal hatte

46 Nachtrag von Louis Sternheim und Norbert Magis vom 14.12.1938 zum Mietvertrag vom 23.6.1938, NLA-HSTAH, Nds. 225 Hannover-Mitte Acc. 2003/100 Nr. 7.

47 Bericht des Obersteuerinspektors Buchholz der Liegenschaftsstelle beim Finanzamt Hannover-Waterlooplatz vom 3.7.1941, NLA-HSTAH, Nds. 225 Hannover-Mitte Acc. 2003/100 Nr. 6, Bl. 32f.

48 Notarielle Erklärung von Louis Sternheim und Norbert Magis vom 14.12.1938 zum Mietvertrag vom 23.6.1938, NLA-HSTAH, Nds. 225 Hannover-Mitte Acc. 2003/100 Nr. 7.

49 Vgl. § 1a des Kaufvertrags zwischen der Sternheim & Emanuel OHG und der Magis KG über das Warenlager vom 23.6.1938, Dokumente aus dem Familienarchiv Magis.

50 Kaufvertrag zwischen der Sternheim & Emanuel OHG und der Magis KG über das Warenlager vom 13.12.1938, Dokumente aus dem Familienarchiv Magis.

51 Abschrift Schreiben Karl Zahn an Finanzamt Moabit-West vom 21.1.1941, NLA-HSTAH, Nds. 110 W Acc. 14/99 Nr. 101961 (BEG-Akte Sternheim & Emanuel OHG), Bl. 34–37.

52 Vgl. NTZ vom 27.1.1939.

53 Vgl. NTZ vom 25.1.1939.

54 Vgl. NTZ vom 8.2.1939.

55 Vgl. NTZ vom 4./5.2.1939.

dagegen schon im November 1938 entlassen werden müssen.[56] Ohne die für die jüdische Vorgängerfirma geltenden Einschränkungen und trotz der im Herbst 1939 anbrechenden Kriegszeit erzielte die Magis KG in den kommenden Jahren wachsende Umsätze: von 3,4 Millionen RM (1939) auf 4,2 Millionen RM (1941).[57] Die vormaligen jüdischen Inhaber des Kaufhauses Sternheim & Emanuel waren zu diesem Zeitpunkt bereits ins Ausland emigriert.

Bereits im August 1939 leitete die Gestapo ein Ausbürgerungsverfahren gegen den nunmehr in der Schweiz lebenden Sternheim und seine Ehefrau ein, um sein Vermögen einziehen zu können.[58] Mit der Bekanntmachung seiner Ausbürgerung im Reichsanzeiger vom 13. März 1940 wegen vermeintlicher Verstöße »gegen die Pflicht zur Treue gegen Reich und Volk«[59] wurde sein Vermögen vom Deutschen Reich eingezogen.[60] Eine reichs-eigene Nutzung der Sternheimschen Grundstücke schlossen die Finanzbehörden alsbald aus.[61] Gleichfalls stellte sich der weitere Besitz der Grundstücke als wenig sinnvoll her-aus. Der aufgrund seiner Sachkenntnis weiterhin mit der Verwaltung der Grundstücke betraute ehemalige Bevollmächtigte Sternheims, Karl Zahn, zeigte einen jährlichen Ver-lust von über 6 000 RM bei der Verwaltung der Grundstücke an.[62] Bei der »Arisierung« habe die Behörde einem Mietpreis zugestimmt, der lediglich die Hypothekenzinsen und Steuern decken und nur den Bestand des Grundbesitzes sichern sollte, ohne ein etwaiges Ansteigen der Zinsen zu berücksichtigen.[63] Unter diesen Bedingungen traten die Finanz-behörden Anfang 1941 in Verkaufsverhandlungen mit der Magis KG. Als schwerwiegen-der Bumerang für das Deutsche Reich erwies sich dabei die bei der »Arisierung« ange-ordnete Einräumung des limitierten Vorkaufsrechts für die Magis KG. Anstatt das von den staatlichen Gutachtern errechnete Kaufangebot über 2 000 000 RM[64] anzunehmen, beharrte die Magis KG auf dem im Vorkaufsrecht festgelegten Kaufpreis in Höhe der Hypothekenbelastungen über rund 1 606 000 RM.[65] Einen Verkauf zu diesem als deut-lich zu gering betrachteten Preis lehnten die Finanzbehörden aber trotz der Einwände der Magis KG Anfang 1942 zunächst ab: »Wegen des Grundstücks habe ich der Firma Magis K.G. geschrieben und darauf hingewiesen, daß ein Verkauf unter dem errechneten Preis von 2 000 000 RM nicht in Betracht käme. Wenn auch das damals bei der Arisierung begründete Vorkaufsrecht als personales Vorkaufsrecht für damalige Zeit formalrechtlich wirksam war, so kann bei der heutigen veränderten Rechtslage, wo nicht mehr der Jude

56 Karl Zahn an die Entschädigungsbehörde Hannover vom 6.11.1955, NLA-HSTAH, Nds. 110 W Acc. 14/99 Nr. 101961 (BEG-Akte Margarete Munter nach Louis Sternheim), Bl. 39f.

57 Anlage 1 zum Schreiben der Magis KG an den Oberfinanzpräsidenten (OFP) Hannover vom 3.8.1942, NLA-HSTAH, Nds. 225 Hannover-Mitte Acc. 2003/100 Nr. 8, Bl. 90.

58 Geheime Staatspolizei an den OFP Hannover vom 9.8.1939, NLA-HSTAH, Hann. 210 Acc. 2004/025 Nr. 833, Bl. 69.

59 § 2 Abs 1. des Gesetzes über den Widerruf von Einbürgerungen und die Aberkennung der deutschen Staatsangehörigkeit vom 14.7.1933, RGBl. 1933 I, S. 480. Zur Praxis der Ausbürgerung deutscher Staatsbürger im Nationalsozialismus vgl. Hans Georg Lehmann, Michael Hepp: Die individuelle Ausbürgerung deutscher Emigranten 1933–1945. In: Geschichte in Wissenschaft und Unterricht 38 (1987), S. 163–172.

60 Finanzamt Moabit-West an den OFP Hannover vom 19.3.1941, NLA-HSTAH, Nds. 225 Hannover-Mitte Acc. 2003/100 Nr. 6, o.Bl.

61 OFP Hannover an die Liegenschaftsstelle beim Finanzamt Hannover-Waterlooplatz vom 26.3.1941, NLA-HSTAH, Nds. 225 Hannover-Mitte Acc. 2003/100 Nr. 6, o.Bl.

62 Bericht der Liegenschaftsstelle beim Finanzamt Hannover-Waterlooplatz an den OFP Hannover vom 7.7.1941, NLA-HSTAH, Nds. 225 Hannover-Mitte Acc. 2003/100 Nr. 8, Bl. 7–11.

63 Karl Zahn an die Liegenschaftsstelle beim Finanzamt Hannover-Waterlooplatz vom 3.6.1941, NLA-HSTAH, Nds. 225 Han-nover-Mitte Acc. 2003/100 Nr. 6, o.Bl.

64 Oberbürgermeister der Stadt Hannover, Preisbehörde für Grundstücke, an den OFP Hannover vom 7.10.1941, NLA-HSTAH, Nds. 225 Hannover-Mitte Acc. 2003/100 Nr. 8, Bl. 16.

65 Schriftsatz der Magis KG zum Ertragswert der Grundstücke vom 3.8.1942, NLA-HSTAH, Nds. 225 Hannover-Mitte Acc. 2003/100 Nr. 8, Bl. 84–93.

Sternheim Vertragspartner ist, sondern das Deutsche Reich, die Vereinbarung des Vorkaufsrechts in der vorliegenden Weise nicht mehr anerkannt werden. Es widerspricht
ebenso dem Grundsatz von Treu und Glauben wie dem gesunden Volksempfinden, daß
eine Privatfirma zum Nachteil des Staates und damit der Volksgemeinschaft einen solchen
wirtschaftlichen Vorteil aus einem auf die Lösung der Judenfrage abzielenden Vorgang
zieht, wie er bei der Realisierung des bestehenden Vorkaufsrechtes zugunsten der Firma
Magis eintreten würde.«[66] Andernorts fügten die Finanzbehörden hinzu: »Äußerstenfalls
würde ich das Anwesen […] bei Ablauf des Mietvertrages mit der Firma Magis nach Kündigung zur Räumung veranlassen.«[67]

Ohnehin verbot der Reichsfinanzminister die Veräußerung enteigneter jüdischer
Grundstücke im April 1942, um auch den an der Front befindlichen deutschen Soldaten nach Kriegsende einen Erwerb zu ermöglichen.[68] Aufgrund ihres nach wie vor bestehenden großen Interesses, »das Geschäftsgrundstück nach Aufhebung der Verkaufs-
sperre, also nach Schluss des Krieges, eines Tages erwerben zu können«[69], bot die Magis
KG im Mai 1943 an, die Grundstücke bis zum späteren Kauf mit einer höheren Miete
zu sanieren. Im Gegenzug müsste dafür der deutsche Staat eine Schweizer Hypothek
über 1,5 Millionen Schweizer Franken, wegen der frühere Kaufverhandlungen bei der
»Arisierung« gescheitert waren, ablösen oder in eine Reichsmarkverbindlichkeit umwandeln. Sowohl die Finanzbehörden als auch Karl Zahn als Verwalter der Grundstücke sig-
nalisierten ihre Zustimmung.[70] Doch mit der fast völligen Zerstörung der Immobilien
durch die Bombenangriffe vom 8./9. Oktober 1943 zerschlug sich dieses Vorhaben. Die
Finanzbehörden betrachteten bei dieser Voraussetzung das Mietverhältnis mit der Magis
KG als beendet.[71] Die Magis KG war nach der Zerstörung erst in einem Gebäude Am
Markt und nach einem dortigen Bombenschaden zusammen mit anderen Unternehmen
im Grundstück Osterstr. 95/96 bei der Firma Otto Werner untergekommen.[72] Ihrer Forderung nach einer Instandsetzung der zerstörten Sternheimschen Gebäude noch während
des Krieges kamen die Behörden aber nicht mehr nach.

3. Verfolgung, Beraubung und Emigration der jüdischen Inhaber

3.1. Louis Sternheim

Louis Sternheim, der Gründer des Kaufhauses, wohnte in einer hochwertig eingerichteten Villa in der Walderseestr. 21 mit Blick auf den Stadtwald. Bis zur Reichspogromnacht
blieben Louis Sternheim und seine Ehefrau Adele persönlich von den Nationalsozialisten
offenbar weitestgehend unbehelligt. Dies änderte sich, als sich am Abend der Reichspogromnacht, dem 9. November 1938, eine Schar SS-Leute gewaltsam Zutritt zu seiner Villa verschaffte. Den 76-jährigen Louis Sternheim, seine Ehefrau, ein »Fräulein Steinberg«
und die Angestellten sperrte man in die Küche, während der Trupp »in allen Räumen

---

66   OFP Berlin an Karl Zahn vom 26.1.1942, NLA-HStAH, Nds. 225 Hannover-Mitte Acc. 2003/100 Nr. 14, Bl. 161.
67   OFP Berlin an Finanzamt Hannover-Goetheplatz vom 26.1.1942, NLA-HStAH, Nds. 225 Hannover-Mitte Acc. 2003/100
      Nr. 7, o.Bl.
68   Joseph WALK (Hrsg.): Das Sonderrecht für die Juden im NS-Staat. Eine Sammlung der gesetzlichen Maßnahmen und Richtli-
      nien. Heidelberg 2013, S. 370.
69   Magis KG an OFP Hannover, Sachbearbeiter Fischer, vom 27.5.1943, NLA-HStAH, Nds. 225 Hannover-Mitte Acc. 2003/100
      Nr. 7, Bl. 56f.
70   OFP Hannover an die Magis KG vom 9.7.1943, NLA-HStAH, Nds. 225 Hannover-Mitte Acc. 2003/100 Nr. 7, Bl. 63.
71   OFP Hannover an die Feststellungsbehörde beim Regierungspräsident Hannover vom 12.3.1944, NLA-HStAH, Nds. 225
      Hannover-Mitte Acc. 2003/100 Nr. 7, o.Bl.
72   Rebekka MAGIS: Das Kaufhaus Magis in Hannover. In: Hannoversche Geschichtsblätter 67 (2013), S. 17–38, hier: S. 21.

gleichmäßig das Mobiliar fast vollständig mit Beilen und Hacken zerstörte.« Als die Eingesperrten gegen 2 Uhr nachts nach der »Ansprache« eines SS-Mannes wieder freigelassen wurden, »war alles Kleinholz« und besaß lediglich noch einen »Brennholzwert«[73]. In der Wohnung vorhandenes Silber und Schmuckstücke war in eine große Tischdecke gepackt und von dem Trupp mitgenommen worden. Des Weiteren wurden zwei wertvolle PKW von der SS beschlagnahmt.[74]

Louis Sternheim verkraftete dies offensichtlich nicht. Er erlitt einen Nervenzusammenbruch. Am folgenden Tag richteten die Angestellten ihm und seiner Frau zwei kleine Zimmer im Dachgeschoss des Hauses ein, wo sie bis zu ihrer Auswanderung wohnten.[75] Zusammen mit 332 jüdischen Hannoveranern wurde Louis Sternheim am 10. November 1938 in das hannoversche Polizeigefängnis verschleppt.[76] Der anschließende Weitertransport in das KZ Buchenwald, wie es seinem Schwiegersohn Karl Munter und auch anderen ihm bekannten jüdische Geschäftsleuten wie beispielsweise Fritz Gottschalk, dem ehemaligen Inhaber des Kaufhaus »Molling & Co«, erging, blieb ihm aber wohl erspart. In seiner Entschädigungsakte nach 1945 ist von einer Haft in Buchenwald nichts erwähnt. Außerdem beurkundete ein Notar bereits wenige Tage später, am 19. November, im jüdischen Krankenhaus Ellernstraße eine Treuhandvollmacht Louis Sternheims für seinen Prokuristen Karl Zahn.[77]

Louis Sternheim betrieb nun seine Auswanderung. Die Devisenstelle beim Oberfinanzpräsidenten (OFP) Hannover erfuhr von seinen Ausreisevorbereitungen (Passantrag)[78] Mitte Februar 1939 durch ein formelles Schreiben des Polizeipräsidenten. Von vorläufigen Sicherungsmaßnahmen sah die Zollfahndungsstelle aber ab, da der Besitz Sternheims beinahe nur aus Wertpapieren und Grundstücken bestand und ihm nach Tilgung seiner Verbindlichkeiten nur ein geringes Vermögen bliebe, das zudem von Karl Zahn verwaltet werden würde.[79] Zuvor hatte Sternheim detailliert Auskunft über sein Vermögen gegeben. Einer großen Summe an Schulden der Firma Sternheim & Emanuel (Bankkredit und Unterbilanz), Hypothekenzinsen sowie ausstehenden Steuern und Sonderabgaben standen ein geringes Barvermögen, Wertpapiere und die Grundstücke gegenüber.[80]

Da Sternheim aus einem Verkauf der an die Magis KG vermieteten Grundstücke durch das limitierte Vorkaufsrecht keinen verwendbaren Erlös ziehen konnte, aber flüssiges Kapital benötigte, veräußerte sein Bevollmächtigter die in seinem Besitz befindlichen Grundstücke Walderseestr. 21 und Osterstr. 55, um die Forderungen ausgleichen und auswandern zu können. Das Grundstück in der Osterstr. 55 wurde am 25. Januar 1939

73 Eidesstattliche Versicherung des Chauffeurs von Louis Sternheim, Paul Trautvetter, vom 10.1.1956, NLA-HSTAH, Nds. 110 W Acc. 14/99 Nr. 101961 (BEG-Akte Margarete Munter nach Louis Sternheim), Bl. 61–63.

74 Für die Autos, die nach Aussage des Chauffeurs von der SS an den Autohändler Kühn abgegeben wurden, erhielt der Treuhänder Zahn später von der Gestapo eine Entschädigung von 120 RM ausgehändigt. Eidesstattliche Versicherung Karl Zahn vom 21.11.1955, NLA-HSTAH, Nds. 110 W Acc. 14/99 Nr. 101961 (BEG-Akte Margarete Munter nach Louis Sternheim), Bl. 55–63.

75 Die Wohnung seiner Tochter war ebenfalls zerstört worden, weshalb Karl und Margarete Munter sich bei Sternheims einquartiert hatten.

76 Historisches Museum Hannover (Hrsg.): Der Novemberpogrom 1938 in Hannover. Begleitband zur Ausstellung vom 5. November 2008 bis 18. Januar 2009 im Historischen Museum Hannover. Hannover 2008 (Schriften des Historischen Museums Hannover 33), S. 74 und 82.

77 Abschrift General-Vollmacht von Louis Sternheim für Karl Zahn vom 19.11.1938, NLA-HSTAH, Nds. 720 Hannover Acc. 2009/126 Nr. 940/1–2, o.Bl. (Anmeldeakte).

78 Ab 1935 zog der NS-Staat aus präventiven Gründen die Pässe der Juden ein. Der Antrag auf Ausstellung eines neuen Passes setzte dann den Überwachungsapparat der DvSt in Gang. Vgl. Meinl, Heimat, S. 45.

79 Vgl. NLA-HSTAH, Hann. 210 Acc. 2004/025 Nr. 834.

80 Vgl. NLA-HSTAH, Hann. 210 Acc. 2004/025 Nr. 833.

für 70 000 RM an Wilhelm Heese verkauft, einen Buchbindermeister aus Hannover. Laut Aussage des Käufers hatte Sternheim schon seit 1937 versucht, es über einen Makler zu verkaufen. Heese sei dann aus einer »Anzahl von [...] Bewerbern [...] ausgewählt worden.«[81] Für Heese bildete die »Arisierung« eine »passende Gelegenheit«, die »dringend notwendig[e]« Verlegung seines Betriebes, dessen Räumlichkeiten nicht mehr ausreichten, zu realisieren.[82]

Das Grundstück mit Villa in der Walderseestr. 21 wurde Mitte Februar 1939 der Stadt Hannover für 85 000 RM verkauft. Bei einem Einheitswert von 92 000 RM für die Stadt Hannover ein profitables Geschäft.[83] Nach Kriegsende zahlte die Stadtgemeinde zur Abgeltung des Rückerstattungsanspruchs 70 000 DM an die Erbin Louis Sternheims und blieb Eigentümerin des Grundstücks.[84]

Mit den Grundstücksverkäufen und den Wertpapieren gelang es Zahn, im Laufe des Jahres 1939 die inzwischen vom Finanzamt errechneten Steuern und Sonderabgaben auszugleichen. Die Abwicklung seines Vermögens konnte Louis Sternheim allerdings nur noch aus der Ferne verfolgen. Er war bereits am 20. März 1939 mit seiner Frau und den erlaubten 10 RM nach St. Gallen in der Schweiz ausgewandert.

Seiner wirtschaftlichen Existenz beraubt, war Sternheim völlig verarmt ins Ausland vertrieben worden. »Arbeit durfte von mittellosen Juden in der Schweiz nicht ausgeführt werden. Infolgedessen sind von einer befreundeten Firma monatlich Gelder gezahlt worden, damit die Ausgewiesenen wenigstens leben konnten.«[85] Gemeint war damit der frühere Darlehensgeber des Kaufhauses, Herr Kleinberger von der Firma Kleinberger & Co, der in der Folge Sternheim und seinen Angehörigen verzinste Darlehen zum Überleben gewährte, die nach dem Ende der NS-Herrschaft beglichen werden sollten. Louis Sternheim erlebte diesen Tag der Befreiung jedoch nicht mehr. Am 3. Juni 1941 verstarb er in St. Gallen. Sein in Deutschland verbliebener Restbesitz war bereits im März 1940 mit seiner Ausbürgerung dem Deutschen Reich verfallen.[86]

3.2. Karl Munter

Sein Schwiegersohn, Karl Munter, der zu einem Viertel an der Firma Sternheim & Emanuel beteiligt war, hatte Anfang 1914 Louis Sternheims Tochter Margarete geheiratet. Ehe er von Sternheim ins Unternehmen aufgenommen wurde, studierte der 1886 geborene Munter Zahnheilkunde in Heidelberg, Berlin und Breslau und promovierte 1920 in Greifswald. Die Eheleute Munter wohnten seit 1924 in einer luxuriösen Mietwohnung in der Richard-Wagner-Str. 26, die ganz in der Nähe der Villen von Louis Sternheim und des anderen Teilhabers Paul Steinberg lag.[87] Ihre komplette Wohnungseinrichtung wurde gleichfalls in der Reichspogromnacht von einem SS-Trupp zertrümmert. Die Zerstörung machte die Wohnung unbewohnbar, so dass das Ehepaar Munter seinen Wohnsitz bei

---

81 Rechtsanwalt Hermann Helferich an das Wiedergutmachungsamt Hannover vom 13.7.1950, NLA-HSTAH, Nds. 720 Hannover Acc. 2009/126 Nr. 950, Bl. 7.
82 Das Buch der alten Firmen der Stadt Hannover 1954. Hannover 1954, S. 322f.
83 NLA-HSTAH, Hann. 210 Acc. 2004/025 Nr. 833, Bl. 2–5.
84 Im Gegenzug trat Louis Sternheims Tochter ihren Anspruch auf das damals vom deutschen Staat eingezogene Kaufgeld an die Stadt Hannover ab. Vgl. Vergleich zwischen Margarete Munter und der Stadt Hannover vom 17.5.1951, StadtAH, Rechtsamt Nr. 9 o.Bl.
85 Eidesstattliche Versicherung Karl Munter vom 13.4.1956, NLA-HSTAH, Nds. 110 W Acc. 14/99 Nr. 101961 (BEG-Akte Margarete Munter nach Karl Munter), Bl. 26.
86 Michael Hepp (Hrsg.): Die Ausbürgerung deutscher Staatsangehöriger 1933–45 nach den im Reichsanzeiger veröffentlichten Listen. München 1985, S. 302.
87 Vgl. allg. NLA-HSTAH, Nds. 110 W Acc. 14/99 Nr. 101961 (BEG-Akte Margarete Munter nach Karl Munter).

den Schwiegereltern nehmen musste.[88] Zusammen mit seinem Schwiegervater wurde Karl Munter am 10. November in »Schutzhaft« genommen, »in der Turnhalle der ehem. Kriegsschule« untergebracht und am nächsten Morgen um »6.15 Uhr von einem Kommando der Hundertschaft nach dem Bahnhof transportiert«[89], von wo er nach Buchenwald verschleppt wurde. Vermutlich als »Vorsichtsmaßnahme« hatte ein interner Polizeibericht darüber informiert, dass u.a. Munter 1936 einen Jagdschein beantragt hatte und vermutlich im Besitz von Jagdwaffen sei.[90]

Nach der Entlassung aus Buchenwald und dem Ende des Geschäftsbetriebes wollte Munter verständlicherweise auswandern. Gegenüber der bei Anzeichen für Auswanderungsabsichten aktiv werdenden Devisenstelle erklärte er Anfang Dezember 1938, mit seiner Frau über die Schweiz nach Bolivien auswandern zu wollen. Sein Vermögen, aus dem die fällige Reichsfluchtsteuer, die Judenvermögensabgabe und andere Abgaben beglichen werden sollten, bezifferte er mit 100 000 RM, welches jedoch im Firmenkapital von Sternheim & Emanuel gebunden sei. Seine wertvollen Einrichtungsgegenstände waren in der Reichspogromnacht zerstört oder geraubt worden. Nach seiner Auswanderung in die Schweiz am 31. Dezember 1938 und der Abwicklung der Verbindlichkeiten der Firma verblieben keine Vermögenswerte mehr in Deutschland. Das Ende 1939 gegen Munter angestrengte und 1940 abgeschlossene Ausbürgerungsverfahren und die anschließende Verwertung konnten daher kaum mehr Gewinne für das Deutsche Reich erbringen.[91]

Der weitere Lebensweg Munters ist nicht im Detail bekannt. Zumindest wohnte das Ehepaar 1948 in Jerusalem, wohin auch die Schwester von Karl Munter, Recha Markiewitz, emigriert war,[92] zog aber anscheinend zu Beginn der Wiedergutmachung wieder in die Schweiz, wo Karl Munter, fast zeitgleich mit seiner Schwiegermutter Adele, nach langer Krankheit im Januar 1950 verstarb. Er selbst hatte nach eigenen Angaben im Exil infolge einer Krankheit keine Arbeit mehr aufnehmen können. Genauso wie seine Schwiegereltern und seine Ehefrau, die »als Tochter eines Millionärs keinen Beruf lernte oder ausübte«[93], lebte er nun in Abhängigkeit von Darlehenszahlungen von den Freunden, der Firma Kleinberger. Eine Situation, die sich erst mit der Wiedergutmachung wieder änderte.

3.3. Paul Steinberg

Der ebenfalls mit einem Viertel am Unternehmen beteiligte Neffe Sternheims, Paul Steinberg, hatte privat die äußerst wohlhabende Tochter des Hamburger Warenhausbesitzers Siegfried Leser[94], Lilly Leser, geheiratet. Das Ehepaar bekam drei Kinder. Die Familie wohnte in der Walderseestr. 29 in einer Villa in der Nähe der Sternheims und Munters.[95] Schon vor der »Arisierung« des Kaufhauses verfolgte Steinberg seine Auswanderung. Gewähltes Exil sollte Argentinien sein, wohin seine Söhne (Bernhard und Kurt) bereits 1937 emigriert waren. Bereits im April 1938 verkaufte Steinberg daher seine Villa in der Wal-

---

88   NLA-HSTAH, Nds. 110 W Acc. 14/99 Nr. 101961 (BEG-Akte Margarete Munter nach Karl Munter), Bl. 1–15 und 26.
89   Lagebericht der Polizei vom 11.11.1938, NLA-HSTAH, Hann. 87 Hannover Nr. 258, Bl. 16.
90   Meldung des Polizeipräsidenten vom 10.11.1938, NLA-HSTAH, Hann. 87 Hannover Nr. 258, Bl. 5.
91   NLA-HSTAH, Hann. 210 Acc. 2004/025 Nr. 4385.
92   NLA-HSTAH, Nds. 720 Hannover Acc. 2009/126 Nr. 940/1–2, Bl. 57.
93   Eidesstattliche Versicherung Karl Munter vom 13.4.1956, NLA-HSTAH, Nds. 110 W Acc. 14/99 Nr. 101961 (BEG-Akte Margarete Munter nach Karl Munter), Bl. 26.
94   Der Hamburger Warenhausbesitzer Siegmund Leser verstarb 1927. Seine Tochter Lilly erbte ein Drittel seines Vermögens. Im Laufe der Jahre übernahm sie auch den Anteil ihres hoch verschuldeten Bruders am Unternehmen.
95   NLA-HSTAH, Nds. 110 W Acc. 14/99 Nr. 1/01961 (BEG-Akte Paul Steinberg), Bl. 39.

derseestr. 29 deutlich unter Wert an den Fabrikdirektor Karl Winter.[96] Bis zur Auswanderung wohnten das Ehepaar Steinberg und die Tochter Ellen deshalb in einer Wohnung in der Hohenzollernstr. 55. Ursprünglich war geplant, erst Ende 1939 auszureisen, »da die Anforderung [für ein Visum] erst nach zweijährigem Aufenthalt [der Söhne in Argentinien] erfolgen konnte.«[97] Doch die Ereignisse der Reichspogromnacht, in der Steinberg im Gegensatz zu seinen Kompagnons nicht ausgeplündert und nach Buchenwald verschleppt wurde, bewogen ihn ebenfalls, mit Hochdruck seine Auswanderung voranzutreiben.

Der überraschende Erhalt eines Visums für Argentinien mit Hilfe der Söhne und holländischer Freunde ermöglichte der restlichen Familie dann im Februar 1939 die Emigration. Außer dem persönlichen Gepäck konnten sie nichts mitnehmen. Wertvollere Schmuckstücke und andere Gegenstände hatte die Devisenstelle von der Mitnahme ausgeschlossen. Ihr Lift, ein hölzerner Umzugscontainer, mit ihren Möbeln gelangte allerdings nicht mehr nach Argentinien und wurde später im Hafen von Rotterdam beim Bombardement der Stadt vernichtet. In Argentinien übte Paul Steinberg aufgrund seines Alters keine Tätigkeit mehr aus und lebte von den Unterstützungen seiner Kinder. Erst nach dem Krieg erhielt er im Zuge der Wiedergutmachung Entschädigungszahlungen aus Deutschland. Paul Steinberg verstarb 1957 in Argentinien.

4. Die Rückerstattung der enteigneten Firmengrundstücke nach 1945 durch den deutschen Staat

Für die Restituierung der während des Nationalsozialismus geraubten, unter Zwang veräußerten oder enteigneten Gegenstände der Verfolgten ergingen nach Kriegsende in den westlichen Besatzungszonen alliierte Militärgesetze. In der britischen Besatzungszone regelte das im Mai 1949 erlassene Militärgesetz Nr. 59 zur »Rückerstattung feststellbarer Vermögensgegenstände an Opfer der nationalsozialistischen Verfolgung« (BrREG), die Ansprüche der Verfolgten auf die Herausgabe ihres früheren Eigentums oder die Zahlung eines angemessenen Schadensersatzes.[98] Die Anmeldung der Rückerstattungsansprüche des verstorbenen Louis Sternheim hatte Karl Zahn als ehemaliger Treuhänder und Freund der Familie im Namen von Adele Sternheim, der Ehefrau und Erbin Sternheims, Ende 1948 beim Zentralamt für Vermögensverwaltung in Bad Nenndorf angezeigt. Das bedeutendste Teilverfahren bezweckte die Rückerstattung der vom Deutschen Reich entzogenen Geschäftsgrundstücke Osterstr. 98–103, Johannshof 1–10, 15–22 sowie Große Packhofstr. 39/42 und 44.[99]

Im Mai 1950 begann das zuständige Wiedergutmachungsamt (WgA) beim Landgericht Hannover mit der Bearbeitung des Anspruchs. Der als »Magisblock« bezeichnete Grundstückskomplex war durch den Bombenangriff im Oktober 1943 zu 80% zerstört worden. »Während die Decken stellenweise bis in den Kellerraum durchgebrochen sind, sind die Umfassungsmauern und Eisenträger vielfach stehen geblieben.« Die schon bei der Auswanderung von Sternheim bestehenden diversen Grundstücksbelastungen waren 1942–1944 bis auf die schon genannte Schweizer Hypothek über 1,5 Millionen Schwei-

---

96 Der Kaufpreis betrug 67 500 RM. Den tatsächlichen Verkehrswert schätzte Paul Steinberg nach 1945 auf 140 000 RM. Vgl. allg. NLA-HSTAH, WgA Hannover 1432/50 (RE-Akte Steinberg gegen Winter).

97 NLA-HSTAH, Hann. 210 Acc. 2004/025 Nr. 1173, Bl. 20.

98 Gesetz Nr. 59 der Militärregierung betreffend die Rückerstattung feststellbarer Vermögensgegenstände an Opfer der nationalsozialistischen Unterdrückungsmaßnahmen vom 12. Mai 1949 (Amtsblatt der Militärregierung Deutschland – Britisches Kontrollgebiet (1949) Nr. 28, S. 1169)

99 NLA-HSTAH, Nds. 720 Hannover Acc. 2009/126 Nr. 940/1–2, o.Bl. (Anmeldeakte).

zer Franken und eine Hypothek der Erben Ferdinand Sichels über 290 000 DM von der Nederlandschen Bankinstelling in Den Haag aufgekauft worden. Die niederländische Bank, die über ihre Tochterfirma, die »Alster-Grundstücksgesellschaft« aus Berlin, wesentlich an der Magis KG beteiligt war, hielt nun einen Großteil der Grundschulden. Trotz der Zerstörungen hatten sich in den Trümmern nach Kriegsende einige Händler wieder Räume eingerichtet bzw. Verkaufsflächen von den Finanzbehörden angemietet. Auch die Magis KG, die im gegenüberliegenden Gebäude von Otto Werner ihr Geschäft weiterführte, gehörte erneut zu den Mietern.[100]

Da die Oberfinanzdirektion (OFD) Hannover (bis 1951 Oberfinanzpräsident Hannover) keinen Widerspruch gegen die Herausgabe noch vorhandener enteigneter Vermögensgegenstände einlegte, erklärte das WgA Hannover relativ rasch Margarete Munter, die einzige Erbin von Louis Sternheim und seiner während des Verfahrens Anfang 1950 verstorbenen Ehefrau Adele, mit Beschluss vom 4. Januar 1951 wieder zur Eigentümerin der väterlichen Geschäftsgrundstücke.[101] Zum Streit kam es hingegen mit der Finanzbehörde wegen der Erträge aus den Grundstücken seit der Enteignung 1940. Da nach dem Rückerstattungsgesetz die Enteignung rechtlich rückgängig gemacht wurde, als wäre sie niemals geschehen, mussten die Finanzbehörden erzielte Gewinne aus der Verwaltung der Grundstücke den Anspruchstellern erstatten.[102] In ihrer Rechnungslegung behauptete die OFD Hannover, mit den Grundstücken keinen Gewinn, sondern nur einen Verlust von letztlich 5 101 DM erzielt zu haben. Bis zur Währungsreform sei ein Verlust von 116 614 RM (umgerechnet 11 661 DM) aufgelaufen, danach sei zwar ein Ertrag von 21 029 DM erwirtschaftet worden, doch habe die OFD Hannover hiervon noch rund 15 000 DM an die Magis KG für von ihr durchgeführte werterhöhende Aufbauarbeiten am Grundstück erstatten müssen. Ihren vorgeblichen Verlust wollte die OFD Hannover nunmehr von Frau Munter bezahlt haben.[103]

Von Seiten Margarete Munters, ihrem Bevollmächtigten Karl Zahn und ihren Anwälten wurde die Richtigkeit der Ausführungen vehement bestritten. Ihrer Ansicht nach hatte die OFD Hannover die Grundstücke nicht, wie im BrREG ausdrücklich gefordert, ordnungsgemäß verwaltet und folglich nicht die möglichen Erträge erwirtschaftet. Für den nicht erwirtschafteten Ertrag der Grundstücke forderten sie daher Schadensersatz von der OFD Hannover über rund 150 000 DM. Im einzelnen warfen sie den Finanzbeamten vor, die Grundsteuern für die kriegszerstörten Grundstücke nicht wie üblich niedergeschlagen zu haben und zudem die Hypothekenzinsen weiter bedient zu haben. Im Falle der Magis KG habe das Finanzamt im 1947 abgeschlossenen Mietvertrag eine Pachtgebühr zum »Schleuderpreis« erhoben. Außerdem habe die Magis KG mehr Fläche für ihre Lagerräume vereinnahmt als im Mietvertrag festgelegt und diese nicht entsprechend bezahlt. Auch die Erstattung der Investitionen der Magis KG in die Instandsetzung der Trümmerruine durch die OFD Hannover beanstandeten Karl Zahn und die Rechtsanwälte. Die baulichen Veränderungen seien nicht im Interesse des Erhalts und Wiederaufbaus der Grundstücke erfolgt, sondern seien ausschließlich den Interessen der Magis KG geschuldet gewesen. Eine beständige Werterhöhung des Grundstücks sei

---

100 Ermittlungsbericht des Treuhänders Friedrich Walckhoff vom 8.10.1940, NLA-HSTAH, Nds. 720 Hannover Acc. 2009/126 Nr. 940/1–2, Bl. 8.
101 Beschluss des WgA Hannover vom 4.1.1951, NLA-HSTAH, Nds. 720 Hannover Acc. 2009/126 Nr. 940/1–2, Bl. 18.
102 Vgl. Art. 27 BrREG.
103 OFD Hannover an WgA Hannover vom 8.5.1951, NLA-HSTAH, Nds. 720 Hannover Acc. 2009/126 Nr. 940/1–2, Bl. 37.

dadurch nicht entstanden und habe damit auch nicht von den Finanzbeamten anerkannt werden dürfen.[104]

Um zu einer raschen Lösung zu gelangen, suchten Margarete Munters Vertreter zunächst das direkte Gespräch mit der OFD Hannover.[105] Nachdem eine einvernehmliche Einigung sich aber als illusorisch erwies, gab das WgA Hannover die Sache an die nächste Instanz, die Wiedergutmachungskammer (WgK) beim Landgericht Hannover, ab.[106]

Nach der Einholung mehrerer Gutachten, der teils mehrfachen Vernehmung von bis zu zehn Zeugen, worunter sich auch Norbert Magis und Karl Zahn befanden, langjährigen Verhandlungen und einer Vielzahl anwaltlicher Schriftsätze kam die WgK Hannover schließlich zu einem Urteil. Am 10. Oktober 1958, zehn Jahre nach der Anmeldung, verurteilte sie die OFD Hannover als Vertreterin des Bundesfiskus dazu, an Margarete Munter 38130 DM an Schadensersatz zu zahlen. Im Einzelnen befand das Gericht, dass die Magis KG zusätzlich zu den 1947 gemieteten Räumen noch eine Fläche von 352qm benutzt hatte, ohne dafür eine entsprechende Miete zu zahlen. Auch sei die vertraglichen Miethöhe aus dem Vertrag von 1947 von den Finanzbeamten zu gering festgelegt worden. Bei einer ordnungsgemäßen Verwaltung hätten sie einen höheren Mietzins nehmen müssen. Insgesamt habe die OFD bei einer ordnungsgemäßen Bewirtschaftung der Grundstücke 6405 DM mehr von der Magis KG erlösen müssen.

Bezüglich der baulichen Veränderungen durch die Magis KG teilte das Gericht weitestgehend den Standpunkt der Sternheim-Erbin. Die Errichtung von Behelfsbauten in der Ruine und die Herrichtung provisorischer Räumlichkeiten seien keineswegs wertsteigernd gewesen. Von den Erwerbern der Grundstücke hätten diese Notbauten der Magis KG später abgerissen und durch einen Neubau ersetzt werden müssen. Außerdem hätten die baulichen Investitionen der Pächter eine Mieterhöhung nach sich ziehen müssen, sofern der Eigentümer die Kosten getragen hätte. Soweit die Kosten von Magis aus Nutzungsentgelten der Grundstücke beglichen wurden, musste die OFD daher diese an Frau Munter zurückerstatten. Insgesamt 17890 DM der von Zahn angemahnten 24000 DM fielen unter diese Kategorie.

In der Frage der nicht niedergeschlagenen Grundsteuerbeträge erblickte das Gericht ebenfalls eine Rückerstattungspflicht der OFD Hannover. Die Behörde hatte argumentiert, dass die Grundsteuern nach der Zerstörung nicht niedergeschlagen worden wären, weil nur zerstörte Grundstücke, die sich im privaten Besitz befanden, von der Grundsteuerpflicht enthoben werden konnten. Nach Meinung der Richter konnte der Privatperson Margarete Munter daraus gerechterweise kein Nachteil entstehen. Immerhin hätten Sternheims selbst ohne die staatliche Enteignung und die nationalsozialistische Judenverfolgung die Reduktion der Grundsteuer erwirken können. Für die nicht niedergeschlagenen Grundsteuern der Jahre 1943 bis 1946 erhielt Margarete Munter somit weitere 13735 DM von der OFD Hannover gezahlt.[107]

Nicht glaubhaft machen konnten die Anwälte Margarete Munters hingegen die unrechtmäßige Nichtbezahlung der Hypothekenzinsen. Nach Meinung des Gerichts fiel dieser

---

104 Stellvertretende für die Vielzahl anwaltlicher Schriftsätze in diesem Zusammenhang vgl. Rechtsanwälte Paul und Kurt Siegel und Heinz Röttger an die WgK Hannover vom 12.11.1953, NLA-HSTAH, Nds. 720 Hannover Acc. 2009/126 Nr. 940/1–2, Bl. 70f.
105 Rechtsanwälte Paul und Kurt Siegel und Heinz Röttger an die WgK Hannover vom 5.5.1952, NLA-HSTAH, Nds. 720 Hannover Acc. 2009/126 Nr. 940/1–2, Bl. 54.
106 Beschluss des WgA Hannover über die Abgabe des Verfahrens an die WgK Hannover vom 25.7.1952, NLA-HSTAH, Nds. 720 Hannover Acc. 2009/126 Nr. 940/1–2, Bl. 56.
107 Beschluss der WgK Hannover vom 10.10.1958, NLA-HSTAH, Nds. 720 Hannover Acc. 2009/126 Nr. 940/1–2, Bl. 334–340.

Anspruch nicht unter das Rückerstattungsgesetz. Tatsächlich hätten die Sternheim-Erben nach dem BrREG solche Zahlungen der OFD Hannover wiederum erstatten müssen bzw. hätten sie vom Ertrag der Grundstücke abgesetzt werden müssen. Praktisch wäre es damit ohnehin im Ergebnis für die jüdische Anspruchstellerin ein Nullsummenspiel geblieben.

Nach Herausgabe der Grundstücke 1951 musste Margarete Munter wieder die aufgelaufenen Zinsforderungen und die Hypotheken der überbelasteten Grundstücke bedienen. Hinzu traten noch die erheblichen Darlehen, die sie und ihre Familie in der Schweiz erhalten hatten.[108] Ohne eigene Mittel, auf einem Schuldenberg im Exil in der Schweiz sitzend, blieb Margarete Munter nichts anderes übrig, als baldmöglichst nach der Wiedereintragung ins Grundbuch ihre Grundstücke zu veräußern, um zumindest schuldenfrei zu werden. Bereits wenige Wochen nach der Restitution erwarb die Stadt Hannover die Grundstücke Osterstr. 100–103, Johannshof 1–10 und 15–22 für 490 000 DM.[109]

Bereits im November 1950 hatte Margarete Munter mit der Neederlandsche Bankinstelling, welche den Großteil der Hypotheken aufgekauft hatte, einen schnellen Verkauf der Grundstücke vereinbart.[110] Ausgenommen von dieser Regelung waren die nicht an die Stadt Hannover veräußerten Grundstücke Große Packhofstr 39/40 und 42 sowie Osterstr. 98–99. Für diesen Grundbesitz sah die vertragliche Vereinbarung vor, dass der Magis KG, an der die Neederlandsche Bankinstelling maßgeblich beteiligt war, ein Vorkaufsrecht bis zum Dezember 1950, später wohl sogar bis Januar 1953 eingeräumt wurde.[111] Ein Verkauf oder eine Verpachtung dieser Grundstücke an die Magis KG für einen Wiederaufbau, wie von dieser ursprünglich angedacht, kam aber nie zustande. Die Verhandlungen darüber scheiterten auch daran, dass »Frau Munter aus persönlichen Gründen Herrn Dr. Magis bzw. seine Firma als Pächter nicht haben wollte.«[112] Von der Ausnutzung des ihm eingeräumten Vorkaufsrechts nahm die Magis KG Mitte 1952 endgültig Abstand, als die Neederlandsche Bankinstelling als Geldgeber ihr Einverständnis dazu nicht gab.[113] Zu diesem Zeitpunkt hatte die Magis KG ihren im Mai 1951 begonnen Neubau in der Georgstraße längst fertiggestellt und am 31. Oktober 1951 ihre Geschäftseröffnung gefeiert.[114] Die Margarete Munter verbliebenen Grundstücke wurden letztlich im Mai 1954 von Albert Götz, dem Inhaber der Hamburger Firma Peter Holm, für eine unbekannte Summe erworben. Die Ruinen wurden abgerissen und auf ihnen ein Neubau errichtet.[115]

5. Die Einigung der Inhaber mit Norbert Magis auf einen Ausgleichsbetrag im Rückerstattungsverfahren

Die Magis KG als Erwerber des Kaufhauses Sternheim & Emanuel sah sich nach 1945 ebenfalls mit Rückerstattungsforderungen konfrontiert. Die Gesellschafter der ehemaligen Sternheim & Emanuel OHG, der in Argentinien lebende Paul Steinberg und Marga-

---

108 Die Darlehen der Firma Kleinberger summierten sich auf 75 000 Schweizer Franken. Vgl. NLA-HSTAH, Nds. 110 W Acc. 14/99 Nr. 101961 (BEG-Akte Margarete Munter nach Karl Munter), Bl. 49.
109 Kaufvertrag zwischen Margarete Munter und der Stadt Hannover vom 27.3.1951, NLA-HSTAH, Nds. 720 Hannover Acc. 2009/126 Nr. 940/1–2 (Anmeldeakte), o.Bl.
110 Vgl. Vereinbarung zwischen Margarete Munter und der Neederlandsche Bankinstelling vom 10.11.1950, NLA-HSTAH, Nds. 110 W Acc. 14/99 Nr. 101961 (BEG-Akte Sternheim & Emanuel OHG), Bl. 67f.
111 Magis KG an Karl Zahn vom 4.7.1952, NLA-HSTAH, Nds. 720 Hannover Acc. 2009/126 Nr. 940/1–2, Bl. 116.
112 Rechtsanwälte Paul Siegel, Kurt Siegel und Heinz Röttger an die WgK Hannover vom 4.10.1956, NLA-HSTAH, Nds. 720 Hannover Acc. 2009/126 Nr. 940/1–2, Bl. 222.
113 Magis KG an Karl Zahn vom 4.7.1952, NLA-HSTAH, Nds. 720 Hannover Acc. 2009/126 Nr. 940/1–2, Bl. 116.
114 MAGIS, Kaufhaus, S. 29.
115 Rechtsanwälte Paul und Kurt Siegel und Heinz Röttger an die WgK Hannover vom 23.1.1956, NLA-HSTAH, Nds. 720 Hannover Acc. 2009/126 Nr. 940/1–2, Bl. 194f.

rete Munter als Erbin ihres Ehemanns und ihres Vaters, meldeten 1948 Ansprüche für das übernommene Warenlager und den nicht vergüteten Firmenwert an. Für die zugunsten der Magis KG eingeräumte Sicherungshypothek, das Vorkaufsrecht für die Firmengrundstücke und das zwangsveräußerte Inventar, welches ausschließlich Sternheim gehört hatte, verlangte Margarete Munter hingegen allein Schadenersatz.[116]

Bereits seit 1947 stand Norbert Magis in Kontakt mit Karl Munter, um mit ihm über einen Wiederaufbau und das weitere Vorgehen zu verhandeln.[117] »Ich darf Ihnen zunächst meine herzlichsten persönlichen Glückwünsche aussprechen, daß Sie die schweren, zurückliegenden Jahre trotz allem persönlich gut überstanden haben«, begann Norbert Magis seinen ersten Brief an Karl Munter im Februar 1947. Anschließend berichtete er kurz von der Zerstörung des Geschäftsgrundstücks und der Unterbringung der Magis KG in einem Ausweichquartier, ehe er unumwunden sein eigentliches Anliegen vorbrachte: »Ich würde es sehr begrüßen, wenn Sie sobald als möglich nach Hannover kommen, damit wir uns über die schwierigen Grundstücksfragen, die sich jetzt ergeben, eingehend unterhalten können.«[118] Als er zeitnah keine Antwort erhielt, wurde Norbert Magis drängender: »es erscheint mir nach Lage der Dinge als durchaus zweckmäßig, wenn bald ein Entschluß über die Rettung des verbliebenen beschädigten Gebäudeteils und darüber hinaus für den zukünftigen Wiederaufbau des Grundstücks gefasst würde.«[119]

Viele Konkurrenten in der zerstörten Innenstadt Hannovers hegten bereits konkrete Wiederaufbaupläne oder hatten diese schon realisieren können, um am zu erwartenden wirtschaftlichen Aufschwung teilhaben zu können. Norbert Magis, dessen Unternehmen sich nach wie vor in Notquartieren befand, strebte daher schnellstmöglich den Wiederaufbau des alten Geschäftshauses an, um neue Räumlichkeiten für das Unternehmen zu schaffen. Naheliegend schien der Wiederaufbau in den alten Geschäftsgrundstücken, die zwar noch von den Finanzbehörden verwaltet wurden, die aber, das hatten die Alliierten nach Kriegsende ausdrücklich erklärt, den enteigneten vormaligen Eigentümern zurückgegeben werden sollten. Folglich musste Norbert Magis sich mit Louis Sternheims Erben auf eine Lösung einigen, in welcher Weise ein Wiederaufbau, zu dem die Magis KG mit ihrem Geldgeber die finanziellen Mittel hätte beisteuern können, umgesetzt werden könnte. Prinzipiell ging es daher nur um die Frage der zukünftigen Nutzung oder den Ankauf der Grundstücke. Über Ausgleichszahlungen für die »Arisierung« des Kaufhauses Sternheim & Emanuel oder der Frage nach etwaigen Forderungen verlor Norbert Magis indessen kein Wort. Entweder schien es ihm unvorstellbar, dass die früheren Inhaber Restitutionsforderungen gegen die Magis KG stellen könnten oder er wollte nicht etwaigen Ansprüchen vorgreifen und »schlafende Hunde wecken«.

Im August 1947 antwortete Karl Munter schließlich, dass er ein baldiges Treffen und Verhandlungen für »zwecklos« halte, solange noch nicht »ein Gesetz ueber Wiedergutmachung« ergangen sei. »Leider ist dies bis heute noch nicht der Fall; ich hoffe aber, dass im Laufe der kommenden Monate doch mit einem Erscheinen des Gesetzes zu rechnen ist«[120].

Tatsächlich ergingen in der französischen und amerikanischen Besatzungszone im November 1947 Militärgesetze zur »Rückerstattung feststellbarer Vermögensgegenstände

116 Vgl. die Anmeldungen zur Rückerstattung in NLA-HSTAH, Nds. 720 Hannover Acc. 2009/126 Nr. 948, o.Bl. (Anmeldeakte).
117 Die Adresse stammte vom RA und Notar Dr. Wilhelm Wolter aus Hannover, der 1938 die Kaufverträge und auch die Vollmacht Louis Sternheims für Karl Zahn beurkundet hatte. Vgl. Rechtsanwalt Wilhelm Wolter an Norbert Magis vom 6.7.1946, Dokumente aus dem Familienarchiv Magis.
118 Norbert Magis an Karl Munter, Jerusalem, vom 20.2.1947, Dokumente aus dem Familienarchiv Magis.
119 Norbert Magis an Karl Munter, Jerusalem, vom 28.7.1947, Dokumente aus dem Familienarchiv Magis.
120 Karl Munter an Norbert Magis vom 30.8.1947, Dokumente aus dem Familienarchiv Magis.

an Opfer der nationalsozialistischen Unterdrückungsmaßnahmen«. Zeitgleich ermöglichte in der britischen Besatzungszone eine Allgemeine Verfügung zum Militärgesetz Nr. 52 den Verfolgten die Anmeldung ihrer Ansprüche auf entzogene Vermögenswerte bei den Behörden.[121] Das bereits genannte BrREG für die britische Besatzungszone, welches bis auf wenige Details dem Gesetz der US-Zone entsprach, trat erst im Mai 1949 in Kraft. Im Oktober 1948 meldete Karl Zahn als Bevollmächtigter für Adele Sternheim als Erbin ihres Ehemann und für die Teilhaber der Sternheim & Emanuel OHG, Louis Sternheim, Karl Munter und Paul Steinberg, die Ansprüche gegen die Magis KG an.

Der Inhalt des US-Rückerstattungsgesetzes und die möglichen Folgen für Besitzer ehemaliger jüdischer Vermögensgegenstände wurden vor allem in Wirtschafts- und Juristenkreisen spätestens seit Herbst 1947 heftig diskutiert. Trotzdem hatte Norbert Magis anscheinend anfangs nicht damit gerechnet, dass die Magis KG wegen der Übernahme des Kaufhauses rückerstattungsrechtlich belangt werden könnte. Im September 1949 schrieb er an den Münchner Rechtsanwalt von Godin, der einen maßgeblichen Kommentar zum Rückerstattungsgesetz der US-Zone verfasst hatte,[122] und bat ihn um eine gutachterliche Aussage, mit welchen Ansprüchen er zu rechnen habe. Norbert Magis betonte darin, dass er mit Karl Munter bereits zweimal »angenehm verlaufene Zusammenkünfte gehabt habe, bei der der alte freundliche Ton auf beiden Seiten gewahrt blieb«. Ansprüche von Seiten Karl Munter hatte er aus diesem Grund nicht erwartet. »Meine Auffassung geht dahin, dass die Schädigung der Firma Sternheim nicht durch die Übernahme erfolgt ist, sondern vor der Übernahme und dass Sternheim dementsprechend erhebliche Entschädigungsansprüche nach den noch zu erwartenden Entschädigungsgesetzen zustehen sollten. Die Übernahme selbst hat für Sternheim nur gerettet, was noch zu retten war.«[123]

Mit einer solchen Sichtweise stand Norbert Magis nicht allein. Der Großteil der rückerstattungspflichtigen Unternehmen und Privatpersonen sah keinerlei Verantwortung für die »Arisierung« jüdischen Eigentums. Sie hätten, ohne Zwang auszuüben, nach üblichen Geschäftsgrundsätzen legale Kaufverträge mit den Verfolgten geschlossen und angemessene Kaufpreise dafür entrichtet. Der eigentlich Schuldige für die zweifellos vorliegende nationalsozialistische Judenverfolgung sei allein der deutsche Staat gewesen. Die Ansprüche der Verfolgten müssten sich daher allein gegen die Finanzbehörden wenden und über das spätere Bundesentschädigungsgesetz bedient werden.[124]

Mit dieser Auffassung ging Norbert Magis offensichtlich in die Ende 1949 beginnenden Gespräche mit Karl Munters Vertretern Karl Zahn und Bergwerksdirektor Fritz Ahrens aus Hannover. In einem zuvor als Information für die Gegenseite übersandten Bericht über die Übernahme des Kafhauses Sternheim & Emanuel durch die Magis KG legte er seine Sicht der damaligen Übernahme detailliert dar. Nach der Genehmigung der Kaufverträge im Dezember 1938 habe beispielsweise die Magis KG noch überlegt, ob sie unter diesen Umständen nicht vom Kauf zurücktreten sollte. Man habe sich aber trotz »berechtigter«

---

121 Allgemeine Verfügung Nr. 10 aufgrund des Gesetzes Nr. 52 der Militärregierung über Sperre und Kontrolle von Vermögen vom 20.10.1947. In: Amtsblatt der Militärregierung Deutschland – Britisches Kontrollgebiet (1947) Nr. 21, S. 634.

122 Reinhard von GODIN, Hans von GODIN: Rückerstattung feststellbarer Vermögensgegenstände in der amerikanischen und britischen Besatzungszone und in Berlin. Rechtskommentar. Berlin 1950.

123 Norbert Magis an Rechtsanwalt von Godin, München, vom 17.9.1949, Dokumente aus dem Familienarchiv Magis.

124 Vgl. Benno NIETZEL: Handeln und Überleben. Jüdische Unternehmer aus Frankfurt am Main 1924–1964. Frankfurt am Main 2012 (= Kritische Studien zur Geschichtswissenschaft – Band 204), S. 274f – Jürgen LILLTEICHER: Raub, Recht und Restitution. Die Rückerstattung jüdischen Eigentums in der frühen Bundesrepublik. Göttingen 2007, S. 139 – Tobias WINSTEL: Verordnete »Ehrenpflicht« – Wiedergutmachung für jüdische NS-Opfer. In: Angelika BAUMANN, Andreas HEUSLER (Hrsg.): München arisiert. Entrechtung und Enteignung der Juden in der NS-Zeit. München 2004, S. 218–236, hier: S. 221–224.

wirtschaftlicher Gründe dagegen entschieden, »die Seite Sternheim im Stich [zu] lassen«. Zudem wären im Falle eines Rücktritts Louis Sternheim, Karl Munter und Paul Steinberg die Ausreisegenehmigungen wohl versagt worden. Das Geschäftsgebäude sei zum Zeitpunkt der Übernahme in »einer nahezu unvorstellbaren Weise rückständig und heruntergekommen« gewesen. Erst notwendige Investitionen der Magis KG über 130 000 RM hätten dem Kaufhaus wieder ein ordentliches Aussehen verschafft. Das Warenlager sei ordnungsgemäß von fünf Sachverständigen der IHK Hannover geschätzt und bezahlt worden. Allerdings fügte Norbert Magis hinzu, dass sie »niemals unter anderen äußeren Umständen ein derartiges Warenlager zum Preise von 287 000 RM übernommen hätten.« Das Warenlager sei vollkommen veraltet und desortiert gewesen. »Würde uns ein solches Lager etwa im Wege eines Nachlassverkaufs von arischer Seite angeboten worden sein, so hätten wir uns geweigert, es überhaupt zu erstehen.« Die übernommenen Waren habe die Magis KG dann im Winterschlussverkauf und zu Niedrigstpreisen mit Verlust verkauft. Zu einem ähnlichen Urteil gelangte Norbert Magis für das übernommene Inventar, das »total überaltert« gewesen sei und fast nur als Material für das neue Inventar gedient habe. Im Gegensatz zu Warenlager und Inventar sei die Firma Sternheim & Emanuel selbst nicht mit übernommen worden. Fast das gesamte Personal sei bereits im November 1938 ausgeschieden und habe durch Neuanstellungen im Januar 1939 ersetzt werden müssen. Die Kundschaft sei durch den jahrelangen Boykott der Firma ohnehin abhanden gekommen, ein aktives Firmenvermögen nicht mehr vorhanden gewesen und zudem habe die Magis KG nicht auf den Einkaufskontingenten der Firma Sternheim & Emanuel aufbauen können. Nicht zuletzt verwies Norbert Magis auch auf die ordnungsgemäße Bezahlung des Kaufpreises, der restlos für die Firma Sternheim & Emanuel verwandt worden sei.[125]

Die Erfahrung, dass die Seite Sternheim diese Sichtweise der damaligen Übernahme offenbar nicht teilte, musste Norbert Magis erstmals bei einem Treffen mit Fritz Ahrens am 11. Oktober 1949 machen. Gegenüber einem Wirtschaftsprüfer aus Köln, der offenbar an den Verhandlungen teilnahm, zeigte sich Norbert Magis in einem Brief darüber irritiert. Abseits der Klärung der Grundstücksfrage hatte der Vertreter Sternheims anscheinend die Ansprüche auf Warenlager, Inventar und auch den nicht bezahlten Firmenwert, den »Goodwill«, bekräftigt. Aus der Sicht von Norbert Magis entbehrte dies aber weiterhin jeder Grundlage. Das Warenlager sei »sehr gut« bezahlt worden und dass »man bei Übernahme einer konkursreifen Firma für goodwill Zahlung zu leisten hat, das habe ich bisher noch nie gehört.« Trotzdem signalisierte Norbert Magis gleichzeitig auch Entgegenkommen. Beim Inventar hielt er eine Nachzahlung von 25 000 DM für vertretbar, »ohne dass sie notwendig wäre.« Um die »verfahrene« und drängende Grundstücksfrage für die Wiederaufbaupläne der Magis KG dennoch voranzubringen, hielt Norbert Magis eine Ausgleichszahlung von 25 000 DM zuzüglich 0,5% des durchschnittlichen Umsatzes der Jahre 1939–1945 für vorstellbar. Für den Fall, dass die Firma nicht in den Sternheim-Grundstücken fortgeführt bzw. wieder errichtet werden könnte, sollte die Auszahlung sich allerdings aufgrund der geschäftlichen Risiken über zehn Jahre erstrecken.[126]

Auf dieser Basis traten die Parteien Anfang 1950 in konkretere Verhandlungen über einen Vergleich. Überschattet und verzögert wurden die Gespräche vom Tod Karl Munters am 6. Januar 1950 und Adele Sternheims im März 1950. Margarete Munter fungierte hier-

125 Bericht der Magis KG über ihre Beziehungen zu Sternheim & Emanuel. Anlage zum Schreiben von Norbert Magis an Fritz Ahrens vom 3.10.1949, Dokumente aus dem Familienarchiv Magis.
126 Norbert Magis an Wirtschaftsprüfer Thorbrock, Köln, vom 3.11.1949, Dokumente aus dem Familienarchiv Magis.

nach als Alleinerbin der Ansprüche nach Karl Munter und Louis Sternheim und verkörperte damit 75 % der Firma Sternheim & Emanuel. Die Vertreter Margarete Munters stellten Ende März 1950 klar, dass sie den Weg der Ausgleichszahlungen außerhalb des Rückerstattungsverfahrens nur gewählt hätten, um rascher Zahlungen zu erhalten, auf die Frau Munter dringend angewiesen war. Sie ließen keinen Zweifel daran, dass nach den Regelungen des britischen Rückerstattungsgesetzes die Sache für sie günstiger ausfallen würde.[127]

Auch wenn diese Behauptung sicherlich zum Großteil der Verhandlungstaktik der Seite Sternheims geschuldet war, konnten die ehemaligen Inhaber sicher davon ausgehen, in einem gerichtlichen Rückerstattungsverfahren eine nicht geringe Rückerstattungssumme von der Magis KG zu erhalten. Denn trotz der Beteuerungen von Norbert Magis war die Magis KG zweifelsohne rückerstattungspflichtig im Sinne des Rückerstattungsgesetzes. Um nachzuweisen, dass keine Entziehung und damit keine Pflicht zur Rückerstattung vorlag, hätte die Magis KG die für Rechtsgeschäfte mit Juden geltende Entziehungsvermutung widerlegen müssen. Sie hätte erstens nachweisen müssen, einen angemessenen Kaufpreis gezahlt zu haben. Angemessen im Sinne des Gesetzes wäre gewesen, was ein Kauflustiger bezahlt und ein Verkaufslustiger, ein Nichtverfolgter, anzunehmen bereit gewesen wäre. Bei Unternehmensübernahmen musste zudem ausdrücklich der Firmenwert mit berücksichtigt werden, der ohne Verfolgung vorhanden gewesen wäre. Zweitens hätte der gezahlte Kaufpreis in die freie Verfügung des Verkäufers gelangen müssen. Zahlungen auf Sperrkonten oder die Verwendung der Mittel zur Begleichung von diskriminierenden Sonderabgaben wie Reichsfluchtsteuer und Judenvermögensabgabe schlossen eine freie Verfügbarkeit aus. Noch erheblicher war drittens der Nachweis, dass der Verkauf auch ohne die Herrschaft des Nationalsozialismus abgeschlossen worden wäre oder alternativ der Erwerber in besonderer Weise und mit wesentlichem Erfolg den Schutz der Vermögensinteressen des Berechtigten wahrgenommen hatte wie z. B. durch Mitwirkung an einer illegalen Vermögenstransfer ins Ausland.[128]

Unabhängig von der Frage der Angemessenheit des Kaufpreises für Warenlager und Inventar muss attestiert werden, dass der Kaufpreis durch Zahlungen für die Judenvermögensabgabe und die Einrichtung von Sperrkonten mit weitestgehender Sicherheit rechtlich nicht in die freie Verfügung Sternheims und der anderen Teilhaber gelangt war. Außerdem hatte Norbert Magis mehrfach erklärt, nichts für den Firmenwert der Sternheim & Emanuel OHG gezahlt zu haben. Darüber hinaus hatte die Magis KG weder nachgewiesen noch jemals behauptet, Louis Sternheim und die Teilhaber hätten ihr Kaufhaus auch ohne die nationalsozialistische Judenverfolgung veräußert. Auch eine Beteiligung der Magis KG an illegalen Transferzahlungen unter der Hand in größerem Umfang zugunsten Sternheims sind weder überliefert noch von einer der beiden Parteien erwähnt worden. Nach Lage der Dinge wäre die Magis KG demzufolge in einem Rückerstattungsverfahren höchstwahrscheinlich zu einer Rückerstattung bzw. zur Zahlung eines Schadensersatzes verurteilt worden. Vermutlich hätte das Urteil in einer Nachzahlung auf den damaligen Kaufpreis bestanden, bei der die Nutzung der entzogenen Vermögenswerte seit 1938 und der immaterielle Firmenwert Berücksichtigung gefunden hätten.[129]

127 Fritz Ahrens an Norbert Magis vom 28.3.1950, Dokumente aus dem Familienarchiv Magis.
128 Vgl. Art. 3 Abs. 2 und 3 BrREG.
129 Zur Anwendung dieser Grundsätze in der Praxis der Rückerstattungsverfahren vgl. u.a. Rückerstattung nach den Gesetzen der Alliierten Mächte (= Die Wiedergutmachung nationalsozialistischen Unrechts durch die Bundesrepublik Deutschland / hrsg. vom Bundesminister der Finanzen in Zsarb. mit Walter Schwarz, Bd. 1). München 1974 – LILLTEICHER, Raub – Maik WOGERSIEN: Die Rückerstattung von ungerechtfertigt entzogenen Vermögensgegenständen. Eine Quellenstudie zur Wiedergutmachung nationalsozialistischen Unrechts aufgrund des Gesetzes Nr. 59 der britischen Militärregierung 2000.

Ob und inwieweit der damalige Kaufpreis für das Warenlager und Inventar angemessen war, ist heute kaum mehr nachvollziehbar. Erfahrungssätze aus der Forschung und gleichgelagerten Rückerstattungsfällen, insbesondere solchen, die eine »Arisierung« nach der Reichspogromnacht zum Gegenstand haben, legen aber eine erhebliche Unterbewertung des Warenlagers durch die Sachverständigen nahe. Der Ansicht von Norbert Magis, einen sehr guten Preis für das Warenlager gezahlt zu haben, ist auf dieser Grundlage entgegenzutreten. Es ist rückblickend unwahrscheinlich, dass die Sachverständigen der örtlichen IHK Hannover ausgerechnet bei der »Arisierung« des Kaufhauses Sternheim & Emanuel eine Ausnahme machten und zugunsten bzw. zumindest nicht gegen die Interessen der jüdischen Firmeninhaber bewerteten.[130]

Vor diesem Hintergrund und dem zunehmenden Druck auf die Magis KG, die ihren Mietvertrag in den Räumen der Firma Otto Werner nur bis 1951 verlängern konnte,[131] sich wirtschaftlich und räumlich neu aufzustellen, um wieder konkurrenzfähig zu werden, handelten Norbert Magis und die Bevollmächtigten von Margarete Munter im Mai 1950 eine denkbare Lösung aus.[132] Um von Margarete Munter schnellstmöglich die Zustimmung zu den Vergleichen für das Warenlager und das Inventar zu erhalten, versuchte Norbert Magis die in der Schweiz lebende Margarete Munter nachdrücklich zur Annahme des ausgehandelten Vergleich zu bewegen. Norbert Magis erklärte nochmals und ausdrücklich der Überzeugung zu sein, das damalige Rechtsgeschäft im Einvernehmen mit Louis Sternheim geschlossen zu haben und »dass ich dementsprechend mich nach Treu und Glauben und nach den deutsch-bürgerlichen Gesetzen zu keinen Leistungen mehr verpflichtet fühle.« Die damalige Übernahme habe »allen Beteiligten am Unternehmen und den Familienangehörigen im letzten Augenblick noch den Weg in das Ausland und damit die persönliche Rettung frei gemacht.« Im Detail legte Norbert Magis im Folgenden dar, weshalb Margarete Munter eigentlich aus seiner Sicht keinerlei Zahlungen aufgrund des britischen Rückerstattungsgesetz von Seiten der Magis KG erwarten dürfe. Die Magis KG sei nur deshalb zu den ausgehandelten Zahlungen bereit, »weil die Schäden, die unsere Firma durch das Restitutionsverfahren erleidet, so gross sind, dass wir aus dieser Zwangslage heraus uns zu diesen Zahlungen entscheiden müssen. Niemand gibt einer im Restitutionsverfahren befindlichen Firma einen Aufbaukredit und kein leitender Angestellter will in eine solche Firma eintreten.« Kategorisch schloss er gleichzeitig weitere Vergleichsverhandlungen im Falle einer Ablehnung durch Margarete Munter aus.[133]

Trotz oder wegen dieses Verhandlungsdrucks entschloss sich die in geschäftlichen Dingen vollkommen unerfahrene Margarete Munter zu einem Widerruf des Vergleichs.[134] Ihr Vertrauter Ernst Kleinberger, der jüdische Inhaber der Firma Kleinberger & Co, die den

130 In der Forschung wird nach der Reichspogromnacht von einem Kaufpreisniveau für jüdische Firmen von etwa 50% ausgegangen. Vgl. die Angaben bei Marlene KLATT: Unbequeme Vergangenheit. Antisemitismus, Judenverfolgung und Wiedergutmachung in Westfalen 1925–1965. Paderborn 2009, S. 195 – BOPF, Arisierung, S. 216 – Frank BAJOHR: »Arisierung« in Hamburg. Die Verdrängung der jüdischen Unternehmer 1933–1945. Hamburg 1997 (= Hamburger Beiträge zur Sozial- und Zeitgeschichte, Bd. 35), S. 236f.
131 MAGIS, Kaufhaus, S. 22.
132 An Paul Steinberg und Margarete Munter hätte die Magis KG danach 40 000 DM für das Warenlager gezahlt, sofern sie das Unternehmen in den ehemaligen Geschäftsräumen weiterführen könnte. Andernfalls würde sich der Betrag auf 30 000 DM reduzieren. Beim Inventar fiel der Betrag in Abhängigkeit von der Frage der Weiterführung in den ursprünglichen Geschäftsräumen noch drastischer aus. Die Magis KG hätte bei der weiteren Nutzung des Grundstücks zehn Jahre je 20 000 DM und weitere 10 000 DM an Margarete Munter gezahlt. Bei einem Verbleib an einem anderen Ort in Hannover zehn Jahre je 15 000 DM oder zehn Jahre je 10 000 DM, wenn das Unternehmen den Standort Hannover aufgegeben hätte. Vgl. Vergleichsentwürfe zu Warenlager und Inventar vom 16.5.1950, Dokumente aus dem Familienarchiv Magis.
133 Norbert Magis an Margarete Munter vom 17.5.1950, Dokumente aus dem Familienarchiv Magis.
134 Rechtsanwalt Dr. Lothar Dessauer, Schweiz, an Rechtsanwalt Dr. Wilhelm Wolter vom 19.5.1950, Dokumente aus dem Familienarchiv Magis.

Sternheims im Exil in der Schweiz das Geld zum Lebensunterhalt vorgestreckt hatte, führte gegenüber Norbert Magis u.a. als Grund an, dass Margarete Munter aufgrund ihres Alters keine übermäßig lange Zeitspanne für die Zahlungen akzeptieren wollte.[135]

Kurz darauf begann das eigentliche Rückerstattungsverfahren vor dem WgA Hannover. Die Magis KG bestritt die erhobenen Forderungen mit den bereits erwähnten Argumenten und verwies auf noch laufende Gespräche mit den Anspruchstellern. Erst als es Anfang November 1950 zu einem Treffen von Frau Munter mit Norbert Magis kam, konnte ein abschließender Vergleich erzielt werden. Nach den Teilvergleichen mit Margarete Munter vom 7. November 1950 bzw. vom 12. Januar 1951 (zeitversetzt aufgrund der Luftpost nach Argentinien) mit Paul Steinberg zahlte die Magis KG zur Abgeltung aller Ansprüche für das Warenlager an Frau Munter 30 000 DM und an Paul Steinberg 20 000 DM. Zum Vorteil der Magis KG wurden die Beträge aber nicht sofort fällig, sondern verblieben dem Unternehmen zunächst als kündbares verzinstes Darlehen zugunsten Steinbergs und Munters.[136] Der ebenfalls von Maragrete Munter am 7. November 1950 unterzeichnete Vergleich über das Inventar sah vor, dass die Magis KG ihr für die Dauer von 10 Jahren jährlich einen Betrag von 15 000 DM zahlte.[137]

Ein kurzer Streit entzündete sich dann noch im Februar 1951 bei der anberaumten Protokollierung der Vergleiche vor dem WgA Hannover. Margarete Munter verlangte die gleichzeitige Löschung der aufgrund der Auflagen bei der »Arisierung« im Grundbuch eingetragene Sicherungshypothek und des Vorkaufrechts zugunsten der Magis KG. Die Magis KG beugte sich erst nach erneuten Gesprächen und ließ die Löschung der Grundschuld über 300 000 RM schließlich im April 1951 durchführen. Über einen Verzicht auf das Vorkaufsrecht konnte zwischen beiden Parteien aber erst bis zur endgültigen Protokollierung im März 1953 Einigkeit erzielt werden.[138]

5. Schlussbemerkungen

Die hier dargestellte »Arisierung« des Kaufhauses Sternheim & Emanuel und die spätere Rückerstattung der Grundstücke sowie die Nachzahlungen auf Warenlager und Inventar bilden natürlich nur einen, wenn auch gewichtigen Ausschnitt, der Geschichte der jüdischen Inhaber der Firma Sternheim & Emanuel. Zu berichten wäre noch von den vielfältigen Beraubungen während der NS-Zeit und erlittenen Verfolgungsschäden genauso wie den unsäglichen Durchsetzungsprozessen ihrer Forderungen nach »Wiedergutmachung« gegenüber dem deutschen Staat und privaten Käufern ihrer Grundstück. Beispielsweise erhielten die jüdischen Eigentümer des Kaufhauses für den durch den jahrelangen Boykott der Nationalsozialisten vernichteten immateriellen Firmenwert, den »Goodwill«, im Jahr 1959 noch eine Entschädigungszahlung über den Höchstbetrag von 75 000 DM nach dem Bundesentschädigungsgesetz.[139]

---

135 Ernst Kleinberger, Schweiz, an Norbert Magis vom 19.5.1950, Dokumente aus dem Familienarchiv Magis.
136 Teilvergleich zwischen der Magis KG und Margarete Munter vom 7.11.1950, NLA-HSTAH, Nds. 720 Hannover Acc. 2009/126 Nr. 969, Bl. 32. Teilvergleiche zwischen der Magis KG und Paul Steinberg vom 12.1.1951, NLA-HSTAH, Nds. 720 Hannover Acc. 2009/126 Nr. 969, Bl. 37.
137 Teilvergleich zwischen der Magis KG und Margarete Munter vom 7.11.1950, NLA-HSTAH, Nds. 720 Hannover Acc. 2009/126 Nr. 949, Bl. 9f.
138 Protokoll der Sitzung vor dem WgA Hannover vom 3.3.1953, Teilvergleich zwischen der Magis KG und Margarete Munter vom 7.11.1950, NLA-HSTAH, Nds. 720 Hannover Acc. 2009/126 Nr. 960, Bl. 9.
139 Zum Entschädigungsverfahren um den »Goodwill« der Firma Sternheim & Emanuel OHG vgl. NLA-HSTAH, Nds. 110 W Acc. 14/99 Nr. 101961 (BEG-Akte Sternheim & Emanuel OHG).

Wie ist nun abschließend die »Arisierung« des Kaufhauses und die spätere Rückerstattung im Spiegel der Akten und Dokumente zu bewerten? Käufer jüdischer Unternehmen und anderer Vermögensgegenstände unterschied Frank Bajohr in seiner wegweisenden Studie zu »Arisierungen« in Hamburg nach ihrem Verhalten in drei Gruppen: Eine kleine Gruppe (ca. 20%) gutwilliger und verständnisvoller Erwerber habe den jüdischen Verkäufern beispielsweise beim illegalen Vermögenstransfer an den Behörden vorbei geholfen oder Geheimabsprachen getroffen über eine treuhänderische Verwaltung der Unternehmen bis nach Kriegsende. Rund 40% hätten demgegenüber aktiv und böswillig auf die jüdischen Verkäufer Druck und Zwang ausgeübt, um sie zum Verkauf zu bewegen oder den Kaufpreis zu mindern. Eine Gruppe gleicher Größenordnung habe sich passiv hingegen verhalten, in dem sie einerseits stillschweigend die Vorteile der Judenverfolgung in Form geminderter Kaufpreise und zum Verkauf gezwungener jüdischer Unternehmer nutzten, ohne jedoch aktiv Druck auf den Verfolgten ausgeübt oder gegen diesen veranlasst zu haben.[140] Bei Anwendung dieser Typologie auf die Übernahme des Kaufhaus Sternheim & Emanuel zählt das Verhalten der Magis KG sicherlich zur letzten Kategorie. Ohne die Judenverfolgung hätte die Magis KG offensichtlich nicht das Kaufhaus zu solchen Konditionen erwerben können. Direkte Aktionen oder Maßnahmen von Seiten der Magis KG zugunsten oder auch gegen die Inhaber der Firma Sternheim & Emanuel sind nicht überliefert. Die Magis KG war damit wie viele deutsche Unternehmen und andere Teile der Gesellschaft im großen oder kleinen Stil ein Nutznießer der NS-Herrschaft – nicht mehr, aber auch nicht weniger.

Zu einem ähnlichen Ergebnis gelangt man bei der Übertragung dieser Typologie auf die Rückerstattungsverhandlungen nach 1945. Eine Vielzahl von Rückerstattungspflichtigen weigerte sich standhaft, den Anspruch anzuerkennen oder einen Vergleich zu akzeptieren. Unter Ausnutzung aller Rechtsmittel verwickelten sie die zumeist mittellosen Opfer des Nationalsozialismus in komplexe und vor allem langwierige Rechtsstreitigkeiten, die sich diese finanziell und emotional in der Regel nicht leisten konnten. Mit einem Vergleich ohne Rechtsstreit wählte die Magis KG einen anderen Weg. Sie gehörte aber gleichfalls zu der Mehrheit der Rückerstattungspflichtigen, die sich zwar auf einen Vergleich einließen oder diesen sogar selbst herbeiführten. Sie schlossen diesen aber primär nicht aus einem Unrechtsbewusstsein heraus, in dem sie ihre Pflicht zur Rückerstattung bedingungslos anerkannten und allein im Geiste des Grundgedankens der »Wiedergutmachung« ein bestmögliches Ergebnis für die Anspruchsteller herbeiführten. Sicherlich fand das Schicksal der jüdischen Anspruchsteller bei der Magis KG und auch anderen Rückerstattungspflichtigen Anteilnahme. Dennoch standen bei den Vergleichsverhandlungen rationale und wirtschaftliche Überlegungen der Pflichtigen wie der Wiederaufbau, die Zukunft des Unternehmens und damit die eigene wirtschaftliche Existenz im Vordergrund. Die Magis KG wollte, wie sie selbst in ihren Schreiben immer wieder betonte, so schnell wie möglich wieder aufbauen und an ihren alten Geschäftserfolg anknüpfen. Ein rascher Vergleich mit den Erben Louis Sternheims war dafür die Grundvoraussetzung. Der eigentlichen Grundlage des Rückerstattungsanspruchs, der unter Zwang erfolgten Übernahme des Kaufhaus Sternheim & Emanuel, widersprach sie dagegen wiederholt.

Die Höhe des ausgehandelten Vergleichsbetrags für Margarete Munter erscheint im Vergleich zu anderen Rückerstattungsfällen, wo oftmals geringere Vergleichssummen er-

---

140 BAJOHR, Hamburg, S. 371.

zielt wurden, recht hoch. Die lange Auszahlungsdauer über 10 Jahre als auch die Form des verzinsten Darlehens für die Magis KG schmälern dieses auf den ersten Blick großzügig anmutende Vergleichsergebnis allerdings wieder. Der Magis KG, die 1950 noch einer ungewissen Zukunft entgegen sah, verschaffte die lange Zahlungsdauer bei jährlich moderaten Beträgen die notwendige wirtschaftliche Planungssicherheit. Eine Einmalzahlung, die dann wohl niedriger ausgefallen wäre, hätte die wirtschaftliche Genesung der Magis KG und den Wiederaufbau sicherlich bedeutend erschwert. Angesichts der späteren wirtschaftlichen Erholung der Magis KG in der Nachkriegszeit fiel die endgültige Summe von rund 180 000 DM für Margarete Munter bis 1960 dann schließlich nicht mehr groß ins Gewicht. Wofür die Gelder der Magis KG und anderweitigen Rückerstattungs- und Entschädigungszahlungen von Margarete Munter und Paul Steinberg im einzelnen verwandt wurden, ist nicht bekannt. Es bleibt aber zu hoffen, dass die materiellen Zahlungen, auch wenn sie ihnen ihr früheres Leben nicht zurückgeben konnten, ihren Lebensabend zumindest erleichterten.

Kristina Huttenlocher

Hummer und Majonäse. Zur Geschichte des hannoverschen Familienunternehmens Feinkost-Appel[1]

Gründerjahre

Mit seiner Industrie ist Hannover vor 140 Jahren groß geworden; ihre Strukturkrise Mitte der 1970er Jahre führte zu eine Phase wirtschaftlicher Stagnation. Die Entwicklung der Firma Appel von der Gründung 1879 und bis zur Schließung des hannoverschen Produktionsstandorts 1975 steht dabei durchaus exemplarisch für Hannovers Industrie. Schöne Industriebauten, die vom Stolz der Besitzer künden, schmücken trotz vieler Zerstörungen noch immer Hannovers Stadtbild. Auch für die Firma Appel gehörten ansehnliche Firmengebäude zur Geschäftspolitik. Neue Gebäude sollten nicht nur zweckmäßig sein, sondern auch architektonisch Qualität haben, fand Heinz Appel, der Sohn des Firmengründers, der dem Deutschen Werkbund beigetreten war. Er teilte die Auffassung von Peter Behrens, Architekt berühmter Fabrikbauten: »Der Eindruck der Herstellungsstätte und des ganzen Unternehmens« sind für den Kaufentschluß maßgebend. Es ist nicht zu bezweifeln, daß die Baukunst als werbende Kraft für die Herstellung von hoher Bedeutung ist und in hellen und freundlichen Hallen bessere Arbeit und mehr Arbeit geleistet wird als in engen verräucherten Schuppen.«[2]

Heinrich Wilhelm Appel gründete 1879 die Firma Appel als »Niederlage« des Braunschweiger Zuckerhändlers Louis Gerloff. Eine frühe Quelle ist ein Stromlieferungsvertrag zwischen Appel und Günther Wagner (Pelikan), der 1894 seine Fabrik noch am Engelbosteler Damm hatte. Zu jener Zeit war Hainholz noch ohne öffentlichen Stromanschluss. Die städtische Stromerzeugung begann mit der Elektrifizierung der Pferdebahn und dem Verkauf von Strom an Endabnehmer durch die Kraftwerke der Straßenbahngesellschaft. Die Nordstadt war erst 1927 komplett an das öffentliche Stromnetz angeschlossen.

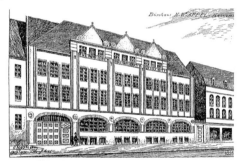

Bild 1   *Bürohaus Appel in Ziegelarchitektur (Hannover)*
Architekt E. Stephan (Hannover)

Abb. 1: Verwaltungsgebäude Firma Appel Engelbosteler Damm 1914, erbaut von Architekt Stephan

Appels Stromerzeugungsanlage der Firma Siemens wurde vom Ingenieurbüro Fleischhauer im Oktober 1894 aufgestellt und mit 25603,61 Mark in Rechnung gestellt; Appel konnte die Summe nur in Raten begleichen, bei vierprozentiger Verzinsung jährlich mit 4267,27 Mark. Auf ihrem Briefkopf von 1895 präsentierte die Firma stolz die elektrifizierten Fabrikationsräume

Zehn Jahre später im September 1904 begehrte Günther Wagner kurzfristig zum 1. Oktober aus dem Vertrag auszusteigen, weil er inzwischen eine eigene Lichtleitung

---

1   Der Aufsatz fasst Ergebnisse aus dem Buch Kristina Huttenlocher: Appel Feinkost. Ein Familienunternehmen im Wandel der Zeit, Springe 2013, zusammen.

2   Peter Behrens: Werbende künstlerische Werte im Fabrikbau, in: Das Plakat 1920, S. 273.

Abb. 2: Briefformular aus dem Jahr 1895 mit elektrifizierten Werkstätten (Familienarchiv Appel, Weinheim)

gelegt hatte. Für die kurzfristige Kündigung fand er einen Grund; er beklagte die »tatsächlich schlechte Beleuchtung, die ich von Ihnen habe. Wie Ihnen ja bekannt, ist das Kabel überlastet und infolgedessen brennen abends die von Ihnen gespeisten Lampen außerordentlich trübe. Auch das Zucken des Fahrstuhls ist immer sehr störend.«[3]

Der Firmengründer Heinrich Wilhelm Appel war ein umtriebiger und fleißiger Mann. Sein Geschäft begann er zunächst in einem Hinterhause des heutigen »Kastens Hotel Luisenhof« in der Luisenstraße. Zum Zuckerhandel kamen der Handel mit Kolonialwaren und ein Lager- und Speditionsgeschäft zur Einlagerung von Rohwolle hinzu. In alten Familienunterlagen findet sich aus den 1880er Jahren folgende Kreditauskunft: »A. … gilt für fleißig und nicht untüchtig, mitunter aber auch geschäftlich für etwas wild. Seine geschäftliche

Abb. 3: Briefkopf 1902, Ausschnitt (Familienarchiv Appel)

Tätigkeit ist keine sehr bedeutende, indeß soll er ziemlich zu thun haben, namentlich in Zuckerspedition viel machen. Die Mittel erachte ich nicht für erheblich, so verlautet auch Nachteiliges weiter nicht, so dass verhältnismäßiger Kredit zur Zeit wohl nicht abzusprechen sein würde«.[4]

Willy Appel hatte einen regen Unternehmungsgeist und dehnte mit Gespür für die steigende Nachfrage sein Geschäft aus. Nach mehreren Umzügen kaufte er schließlich 1886 ein Grundstück am Hainhölzer Kirchweg – jetzt Schöneworth – mit Gleisanschluss zum Güterbahnhof Möhringsberg.

Die Abbildung zeigt den Gleisanschluss an exponierter Stelle im Vordergrund, die Firmengebäude in der typischen Darstellung der Zeit aus der Vogelperspektive, natürlich mit rauchendem Schornstein. Dieser stand für florierende Geschäfte. Der Platz für die Vorräte der Firma Appel reichte bald nicht mehr aus, und teilweise musste der Zucker in Säcken, notdürftig mit Persenning geschützt, im Freien aufbewahrt werden. So erwarb Appel ein Jahr später das angrenzende Grundstück Engelbosteler Damm 45 und mietete zusätzlich einen Speditionsschuppen an der früheren Sandbrücke.

3　Schreiben Günther Wagner, 16. September 1904, Familienarchiv Appel.
4　Auskunft Creditreform Mai 1885, Familienarchiv Appel.

Über die Haustür seines Bissen-
dorfer Hauses hatte Willy Appel
das Lebensmotto »Bete und arbeite«
gesetzt. Denn er war ein frommer
Mann. 1850 wurde er als Sohn des
Pastors Heinrich Appel in Schönin-
gen im Braunschweigischen geboren
und hat 1881 Anna Gerloff, Tochter
des Pastors Karl Gerloff, geheiratet.
Beide haben in den zweiundvier-
zig Jahren ihrer Ehe ein Leben in
christlicher Nächstenliebe und unermüdlicher Tätigkeit geführt. Sie
lebten beide das Ideal des christlichen Hausstandes in der Tradition

Abb. 4: Einfahrt Engelbosteler Damm (Familienarchiv Appel)

des evangelischen Pfarrhauses, das von friedfertigem Umgang miteinander, dem gemeinsamen Regiment des Hausvaters und der Hausmutter, der Verantwortung für andere und
der Bedeutung von Bildung und Ausbildung geprägt war.[5] »Selbst im Drange der vielen
Geschäfte hat er sich ein warmes Herz für seine Leute bewahrt«, urteilte ein Festredner im
Jahr 1914.[6] Sein engster Mitarbeiter Julius Mundhenke, der in der jungen Firma vom Lehr-
ling zum Prokuristen aufgestiegen war, charakterisierte seinen Chef: »Die Erfolge der Firma
verdankt sie dem geschäftserfahrenen und dabei in aller Stille emsig vorwärts strebenden
Chef, der die Mitarbeiter nicht nach kühl berechnendem Verstande« behandelt, sondern
bei dem »Fleiß und Tüchtigkeit in Ansehen stehen.«[7] Er war ein typischer Vertreter der aufstrebenden kaufmännischen Generation der Gründerjahre, wie ihn Max Weber beschrieb,
der – »im Unterschied zur behäbigen und gemächlichen Lebensführung der Kaufleute bis
zur Mitte des Jahrhunderts – die Detailgeschäfte ganz in die eigene Hand nahm, Kunden
persönlich warb, sie regelmäßig jährlich bereiste, vor allem aber die Qualität der Produkte
ausschließlich ihren Bedürfnissen und Wünschen anpasste und ihnen mundgerecht zu machen wusste.«[8] Sein Sohn Heinz beschreibt ihn als einen Mann, der »überall beliebt und
angesehen war.«[9]

Er konnte sich in der Firma auf seinen Direktor Karl Küster verlassen, der, von den
Untergebenen gefürchtet, für Disziplin sorgte. In der Jubiläumszeitung zu dessen 25-jäh-
rigen Betriebsjubiläum wird sein Einsatz für die Firma glossiert: »Karlchens Werdegang.
[…] Wir sehen den nimmermüden Mann unablässig über das Wohl des Appelstaats
nachdenken, sehr zum Missfallen der ihm untergebenen Beamten, die nicht im Besitz
einer solch vorzüglichen Gesundheit sind und etwas mehr Ruhebedürfnis haben, als ihr
gestrenger, stets zum Tadel bereiter Vorgesetzter. […] Nichts entging Karlchens Scharf-
blick und rückhaltlos deckte er alle Mängel des Betriebes auf. Sein Ideal ist, einen tadellos

5   vgl. Luise Schorn-Schütte: Vorbild Pfarrhaus, in: Leben nach Luther. Eine Kulturgeschichte des evangelischen Pfarrhauses,
    hrsg. vom Deutschen Historischen Museum, Berlin 2013, S. 113–119. Übrigens wurde die Schokoladenfabrik Sprengel von
    dem Pastorensohn Bernhard Sprengel (* 1825; † 1902) 1851 gegründet; der Gründer der Geschäftsbücherfabrik Edler und
    Krische in Hannover, August Edler, war ebenfalls Sohn eines Pastors.
6   Redebeitrag Geheimer Regierungsrat von Rosnowski 1914 anlässlich der Eröffnung eines neuen Fabrikgebäudes in Hannover,
    Familienarchiv Appel.
7   Ansprache Julius Mundhenke, ebd.
8   Max Weber: Die protestantische Ethik, Tübingen 1920, hier zitiert nach der Ausgabe München 1965, S. 129.
9   Heinz Appel: Meine Vorfahren, Dezember 1939, Familienarchiv Appel.

funktionierenden Beamtenapparat zu erhalten, um so die staunende Mitwelt von der wahren Größe des Staates zu überzeugen.«[10]

Appels Frau Anna wirkte in der Firma emsig mit, half beim Einkochen der Kronsbeeren, die waggonweise aus Schweden importiert wurden, und hat die soziale Fürsorge für die Beschäftigten in die Hand genommen. Sie sorgte dafür, dass die Fischfrauen jede Woche während der bezahlten Arbeitszeit ein Bad nahmen, denn die Häuser in der Nordstadt hatten zu jener Zeit keine Bäder und nur Aborte draußen oder auf halber Treppe. In der Lebensmittelproduktion von Senf und Bismarckheringen, mit der Appel 1892 begann, hatten Sauberkeit und Hygiene von Anfang an großes Gewicht, und Anna Appel sorgte auf ihre mütterliche Weise dafür, dass dies auch den Beschäftigten zugutekam. Sie besuchte kranke Mitarbeiter zu Hause und kochte für arme Nachbarn. Der jüdische Hausarzt der Familie Appel, Dr. Leo Catzenstein, der arme Patienten, wenn Not war, umsonst behandelte, machte Anna Appel auf besonders bedürftige Familien aufmerksam. Heinz Appel berichtet über seine Mutter: »Sie hatte einen sehr praktischen Sinn und konnte ohne viel Besinnen im richtigen Augenblick zugreifen und hat meinem Vater in den schwierigen Jahren, die unser Geschäft durchmachen musste, tatkräftig mit geholfen. Sie war eine fromme, im besten Sinne gläubige Frau, deren Frömmigkeit auf viele Leute ausstrahlte. Neben ihrem großen Haushalt wirkte meine Mutter vor allen Dingen in ihrer Kirchengemeinde in unermüdlicher Fürsorge mit.«[11]

Die junge Firma Appel war 1896, 18 Jahre nach der Gründung, schon beinahe wieder am Ende. Grund war die Zahlungsunfähigkeit des geschäftlich eng mit Appel verbundenen Braunschweiger Zuckerhändlers Louis Gerloff. Es gab 1896 eine Rübenzuckerkrise, und Appel, für den Gerloff gebürgt und ihm auch Kredite gewährt hatte, drohte ein Anschlusskonkurs. Eine Aufstellung der Aktiva und Passiva aus dem Jahr 1896 mit mehr als 184000 Tausend Mark laufender Accepte, also Warenkrediten, zeigt die Anfälligkeit des jungen Betriebes. In einer erhalten gebliebenen Kreditauskunft des Vereins Creditreform von Juli 1897 hieß es über Willy Appel: »Die Verhältnisse sind im Augenblick nicht ganz klar, wir haben aber Klagen irgendwelcher Art über die Firma nicht vernommen und wissen, dass die alten Verbindungen des A. mit seinen Lieferanten zum größten Teil bestehen geblieben sind. Man hat Vertrauen zu dem Mann und gewährt ihm fast an allen Stellen die Warencredite, die er in Anspruch nimmt.«[12] Es ging gut aus. Appel konnte die Schulden binnen eines guten Jahres zurückzahlen und hatte sich das Vertrauen der Lieferanten erhalten können. Vertrauen war tatsächlich Kapital wert. Dieses zu erwerben, mussten über viele Jahre Rechnungen pünktlich bezahlt, Lieferungen zuverlässig versandt, durften Lieferanten und Kunden nicht enttäuscht werden. Ein grober Fehler konnte alles erworbene Vertrauen binnen kurzem wieder zunichte machen.

In der Krise zeigte sich: Verblüffend schnell waren Kommunikation und die Entscheidungswege in einer Zeit, die neben der Eisenbahn auch noch vom Pferdewagen als Transportmittel gekennzeichnet war. Am 5. Mai 1898 gab Willy Appel seinen Lieferanten brieflich zur Kenntnis, dass Verpflichtungen gegenüber Gläubigern nicht mehr bestanden und alle Ansprüche befriedigt wurden. Bereits am 6. Mai bestätigte der Lieferant von Houten: »Ihre geehrten Zuschriften gelangten in unseren Besitz. Erstere ergebenst beantwortend, nehmen wir hiermit Ihr gefl. Anerbieten, den Saldo unserer früheren Forderung jetzt ganz zu decken, dankend an und dass Sie dann fernerhin wieder unter den

10   Der Appelboom, »Küsternummer«, 30. September 1911, Familienarchiv Appel.
11   Heinz Appel: Einiges über meine Mutter Anna, Januar 1940, Familienarchiv Appel.
12   Verein Creditreform am 27. 7. 1897, Familienarchiv Appel.

alten Bedingungen von uns beziehen, so dass wir dann wieder wie früher die Beträge unserer Facturen in unseren 3-Mts-Tratten auf Sie abzugeben uns erlauben werden.« Das war entscheidend. Ohne die Warenkredite der Lieferanten hätte der Großhändler seine Firma dichtmachen müssen. Auch die Firma Maggi und weitere Lieferanten gratulierten bereits am 6. Mai mit der Zusicherung zu alten Bedingungen zu liefern.

Abb. 5: Sitzung der Geschäftsleitung 1907: Heinz (stehend) und Willy Appel am Kopfende (Familienarchiv Appel)

Das war die Generation der Gründer. Die nächste Generation hatte mit diesen Schwierigkeiten nicht mehr zu kämpfen und war dem Lebensgenuss weniger abhold. Im Jahre 1905 trat der Sohn Heinz in die Firma ein. Er hatte in Hamburg bei einer Erzimportfirma gelernt, weil keine Lebensmittelfirma den Sohn des Konkurrenten ausbilden wollte. »Mein Vater gab mich nach Hamburg, damit ich gleich den Kaufmannswind um die Ohren bekam. Das war auch richtig, denn in Hamburg galt nur der Kaufmann. Es war damals nur ein Gymnasium da, während unser so viel kleineres Hannover zu der Zeit deren vier hatte. Ich habe in Hamburg oft mit Überzeugung den Ausspruch gehört: ›Den Jungen muss ich leider studieren lassen, er ist zu dumm zum Kaufmann!‹«[13]

Der Sohn hat sich schon früh Respekt verschafft für das, was er für richtig hielt. Und seine Eltern haben sein ohnehin nicht geringes Selbstbewusstsein noch bestärkt. Zum 20. Geburtstag seines Ältesten schrieb Willy Appel: »Meinem lieben Ältesten, der, will es Gott, berufen ist, unseren makellosen Namen weiter zu führen, die vor bald 25 Jahren gegründete Firma zu immer größerer Bedeutung und Ansehen zu bringen. […] Du bist ja deines Vaters Stolz und Mutters Glück. Gott schenke uns allen Glück und Segen immerdar.«[14]

Der Vater tadelte des öfteren besorgt den Hang seines Sohnes zur Zerstreuung: »Demnächst läuft nun leider die einjährige Frist ab, innerhalb du dem Laster des Trinkens und Rauchens entsagen wolltest und ich hoffe, entsagt hast.«[15] Der Sohn bat aber ein halbes Jahr ungerührt erneut brieflich: »[…] auch für einige Cigarren wäre ich dankbar.« Aber trotz dieser Differenzen über die Lebensführung leiteten Vater und Sohn das Geschäft einträchtig gemeinsam. Der Sohn führte allerlei Neuerungen, wie z.B. Schreibmaschinen, ein und verantwortete die Presse- und Werbearbeit der Firma.

Mit dem Aufkommen des Markenartikels investierten die Industriellen Anfang des 20. Jahrhunderts in die sog. »Reklamekunst« und beschäftigten anerkannte Künstler und Grafiker mit der Gestaltung ihrer Drucksachen und Plakate. Heinz Appel war Mit-

13   HEINZ APPEL: Familien-Lebensbilder, Februar 1940, Familienarchiv Appel.
14   WILLY APPEL, Brief vom 27.1.1904, Familienarchiv Appel.
15   WILLY APPEL: Brief vom 14.03.1903, Familienarchiv Appel.

Abb. 6 Plakat von Julius Diez um 1912)Unterlagen Jens Rösler)

Abb. 7 Appels Firmenlogo, entworfen von Änne Koken 1911 (Archiv Appel Cuxhaven)

glied im Deutschen Werkbund und stolz auf die Beschäftigung von Künstlern wie Änne Koken, Hannover; Julius Diez, München; Julius Gipkens; Berlin; Luzian Bernhard, Berlin; Christian Prelle, Hannover; Rudolf Weber, Hannover; Walter Niritz, Hannover; Joseph Kuhn-Regnier.

Er wollte mit der Beauftragung der Künstler zur »geschmacklichen Verbesserung in den großen und kleinen Dingen«[16] beitragen. Änne Koken entwarf neben anderen Reklameplakaten auch den Hummer mit dem Majonäseglas, das Appel als Markenzeichen übernahm.

Das Firmenlogo repräsentierte in besonderer Weise die Breite der Produktpalette von der Luxusware Hummer bis zur Mayonnaise für jedermann. Appel hatte alle Bevölkerungsschichten als Kunden im Auge. Die unterschiedlichen Zielgruppen der Appel-Produkte beschrieb die Firma in einem Fotobüchlein aus dem Jahr 1914: »Hier ist alles vorhanden, was der kleine Geldbeutel erschwingen und der große sich leisten kann, was den bürgerlichen Tisch ziert und dem fürstlichen noch zur Ehre gereicht, was die Frau des Lohnarbeiters mit gutem Gewissen für ihren einfachen Haushalt erstehen, die anspruchsvolle Küche des erstklassigen Großstadthotels aber nicht entbehren kann. Ja, gerade für den bürgerlichen und kleinbürgerlichen Familien- und Junggesellentisch bieten die Appelschen Delikatessen eine ebenso schätzenswerte wie preiswerte Bereicherung.«[17]

In der Kaiserzeit orientierte sich die bürgerliche Gesellschaft an den Lebensgewohnheiten des Adels und deshalb hatte Appel eines seiner neuesten Erzeugnisse, den Krebsextrakt, den Hofköchen mehrerer fürstlicher Residenzen zur freundlichen Erprobung zugesandt. Das Lob aus München, Coburg und weiteren Residenzen stellte Appel den abgedruckten Rezepten voran, zur gefälligen Beachtung der geneigten Kundin.

16 HEINZ APPEL: Schreiben vom11.11.1920 an Will Lüdtke, Familienarchiv Appel.
17 FIRMA H.W.APPEL Hrsg.: ohne Titel, Fotobüchlein 1914

»München, Kgl. Hofküche, den 1. Sept. 1910

Ich bezeuge gern, daß der Firma Appel, Hannover, das Verdienst gebührt, einen Krebsextrakt herzustellen, der einem französischen ähnlichen Erzeugnisse nicht nur ebenbürtig, sondern in mancher Hinsicht sogar weit überlegen ist.

gez. Carl Hoerning, Kgl. Mundkoch«[18]

Heinz Appel verantwortete auch eine detailverliebte Geschäftsordnung, die in 50 Punkten die Betriebsorganisation und die Pflichten der »Beamten« festlegte. Vertretungen, gegenseitige Informationspflichten und Arbeitspläne sollten effektiv denkbaren Reibungsverlusten vorbeugen. Jeder Mitarbeiter musste jederzeit ersetzt und alle Informationen auch von seinem Vertreter abgerufen werden können. Alfred Krupp hatte 1874 für sein Unternehmen ähnliche Grundsätze formuliert: »Was ich erstreben will, ist, dass nichts abhängig sein soll von dem Leben oder Dasein einer bestimmten Person, dass mit derselben kein Wissen und keine Funktion entweiche, dass nichts geschehe, nichts geschehen sei (von eingreifender Bedeutung), das nicht im Zentrum der Prokura bekannt sei oder mit Vorwissen und Genehmigung derselben geschehe.«[19] Insofern ist die Geschäftsordnung der Firma Appel

Geschäfts = Ordnung.

Fassung Nr. 3; frühere ungültig.

Die Geschäftsordnung umfaßt folgende Abschnitte:

1. Einleitung	26. Musterschränke
2. Für einzelne Einrichtgn. zuständige Abteilungen	27. Verteilungskästen
	28. Schwarze Bretter
3. Antritt und Austritt aus der Firma	29. Abzugsmaschine
	30. Neue Drucksachen
4. Geschäftseingang	31. Zweigfabrik Altona
5. Zugang zu Fabrik u. Lager	32. Papierverwaltung, Reklame- u. Werbe-Abtlg.
6. Gehaltsauszahlung und Kassenbeiträge	33. Reichsadreßbuch
7. Besondere Pflichten gegen die Firma	34. Zeitungen u. Zeitschriften
	35. Geschäftsnachschlagebücher
8. Verkehrston	36. Ferienkasse
9. Ordnung	37. Liedertafel H. W. A.
10. Urlaub und Ferien	38. Leih-Bücherei
11. Arbeitszeit	39. Wand-Ausschmückung
12. Glockenzeichen	40. Verkauf a. d. Angestellten
13. Personal-Listen	41. Muster-Verkauf
14. Kleiderablage	42. Privatkontore
15. Waschräume und Aborte	43. Besucher
16. Badezimmer	44. Führungen
17. Krankenzimmer	45. Registratur
18. Heilverfahren	46. Angebe-Räume und Schreibmaschinen
19. Kantine	
20. Hülfszimmer	47. Briefwechsel
21. Fernsprecher	48. Gutes Deutsch
22. Elektrische Beleuchtung	49. Stellvertretung
23. Lüftungsanlage	50. Fehler; Verbesserungsvorschläge
24. Feuersicherer Raum im Haupt-Kontor	
25. Akten-Fahrstuhl	

Abb. 8 Inhaltsübersicht der Geschäftsordnung 1914 (Unterlagen Jens Rösler)

ein charakteristisches Produkt der Zeit, die mit der Ausdehnung des Geschäfts eine Normierung des Verwaltungshandelns notwendig machte. Mehrfach erfolgt in der Geschäftsordnung die Aufforderung, Mängel und Fehler mitzuteilen und »mit Wünschen und Änderungsvorschlägen zu kommen«. Bei »wichtigen Verbesserungs- und Neuerungs-Vorschlägen« wurde eine Belohnung in Aussicht gestellt. Allerdings gab es auch den bedrohlich klingenden Hinweis, dass sich mitschuldig macht, wer »selbst wahrgenommene Mißstände« nicht nach oben meldet. Pragmatisch war die Regelung »Jeder soll dafür sorgen, dass ihm niemals Papiere und Schriftstücke auf solche Stellen seines Schreibtisches gelegt werden, von schon anderes liegt.«

Effektives Arbeiten war erwünscht. »Diejenigen Angestellten – von den Herren der Leitung selbstverständlich abgesehen – die immer unterwegs sind, zählen sicher nicht zu den besten. Sie ›verlaufen‹ zu viel Zeit, die sie an ihrem Platze besser anwenden können.

---

18 Appels reiner Krebsextrakt und seine Verwendung in der feinen Küche, 3. Aufl. 1912, S. 5 Familienarchiv Appel.

19 THOMAS ENGELHARDT: Die Privatbeamten, in: Leben und arbeiten im Industriezeitalter. Eine Ausstellung zur Wirtschafts- und Sozialgeschichte Bayerns seit 1850, 1985, zit. nach Margarete Payer, http://www.payer.de/kommkulturen/kultur, Internationale Kommunikationskulturen

Abb. 9 Fischlagerhalle Appel 1907 (Familienarchiv Appel)

Es gibt manche, die – fast immer mit einem Schriftstück oder eine Bestellung unterwegs – täglich einige Kilometer im Geschäft zurücklegen, obgleich ihre Sache bis zur nächsten Entleerungszeit der Verteilungskästen Zeit hat oder durch Fernsprecher erledigt werden kann. Solche ›Berufswanderer‹ werden hier mit ausdrücklich verwarnt und die Herren Abtheilungs-Vorsteher gebeten, stets dagegen einzuschreiten.« Aber auch die Freizeit kam nicht zu kurz. Die Geschäftsordnung empfahl einen unverbindlichen Probebesuch in der Appelschen Liedertafel und hob hervor, dass der Verein von der Firma jeder Weise unterstützt wird, »weil die Gesangsübungen sowie die verschiedenen festlichen Veranstaltungen und Wanderungen Gelegenheit geben, die Mitangestellten näher kennen zu lernen.« Die Beschäftigten wurden auch zur Nutzung der Firmen-Leihbücherei ermuntert. Für eine öffentliche Bücherei in der Nordstadt spendete die Familie Appel 1916 den Betrag von 15 000 Mark. Noch heute gibt es in der Nachfolge eine Stadtbücherei am Engelbosteler Damm gegenüber den früheren Firmengebäuden.

Ein Fotobüchlein, das die Firma 1907 herausgab, war als Rundgang durch die Firma konzipiert und präsentierte Menschen bei der Arbeit in Werkstätten, Lager und Büros. Die meisten Beschäftigten schauen selbstbewusst und gelassen in die Kamera. Eher mürrisch dagegen stellen sich die Fischfrauen dem Fotografen, was kein Wunder ist.

Denn die Arbeit in einer Fischfabrik war nicht unbedingt angenehm und wenig beliebt. Eine Dissertation aus den 1920erJahren beschreibt die Arbeit von Fischfrauen in Hamburger Betrieben: Sie hatten eine »äußerst schmutzige und unangenehme Arbeit zu tun. Außerdem bringt die Arbeit einen durchdringenden Geruch mit sich. Dieser Geruch bleibt in den Kleidern sitzen und macht die Arbeiterinnen überall als Fischarbeiterinnen kenntlich. … Es sind daher nur kräftige Frauen, die unempfindlich gegen Kälte und Nässe sind, bei dieser Arbeit einzustellen. Anklang an Arbeitsfreude gab es nur bei den älteren Frauen. Bei jüngeren Mädchen kann man stets eine innere Abwehr gegen die schmutzige Arbeit feststellen und den Wunsch, möglichst nur vorübergehend hier beschäftigt zu sein.«[20] In der Fischverarbeitung waren überwiegend ungelernte Frauen beschäftigt. Häufig hatten sie eine Familie und waren auf diesen Zuverdienst angewiesen. Wegen der unregelmäßigen Anlandungen der Heringe war die Arbeit in der Fischindustrie eine ausgesprochene Saisonarbeit. Die Gewerbeordnung hatte 1910 die wöchentliche Arbeitszeit für Frauen auf 58 Stunden begrenzt. Die Fischwirtschaft hatte erhebliche Ausnahmeregelungen mit noch längerer Arbeitszeit durchsetzen können, da sie mit verderblichen Rohwaren arbeitete. Es waren Arbeitstage bis zu 13 Stunden möglich. Bei Appel allerdings betrug die Arbeitszeit der Fischfrauen, wie die Geschäftsordnung 1914 bestimmte, pro Tag 10 ½ Stunden und in der Woche insgesamt

---

20 ANNEMARIE SCHMIDT: Die Arbeiterinnenfrage in der nordwestdeutschen Fischindustrie, Nachdruck der Ausgabe von 1929, S. 45.

53 Stunden, lag also deutlich unter der möglichen wöchentlichen Arbeitszeit. Zuverlässige Frauen konnten zur Vorarbeiterin aufsteigen und waren dann durchgehend und nicht mehr nur als Saisonkräfte beschäftigt. Eine ehemalige Mitarbeiterin, inzwischen über 90 Jahre, berichtete: »Ich habe bei den Fischen angefangen, aber wer Talent hatte, der wurde versetzt.«[21]

Eine ganz andere Welt war die Welt des Kontors, in die allmählich auch Damen einzogen, sehr zur Freude der männlichen Beschäftigten. Ein Tafellied, 1912 für eine Betriebsfeier verfasst, dichtete:

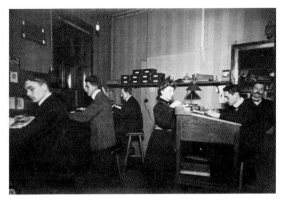

Abb. 10 Buchhalterei 1907 (Familienarchiv Appel)

> »Dann kommt so langsam angetrollt
> Der Schwarm der Heringsdamen,
> So mancher schon es wissen wollt,
> Woher sie alle kamen.
> Jedoch die Herren vom Kontor
> Erscheinen etwas später,
> Das ist ein sehr gemischter Chor,
> Teils Jünglinge, teils Väter.
> Nun folgt dann unsrer Packer Schar
> Dazu die Lagermeister …
> Dazwischen, so wie eingestreut
> Die Blumen auf dem Rasen,
> Bemerkt man – wie sich alles freut –
> Von dem Kontor die Damen.«[22]

Als angelernte Schreibmaschinenkräfte waren die jungen Fräulein im Büro gern gesehen. Sie waren in der Regel ledig, lernten im Geschäft einen netten jungen Mann kennen und lieben und schieden nach der Heirat aus dem Berufe aus. In einem Zeugnis schrieb Willy Appel 1916 über eine junge Kontoristin: »Fräulein Thekla B. trat als junge Anfängerin bei mir ein und hat es verstanden, sich auf meinem Kontor eine achtungsgebietende und wichtige Stellung zu verschaffen. Bei ihrer guten Schulbildung und bei ihrem scharfen Verstand gelang ihr spielend, was anderen jungen Damen häufig so schwer wird: in den kaufmännischen Geist einzudringen und sich – trotzdem sie keine eigentliche kaufmännische Lehre durchgemacht hatte – auf den verschiedensten Gebieten mit gutem Erfolge zu betätigen. Sie war in den ersten Jahren hauptsächlich mit Maschinenschreiben beschäftigt. Es sind ihr dann aber nach und nach Arbeiten übertragen, die Nachdenken und selbständiges Handeln verlangten und diese Selbständigkeit, die ihr stets zu eigen war, hat sie denn befähigt, an mehr und mehr wichtigere Arbeiten heranzutreten und

21 Interview E. K., bei Appel von 1950 bis 1975 beschäftigt.
22 Familienarchiv Appel.

diese ganz in meinem Sinne auszuführen. Ich trenne mich deshalb sehr schwer von ihr. H. W. Appel.«[23]

Diese Thekla B. war eine selbstbewusste Frau. 50 Jahre später kam sie aus Südamerika in ihre alte Heimatstadt Hannover zurück, fand das alte Appel-Logo verändert vor und schrieb der Firma einen geharnischten Brief: »Ich kann es nicht lassen, ich muss es Ihnen sagen, dass der Hummer auf den kleinen Packungen wie ein Mistkäfer aussieht, denn wer gibt sich schon die Mühe, genau zu untersuchen, was das für ein Tier ist. Auf Ihrem Gebäude prangt der Hummer noch deutlich und schön in Rot, wie es sich gehört. […] Der Hummer mit dem gelben Majonäseglas muss auf allen Packungen am größten sein. Wenn die Leute den Hummer sehen, müssen sie sofort sehen ›Aha Appel – also gut!‹ Mit Ihrem schwarzen Hummer können Sie sich begraben lassen.«[24] Anfang des Jahrhunderts gab es in Hannover weiblichen kaufmännischen Angestellten gegenüber durchaus auch feindliche Stimmen. So sah sich die Handelskammer zu einer energischen Stellungnahme gegen die Vorstellungen des Verbandes deutscher Handlungsgehilfen genötigt und hob hervor, dass sich die »weiblichen Handlungsbeflissenen vollkommen unentbehrlich gemacht und neben den männlichen durchaus bewährt haben.«[25]

In einer Werbeschrift mit Fotos aus dem Jahr 1914 artikuliert sich das Selbstbewusstsein des aufstrebenden Fabrikanten, der den Leistungswettbewerb mit der ausländischen Konkurrenz nicht scheut. Darin hieß es, charakteristisch für den Geist der Zeit und das Selbstverständnis der Firma: »Man versteht nur in Frankreich zu essen, sagt der Feinschmecker und so wurde Frankreich die größte Kulturnation, weil die französische Küche die Weltküche war. […] Nun kommt aus der deutschen Nahrungs- und Genußmittelindustrie eine überraschende Kunde: Der deutsche Geschmack erobert das Ausland! In deutschen Saucen und nach deutschen Rezepten zubereitete und konservierte Speisen: Appels Delikatessen werden überall auf der Welt gekauft und gegessen. […] Auf den Appelschen Werken wurde mit deutscher Gründlichkeit gearbeitet, mit wissenschaftlichem Scharfsinn geforscht und mit künstlerischem Geschmack vollendet. Hier wurden alle Erfahrungen verwertet, die unsere inzwischen an die Leckerbissen der ganzen Welt geschulte Zunge gemacht hatte. Daher der Erfolg.«[26] Hervorgehoben wird die Qualität der deutschen Ware, die bis dahin nach landläufiger Meinung mit dem Angebot der französischen oder englischen Hersteller nicht mithalten konnte. Nun setzte sich der deutsche Feinschmecker genauso selbstbewusst an die Tafel des Weltmarktes, wie sich der deutsche Maschinenbauer gegenüber der englischen Industrie auf dem Weltmarkt durchzusetzen vermochte. »Made in Germany« wurde, obwohl einmal von der britischen Konkurrenz abwertend gedacht, zum Qualitätsmerkmal.

Kriegs- und Nachkriegszeit

Im ersten Weltkrieg warb Appel mit nahrhaften Feldpostbriefen. »Appels Delikatessen in allen Schützengräben,« was uns heute seltsam vorkommt.

Schützengräben, das hieß Granaten, Giftgasangriffe, Verletzung, Tod, das entsetzliche tägliche Grauen im Stellungskrieg. Und dorthin sollten Angehörige Delikatessen schicken, als ginge es um eine Einladung zu Abendessen? Das Versenden von Feldpostpäckchen mit sog. Liebesgaben war indessen allgemein verbreitet. Die Soldaten im Feld erhielten von ihren Frauen, Verlobten oder Eltern kleine Geschenke als Beweis, dass die Liebsten zu

23   Zeugnis Thekla F., Familienarchiv Appel.
24   Thekla F., Brief vom 18.12.1964, Archiv Appel Cuxhaven.
25   ALBERT LEFÈVRE: 100 Jahre Industrie- und Handelskammer zu Hannover, Hannover 1966, S. 188.
26   FIRMA H.W.APPEL, HRSG.: ohne Titel, Hannover 1914.

Haus an sie dachten. Appel hat mit Suppenwürze – wahrscheinlich auch mit Aufträgen an das Heer – und Feldpostpäckchen gut verdient und die Belegschaft teilhaben lassen: 1916 schüttete die Firma einen Teil des Gewinns an die Belegschaft aus und gründete die Appelsche Fürsorgestiftung. Diese finanzierte Betriebsrenten und Unterstützungsleistungen, über die von einem paritätisch besetzten Ausschuss entschieden wurde. Sie existierte bis 1975, noch heute erhalten daraus ehemalige Appelaner Betriebsrenten.

Die Zeitschrift »Das Plakat« dokumentiert eine Fülle von patriotischen Werbeplakaten unterschiedlicher Industriezweige, die heroische Schlachtgemälde zum Nutzen der Verkaufsförderung entwarfen. Ein Beispiel ist die Bahlsen-Feldpostkarte von Ferdinand Spiegel, abgedruckt 1915. Soldaten liegen am Boden und nehmen mit ihren Gewehren das Ziel ins Visier. Neben ihnen eine Packung Leibniz-Keks. Die patriotische Botschaft ist: Der Keks erhöht die Kampfkraft im Felde. Auch Produktnamen wurden von der Kriegsbegeisterung geprägt. Im zermürbenden Stellungskrieg ließen sie sich jedoch nicht mehr gut verkaufen. »Mit Heil- und Sieg-Keks habe ich augenblicklich geräumt«, notierte die Firma Appel auf einer Rechnung an einen Delikatessenhändler aus Coppenbrügge im Jahr 1916.

In den 20er Jahren wuchs die Firma. 1923 wurde sie in eine AG umgewandelt, denn nach dem Tod des Vaters Willy Appel musste der Bruder ausgezahlt werden. Dank der gestiegenen Nachfrage entstanden in Hannover und Hamburg Erweiterungsbauten, und die Firma überstand die kritischen Jahre

Abb. 11 Werbeanzeige 1915 (Archiv Appel Cuxhaven)

der Weltwirtschaftskrise ohne größere Probleme. Uwe Dempwolf, der die hannoversche Wirtschaft in den Jahren 1923 bis 1933 untersucht hat, schrieb, dass »alteingesessene hannoversche Familienunternehmen, die mittleren Großbetriebe und kleineren Unternehmen die Krisenjahre in der Mehrzahl besser überstanden [haben] als die großen Aktiengesellschaften«[27] wie Hanomag und Körting.

Allerdings war das Verkaufen mühseliger und Heinz Appel musste gegenüber den Vertretern Überzeugungsarbeit leisten, um das traditionelle Qualitätskonzept zu begründen. »Wir sind felsenfest überzeugt, dass wir unseren Weg, auf dem wir in 50 Jahren langsam gross geworden sind, weitergehen müssen, nämlich den Weg, immer nur darauf zu sehen, das Beste in bester Form und Verpackung zu bringen und uns nicht durch die niedrigen

---

27 Uwe Dempwolff: Die Wirtschaft der Stadt Hannover 1923–1933, Diss. Hannover 1970, S. 214.

Preise der anderen zu zweiten Qualitäten und Konsumware verleiten zu lassen«, schrieb Appel 1930 an seine Vertreter. »Wenn auch viele unserer Geschäftsfreunde ohne billigere Marinaden und Räucherwaren nicht auskommen und darin das Vielfache von unserem verkaufen, so gibt es doch in Deutschland eine erfreulich steigende Anzahl derer, die ihren Abnehmern sagen: ›Wenn Sie etwas Besseres haben wollen und ein paar Pfennige mehr anlegen, so können Sie natürlich auch die bekannte Marke Appel bekommen.‹ Darauf sind wir stolz; das soll so bleiben.« Und dann spricht Appel ein Verbraucherverhalten an, das qualitätsbewussten Lebensmittelunternehmen bis heute Probleme bereitet: »Es ist ja merkwürdig, dass eigentlich bei allen Waren der Käufer weiß, dass er für eine bessere Ware mehr Geld anlegen muss. Er weiß, dass zwei Zigarren gleich aussehen können und dieselbe Größe haben und dass die eine das Vielfache der anderen kostet. So ist es mit Kleidungsstoffen und allen Dingen des Lebens, nur bei Lebensmitteln gibt es merkwürdigerweise Leute, die behaupten wollen, dass zwei gleich große Dosen auch unbedingt dasselbe kosten müssten und dass der, der mehr für seine Dosen verlangt, zuviel verdienen wolle.«[28]

Heinz Appel fand neben der Leitung der Firma Zeit, sich vielfältig in seiner Vaterstadt zu engagieren. Er gründete 1924 den Kulturkreis mit dem erklärten Ziel, alle Bevölkerungskreise für Kultur zu gewinnen, und scheute nicht das Klein-Klein der alltäglichen Vereinsarbeit im Heimatbund, für den er regelmäßig Wanderungen und anregungsreiche Fahrten organisierte und später den Vorsitz übernahm. 1929 gewann er über 750 musikliebende Hannoveraner für die von ihm initiierte Musikgemeinde, die spätere Kammermusikgemeinde, deren Vorsitz er 1940 an Bernhard Sprengel übergab. Eine weitere erfolgreiche Idee Heinz Appels, Erwerbslosen kostenlose Kulturveranstaltungen anzubieten, entsprang seinem sozialen Anspruch, auch den finanziell schlecht Gestellten Zugang zur Kultur zu ermöglichen.

Krise und Machtergreifung

In der Wirtschaftskrise sanken die Unterstützungsleistungen ebenso wie die Löhne, an der Beitragsfrage zur Arbeitslosenversicherung zerbrach die letzte parlamentarisch gestützte Regierung und die verzweifelten Menschen suchten ihr Heil zunehmend bei den radikalen Gegnern der Weimarer Republik. Die Kommunisten trugen die politischen Auseinandersetzungen in die Betriebe. Die Beilage der kommunistischen »Neuen Arbeiter-Zeitung« und ein in der Firma verteiltes hektografiertes Flugblatt griffen den »frommen Herrn Appel« an, der die Löhne kürzte, aber dem Gemeindehaus seines Bezirks kostspielige Kirchenfenster stiftete. Die Hauptgegner der Kommunisten waren allerdings die »reformistischen Lohnabbau-Gewerkschaften« und die »Sozialfaschisten« in der SPD. Die Appel-Belegschaft hatte, fand das Flugblatt, noch nicht den richtigen Klassenstandpunkt. »Ein großer Teil der Belegschaft befindet sich noch in dem Irrtum, dass der reformistische Betriebsrat mit Hilfe der Gewerkschaften tatsächlich noch etwas tun könne. […] Wer für die Interessen der Arbeiter kämpfen will, der muß *kämpfen gegen die gesamte Front von* Severing bis Hitler, muß *kämpfen gegen den National- und Sozialfaschi*smus. […] Hinein in die RGO (Rote Gewerkschaftsopposition), in die Reihen des klassenbewussten Proletariats. Wählt am 24. April Kommunisten!«[29] In Zeitung und Flugblatt hieß es »unser Betrieb«. Waren also Kommunisten Belegschaftsmitglieder? Der Hannoveraner Wolfgang Leonhardt berichtet, dass sein Vater Friedrich, seit 1931 bei Appel als Packer

---

28 HEINZ APPEL: Vertreterrundschreiben Nr. 320 vom 7.11.1930,Familienarchiv Appel
29 Beilage Neue Arbeiter-Zeitung, 13.4.1932, Wir erobern die Betriebe! So sieht es bei der Firma Appel aus, Familienarchiv Appel

beschäftigt, und sein Kollege Otto Beisse in der Firma mit kommunistischen Flugblättern aktiv waren.[30] Die kommunistische Agitation nahm Appel ernst, und so antwortete er in einem Betriebs- Rundschreiben: »Ich bin der Ansicht, die auch mein verstorbener Vater hatte, dass die Kluft, die die Zeitverhältnisse zwischen Arbeitgeber und Arbeitnehmer immer tiefer aufgerissen haben, zu beider Vorteil immer wieder überbrückt werden muss. […] Verkehrt ist, dass die Kommunisten, um Stimmen für ihre Partei zu gewinnen, vor politischen Wahlen versuchen Unfrieden in unserer Belegschaft zu stiften und allerlei Tatsachen zu dem Zweck entstellen. Damit komme ich auf die Sondervergütungen. Man sagt, wir sollten lieber höhere Löhne und Gehälter zahlen und dafür die Vergütungen weglassen […] Wir wollen durch solche freiwilligen Sondervergütungen – ebenso wie durch unsere Wohlfahrtsstiftungen – Not lindern, das Zusammengehörigkeitsgefühl stärken und jedem mehr Freude an seiner Arbeit geben. Würden wir aber in heutigen Zeiten Löhne und Gehälter allgemein über die Tarife hinaus erhöhen, so würden wir nicht wettbewerbsfähig bleiben.«[31]

Ein Jahr später, im März 1933 wurden die ersten Kommunisten in die neu eingerichteten Konzentrationslager abgeschoben. Die beiden kommunistischen Appel-Mitarbeiter kamen in das KZ Moringen. Da sie der Firma nicht mehr zur Verfügung standen, wurden sie, wie Leonhardts Sohn heute berichtet, von der Firma Appel entlassen. Das nahm beiden zusätzlich zur Verhaftung die wirtschaftliche Existenzgrundlage. Die Agitation im Betrieb hatte, so Leonhardt, zu »Anfeindungen« geführt. Warum? Die KPD-Parteiführung war 1932 dem von Stalin eingeschlagenen linksradikalen Kurs der Sowjetunion gefolgt und die kommunistischen Agitatoren bekämpften nicht nur die Kapitalisten, sondern auch die »reformistischen« Betriebsräte und die »sozialfaschistischen« Sozialdemokraten. So gewannen sie in den Betrieben keine Unterstützung. Sechs Wochen später wurden die beiden ehemaligen Appel-Mitarbeiter aus dem KZ entlassen. Appel stellte Friedrich Leonhardt ein ordentliches Zeugnis aus. Er habe als Packer und Lagerarbeiter seit November 1931 zur vollen Zufriedenheit der Firma gearbeitet. Sie fanden wieder eine Stellung und überlebten die nächsten 12 Jahre.

Am 30. April 1933 veröffentlichten die Hannoverschen Firmen – und auch Heinz Appel – in der Ausgabe zum 1.Mai der Niedersächsischen Tageszeitung (NTZ) Ergebenheitsadressen an die Regierung. Die Etablierung des Schreckensregimes hatte nur drei Monate gedauert und lässt sich beklemmend eindrücklich in der Berichterstattung der NTZ, diesem niedersächsischen Partei-Hetzblatt, nachvollziehen. Die Zeitungsseiten waren angefüllt mit Nachrichten über Amtsenthebungen, Anträgen auf sog. Beurlaubungen, »freiwilligen« Rücktritten, Einsetzung von Reichskommissaren, Selbstmorden. Im März wurde das Gebäude des sozialdemokratischen »Volkswillen« besetzt, im April die Industrie-und Handelskammer gleichgeschaltet und der Geschäftsführer durch einen Nationalsozialisten ersetzt. Unter der Schlagzeile »Der neue Kurs der Industrie« verkündete die NTZ am 5. April die Gleichschaltung des Reichverbandes der Industrie. »Der dort vorherrschende Liberalismus ist überwunden worden, und an seiner Stelle wird die Weltanschauung des Nationalsozialismus ausschlaggebend sein. Von nun an wird auch im Reichsverband der Industrie unbedingt das Primat der Politik herrschen.«

---

30   Wolfgang Leonhardt: Hannoversche Geschichten, Berichte aus verschiedenen Stadtteilen, Hannover 2009.
31   Heinz Appel: Betriebsrundschreiben April 1932, Familienarchiv Appel.

Wirtschaftliches Handeln im Nationalsozialismus

Wie entwickelten sich die Gestaltungsspielräume für einen Nahrungsmittelfabrikanten? Die Fischindustriellen hatten sich im März 1933 ein Referat des NS-Fischerei-Referenten Giese beim Amt für Agrarpolitik der NSDAP anzuhören: »Wie auf allen Wirtschaftsgebieten, so ist auch das Erbe, das die nationale Regierung in unserer Seefischwirtschaft übernehmen musste, ein überaus trauriges. Darum dürfen wir nicht davor zurückschrecken, all das zu zerschlagen, was sich nicht bewährt hat, mag es auch durch Tradition und Gewohnheit fest verankert sein. Diesem Zustande muß ein Ende gemacht werden, wenn nicht die gesamte Seefischwirtschaft eine Brutstätte von Kräften bleiben soll, die das Gegenteil von dem wollen, was der Nationalsozialismus als Träger der Erneuerung unseres völkischen Lebens und unseres gesamten Wirtschaftslebens mit seinem Programm anstrebt.«[32] Giese machte den Anwesenden deutlich, dass er, »wenn die Fischindustrie nicht auf Grund freiwilliger Mitarbeit ihre Verhältnisse ordnet, rücksichtslos eine Zwangskartellierung durchführen« werde. Die Fischindustriellen unterwarfen sich, unterbreiteten ihre Vorschläge und schlossen sich zu einer Fachgruppe zusammen, die »streng nach den NS-Grundsätzen gebildet war.«[33]

Die Zwangskartellierung kam trotzdem. Es gab in den Betrieben Widerstände gegen die Anordnungen der zu »Führern« avancierten Interessenvertreter. Diese erklärten, dass »die Außenseiter die geplante Aufbauarbeit erschwerten und hemmten«.[34] Also legte die Spitze der Fachgruppe selbst der Reichsregierung einen Entwurf über einen Zwangszusammenschluss der Fischindustrie zu einer Wirtschaftlichen Vereinigung vor. Diese unterstand dem Reichsernährungsminister und hatte weitreichende Eingriffsrechte in die Betriebe. »Sie setzte die Preise fest, konnte die Erzeugung auf bestimmte Betriebe beschränken oder manche Betriebe ganz stilllegen, koordinierte die Absatzförderung, erließ Vorschriften für die Erzeugung, Herstellung und Verpackung, konnte die Erweiterung eines Geschäftsbetriebes oder die Steigerung der Leistungsfähigkeit eines Unternehmens verbieten oder von seiner Genehmigung abhängig machen.«[35] Jedes Mitglied musste den Beauftragten der Wirtschaftlichen Vereinigung Auskunft über seinen Betrieb geben, jeder Unternehmer war verpflichtet, den Beauftragten die Besichtigung und Prüfung des Betriebes und Einsichtnahme in die Geschäftsbücher zu gestatten. Bei Zuwiderhandeln gegen die Anordnungen der Wirtschaftlichen Vereinigung drohte Geld-, Gefängnisstrafe oder beides. [36]

Hartmut Berghoff analysiert: »Schon 1933 verfügte der NS-Staat in der Nahrungsmittelindustrie über einen rigiden Zugriff auf Produzenten und Händler. Er kontrollierte den Binnen- und Außenhandel und unterwarf einen Teil der Nahrungsmittelindustrie einer Totalkontrolle durch ein kaum zu überschauendes Dickicht von produktspezifischen Reichsstellen, wirtschaftlichen Vereinigungen, Zwangsvereinigungen, Hauptvereinigungen und Marktverbänden.« Die sogenannte Erzeugerschlacht zur Steigerung der Nahrungsmittelproduktion sollte die Ernährung der Bevölkerung im geplanten Krieg sichern. Die Auslastung der Betriebe in Nahrungsmittelindustrie und -handel wurde »der

32 A. R. Giese: Die Grundbedingungen für die Neugestaltung unserer Seefischwirtschaft, in: Fische und Fischwaren Jg. 1933, Nr. 5, S. 69.
33 Wolfgang Meschke: Die Entwicklung der deutschen Fischindustrie im liberalistischen Wirtschaftssystem und ihre Sanierung durch die nationalsozialistische Wirtschaftspolitik auf Grund des Reichsnährstandsgesetzes vom 13. 9. 1933 und der Verordnung über den Zusammenschluß der Fischindustrie vom 26. 1. 1934, Diss. Leipzig 1935, S. 49.
34 Ebd.
35 Ebd. S. 73 ff
36 Gustavo Corni; Horst Gies: Brot, Butter, Kanonen. Die Ernährungswirtschaft in Deutschland unter der Diktatur Hitlers, Berlin 1997, S. 93.

Privatinitiative des Besitzers entzogen und zu einem öffentlichen Recht erklärt, das verliehen, erweitert, beschränkte oder entzogen werden kann«.[37]

Die Firma Appel hielt aber die Fiktion freier Entscheidungen aufrecht. Staatliche Eingriffe wurden nur thematisiert, wenn man Kunden nicht beliefern konnte. Dann bat die Firma um Verständnis wegen »beschränkter Zuteilungen und sonstiger Regierungsmaßnahmen.«[38] Die NS-Wirtschaftspolitik forderte den Ausbau der haltbaren Sterilkonservenproduktion. Der sterilisierte Fisch war ungekühlt lange haltbar. Das war wichtig für die Ernährung der Soldaten und der Bevölkerung. Dafür wurden Investitionsmittel bereitgestellt. Auch die Produktion von Muschelkonserven wurde forciert. In Appels Firmenwerbung heißt es über das neue Produkt: »Der Feinschmecker liebt immer das Neue, vor allem, wenn es aus bewährten Händen kommt. Darum kann er sich auch dem Genusse der beliebten, schmackhaften Seemuscheln nicht verschließen, die wir neuerdings anbieten in köstlich gewürzten Soßen, essfertig zurechtgemacht.«[39] Während das Unternehmen Nordsee mit dem damals volkswirtschaftlich korrekten Imperativ warb: »Deutscher, iß Fisch. Du sparst dem Reich Devisen!«[40] setzte Appels Werbung bei den individuellen Bedürfnissen der Kunden an: »Gerade weil sich jeder einschränken muß, muß die Weihnachtstafel in diesem Jahr besonders festlich werden,«[41] war eine Werbebotschaft vom Dezember 1940.

1937 hatten die Markenartikler, auch die Firma Appel, ihre Preise zu senken. Wichtig war dem Regime, die Konsumenten und Arbeiter bei Laune zu halten. Die nationalsozialistische Wirtschaftspolitik wollte unbedingt verhindern, dass erneut wie im Ersten Weltkrieg die unzureichende Versorgung der Bevölkerung und in der Folge Aufstände

Abb. 12: Weihnachtswerbung 1940 (Archiv Appel Cuxhaven)

37 HARTMUT BERGHOFF: Methoden der Verbrauchslenkung im Nationalsozialismus, in: Dieter Gosewinkel (Hrsg.): Wirtschaftskontrolle und Recht in der nationalsozialistischen Diktatur, Frankfurt 2005, S. 294.
38 Geschäftsbericht 1936.
39 FEINKOST-APPEL 1938 (Hrsg.): Muschelfleisch. Eine Zusammenstellung verschiedener Verwendungsmöglichkeiten, Cuxhaven-Archiv.
40 OLE SPARENBERG: Segen des Meeres. Hochseefischerei und Walfang im Rahmen der nationalsozialistischen Autarkiepolitik, Berlin 2012, S. 62.
41 Die Weihnachtstafel, Werbeplakat Feinkost-Appel 1940, Archiv Appel Cuxhaven.

und Streiks die Kriegsziele gefährdeten. Bis Ende 1941 konnte die Konsumgüterindustrie auf einem relativ hohen Niveau gehalten werden.[42]

Eine wichtige Rolle in den Betrieben hinsichtlich der Arbeitsbedingungen spielte die DAF. Die Treuhänder der Arbeit waren nach dem Verbot der Gewerkschaften mit ihren Berichten wichtige Seismographen der Unzufriedenheit; ihre Berichte wurden ernstgenommen. In den Unternehmen galt die Betriebsgemeinschaft als moralischer Eigentümer: »Die Gemeinschaft des deutschen Volkes hat ein höheres Anrecht an den Betrieb als der einzelne Volksgenosse, der Inhaber des Betriebes ist. Und somit ist der Betrieb, weil er dem ganzen deutschen Volke gehört, auch mit Dein Eigentum, das für dich da ist,«[43] hieß es in einer DAF-Broschüre von 1934.

Heinz Appel hatte Respekt vor der DAF. Seinem Krebsbetrieb in Ostpreußen stattete er einen unangemeldeten Besuch ab und fand alles in Ordnung: »Die Arbeitsfront, die verschiedenes zu bemängeln hatte, wird nach den neuen Änderungen zufrieden sein«, notierte er in seinem Reisebericht.[44] Ein Beispiel aus der Firma Sprengel zeigt, welchen Druck auch einfache Parteimitglieder ausüben konnten. Die Firma hatte einem Parteigenossen gekündigt, der als Reisender gearbeitet hatte. Die Kündigung war von Sprengel mit der angespannten Rohstofflage begründet worden. Das gekündigte Parteimitglied beschwerte sich bei der DAF, dass die betreffenden Kunden aber dennoch von Sprengel beliefert worden sind. Die DAF setzte Sprengel daraufhin mit einem Runderlass des Reichskommissars für Preisbildung unter Druck. Darin hieß es: »Man wird mit Recht sagen können, dass die (Kündigungs-)Maßnahme nicht gerechtfertigt war und die Firma auf Kosten ihres Handelsvertreters ihre Gewinnspanne erhöht hat. Insoweit es erforderlich erscheinen sollte, ist an die Industrie- und Handelskammer zwecks weiterer Vorprüfung heranzutreten, um danach die gesamten Vorgänge der zuständigen Preisbildungsstelle zuzuleiten.«

Einerseits war die DAF Teil des staatlichen Terrorapparates. Sie verlangte ab 1936, dass die Betriebe in ihre Betriebsordnung aufnahmen: »Mitglied des Betriebes kann nur der werden, der in der DAF und arischer Abkunft ist.«[45] Andererseits konnte die DAF mit der staatlichen Macht im Rücken in gewisser Weise wirkungsvoller als die vorher zerstrittenen Gewerkschaften die Betriebe zur Verbesserung der Arbeitsbedingungen zwingen. Mehr Urlaubstage, Lohnfortzahlung im Krankheitsfall, Gleichbehandlung von Arbeitern und Angestellten bei der Urlaubsregelung, Verbesserung der Lehrlingsausbildung durch Verbot ausbildungsfremder Tätigkeiten, Zuschläge für Schichtarbeit in der Nacht und an Sonntagen waren einige von der DAF durchgesetzte Regelungen, die den Beschäftigten nützten. Wegen »zu schwerer körperlicher Arbeit von Frauen in der Süßwarenindustrie« forderte z. B. ein Schreiben der DAF Sprengel auf, die Missstände sofort abzustellen, und kündigte einen Betriebsbesuch zur Überprüfung an. Die Einhaltung von neuen, für die Beschäftigten günstigen Regelungen kontrollierte die DAF. Sie verlangte, dass die entsprechenden Bestimmungen in die Betriebsordnung aufgenommen wurden und befahl die Vorlage der revidierten Betriebsordnung. Sprengel meldete Vollzug: »Nachdem die Tarifordnung ihre Wirksamkeit erlangt hat, haben wir unsere Betriebsordnung um- und neugestaltet. Sie erhalten 5 Ex.«[46]

---

42   Vgl. Arnulf Huegel: Kriegsernährungswirtschaft Deutschlands während des Ersten und Zweiten Weltkrieges im Vergleich, Konstanz 2003, S. 359.
43   Niedersächsisches Landesarchiv Standort Hannover, Nachlass Bernhard Sprengel, Dep 105 Nr. 1225.
44   Heinz Appel: Reisebericht Berlin Mai 1939, Familienarchiv
45   Niedersächsisches Landesarchiv Standort Hannover, Dep 105 Nr. 1225
46   Ebd.

In der Fischindustrie wurde in Abstimmung zwischen DAF, den Kammern und dem Ausschuss für technisches Schulwesen das Berufsbild für den Fischwerker und Fischräucherer entwickelt und entsprechende industrielle Lehrberufe eingeführt. In der Süßwarenindustrie wurden ebenfalls vier Lehrberufe anerkannt. In beiden Zweigen der Nahrungsmittelindustrie hatten bis dahin ausgebildete Fachkräfte gefehlt. Die Arbeitsfront schickte den Firmen einen Fragebogen zur Lehrlingsausbildung und forderte die Einrichtung von Ausbildungswerkstätten. Diese Ausbildungsoffensive war sehr wirksam. Bis 1936 hatte sich die Zahl der Lehrlingsstellen vervielfacht. Es kam zu einem starken Mangel an Ungelernten, »das Regime wurde zum Gefangenen der eigenen Facharbeiterideologie. […] Industrielle Berufsausbildung und Qualifizierung waren während des Dritten Reiches zu einer Massenbewegung geworden«, stellt Werner Abelshauser fest[47]. An diese Wurzeln unserer dualen Berufsausbildung wird heute selten gedacht. Sie haben zweifellos mit zur Akzeptanz nationalsozialistischer Wirtschaftspolitik in der Bevölkerung beigetragen.

1943 wurde »mit der totalen wirtschaftlichen Mobilisierung die gesamte Produktion auf die Bedürfnisse der Rüstung ausgerichtet.«[48] Die lebensnotwendige Versorgung der Heimatfront mit unentbehrlichen Verbrauchsgütern sollte unter Bevorzugung der fliegergeschädigten Gebiete nur »im Rahmen des Möglichen sichergestellt« werden, war also nachrangig. Das bekamen die Konsumgüter-

Abb. 13: Firmengebäude am Engelbosteler Damm Anfang 1946 (Foto Familienarchiv Appel)

produzenten zu spüren. »Wir haben kaum noch Ware, die wir frei verkaufen können. Sondern alles ist beschlagnahmt oder geht ans Heer, aber auch für diese Dinge bekommen wir Rohstoffe und Verpackungsmittel nur mit ganz außerordentlicher Mühe. Wir müssen um jedes Stück betteln«, klagte Appel in einem Brief an einen Verwandten im September 1944. »Wir nehmen Dinge, die uns gar nicht liegen, nur müssen wir unsere Gefolgschaft beschäftigen und müssen den Betrieb aufrechterhalten.«[49] Man versuchte die Mitarbeiter mit den notwendigsten Lebensmitteln zu versorgen. »Der Gesundheitszustand unserer Belegschaft konnte trotz der notwendigen Einschränkungen in der Ernährung als gut bezeichnet werden. Die Werksküche fand regen Zuspruch,« hieß es im Geschäftsbericht von 1944. In den letzten Kriegsjahren ging, wie sich eine ehemalige Mitarbeiterin erinnert, »alles an die Soldaten.« Das Heer war aber ein zunehmend schlechter Zahler. Gezahlt wurde mit wertlosen staatlichen Schuldtiteln, die sich bei Appel in der Bilanz von 1943 auf 712000 RM beliefen

47   Werner Abelshauser: Modernisierung oder institutionelle Revolution? In: Werner Abelshauser: Wirtschaftsordnung, Staat und Unternehmen, Essen 2003, S. 32.
48   Issing, Staatssekretär des Reichswirtschaftsministeriums, in: Die deutsche Volkswirtschaft 1943, S. 365
49   Heinz Appel: Brief an L. Thiele vom 22.9.1944, Familienarchiv

und im nächsten Jahr schon 1,4 Mio RM betrugen. Sie mussten am Ende des Krieges sämtlich als Verlust abgeschrieben werden.

Es gelang der Firma nicht mehr, die ausstehenden Beträge aus den Lieferungen an das Reich einzufordern. Das Werk Hannover wurde im Oktober 1943 schwer getroffen und noch einmal im März 1945. Außer dem guten Namen und den Grundstücken war bei Kriegsende 1945 kaum etwas geblieben.

Vom Käufermarkt zur industriellen Strukturkrise

Die Mitarbeiter kehrten zurück und sie waren es, die Heinz Appel bewegten weiterzumachen, als er, inzwischen 61 Jahre, nach dem Kriegstod seiner drei Söhne und der Zerstörung der Gebäude resigniert überlegte, sich zurückzuziehen. Der Wiederaufbau war mühsam, aber nach den Hungerjahren Ende der 40er gönnte man sich in den 50er Jahren wieder gutes Essen. Fast die Hälfte der Haushaltsausgaben floss in die Nahrungsmittel. So wuchs der Umsatz und Appel verdiente gut.
Die Firmen-Neubauten aus diesen Jahren, entworfen von Prof. Ernst Zinsser zeigten den Erfolg.

Die noch heute gut erinnerte Werbung von 1962 mit Heinz Ehrhardts Stimme aus dem Off »Schnippel die Schnappel, Majonäse von Appel« markiert aber schon den Übergang vom Verkäufer- zum Käufermarkt. Die Umsätze waren noch gut, aber die Erträge stagnierten. Die kapitalstarken Handelsketten verdrängten die kleinen Einzelhändler. Stahlkonzerne wie Haniel (Metro) drängten damals in den Handel. Sie forderten von den Herstellern happige Rabatte und konnten sie mit ihrer Marktmacht auch durchsetzen. Interessanterweise ging die Bereitschaft der Verbraucher, für qualitativ gute Nahrungsmittel mehr Geld auszugeben, mit zunehmender Kaufkraft zurück. Der Anteil der Lebensmittelausgaben am Haushaltsbudget sank, 1980 auf etwa ein Viertel des Budgets, für eine Feinkostfirma kein leichtes Umfeld.

Abb. 14: Salatreklame aus den 50er Jahren (Familienarchiv Appel)

Die Firma beauftragte 1968 die Unternehmensberatung Kienbaum mit einer Untersuchung und folgte deren Empfehlung eine Marketing-Abteilung einzurichten. Angesichts gesättigter Märkte, auf denen sich die Wettbewerber tummelten, wurde es aber schwieriger, eingeführte Produkte weiterhin gut zu verkaufen oder neue Produkte zu entwickeln und erfolgreich am Markt zu platzieren. Von einem »systematischen Marketing« erhoffte man sich Aufschluss über die Bedürfnisse der Verbraucher mittels qualitativer und quantitativer Marktforschung und eine Produktentwicklung, die die Marktorientierung systematisch organisiert. Statt des »unternehmerischen Riechers« sollten Abteilungen bzw. Stäbe den ständigen Kontakt zum Markt sichern. Aus den Werbeblättern der Firma sprach die Zuversicht der Werbeleute, durch Verbrauchertests das Verbraucherverhalten antizipieren zu können. Trotz ausgetüftelter Markteinführung und werbemäßiger Begleitung halten sich aber nur ein Viertel der neu eingeführten Produkte länger als vier Jahre, die Hälfte länger als zwei Jahre am Markt, viele der getesteten Produkte floppen gleich. Die Geschichten erfolgloser

Abb. 15: Foyer des Firmenneubaus am Engelbosteler Damm 1959 (Foto Familienarchiv Appel)

Produkte erzählen aber weder die Unternehmen noch die Werbebranche gern – wie etwa die des von Henkel produzierten Waschmittels »Mustang«. Es konnte sich trotz massiven Marktforschungs- und Werbeaufwands nicht am Markt etablieren.

Nach den spontanen Streiks in der Metallindustrie im Jahr 1969 stiegen allgemein die Personalkosten in der Bundesrepublik – bei Appel von 1969 bis 1971 um 25%. Die Kostenexplosion stellte die Eigentümerfamilie zunehmend vor das Problem, das notwendige Kapital für Investitionen aufzubringen. Zur Rationalisierung der Produktion wäre ein neuer Bau vor den Toren der Stadt notwendig gewesen. Die Firma hatte in Berenbostel bereits ein altes Ziegeleigelände an der B 6 gekauft, dort wo heute Möbel Hess steht. Das Zentrallager sollte 5 Millionen, eine neue Produktionsstätte über 30 Millionen DM kosten. Die Familie hatte dafür nicht das Kapital. So wurde ein Käufer gesucht. Vermittler war Kurt Scherer von der Deutschen Bank Hamburg, der als Kreditgeber erheblichen Druck auf die Familie ausübte. Sein Vorstandsmitglied Feith war Aufsichtsratsvorsitzender bei Südzucker. Die Familienanteile wurden im März 1933 an Südzucker verkauft. Über ihre Beteiligungen und die Stimmrechte nach dem sog. Depotstimmrecht hatten die Banken damals maßgeblichen Einfluss auf Firmenübernahmen.

Die neuen Eigentümer setzten mit H.G. Weber einen dynamischen Vorsitzenden ein, der bei Appel in die Billigproduktion gehen wollte. Das war ein völlig neuer Stil und hatte mit Markenqualität wenig zu tun. Der Preiskampf ging auf Kosten der Erträge. Mit den kapitalkräftigen Konkurrenten konnte Weber nicht mithalten. Diese hatten mit Nestlé, Unilever und Kraft Food genügend ausländisches Kapital im Rücken. Binnen eines Jahres stieg unter Webers Leitung die Verschuldung auf 11 Mio DM. Ein Gebietsverkaufsleiter heute: »Ich bin in heiligem Zorn ausgeschieden: Das konnte nicht gut gehen. Die hatten von Feinkost eine Ahnung wie der Maurer vom Wurzelziehen. Weber, der als großer Sanierer galt, kaufte sich in den Markt ein. Er nahm Geld in die Hand und ging zu den Handelsgruppen. Dieser Weg wird in die Pleite führen, wusste ich damals. Appel war Feinkostvorreiter und hätte mit kreativen neuen Produkten am Markt punkten können.«[50]

---

50   Interview mit U.B. Gebietsverkaufsleiter bei Appel.

Die Deutsche Bank setzte 18 Monate nach dem Kauf den Südzuckervorstand unter Druck, die Firma zu liquidieren oder zu verkaufen. Oetker war, wie schon zwei Jahre vorher, wieder an Appel interessiert. Ebenso die Firma Heinz (USA). Verkauft wurde aber an Peter Rehme, Südzucker über den Zucker verbunden und Eigner von Frenzel Senf. Rehme schloss die Produktionsstätte in Hannover und einige Jahre später auch in Hamburg.

Wie das Werk Lauterbach Volkseigentum wurde

Das letzte Werk, das aus alten Zeiten noch produzierte, war das Zweigwerk in Lauterbach auf Rügen. Dort hatte 1949 das neu gegründete Fischwerk VEB Sassnitz versucht, sich das Lauterbacher Zweigwerk einzuverleiben. »Wenn der Betrieb volkseigen würde, könnten die ganzen anfallenden Fische von Rügen in diesem Betrieb verarbeitet werden,« hieß es in einer Aktennotiz aus dem Innenministerium in Schwerin.[51] Das konnte man aber nicht gut öffentlich verkünden. So versuchten Landrat und Innenminister, der hannoverschen Firmenleitung Wirtschaftsverbrechen zu unterschieben, und behaupteten, Geld sei gesetzwidrig in den Westen verschoben worden. Das war damals ein häufiger Vorwand, um einen Grund für die Enteignung zu finden. Obwohl nach einer Anfrage der CDU-Fraktion im Landtag von den Vorwürfen nichts blieb, behauptete SED-Innenminister Warnke, es habe »Machenschaften« der Besitzer gegeben, und der Betriebsleiter wurde abgesetzt. Die Belegschaft wehrte sich mit einem Protestschreiben und verlangte dessen Wiedereinsetzung.[52] So wurde die Enteignung aufgeschoben und ein Pachtvertrag mit der Firma Appel abgeschlossen, die Pacht aber bereits ab 1951 nicht mehr auf das Notenbankkonto der Firma Appel gezahlt. Der Status des Betriebes wechselte mehrfach, aber immer gab es Probleme mit der Bereitstellung von Investitionsmitteln. Eine Kläranlage wurde 1953 für hygienische Produktionsbedingungen dringend nötig erachtet, aber 1963 war die Kläranlage immer noch nicht fertig. »Seit zwei Jahren kann man die Kläranlage im Werk Lauterbach als Investruine ansprechen. Der VEB Wolgast als Baubetrieb vertritt die Meinung, daß die im Projekt geforderte Technologie (wasserdichter Beton) nicht möglich ist.«[53]

1967 fragte Werner Blunck, der als Schwiegersohn von Heinz Appel zehn Jahre zuvor die Leitung der Firma übernommen hatte, im Fischkombinat in Sassnitz nach dem Stand der Pacht. Nach langem internen Hin und Her, wer antworten sollte, wurde Blunck mitgeteilt: »Die Übersendung einer Abschrift oder Fotokopie kann nicht erfolgen, solange die Regierung der Bundesrepublik auf einem Alleinvertretungsanspruch besteht.«[54] Die Hoffnungen, die eine Diktatur weckt, sind indes trügerisch. Mit den Ostverträgen gab die Bundesregierung ihren Alleinvertretungsanspruch auf. Kaum war das lang angestrebte Ziel, die Anerkennung eigener Staatlichkeit, erreicht, verzichtete die DDR auf die Fiktion von Privateigentum in der Wirtschaft.

Im September 1971 war in Berlin das Viermächteabkommens unterzeichnet worden, das nach der Ratifizierung des Transitabkommens mit der DDR und der Ostverträge durch den Bundestag in Kraft treten sollte. Drei Monate später beschloss das ZK der SED die Enteignung noch bestehender Privatbetriebe.[55] Am 24. April 1972 war Barzel mit sei-

---

51 Restititutionsakte Appel, ehemaliges Landesamt zur Regelung offener Vermögensfragen Mecklenburg-Vorpommern LARoV M–V Finanzministerium Schwerin, Aktennotiz vom 1.4.1949.
52 Protestschreiben der Belegschaft an Innenminister Warnke am 13.4.1949, ebd.
53 Ebd. Aktennotiz vom 7.5.1963.
54 Restitutionsakte Appel, Schreiben vom 31.7.1967.
55 Die Aktion 72 zur Verstaatlichung von Betrieben in der ehemaligen DDR, Schriftenreihe des Bundesamts zur Regelung offener Vermögensfragen, Heft 2, S. VI.

nem Misstrauensvotum gegen Brandt gescheitert. Am 26. April 1972 fasste das Präsidium des Ministerrates als »Vertrauliche Verschlußsache« den Beschluss über die Umwandlung der staatlich verwalteten Betriebe von westdeutschen bzw. Westberliner Eigentümern in Volkseigentum. »Betriebe, die westdeutschen bzw. Westberliner Eigentümern gehören und staatlich verwaltet werden, sind in Volkseigentum umzuwandeln.«[56] Am 17. Mai wurden die Ostverträge bei Enthaltung der CDU/CSU im Bundestag ratifiziert. Nach dem Inkrafttreten der Ost-Verträge am 3. Juni hatte es die DDR-Regierung mit den Enteignungen sehr eilig: »Alle Maßnahmen zur Klärung der Eigentumsverhältnisse und zur Berichtigung der Eigentümerübertragungen in den Grundbüchern sind so zügig durchzuführen, daß sie bis zum 31. 7. 1972 abgeschlossen sind.«[57] Jeglicher Schriftwechsel mit den westdeutschen Eigentümern wurde ausdrücklich untersagt.[58]

1989 produzierte die Lauterbacher Fabrik mit 50 Beschäftigten Feinmarinaden. Die ehemalige Eigentümerfamilie Appel verzichtete auf Restitutionsforderungen. In der Familie gab es weder das entsprechende Kapital noch ein Familienmitglied, das seine berufliche Zukunft im Aufbau eines Fischfeinkostbetriebes in den neuen Bundesländern sah. Aber die Firma Frenzel, die den Produktionsstandort Hannover stillgelegt hatte, betrieb ein Restitutionsverfahren und erhielt eine sog. Erlösauskehr. Der VEB-Betrieb in Sassnitz beschäftigte zu dieser Zeit noch tausend Mitarbeiter. Er legte den Lauterbacher Betrieb 1991 still. Ein ehemaliger Appelmitarbeiter und Fischfachmann, der jahrzehntelang im Auftrag der Welternährungsorganisation FAO tätig gewesen war, sollte in dem ehemaligen volkseigenen Betrieb für die Firma Hawesta rationelle Produktion einführen. Das war nicht einfach. »Da waren noch die alten Stasi-Leute mit ihren Verbindungen und sehr mächtig«. Statt tausend Leuten wurden nur hundert gebraucht. »Es standen viele auf den Lohnlisten, die im Betrieb nicht auftauchten. Wir hatten Bombagen[59] noch und noch, denn die Rohware stand in der Sonne, die Keimbelastung war zu hoch.«[60]

Heute werden in Cuxhaven wieder Fischkonserven der Marke Appel produziert. Der Enkel von Peter Rehme (Frenzel-Senf) hatte die Marke 1998 an die Heristo AG verkauft, die das Hummerlogo wieder zum Leben erweckte. »Gut finde ich, dass es die Marke Appel noch gibt,« sagt heute eine ehemalige Mitarbeiterin. Das ist nicht selbstverständlich. Nicht wenige traditionelle Industriebetriebe Hannovers sind ganz vom Markt verschwunden. Andere leben wie Appel nach mehreren Eigentümerwechseln andernorts als Marke weiter. Sie bleiben aber als Name mit der Stadt verbunden.

56 Präsidium des Ministerrats »Vertrauliche Verschlußsache«, Beschluss über die Umwandlung der staatlich verwalteten Betriebe von westdeutschen bzw. Westberliner Eigentümern in Volkseigentum vom 26. 4. 1972, Landesarchiv Greifswald.
57 Ministerrat der DDR Informationsdienst Nr. 6, 18. 5. 1972, Landesarchiv Greifswald.
58 Ebd.
59 Aufblähung von Dosen durch Gärung oder Fäulnis, häufig ein Anzeichen, dass der Inhalt verdorben ist.
60 Interview mit H.-J.H., 1961–1964 bei Appel.

Lothar Sickel

Der Weg zum »Museum Kestnerianum«
August Kestners Testamente*

125 Jahre nach seiner Eröffnung am 10. November 1889 ist das »Museum August Kestner« zweifelsohne eine der traditionsreichsten Einrichtungen im Kulturleben der Landeshauptstadt Hannover. Es ist als Institution selbst geschichtsträchtig, und darüber könnte leicht in Vergessenheit geraten, dass die amtlich am 5. April 1884 vollzogene Stiftung der Familie Kestner an ihre Heimatstadt und damit die eigentliche Gründung des Museums in Hannover alles andere als eine Selbstverständlichkeit war.[1] Sie bezeichnete vielmehr die glückliche Vollendung einer Aufgabe, die August Kestner (1777–1853), langjähriger königlicher Gesandter in Rom und eigentlicher Initiator der Sammlung, seinem Neffen Hermann vor seinem Tod im März 1853 überantwortet hatte.[2] Mit der Stiftung der Sammlung an die Stadt Hannover entsprach Hermann Kestner (1810–1890) zwar dem Wunsch seines Onkels. Dieser hatte seine Idealvorstellung von der Errichtung eines »Museum Kestnerianum« vor seinem Ableben aber nur unpräzise formuliert, obwohl – oder vielleicht gerade weil – er sich mit der Frage nach der zukünftigen Bestimmung seiner Sammlung über viele Jahre intensiv beschäftigt hatte.

Kestners Zwiespalt: Göttingen oder Hannover?

Ein erstes Konzept verfolgte August Kestner sicherlich schon, seit sich die Räume seines römischen Domizils im Palazzo Tomati ab 1827 mehr und mehr mit antiken Skulpturen, Gemälden und den Fundstücken seiner Reisen und Ausgrabungen zu füllen begannen.[3] Das allmähliche Anwachsen der Sammlung Kestners lässt sich anhand der verfügbaren Unterlagen nur bedingt nachvollziehen, denn die meisten Ankäufe blieben undokumentiert. Aber es ist offenkundig, dass seine rege Akquisitionstätigkeit – über seine persönlichen wissenschaftlichen und repräsentativen Interessen hinaus – auf eine spätere Weitergabe der Sammlung an eine kulturelle Einrichtung in Deutschland abzielte. Obgleich Kestner auch Malerei des italienischen Quattro- und Cinquecento erwarb,

---

*   Der vorliegende Beitrag enthält mehrere Verbesserungen gegenüber einer früheren Textfassung in der Sonderpublikation »Kestner-Museum – 125 Jahre – Museum August Kestner, Hannover 2014«.

1   Der Schenkungsvertrag ist bislang nicht vollständig veröffentlicht. Zu einzelnen Bestimmungen vgl. Irmgard WOLDERING: Kestner Museum 1889 – 1964. Hannover 1964, S. 9f.

2   Zur Person August Kestners weiterhin grundlegend Marie JORNS: August Kestner und seine Zeit, 1777–1853. Hannover 1964. Vgl. ferner die neueren Beiträge von Hans-Georg ASCHOFF: August Kestner. Hannovers Gesandter in Rom. In: Goethes Lotte. Ein Frauenleben um 1800 [Ausstellungskatalog]. München / Berlin 2003, S. 198–209, Cornelia REGIN: August Kestner: Ein Deutschrömer. In: Ebd., S. 210–221, sowie Anne Viola SIEBERT: Von Hannover in die Welt: Neues zu August Kestners Sizilienreise 1824. In: Hannoversche Geschichtsblätter 65 (2011), S. 93–109.

3   Im Palazzo Tomati in der Via Gregoriana 42 hatte Kestner bereits zu Beginn seiner diplomatischen Laufbahn als Legationssekretär ab März 1817 gewohnt. Nach vorübergehendem Wohnungswechsel (1826 wohnte Kestner in der Villa Malta) kehrte er dann 1827 dauerhaft in das Gebäude zurück. Zur Genese und Struktur der Sammlung vgl.: 100 Jahre Kestner-Museum Hannover: 1889–1989, Ulrich Gehrig (Hrsg.). Hannover 1989. Auf den Spuren von August Kestner [Museum Kestnerianum 5]. Hannover 2003. Anne Viola SIEBERT: Geschichte(n) in Ton. Römische Architekturterrakotten [Museum Kestnerianum, 16]. Regensburg 2011. Christian E. LOEBEN: August Kestners Pontormo in Rom und seine ersten 160 Jahre in Hannover. Ein Beitrag zur Sammlungsgeschichte. In: Pontormo. Meisterwerke des Manierismus in Florenz [Ausst.Kat., Hannover, Landesmuseum], Bastian Eclercy (Hrsg.). Petersberg 2013, S. 86–95. Sowie Thomas ANDRATSCHKE: August Kestner. Künstler, Sammler, Kunsthistoriker. In: Bürgerschätze. Sammeln für Hannover [Ausst.Kat, Hannover, Museum August Kestner]. Hannover 2013, S. 30–45.

lag der Schwerpunkt seiner Sammlung unzweideutig im Bereich der Archäologie und Altertumskunde. Sie hatte damit eine eher akademische Ausrichtung, und auch ihre zukünftige Zweckbestimmung wird in Kestners ersten Überlegungen dieses Vorzeichen gehabt haben. Wie der Gedanke an eine Stiftung allmählich reifte und welchen Schwankungen er unterlag, war anhand der erhaltenen Schriftquellen aber nur bedingt nachvollziehbar.

Als wichtigster und letztlich auch entscheidender Referenzpunkt gilt das Testament, das August Kestner am 12. September 1851 bei seinem vorletzten Besuch in Hannover aufgesetzt hatte.[4] Es enthält den erwähnten Auftrag an den Neffen Hermann, dem es jedoch anheim gestellt wird, ob das »Museum Kestnerianum« wirklich in Hannover zu etablieren sei. Alternativ erwägen sollte Hermann auch eine Stiftung der Sammlung an die Landesuniversität nach Göttingen. Wie August Kestner in seinem Testament selbst bekennt, hatte er diese Option über Jahre favorisiert. Das Vorhaben gründete sicherlich auf Kestners enger Verbundenheit zur Universität Göttingen. Während seines Studiums an der »Georgia Augusta« in den Jahren 1796–1799 wurde dort Kestners Begeisterung für die Kunstgeschichte wenn nicht erweckt, so doch in ein wissenschaftliches Interesse überführt.[5] Ferner konnte Kestner davon ausgehen, dass seine Sammlung an der Universität Göttingen in einem gesicherten institutionellen Rahmen untergebracht sein würde. In seinen Überlegungen war dies stets ein wichtiger Aspekt. Ein schwieriger Prozess des Zweifelns und Abwägens über die Bestimmung seiner Sammlung ließ ihn schließlich aber von seinem ursprünglichen Vorhaben Abstand nehmen. Wie sich jener Prozess vollzog, soll im Weiteren auch anhand neuer Dokumente genauer rekonstruiert werden.

Unbekannte Testamente in Hannover und Rom

Vorzustellen sind insbesondere neue Materialien aus den Archiven Roms. Durch sie lässt sich nachweisen, dass Kestner vor dem September 1851 mindestens drei frühere Testamente aufgesetzt hatte: Ein – soweit bekannt – erstes Testament hinterlegte er kurze Zeit vor seinem 60. Geburtstag im Oktober 1837 in Hannover, ein weiteres verfasste er knapp elf Jahre später, am 4. Juli 1848, in Rom und sodann hinterlegte er am 10. Mai 1851 abermals in Rom ein neues Testament, das dem letzten vom 12. September 1851 also nur um vier Monate vorausgeht. Alle vier Testamente enthielten sicherlich mehr oder weniger präzise Richtlinien hinsichtlich der zukünftigen Bestimmung und Aufbewahrung der Sammlung Kestners. Konkret verifizieren lässt sich dies aber nur im Fall der beiden letzten Testamente aus dem Jahr 1851, die als einzige erhalten sind.

Das im September 1851 in Hannover aufgesetzte Testament ist der Forschung zwar seit längerem bekannt, wird hier aber erstmals vollständig im Anhang publiziert.[6] Die frühere Fassung vom 10. Mai 1851 konnte hingegen erst unlängst ermittelt werden. Die Übergabe des verschlossenen Testaments an den Notar Filippo Malagricci hatte August Kestner in seinem Tagebuch vermerkt.[7] Auf diese Notiz bezieht sich sicherlich die kurze Erwähnung des Vorgangs in der Monographie von Marie Jorns.[8] Der Hinweis blieb jedoch unbeachtet.

---

4   Hannover, Stadtarchiv, NL Kestner II. B 8.2. Das Testament ist nicht eigenhändig verfasst. Eine Abschrift als Typoskript in ebd., HR 10, Nr. 1372 . Nur Auszüge sind publiziert in WOLDERING (wie Anm. 1), S. 6–8, sowie erneut (offenbar nach Woldering) in dem Sammelband: 100 Jahre Kestner-Museum (wie Anm. 3), S. 221f. (Aus dem Testament August Kestners).

5   JORNS (wie Anm. 2), S. 8–14.

6   Zum archivalischen Nachweis vgl. Anm. 4.

7   Hannover, Stadtarchiv, NL Kestner II B.7 065 (unter dem Datum). Der 10. Mai 1851 war ein Samstag.

8   JORNS (wie Anm. 2), S. 438 (dort ohne Quellennachweis).

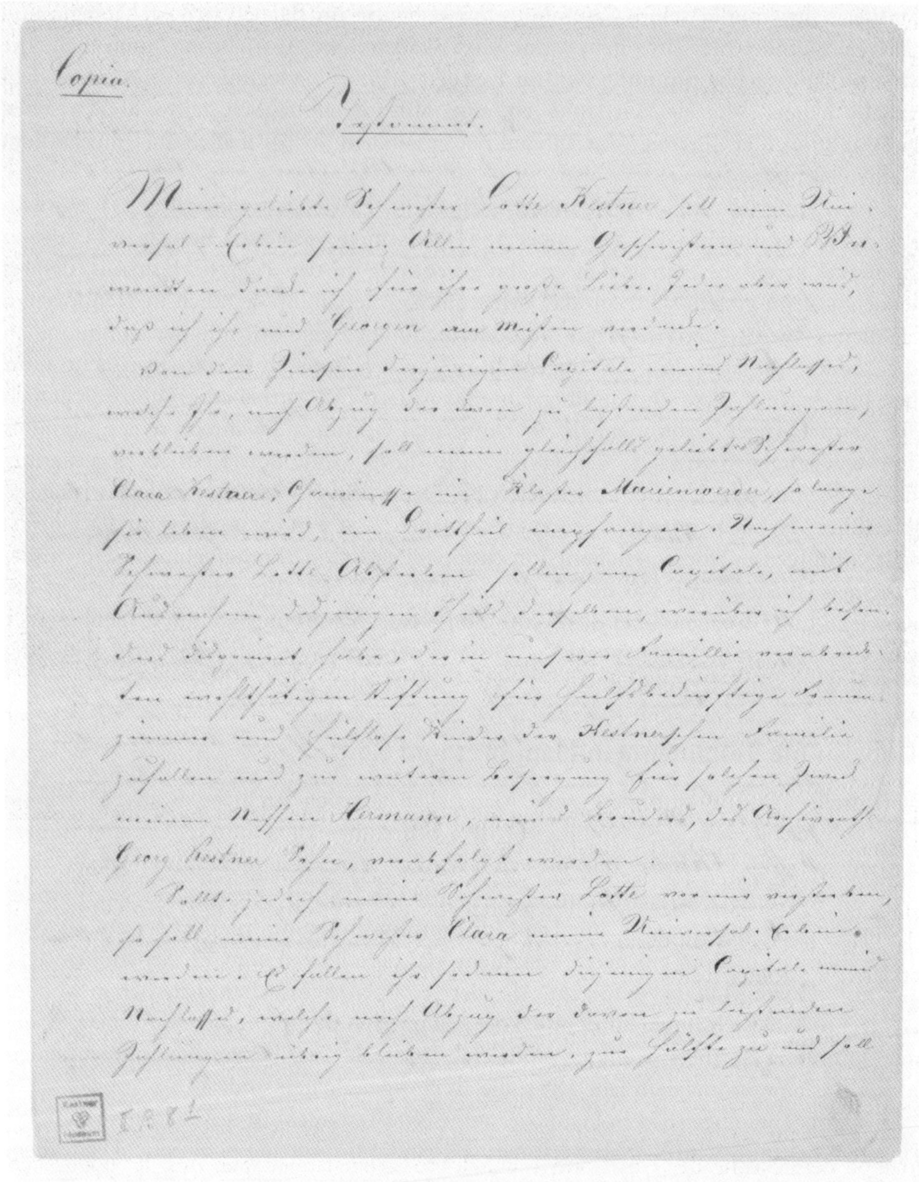

Abb. 1: Die erste Seite aus August Kestners letztem Testament vom 12. September 1851 (StadtAH; NL Kestner II.B.8, Nr. 1)

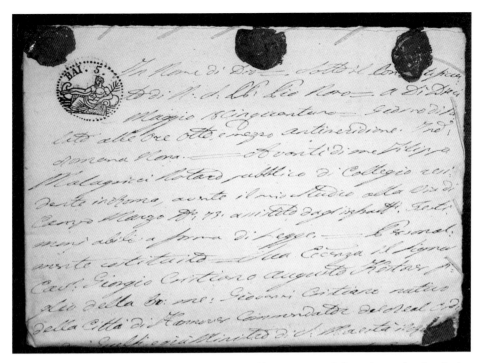

Abb. 2: August Kestners Testament vom 10. Mai 1851 in geschlossenem Zustand. (Rom, Staatsarchiv; Foto: Lothar Sickel, Konzession: ASR 37/2014)

Da ein späteres Testament existierte, war auch nicht unbedingt damit zu rechnen, dass die Fassung vom Mai 1851 noch erhalten sein würde. Sie fand sich schließlich unter den ungeöffneten Testamenten aus der Kanzlei Malagriccis. Auf die Einzelheiten ist noch näher einzugehen. Zu erwähnen ist zunächst, dass allein die Fassung vom Mai 1851 den Hinweis auf das ältere Testament vom Oktober 1837 enthält, das Kestner nun ausdrücklich für nichtig erklärte.[9] Im letzten Testament vom September 1851 fehlt dieser Rückverweis – vermutlich weil Kestner es in Hannover aufsetzte und bei dieser Gelegenheit auch gleich die frühere Version annullierte.[10] Im römischen Testament vom Mai 1851 musste sie noch erwähnt und für ungültig erklärt werden, weil Kestner nicht sicher sein konnte, sie später in Hannover persönlich durch ein neues Testament substituieren zu können.

Auch wenn der Inhalt des Testaments vom Oktober 1837 nicht bekannt ist, lohnt eine knappe Betrachtung der Umstände, unter denen es entstanden war. Auf der politischen Ebene war das Jahr 1837 durch den Tod von König Wilhelm IV. am 20. Juni und durch die daraus resultierenden Veränderungen im Königreich Hannover gekennzeichnet: Das Ende der Personalunion und die Residenznahme des neuen Königs Ernst August in der Landeshauptstadt am 28. Juni. Die neuen Verhältnisse betrafen unmittelbar auch Kestners Amtsstatus, denn er war nicht länger Geschäftsträger der englischen Krone in Rom.[11]

9   Zum »Mai-Testament 1851« vgl. Anm. 32. Mein Dank gilt an dieser Stelle Herrn Jürgen Krömer, der bei der Entzifferung der nicht leicht lesbaren Handschrift August Kestners eine große Hilfe war.

10   Unter den im Niedersächsischen Landesarchiv Hannover bewahrten Beständen des Amtsgerichts ist kein Nachweis über Kestners Testament vom Oktober 1837 zu ermitteln (freundliche Mitteilung von Sylvia Günteroth vom 6. Juni 2014).

11   Das Gemeinderegister von Sant'Andrea delle Fratte von 1829 bezeichnet Kestner als »Cav[aliere] Kestner consigliere degli affari di S[ua] M[aestà] Britannica«; Schedarium Noack, Rom, Bibliotheca Hertziana.

Welche Nachteile ihm später daraus erwachsen sollten, mag Kestner bereits erahnt haben. Ganz unbeschwert wird sein Aufenthalt in Hannover während der Sommermonate nicht verlaufen sein. Mitte September reiste Kestner jedenfalls nach Göttingen, um an der dortigen Säkularfeier teilzunehmen.[12] In Göttingen traf er den Maler und Kunsthistoriker Carl Oesterley (1805–1892), den er zehn Jahre zuvor in Rom kennengelernt hatte, und sehr wahrscheinlich auch Carl Otfried Müller (1797–1840), seit 1819 Ordinarius für Klassische Philologie und »Kunstarchäologie« und einer der führenden Köpfe der Universität.[13] Ob man schon damals auf den zukünftigen Verbleib von Kestners Sammlung zu sprechen kam, ist nicht belegt, aber auch nicht auszuschließen. Für solche Erörterungen boten die damaligen Festlichkeiten vielleicht nicht den richtigen Rahmen. Thema war wahrscheinlich eher die vom König am 5. Juli verfügte Aufhebung der Verfassung, die Mitte November den entschiedenen Protest der »Göttinger Sieben« provozierte.

Von welchen Erwägungen Kestner geleitet war, als er nach seiner Rückkehr aus Göttingen und kurz vor seiner Abreise nach Rom im Oktober 1837 in Hannover sein Testament aufsetzte, ist also nur zu erahnen. Der harsche Herrschaftsantritt des neuen und wenig kulturbegeisterten Königs dürfte eine Entscheidung für eine Stiftung nach Hannover kaum begünstigt haben. Die »Georgia Augusta« bot hingegen ein solides Forum. Das dortige »akademische Museum« bestand offiziell bereits seit 1779. Kestner kannte die auf den Schenkungen Uffenbach (1770) und Zschorn (1795) basierende Sammlung an Zeichnungen und Gemälden durch seinen Lehrer Giovanni Domenico Fiorillo (1748–1821) sicher sehr genau. Eine etwaige Stiftung von seiner Seite wäre ein wichtiger Beitrag zum Ausbau der archäologischen Sammlung gewesen, in der es bis dahin zwar zahlreiche Gipsabgüsse, aber kaum originale Bildwerke gab.[14] Ein solches Vorhaben hätte Kestner aber gewiss nur in Absprache mit den lokalen Entscheidungsträgern, insbesondere mit Müller und Oesterley, in die Wege leiten können, doch für einen entsprechenden Austausch zum damaligen Zeitpunkt fehlt bislang ein konkreter Beleg.

Kestners Versprechen gegenüber Carl Otfried Müller

Gesichert ist hingegen, dass Kestners Stiftungsvorhaben ein Thema in den Unterredungen mit Müller war, als dieser gut zwei Jahre später, von Ende Oktober bis Ende Dezember 1839, auf seiner Reise nach Sizilien und Griechenland für zwei Monate in Rom weilte und während dieser Zeit in engem Kontakt zu Kestner stand.[15] Natürlich besichtigte Müller auch die Sammlung Kestners im Palazzo Tomati und ließ mehrere Stücke von seinem Begleiter, Georg Friedrich Neise, zeichnen.[16] Bei einer ihrer damaligen Begegnung muss ihm Kestner das feste Versprechen gegeben haben, dass er seine Sammlung späterhin der Universität Göttingen vermachen würde. Dieser Sachverhalt ist durch

12 Jorns (wie Anm. 2), S. 284. Zum Verlauf der Feier vgl. Wilhelm Bleek: Friedrich Christoph Dahlmann. Eine Biographie. München 2010, S. 163–166.

13 Zu Oesterley und seiner Zusammenarbeit mit Müller vgl. Karl Arndt: Carl Wilhelm Friedrich Oesterley. Ein Göttinger Kunsthistoriker, Maler und Zeichner. In: Göttinger Jahrbuch 48 (2000), S. 67–95. Zu Oesterleys Studienaufenthalt in Rom in den Jahren 1826–1828 und seiner Begegnung mit Kestner vgl. auch Ulrike Koeltz: Vittoria Caldoni – Modell und Identifikationsfigur des 19. Jahrhunderts. Frankfurt a.M. 2010, S. 154f. Zu Müller vgl. Paul Zanker: Carl Otfried Müllers Haus in Göttingen. Zur Selbstdarstellung eines deutschen Professors um 1835. In: Göttinger Jahrbuch 36 (1988), S. 141–161.

14 Vgl. Karl Arndt: Die Göttinger Universitäts-Kunstsammlung: Geschichte und Aufgaben. In: Georgia Augusta 45 (1986), S. 33–45, sowie Ulrike Beisiegel: Die Sammlungen, Museen und Gärten der Universität Göttingen. Göttingen 2013.

15 Jorns 1964, S. 303.

16 Vgl. Hartmut Döhl: Karl Otfried Müllers Reise nach Italien. In: Die Klassische Altertumswissenschaft an der Georg-August-Universität Göttingen, Carl Joachim Classen (Hrsg.). Göttingen 1989, S. 51–77, hier S. 59. Wie Döhl bemerkt, wurden die Zeichnungen wohl bereits im Hinblick auf die erwartete Überführung der Sammlung nach Göttingen angefertigt.

entsprechende Aussagen in Kestners Testament vom Mai 1851 und vom September 1851 klar belegt.[17] Auch Müllers Nachfolger als Leiter der archäologisch-numismatischen Sammlung, Friedrich Wieseler (1811–1892), erinnerte in seinem »museographischen Bericht« von 1859 an Kestners Versprechen.[18] Am Ende des Jahres 1843 muss es Kestner gegenüber Wieseler sogar schriftlich erneuert haben.[19] Kestners Vorhaben war ein »offenes Geheimnis«, über das auch die Mitglieder des Archäologischen Instituts in Rom informiert waren. Entsprechend groß war auch dort die Irritation, als nach Kestners Tod bekannt wurde, dass die Sammlung zumindest vorläufig doch nach Hannover in den Besitz des Neffen Hermann Kestner kommen würde.[20]

Zwischen 1844 und 1851 muss Kestner seinen festen Entschluss zur Stiftung der Sammlung nach Göttingen geändert haben. Eine wichtige Rolle dürfte dabei der frühe Tod Carl Otfried Müllers am 1. August 1840 in Athen gespielt haben. Denn es erscheint unwahrscheinlich, dass der sehr auf seine Reputation bedachte Kestner das Müller gegebene Ehrenwort zu dessen Lebzeiten widerrufen hätte. Wie in einem tragischen Schauspiel gewann Kestner erst durch Müllers Tod jene Entscheidungsfreiheit zurück, die ihn seinen Willen später ändern ließ. Dies war wahrscheinlich kein spontaner Entschluss, sondern ein allmählicher Entwicklungsgang. Man könnte ihn gewiss präziser nachverfolgen, wenn das erwähnte Testament vom Juli 1848 im Wortlaut bekannt wäre. Die Existenz jenes Dokuments ist jedoch nur durch indirekte Nachweise belegt. Die Übergabe des Testaments erwähnt Kestner unter dem 4. Juli 1848, einem Dienstag, in seinem Tagebuch.[21] Schon damals war Filippo Malagricci der Notar, der das Testament in Verwahrung nahm.[22] Der Aktenvermerk besagt, daß die Übergabe in Gegenwart des Advokaten Cesare Buti (1806–1901) erfolgte. Er war der Eigentümer der im rückwärtigen Teil an den Palazzo Tomati grenzenden »Casa Buti«, die im 18. und 19. Jahrhundert zahlreiche Künstler und Intellektuelle zumal aus Nordeuropa beherbergt hatte, und also Kestners Nachbar.[23] Dem Übergabeprotokoll ist ferner der Hinweis zu entnehmen, dass Kestner das Testament eigenhändig verfasst hatte und dass es, wie üblich, in einem versiegelten Umschlag übergeben wurde. Anders als das Testament vom Mai 1851 verblieb jene frühere Fassung jedoch nicht in Malagriccis Kanzleiarchiv. Vielmehr besagt ein gesondertes

17 Vgl. »Mai-Testament 1851« (wie Anm. 32), S. 4.
18 »In diesen Zeitraum [1853] fällt auch der Tod des K. Ministerresidenten zu Rom, Legationsrathes Kestner, der sowohl dem seligen Müller als auch mir unaufgefordert in Aussicht gestellt hatte, dass er seine Antikensammlung unserer Universität vermachen werde. Hätte dieses wirklich stattgehabt, so würde unsere Sammlung namentlich Betreff der geschnittenen Steine, der Gefässe und Figuren aus gebranntem Thon, der kleinen Bronzen und anderer Anticaglien, sowie auch der Münzen unzweifelhaft die erste Universitätssammlung Deutschlands sein. Leider aber lässt das der Universität mitgetheilte Testament Kestner's dieser in Wirklichkeit nur die Aussicht auf die Möglichkeit, dass sie sich einmal dieses Schatzes werde erfreuen können.« Zitiert nach Friedrich WIESELER: Die Sammlungen des archäologisch-numismatischen Instituts der Georg-Augusts-Universität. Ein museographischer Bericht. Göttingen 1859, S. 13.
19 Auf Kestners Angebot antwortete Wieseler am 2. Januar 1844 in einem überaus ehrerbietigen Schreiben; JORNS (wie Anm. 2), S. 348f. In der jüngeren Literatur wurde es gelegentlich als Ablehnung der Offerte Kestners gedeutet, was aber sicher unzutreffend ist.
20 Von einer gewissen Animosität gekennzeichnet ist Wilhelm Henzens Kommentar in einem Brief aus Rom an Eduard Gerhard vom 12. April 1853: »Auch ist nicht wahr, daß die Sammlungen an Göttingen vermacht sind, das ihn [Kestner] nicht genug honoriert hat. Sie kommen zu den Neffen.« Zitiert nach: Wilhelm Henzen und das Institut auf dem Kapitol, Hans-Georg Kolbe (Hrsg.). Mainz 1984, S. 90. In Henzens Bemerkung klingt vielleicht an, dass Kestner im März 1852 die Ehrendoktorwürde der Universität Jena erhalten hatte. Eine entsprechende Auszeichnung von Seiten der Universität Göttingen hätte für Kestner in der Tat eine Verpflichtung bedeutet. In einem Schreiben an Gerhard vom 6. März 1853 erwähnte Henzen aber bereits Kestners Wunsch »daß seine Kunstsachen gut nach Hannover transportiert würden«; Ebd. S. 87. Zu Wieselers Haltung vgl. Anm. 18 und 54.
21 Hannover, Stadtarchiv, NL Kestner II, B.7 058 (unter dem Datum).
22 Archivio Storico Capitolino (fortan: ASC), Archivio Urbano, sez. XXVIII, vol. 127, Nr. 2021.
23 Vgl. Friedrich NOACK: Casa Buti in Rom. In: Westermanns illustrierte deutsche Monatshefte 90 (1901), S. 788–795, sowie Annette DOMSCHEIT-PREUSS: »Casa Buti – Deutsches Künstlerleben in Rom«. In: Räume der Geschichte: Deutsch-Römisches vom 18. bis 20. Jahrhundert, Dieter Ahrens (Hrsg.). Trier 1986, S. 101–111.

Protokoll vom 10. Mai 1851, dass der verschlossene Umschlag wieder an Kestner ausge-händigt wurde, als er am gleichen Tag sein neues Testament an Malagricci aushändigte.[24] Sehr wahrscheinlich hat Kestner das ältere Dokument bald darauf selbst vernichtet, um kein juristisches Zeugnis zu hinterlassen, mittels dessen seine letzte Willenserklärung viel-leicht anfechtbar gewesen wäre.

Umdenken nach politischen Krisen und familiären Einwänden

In Unkenntnis des Inhalts können abermals nur Überlegungen zum historischen Kontext des Vorgangs angestellt werden. In dieser Hinsicht ist bemerkenswert, dass Kestner kein Wort über die Abfassung seines neuen Testaments verlor, als er am gleichen Tag (4. Juli 1848) einen Brief an seinen Neffen Hermann nach Hannover schrieb.[25] Hermann hatte seinen Onkel im Herbst 1846 in Rom besucht. Wenn Kestner schon damals die Absicht hatte, die Sammlung seinem Neffen zu überlassen, hätte er ihm dies persönlich mitteilen können. Kestners Schweigen über den notariellen Akt bedeutet aber wohl, dass er die Sammlung damals noch nach Göttingen geben wollte. Es scheint jedenfalls kein Zufall zu sein, dass die Abfassung des neuen Testaments abermals in einer Zeit politischer Umbrüche erfolgte. Kestner verfolgte die mit der März-Revolution eingetretenen Entwicklungen bekanntlich sehr distanziert und kritisch.[26] Sorge bereitete ihm aber vor allem seine persönliche Stellung in Rom. Im April 1848 fürchtete er um seine Abberufung, die ihn dann tatsächlich einige Monate später zu Beginn des Jahres 1849 im damaligen Exilsort von Papst Pius IX. in Gaeta ereilte.[27] Im Juli 1848 verfasste Kestner sein Testament also in einer Zeit großer Instabilität; hinzu kamen verstärkt gesundheitliche Probleme.[28] Andererseits war Kestner aber auch, wie noch genauer auszuführen ist, von der Liebe zu einer jungen Frau erfüllt. Wie sich diese sehr gemischte Gefühlslage in seinem Testament niederschlug, d.h. welche Dispositionen er damals bezüglich des Verbleibs seiner Sammlung traf, bezeichnet ein Kuriosum, das sich einer präzisen Bestimmung entzieht. Sehr wahrscheinlich favorisierte Kestner immer noch eine Stiftung der Sammlung nach Göttingen. Denn sonst wäre unverständlich, warum ihm seine Schwester Charlotte noch zu Beginn des Jahres 1851 Vorhaltungen machte, dass er diesem Gedanken weiter nachhing.

Der Briefwechsel der Geschwister vom März 1851 zeichnet ein lebendiges Bild von den Debatten, die wahrscheinlich schon einige Zeit früher innerhalb der Familie Kest-ner geführt wurden. Er offenbart zwei konträre Auffassungen von der gesellschaftlichen Relevanz privaten Kunstbesitzes. Während August seine Sammlung akademischen Studi-enzwecken zuführen wollte, verwies Charlotte auf das Anrecht der Familie und betonte die große Bedeutung eines öffentlichen Museums für die Volksbildung in Hannover. So schrieb sie am 13. März 1851 an ihren Bruder: »Es würde viel böses Blut in der Familie erregen« und »Daß in Hannover sich eine größere Masse und der verschiedenartigsten

---

24 Archivio di Stato di Roma (fortan: ASR), 30 Notai Capitolini, uff. 12, vol. 582, fol. 15–16, Nr. 5628; Kopie in ASC, Archivio Urbano, sez. XXVIII, vol. 132, Nr. 5628. Zeugen des Vorgangs waren Alessandro Cioldrani, der bereits die Übergabe des Testaments am 4. Juli 1848 bezeugt hatte, dessen Identität aber unklar bleibt, sowie der angehende Maler Belisario Gioja (1829–1906), Sohn von Pacifico und Vater von Edoardo Gioja (1862–1936). Letzterer wurde als Maler deutlich namhafter als sein Vater. Ob Belisario Gioja für Kestner auch künstlerisch tätig war, ist bislang nicht bekannt.

25 Auszüge aus dem Brief referiert Jorns (wie Anm. 2), S. 404.

26 Vgl. Kestners Brief an sein Schwester Charlotte vom 27. Juni 1848, publiziert von Hermann Kestner-Köchlin: Briefwechsel zwischen August Kestner und seiner Schwester Charlotte. Straßburg 1904, S. 300f.

27 Jorns (wie Anm. 2), S. 415. Kestner sah sich als »Schlachtopfer der Revolution« wie Henzen – mit ironischem Unterton – am 27. Juli 1849 an Gerhard schrieb; Kolbe (wie Anm. 20), S. 48.

28 Vgl. Henzens Brief an Gerhard vom 6. November 1847; Kolbe (wie Anm. 20), S. 31.

Menschen dran erfreuen und erheben werden, ist unumstößlich. Man könnte dagegen einwenden, daß die Masse in Göttingen befähigter wäre, es zu schätzen, da es Studierende sind. Aber das leuchtet mir nicht ein. In dem Alter der Studenten ist man doch wohl nur sehr ausnahmsweise mit Kunst beschäftigt. Das ist eine Erfahrung, die ich ja sogar in meinem (vergleichsweise geredet) Köchinnen-Leben gemacht habe. Hättest Du wie ich in Braunschweig öfter gelebt, wenn ich in die Galerie ging, wieviel Bürger und Bauern hineingingen und wie sie auf uns horchten, wenn ich Personen dies oder jenes Gemälde erklärte. Ich dachte, wie es doch für den Menschenfreund (nicht den Direktor) eine Aufgabe sei, dem Volke solche Sachen zugänglich und lieb zu machen. Nichts würde mehr zu seiner Veredlung, Erhebung beitragen. Dazu wäre das hannoversche Publikum doch vermutlich befähigter wie das Göttinger. Göttingen hat doch wenig feststehendes Publikum, wie überhaupt die Universitäten. das geht und kommt. In der Hauptstadt ist doch alles stabiler, und darf man das Fürstenhaus doch auch für was zählen. Ich für meine Person möchte, Du gäbest alles nach Hannover.« Darauf antwortete August gut zehn Tage später: »Zwei Gründe sprechen immer noch für Göttingen: erstens mein Versprechen [gegenüber Carl Otfried Müller], zweitens der Schutz dieser zur Bildung und Veredlung späterer Geschlechter dienenden Kunstsachen. Dieses war immer ein Hauptgrund meiner Stiftung nach Göttingen, wo es ein Museum wird, das sich an ein von dem Lande und von der Regierung beschütztes Etablissement anlehnt«.[29] Vordergründig zeigte sich Kestner also noch standfest, aber wenig später muss er seine Position überdacht haben.

Das ungeöffnete Testament vom Mai 1851

Wohl primär eingedenk der eindringlichen Appelle seiner Angehörigen entschloss sich Kestner Anfang Mai 1851 zur Änderung und Neuformulierung seines Willens. Er stand damals kurz vor der Abfahrt zu einer langen Reise, die ihn über Paris zur Weltausstellung nach London und von dort zum Besuch bei seiner Familie in Hannover führen sollte.[30] Reisen war damals eine strapaziöse Angelegenheit, zumal für einen betagten Herrn von inzwischen gut 73 Jahren. Es war also auch eine vorsorgliche Maßnahme, dass Kestner am 10. Mai ein neues Testament hinterlegte, zumal es das bis dahin gültige vom Juli 1848 auszutauschen galt.[31]

Das am 10. Mai 1851 bei Malagricci hinterlegte Testament überdauerte, wie erwähnt, ungeöffnet über 160 Jahre unter den Archivalien der Notarskanzlei.[32] Bei der Übergabe von Kestners Nachlass an den Neffen Hermann im April 1853 blieb es offenbar unbeachtet. Es gibt auch keinen Hinweis, dass der Notar Malagricci im Zuge der Nachlassregelung überhaupt konsultiert wurde. Als Kestner seinem Sekretär Ludwig Parade (1800–1856) kurz vor seinem Tod mitteilte, wo sein Testament zu finden sei, meinte er wohl die Letztwillige Verfügung, die er im September 1851 in Hannover aufgesetzt hatte, oder eine Kopie von dieser.[33]

29 Beide Briefe zitiert nach Jorns (wie Anm. 2), S. 439. Die zitierte Passage aus Augusts Brief fehlt in der Publikation von Kestner-Köchlin (wie Anm. 26), S. 322f.

30 Die Weltausstellung war am 1. Mai 1851 in London eröffnet worden. Kestner reiste dorthin über Genua, Marseille und Paris; Jorns (wie Anm. 2), S. 441. Kestners Abreise aus London erfolgte am 9. August 1851. Über Köln reisend, traf er am 12. August 1851 in Hannover ein; Jorns (wie Anm. 2), S. 448f.

31 Vgl. Anm. 22 und 24.

32 ASR, Collezione testamenti chiusi, 30 Notai Capitolini, uff. 12, vol. 39, plicco anni 1849–1859. Das Testament wurde von mir im Mai 2013 aufgefunden. Das Dokument wird hier als »Mai-Testament 1851« zitiert.

33 Kestners Anweisung an Parade referiert Jorns (wie Anm. 2), S. 466, allerdings ohne Quellenangabe. Der aus dem Elsass stammende Parade war seit 1844 Kestners Privatsekretär; Friedrich Noack: Das Deutschtum in Rom. Berlin/Leipzig 1927, Bd. 2, S. 439.

Die Öffnung des Testaments vom Mai 1851 erfolgte am 16. Januar 2014 auf Antrag des Verfassers.[34] Es zeigte sich, dass Kestner das neun Seiten umfassende Schriftstück, wie im Juli 1848, vollständig eigenhändig verfasst hatte. Der Inhalt entspricht in den wichtigsten Passagen den Verfügungen, die auch im Testament vom 12. September 1851 vorkommen.[35] Teilweise entsprechen sie einander sogar im Wortlaut. Dies gilt für die Einsetzung der Schwester Charlotte zur Haupterbin und zumal für die Bestimmungen hinsichtlich der Überantwortung der Kunst- und Antikensammlung an den Neffen Hermann. In Kestners Formulierung kommt allerdings auch sein Gewissenskonflikt deutlich zum Ausdruck. Eine Stiftung der Sammlung nach Göttingen wird dem Neffen schon damals als Option anempfohlen.[36] Anders

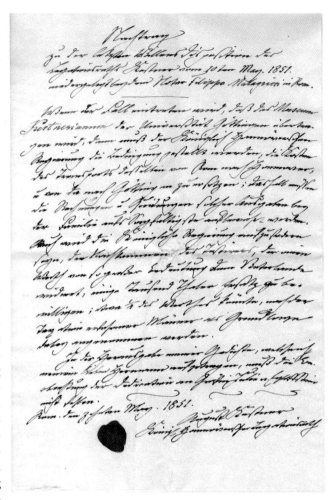

Abb. 3: Der Nachtrag zu August Kestners Testament vom 10. Mai 1851. (Rom, Staatsarchiv; Foto: Römisches Staatsarchiv, Konzession: ASR 37/2014)

als das Testament vom September 1851 enthält die frühere Fassung vom Mai sogar einen als »Nachtrag« deklarierten Zusatz, der die Kostenregelung für einen etwaigen Transport der Sammlung nach Göttingen behandelt.[37] In Kestners persönlicher Vorstellung war der Gedanke an eine Unterbringung seiner Sammlung im Universitätsmuseum der »Georgia Augusta« also immer noch lebendig.

---

34 Durchgeführt wurde die Testamentseröffnung durch die stellvertretende Direktorin des römischen Staatsarchivs und Kustodin der Notarsakten, Frau Dr. Orietta Verdi. Zeugen war Frau Dr. Annalia Bonella und Frau Dr. Gemma Pusceddu. Der Vorgang ist dokumentiert in: ASR, Prot. int. n. 104, class. 28.34.01.01./6.
35 Vgl. Anm. 4 sowie die hier im Anhang publizierte Transkription.
36 Vgl. »Mai-Testament 1851« (wie Anm. 32), S. 3: »Mein gedachter lieber Neffe Hermann soll übrigens auch berechtigt sein, anstatt der soeben erwähnten Erbübertragung das gedachte Museum zu jeder Zeit, als er es gut findet, der Universität Göttingen zu überantworten, und ich empfehle Ihm dringend zu erwägen, daß dessen Schutz und Erhaltung die Hauptsache ist«.
37 Vgl. »Mai-Testament 1851« (wie Anm. 32), S. 9.

Kestners Beziehung zu Catherine Malcolm

Im Testament vom Mai 1851 macht Kestner auch einige Angaben, die in seiner Letztwilligen Verfügung vom September dann nicht mehr vorkommen. Dies gilt insbesondere für einige der von ihm verfügten Legate. Dass er in dem von Hermann zu schaffenden »Museum Kestnerianum« auch seine von Raffaele Tuccimei geschaffene Portraitbüste aufgestellt wissen wollte, ist in beiden Testamenten noch gleichermaßen verfügt.[38] Im Testament vom September 1851 verweist Kestner aber nur allgemein auf Legate an befreundete Privatpersonen. Die entsprechenden Objekte hatte er, offenbar vor seiner Abreise aus Rom, mit seinem Handsiegel gekennzeichnet. Im Testament vom Mai 1851 sind die Legate hingegen genauer beschrieben. So erwähnt Kestner ein Portrait der Kate Malcolm, das er am 22. Mai 1847 vollendet hatte und das er »Lady Malcolm«, der Mutter der Dargestellten, zueignete. »Der prachtvollen Jungfrau Kate Malcolm« selbst vermachte Kestner hingegen ein bronzenes »Knabenbildnis [...] zum Andenken an die unzähligen reichen Stunden, die ich mir ihrer schönen Seele teilte«.[39]

Der emotionale Tonfall des Legats hat einen näher zu erläuternden Hintergrund. Die von Kestner verehrte »Kate« war die Tochter des namhaften britischen Diplomaten Sir John Malcolm (1769–1833).[40] Eigentlich hieß sie Catherine, war 1815 geboren und lebte seit dem Tod des Vaters zusammen mit der Mutter Charlotte Campbell »Lady Malcolm« (1789–1867), und ihren beiden älteren Schwestern Olympia (1811–1886) und Ann Amelia (1814–1873) in Rom.[41] Kestner hatte spätestens 1846 die Bekanntschaft der Malcoms gemacht, und trotz des großen Altersunterschiedes von 38 Jahren hatte er sich offenkundig in »Kate« verliebt. Davon zeugen auch diverse Einträge in seinem Tagebuch. Kestners Hoffnungen blieben jedoch unerfüllt.[42] Was er seinem Testament anvertraute, ist ein wehmütiger Rückblick auf ein verlorenes Glück: »Ich sterbe mit dem tröstenden Gedanken, sie wird den Ring, den sie von mir angenommen, an ihrem linken Finger tragen, damit ich im Paradise sie daran erkenne«.[43] Man kann leicht nachvollziehen, weshalb Kestner eine derart persönliche Erklärung im September vor dem Notar in Hannover nicht wiederholen wollte. Seine »Leiden« mögen ihn an Goethes vergebliche Liebe zu seiner Mutter Charlotte Buff erinnert haben. Größeres Liebesglück als Kestner hatte sein Amtskollege, der diplomatische Vertreter Preußens in Rom, Guido Graf von Usedom (1805–1884).[44] Im April 1849 heiratete er tatsächlich

---

38 Vgl. »Mai-Testament 1851« (wie Anm. 32), S. 4. Tuccimeis Marmorbüste entstand 1843. Ihre Vollendung fand Erwähnung im Kunstblatt, Nr. 46, 8. Juni 1843, S. 196 (dort irrtümlich »Dunimei«). Die Skulptur ist jedoch ein Kriegsverlust; vgl. Jorns (wie Anm. 2), S. 492, Anm. 28. Eine von Tuccimei 1844 geschaffene Büste aus bronziertem Gips befindet sich heute im Deutschen Archäologischen Institut in Rom (siehe Abb. 4); vgl. Bernard Andreae: »Kurze Geschichte des Deutschen Archäologischen Instituts in Rom«. In: Mitteilungen des Deutschen Archäologischen Instituts, Römische Abteilung, 100 (1993), S. 5–41, hier S. 14.

39 Vgl. »Mai-Testament 1851« (wie Anm. 32), S. 7.

40 Zur Laufbahn des John Malcolm, die ihn nach Indien und Persien führte, vgl. Dictionary of National Biography, 49 (1909), S. 848–856.

41 Zu den Lebensdaten: Burke's Peerage, Baronetage & Knightage, London 2003, I, S. 844.

42 Im Januar 1849 hatte sich Catherine mit einem, so Kestner, »Clergyman« verhandelt; Jorns (wie Anm. 2), S. 415f. Dessen Identität ist nicht ganz sicher zu bestimmen. Möglicherweise war es ihr Cousin Alexander Campbell. Dieser war jedenfalls mit einer der Töchter John Malcolms, also entweder mit Catherine oder Ann Amelia, verheiratet. Ausweislich ihrer Korrespondenz stand Catherine Malcolm über viele Jahre in freundschaftlichem Kontakt zu Adam Sedgwick (1785–1873), seit 1818 Professor für Geologie am Trinity College in Cambridge; The Life and Letters of the Reverend Adam Sedgwick, 2 Bde., John Willis Clark, Thomas McKenny Hughes (Hrsg.). Cambridge 2009, ad indicem. Catherine verstarb am 24. Mai 1891 in London.

43 Siehe »Mai-Testament 1851« (wie Anm. 32), S. 8.

44 Usedom war in den Jahren 1835–1837 Legationssekretär des Preußischen Gesandten Bunsen (1791–1860) in Rom gewesen, 1846 wurde er Bunsens Nachfolger; Noack (wie Anm. 33), S. 609. Zu Bunsen vgl. Frank Foerster: Christian Carl Josias Bunsen. Diplomat, Mäzen und Vordenker in Wissenschaft, Kirche und Politik. Bad Arolsen 2001. Usedoms Gesandtschaft in Rom dauerte – mit Unterbrechungen – bis 1854. Kestner stand mit Bunsen in engem Kontakt und machte bei seinen Besuchen schon 1835 die Bekanntschaft Usedoms. Dessen erste Frau Luise Fischer verstarb am 11. Juli 1846. Zu Usedoms Biographie vgl. RoseMarie von Milczewski: Zwischen Rügen und Rom: Das Leben des Guido von Usedom. Schwerin 2010, hier S. 149 und 209.

Catherines ältere Schwester Olympia Malcolm.[45] Ihr und Usedom war Kestner ebenfalls sehr eng verbunden. Ob die an sie und ihre Schwester Ann Amelia gerichteten
Legate erfüllt wurden, ist jedoch unbekannt.[46] Kestners Portrait der Catherine Malcolm
scheint nicht erhalten zu sein.[47]

Die Überführung der Sammlung nach Hannover

Die freundschaftliche Beziehung zwischen Kestner und Usedom erwies sich später als überaus
vorteilhaft, als nach Kestners Tod am 5. März 1853 der Abtransport der Sammlung nach
Hannover zu organisieren war. Zu diesem Zweck war Hermann im April 1853 nach Rom
gekommen.[48] Bei den Verhandlungen mit den italienischen Institutionen leistete Usedom
unschätzbare Hilfe. Die Erlangung einer offiziellen Ausfuhrgenehmigung war anscheinend
das geringere Problem. Sorgen bereitete Hermann vielmehr die fällige Steuer, die sich
nach dem Schätzwert eines Kunstwerks oder einer Sammlung richtete. Der Kommissar
für das römische Antikenwesen, Pietro Ercole Visconti (1802–1880), der August Kestner
gut gekannt hatte, begegnete dem Anliegen des Erben überaus wohlwollend.[49] Günstig zu
stimmen waren aber vielmehr Papst Pius IX. und dessen Staatssekretär Kardinal Giacomo
Antonelli, was neben diplomatischem Geschick eine entsprechende Akkreditierung
erforderte.[50] Dies war Usedoms Terrain; er arrangierte für Hermann die Audienz beim Papst.
Für den glücklichen Ausgang der Verhandlungen war die Intervention des Preußischen
Gesandten also zumindest richtungsweisend, wenn nicht entscheidend.[51]

    Die weitere Abläufe sind bekannt: Viscontis Schätzung der Sammlung fiel erhofft
niedrig aus, und am 4. Juni 1853 erhielt Hermann die Ausfuhrlizenz.[52] Aber erst zwei

---

45 Vgl. NOACK (Anm. 33), S. 609 sowie VON MILCZEWSKI (Anm. 44), S, 260 278. Für eine Diplomatengattin hatte Olympia
    ein untypisch offenes und spontanes Auftreten. Kestner mag dies besonders geschätzt haben. In den Aristokratenkreisen, in
    denen ihr Mann verkehrte, fiel sie hingegen häufiger unangenehm auf. Olympia verstarb zwei Jahre nach ihrem Ehemann am
    6. Oktober 1886 in München und wurde wie dieser in San Remo bestattet.

46 Zu den Legaten vgl. »Mai-Testament 1851« (wie Anm. 32), S. 8. Ann Amelia Malcolm sollte eine »bronzene Lampe« erhalten.
    Ihrer Schwester Olympia Malcolm,»der ich durch Bande der Wahrheit und Dichtung verbunden bin«, vermachte Kestner
    ein »Bändchen meiner Gedichte, die ich ihr abgeschrieben«. Die in Kestners Testament als Tante der Schwestern Malcolm
    erwähnte »Lady Macdonald« ist mit Charlotte Campbells Schwester Amelia Harriet, Witwe von Sir John Kinnier Macdonald
    (1782–1830), zu identifizieren, die 1860 verstarb.

47 Das von Kestner im »Mai-Testament 1851« (wie Anm. 32, S. 7) erwähnte »Album«, in dem Kates Portrait abgelegt war, befin-
    det sich heute in Privatbesitz in der Schweiz.

48 JORNS (wie Anm. 2), S. 470.

49 Für Hermann Kestner war Visconti ein »rettender Engel« (JORNS (wie Anm. 2), S. 497, Anm. 22, identifiziert Pietro Ercole
    irrtümlich mit »Filippo Aurelio Visconti«). Pietro Ercole Visconti war der Neffe des ebenfalls namhaften Ennio Quirino Vi-
    sconti (1751–1818). 1836 wurde Pietro Ercole in der Nachfolge des Carlo Fea zum Commissario delle Antichità ernannt; vgl.
    Daniela PACCHIANI: Un archeologo al servizio di Pio IX: Pietro Ercole Visconti (1802–1880). In: Monumenti, musei e gallerie
    pontificie, Bollettino, 19 (1999), S. 113–127, hier S. 118. Ausweislich verschiedener Briefe stand Kestner seit Januar 1830 mit
    Visconti in Kontakt; vgl. Biblioteca Apostolica Vaticana (fortan: BAV), Autografi Ferrajoli, Raccolta Visconti, Nr. 2041, fol.
    3893 (15. Januar 1830), Nr. 2042, fol. 3895 (3. November 1838). Angezeigt seien hier ferner zwei Briefe von August Kestner an
    Luigi Chiaveri (Stiefbruder von Alessandro Torlonia) vom 25. Juli 1818 und 18. Mai 1825; BAV, Autografi Ferrajoli, Raccolta
    Menozzi, Nr. 3728, fol. 6970f.

50 Zu Antonelli vgl. Roger AUBERT im Dizionario Biografico degli Italiani, 3 (1961), S. 484–493.

51 Usedom war bekanntlich überaus kunstinteressiert. Nach Kestners Tod wurde er dessen Nachfolger als Honorarpräsident des
    Archäologischen Instituts in Rom, zu dessen Gründungsmitgliedern Kestner im April 1829 gehört hatte. In späteren Jahren,
    von 1872 bis 1879, war Usedom Generaldirektor der Berliner Museen; vgl. Hannelore NÜTZMANN: »Ein Denkmal für den
    Generaldirektor Guido Graf von Usedom«. In: Jahrbuch Preußischer Kulturbesitz, 36 (1999), S. 157–172. Mit Pietro Ercole
    Visconti muss er persönlich gut bekannt gewesen sein. Bezüglich seiner kulturellen Aktivitäten in Rom sei hier ein interessanter
    Vorgang vom September 1852 angezeigt, als der »ministro di Prussia« im Namen seiner Regierung bei der römischen Kulturbe-
    hörde einen Antrag zur Abformung verschiedener Großplastiken in Rom einreichte. Zu diesen gehörten Berninis Heilige Theresa
    und auch der Obelisk vor San Giovanni in Laterano. Der Antrag wurde am 30. September 1852 in der Commissione generale
    consultiva d'antichità e belle arti verhandelt; ASR, Miscellanea del Camerlengato, Nr. 643, S. 202 und 204.

52 Nach Hermanns Angaben in einem Brief vom 24. Mai 1853 hatte Visconti den Wert der Antikensammlung auf ein Mini-
    mum von 800 scudi geschätzt und den der Gemälde auf 1500 scudi. Der Steueranteil belief sich offenbar auf 20%, bei einem
    Gesamtbetrag von 2300 scudi also auf 460 scudi; aber Hermann hoffte, die Hälfte erlassen zu bekommen; vgl. JORNS (wie

Abb. 4: Raffaele Tuccimei, Bronzierte Gipsbüste August
Kestners von 1844 (Rom, Deutsches Archäologisches
Institut; Foto: aus ANDREAE 1993, wie Anm. 38)

Monate später, im August, verließ Kestners
Sammlung, in 47 große Kisten verpackt,
den Palazzo Tomati und kam über Harburg
nach Hannover, wo sie zunächst im Wohnhaus der Familie Kestner in der Leinstraße
Aufstellung fand, bis sie dann 1889 in das
neu errichtete Museum überführt werden
konnte.[53]

Mit dem Stiftungsvertrag vom April
1884 hatte Hermann erfüllt, was ihm sein
Onkel in seinen beiden letzten Testamenten
aufgetragen hatte. Für Hermann Kestner
war eine Stiftung nach Göttingen offenbar
nie eine echte Option.[54] Dennoch wird in
der Rückschau deutlich, wie wenig selbstverständlich seine Schenkung an die Stadt
Hannover war. Auch 125 Jahre nach der
Eröffnung des Museums ist der Vorgang
weiterhin aktuell, denn er bezeichnet einen
fortdauernden Auftrag zur Bewahrung des
»Museum Kestnerianum«.

Anm. 2), S. 473f. In den zitierten Sitzungsprotokollen der römischen Antikenkommission (Anm. 51) wird die Ausfuhr der
Sammlung Kestner übrigens nicht erwähnt. Die Ausfuhr der Sammlung Kestners aus Rom ist Gegenstand einer weiteren Studie
des Verfassers.

53 Zum Wohnhaus der Familie Kestner vgl. den Beitrag von Klaus SIEGNER in: Laves und Hannover. Niedersächsische Architektur
im 19. Jahrhundert, Harold Hammer-Schenk und Günther Kokkelink (Hrsg.). Hannover 1989, S. 472 und Abb. 94.1.

54 Der Leiter der Göttinger Kunstsammlung, Wieseler, hoffte gleichwohl noch 1859 auf eine Entscheidung zugunsten Göttingens:
»Die Kestner'sche Sammlung ist nach Hannover gekommen und in der Obhut und Pflege des kunstsinnigen Neffen des früheren Besitzers gewiss vortrefflich aufgehoben. Wird sie dort aber auch von Anderen beachtet, wie sie es verdient, und stiftet sie
den Nutzen, welchen sie an einem Orte wie Göttingen unfehlbar bringen würde? Ich gebe mich gern der Hoffnung hin, dass
die Ueberzeugung, der Schatz habe nur auf der Landesuniversität seinen eigentlichen Werth, an der geeigneten Stelle einstmals
zu Gunsten dieser entscheiden werde.« WIESELER (wie Anm. 18), S. 30, Anm. 41.

Abschrift !

Testament.

Meine geliebte Schwester Lotte Kestner soll meine Universal-Erbin sein. Allen meinen Geschwistern und Verwandten danke ich für Ihre grosse Liebe. Jeder aber weiss, dass ich ihr und Georgen am Meisten verdanke.

Von den Zinsen derjenigen Capitale meines Nachlasses, welche Ihr, nach Abzug der davon zu leistenden Zahlungen, verbleiben werden, soll meine gleichfalls geliebte Schwester Clara Kestner, Chanoinesse im Kloster Marienwerder, so lange sie leben wird, ein Drittheil empfangen. Nach meiner Schwester Lotte Absterben sollen jene Capitale, mit Ausnahme desjenigen Theils derselben, worüber ich besonders disponiert habe, der in unserer Famillie verabredeten wohlthätigen Stiftung für Hülfsbedürftige Frauenzimmer und hülflose Kinder der Kestnerschen Familie zufallen und zur weiteren Besorgung für solchen Zweck meinem Neffen Hermann, meines Bruders, des Archivrats Georg Kestner Sohn, verabfolgt werden.

Sollte jedoch meine Schwester Lotte vor mir versterben, so soll meine Schwester Clara meine Universal-Erbin werden. Es fallen ihr sodann diejenigen Capitale meines Nachlasses, welche nach Abzug der davon zu leistenden Zahlungen übrig bleiben werden, zur Hälfte zu und soll sie die Zinsen von dieser Hälfte so lange sie leben wird geniessen, die andere Hälfte jener Capitale soll so gleich, die ihr verbliebene Hälfte hingegen erst nach ihrem Absterben, nach Abzug desjenigen Theils derselben, worüber ich anderweit disponiert habe, der erwähnten Familien-Stiftung zufallen und für dieselbe an vorbenannten meinen Neffen Hermann Kestner verabfolgt werden.

Diejenige meiner Schwestern, welche meine Universal-Erbin werden wird, hat von meinem Nachlass Folgendes abzugeben:

Meinem geliebten Bruder Fritz Kestner, General-Consul in Havre, erlasse ich Funfzehnhundert Rf in Golde an dem von ihm mir schuldigen Capitale.

Meiner geliebten Nichte Caroline Bischof geb. Kestner in Basel vermache ich den Ring aus meiner Sammlung, worein der Amor gefasst ist, der einen Schmetterling hascht, welches die reine Liebe Amors und der Psyche bedeutet. Ausserdem soll ihr und ihren Kindern nach meiner oben eingesetzten Universal-Erbin Ableben von den bei meinen Neffen Charles Kestner in Thann belegten Geldern die Summe von Zwanzigtausend Francs gehören.

Der Bildhauer Lotsch soll ein Legat von Fünfhundert Scudi erhalten.

Von einem Theile meiner Bibliothek (in soweit die Kupfer- und andere die Kunst und das Alterthum betreffende Werke nicht zu dem Museum Kestnerianum oder zu der Kupferstichsammlung gehören) meiner Musikalien und sonstiger zu Gaben des Andenkens an meine geliebte Familie passlicher Gegenstände, wird meine Universal-Erbin, nach ihrem Ermessen, zu letzterem Zwecke Gebrauch machen.

Freunde und Freundinnen, die ein Andenken von mir verlangen, sollen eine Lithographie meines Portraits haben.

Meine Kupferstichsammlung, nebst dazugehörigen Werken, soll zuvörderst verwandt werden, um die von meinem Bruder, dem Archivrat Georg Kestner angelegte Kupferstichsammlung zu erweitern. Das Uebrige hingegen ist unter diejenigen Mitglieder meiner Familie zu vertheilen, welche sich besonders für die Kunst interessieren und deren Bestrebungen dadurch gefördert werden. Die unter meinen Zeichnungen befindlichen Familien-Portraits sollen als Familien-Eigenthum unseren anderen Familien-Portraits hinzugefügt und mit diesen zusammen verwahrt werden, so wie es der § 5 der in unserer Familie abgeschlossenen Vereinbarung vom 18. Febr. 1828 vorschreibt.

Sonstige eigenhändig von mir niedergeschriebene Verfügungen über Legate werden sich unter meinen Papieren finden, und sollen daran kenntlich sein, dass sie mit meinem Handsiegel, einen Pegasus darstellend, besiegelt sind; welches Kennzeichen ich niemand mitgetheilt habe.

Meine Sammlung von Kunstwerken und Alterthümern hatte ich die Absicht der Universität Göttingen zu vermachen, wo sie die Studien junger Talente befruchten und erwecken müssen. Ich habe diese Absicht auch noch nicht ganz verlassen; denn wenn auch solche Sammlungen, die den Sinn für das Schöne erwecken, eine Wohlthat für jede Stadt sind, so ist es doch unverkennbar, dass man an diesen edlen Zweck am vollsten an solchen Plätzen zu erreichen hoffen darf, welche die Bestimmung haben, ausgezeichnete Talente zu vereinigen. Dagegen kann ich den Gedanken nicht ertragen, dass diese meine grossen Schätze, die ich mit Liebe gesammelt habe, aus den Augen meiner lieben Verwandten in Hannover verschwinden, insonderheit meines Neffe[n] Hermann, meines Bruders, des Archivraths Georg Kestner Sohn, entfernt von allen den Kunstsachen sein sollte, die er kennt, in Rom lieb gewonnen und mehr, wie Jemand, zu schätzen und zu benutzen weis: Ihm daher sollen alle meine Sammlungen von Kunstsachen und Alterthümern, an Gemälden, Zeichnungen, Münzen, geschnittenen Steinen, Pasten, Bronzen, Terracotten, Gypsabgüssen, Gold und Silbersachen, Holz, Knochen, Elfenbein, Gefässen aller Materien, kurz aller Monumente der Kunst und des Alterthums, abgeliefert werden; wobei ich ihm keine andere Verpflichtungen auferlege, als dass er dieses ihm übertragene Museum Kestnerianum verwalte, wie ich selbst dasselbe verwaltet habe, das heisst, dass es wohl verwahrt, aber durch Veräusserung nicht vermindert werde, dass Jedem, der daraus zu lernen fähig ist, der Eintritt in dasselbe verstattet, und das Studium der Gegenstände desselben erleichtert werde. In Gesinnung der Humanität waren wir alle Zeit übereinstimmend, und so wird auch Er, als mein Nachfolger, sich bestreben, diese Schätze der Kunst und Wissenschaft so nützlich und gedeihlich, als möglich, zu machen. Dieser Zweck, und dann der Schutz meiner Sammlungen, waren die Hauptmotive das Museum Kestnerianum an die Universität Göttingen, als eine Vaterländische, in allen Ländern respectirte wissenschaftliche Anstalt, anzulehnen. Aufseher, Bewahrer und Verwalter sind dort schon vorhanden, ihrem Berufe gemäss in festen Mauern und wohlverschlossenen Thüren zu empfangen und zu pflegen. Solche Sicherheit ist einem Privatmann schwer und kostspielig. Ich verpflichte daher meinen lieben Hermann sich zu bemühen, unserm Museum den Obrigkeitlichen Schutz zu verschaffen. Ich verordne, dass er das gedachte Museum bei seinem Ableben nur einem solchen späteren Kestner oder anderem Männlichen descendenten meiner unvergesslichen Eltern übertragen kann, den Er durch Fähigkeiten, Richtung und Kenntnisse zu einer solchen Verwaltung als würdig erkannt hat. Er darf diesen nur unter den von mit gesetzten Bedingungen zum Nachfolger machen, insonderheit der, dass auch er sich bemühe, den obrigkeitlichen Schutz zu erlangen, dafern solcher noch nicht erlangt war. Wenn ein mit solchen Eigenschaften ausgestatteter Nachfolger aber nicht vorhanden sein und in Ermangelung desselben, der Schutz der Höheren Behörde in Hannover nicht zu erlangen sein sollte, dann soll das Museum Kestnerianum aus den oben angeführten Gründen der Universität Göttingen unter den ihr aufzulegenden Bedingungen werden.

Mein gedachter Neffe soll übrigens auch berechtiget sein, anstatt einer soeben erwähnten Erbübertragung, das gedachte Museum zu jeder Zeit, wo er es gut findet, der Universität Göttingen zu übertragen, und empfehle ihm dringend zu bedenken, dass dessen Schutz und Erhaltung die Hauptsache ist. Ich liebe meine Vaterstadt mehr, wie alle anderen Plätze der Welt und fahre fort, die mir heilige Treue an unsere Familie zu beweisen, wenn ich, für die Veredlung der Jugend wirkend, die für einen Privatmann bedeutende Last der Verwahrung eines aus so vielen einzelnen Bestandtheilen bestehenden Museums in Erwägung ziehe. Diesen und die muthmasslich reichere Nutzbarkeit meiner Kunstschätze für die Deutsche Nation ist der eigentliche Sinn meiner Idee der Übertragung zur Universität; sollte unser Museum mit unserm bereits vorhandenen Kunst- oder Künstler-Verein oder einer anderen dazu geeignetschafteten Anstalt verbunden werden, welches durch die unterrichtende Zusammenstellung einer größeren Anzahl von Gemälden den Lernenden von bedeutenden Nutzen wäre, dann müsste die Anstalt vor diebischen Anfällen, Feuer oder sonstigen Gefahren durch angemessene Vorkehrungen gesichert werden und würden alsdann ohne Zweifel wissenschaftlich gesinnte Personen Geldbeträge zur solchem Zwecke gern beisteuern.

Meine Büste von Raphael Tuccimei soll in den Localen des Museum Kestnerianum aufgestellt werden, wodurch ich meine Landleute zu veranlassen hoffe, ihre Büsten daneben zu stellen, nachdem sie zur Vermehrung des Museums beigetragen, damit die Anstalt an Breitheit gewinne und die Studierenden herbeigezogen werden.

Auf solche Weise habe ich mein dem seligen Ottfried Müller freiwillig und aus eigenem Antriebe gegebenes Wort erfüllet, die späteren Geschlechter in Besitz meiner Kunstsachen und Alterthümer zu ihrem Unterricht zu setzen und verordne ausdrücklich, dass wenn kein Kestner oder anderer männlicher Descendent meiner Eltern mehr vorhanden ist, der die oben von mir ausgedrückten Eigenschaften besitzt, die ihn befähigen das Museum Kestnerianum zu verwalten, dasselbe der Universität Göttingen zugestellet werden soll, es sei denn, dass dieses Museum durch die Bemühungen meiner Nachkommen die Natur einer Öffentlichen Anstalt in Hannover, unter obrigkeitlichem Schutze erhalten habe, allenfalls in Verbindung mit den in Hannover schon bestehenden Kunst- oder Künstler-Vereinen oder mit einer anderen etwa noch zu errichtenden dazu geeignetschafteten Anstalt; ermahne jedoch die successiven Verwalter des Museums meine Gründe zu beherzigen, welche demselben durch die Verbindung mit der Universität eine Dauer versichern. Denn ohne eine solche Garantie ist es in Gefahr in unkundige, ja unwürdige Hände zu kommen, auch dem Raube in Kriegszeiten weit mehr ausgesetzt, denn wissenschaftliche Anstalten imponieren bekanntlich auch dem Barbaren.

Sollten übrigens künftig eintretende Umstände, welche vorauszusehen und alle ihnen völlig angemessene Verfügungen im Voraus zu treffen unmöglich ist, etwa fernere die Verwaltung des Museums betreffende Vorschriften erforderlich machen, so überlasse ich deren Nachholung sowohl dem ersten Verwalter desselben, meinem Neffen Hermann, als seinen Nachfolgern. Auf gleiche Weise soll ihnen freistehen, bei einer künftigen Abtretung des Museums an die Universität Göttingen oder an eine andere öffentliche Anstalt die von ihnen sodann als angemessen zu erachtenden Bedingungen zu stellen und deren Erfüllung vor der Abtretung zu verlangen. Insbesondere wird auch in einem solchen Falle das mir warm am Herzen liegende Interesse meiner Familie mit dem Zwecke einer Förderung der Künste und Wissenschaften dadurch verknüpft werden können, wenn gegen die Abtretung des Museums die Bewilligung eines fortdauernden Stipendiums für Mitglieder meiner Familie, die sich den Künsten und den mit diesen verbundenen Wissenschaften widmen wollen stipuliert, werden wird.

Damit die oben von mir bevorwortete unverminderte Erhaltung des Museums einer wünschenswerthen Ausdehnung desselben nicht in den Weg trete und die Verwalter, deren schwierige Stellung ohnehin nicht zu verkennen ist, nicht abgehalten werden, von dargebotenen günstigen Gelegenheiten, aus Besorgnis vor Verantwortlichkeiten Gebrauch zu machen, so bemerke ich nachträglich, dass neue Acquisitionen, auch durch entsprechenden Austausch, zu bewirken, ihnen nicht untersagt ist, sondern sie den Werth des Museums nur im Ganzen, nach ihrer eigenen gewissenhaften Überzeugung unvermindert zu erhalten haben. Es soll deshalb die Universität Göttingen niemals befugt sein, wegen ihrer eventuellen Ansprüche eine Caution irgend welcher Art von den jetzigen oder künftigen Mitgliedern meiner Familie zu verlangen.

Verzeichnisse meiner Sammlungen befinden sich, im Pappumschlage, in meiner Bibliothek. Einiges ist seit Abfassung derselben hinzugekommen; soll aber thunlichst nachgetragen werden. Herr Parade, mein Secretair, wird alles vollständig abliefern. Die Kosten der Uebersendung des Museums nach Hannover sind aus der Erbschaftsmasse zu bestreiten. Die Erstattung dieser und anderer durch das Museum zu verursachenden Kosten aller Art gehört zu den Bedingungen, welche bei einer künftigen Überlassung des Museums an eine öffentliche Anstalt vorzubehalten sein werden.

Dem oben gedachten Herrn Parade vermache ich das mir gehörende Inventarium des ersten Stocks meiner Wohnung Palazzo Tomati, Nro. 42. Die Vermiethung dieser Etage wird wesentlich zu seinem Unterhalte beitragen.

Meinem Domestiken vermache ich meine Kleidungsstücke.

Meinem Secretair, Herrn Parade, ernenne ich um Executor dieses meines Testaments, und bitte meine Brüder und Neffen Ihm darin behülflich zu sein.

Durch diesen letzten Willen sind meine früheren Dispositionen dieser Art aufgehoben und erkläre ich solche hierdurch für ungültig und aufgehoben.

Schliesslich verbiete ich alle und jede gerichtliche Einmischung in meinen Nachlass. Sollte dieses Testament als solches nicht bestehen können, so soll es als Codicill, Fideicommiss, Schenkung unter Lebenden und auf den Todesfall, als Erbvertrag oder wie es sonst möglich ist, aufrecht erhalten werden.
Hannover, den 12. September 1851

Abschrift !

Activa

in dem vorigem Testamente* hatte August seine Activa folgendermassen aufgeführt:

1. 9500 rf Gold in Hannover, durch Hermann administrirt (3 ½ prct.)

2. 20000 Fr. und darüber, durch Charles in Thann administrirt (5 %)

3. 2979 rf 4 Gold, bei Fritz in Havre, (4 %)

4. 1000 Scudi, bei dem Bürger Lauric in Rom, (6 %)

5. 400 Scudi, bei dem Bürger Damiani in Rom, (6 %)

6. 60 Scudi, bei Provessor Wichmann in Düsseldorf, (dabei bemerkt, dass hierauf 5 % Zinsen = 3 Scudi gezahlt werden sollten; – ob es geschehen und ob ein Document über die Schuld existire ? ist nicht bemerkt.)

7. Schuld des Professors Franz in Berlin, (dabei bemerkt, dass August den Betrag der Schuld nicht wisse. – sie solle aber erlassen werden.)

8. Schuld des Provessors Urlichs in Greifswalde, (dabei bemerkt, dass der Schuldner den August selbst unbekannten Betrag der Schuld wissen werde, – er könne zahlen. Ein Document über die Schuld scheint demnach nicht zu existiren.)

Jetzt ist die Schuld der Activorum im neuen Testamente unterlassen, weil künftig eine nach dem Betrage des Activvermögens zu ermessene Stempelsteuer zu entrichten sein wird, daher nicht rathsam ist, dem Stadtgerichte einen Status vorzulegen, der so ungewiss ist und zudem veränderlich ist, wovon auch die alsdann zu liquidirenden Passiva abzusetzen sind.

---

*   Gemeint ist hier entweder das Testament vom Oktober 1837 oder das Testament vom Juli 1848. Vgl. S. 133 und 135.

Christian E. Loeben

125 Jahre Kestner-Museum: Der Weg zum ersten städtischen Museum Hannovers und seine ersten 20 Jahre unter Direktor Carl Schuchhardt

»Ausschließlich bürgerlicher Initiative verdanken alle großen Museen Hannovers ihr Entstehen.«[1] Mit diesem prägnanten Satz charakterisierte jüngst der wahrscheinlich beste Kenner der Geschichte Hannovers und Intimus der Museumsszene in der Landeshauptstadt, Waldemar R. Röhrbein, die außergewöhnliche, vielleicht nur noch mit Frankfurt a. M. vergleichbare Entwicklung der ehemaligen Residenz- zu einer aktuell respektablen Museumsstadt. Um die Besonderheit Hannovers zu verstehen und den Blick dafür zu schärfen, weshalb Hannover bis heute auf dem beschwerlichen Weg zur Museumsmetropole keine Gerade beschreiten konnte, ist es hilfreich, sich die Situation im unmittelbar benachbarten Braunschweig bewusst zu machen.

1694 wurde das zwischen Braunschweig und Wolfenbüttel gelegene, als »welfisches Versailles« bezeichnete und 1813 abgerissene Schloss Salzdahlum eingeweiht. Hier befand sich nicht nur die berühmte Gemäldesammlung der Herzöge von Braunschweig-Wolfenbüttel, sondern auch deren »Kunst- und Naturalienkammer«.[2] Sie wurde

Abb. 1: Anton August Beck, Ansicht Schloss Salzdahlum, Gartenseite (nach: Luckhardt: Herzog Anton Ulrich-Museum. 2004, S. 52, Abb. 39)

1   Waldemar R. Röhrbein: Kleine Stadtgeschichte Hannovers. Regensburg 2012, S. 96. Röhrbein hat eine Reihe von Werken zur Geschichte Hannovers herausgebracht und war 1976–1997 Direktor des Historischen Museums Hannover und 1995–1997 in Personalunion auch des Kestner-Museums. Zu Frankfurt a. M. siehe den Begleitband zur 2012–2013 im dortigen Historischen Museum gezeigten Sonderausstellung »Frankfurter Sammler und Stifter«: Frankfurter Sammler und Stifter. Frankfurt/M. 2012 (Schriften des historischen museums frankfurt 32). Der hier präsentierte Aufsatz beabsichtigt keine Vollständigkeit. Er versucht im Wesentlichen nachzuzeichnen, unter welchen Voraussetzungen und in welchem Umfeld es zu einem ersten Museum unter der Trägerschaft der Stadt Hannover kommen konnte und welche Positionierung dieses im Laufe seiner ersten 20 Jahre innerhalb der Gemeinschaft mit den anderen Museen in Hannover einnahm. Es wurden hauptsächlich Quellen ausgewertet, die in der Festschrift zum 100jährigen Jubiläum des Kestner-Museums (Ulrich Gehrig (Hrsg.): 100 Jahre Kestner-Museum Hannover. 1889–1989. Hannover 1989) keine oder nur wenige Berücksichtigungen fanden, um die in diesem inzwischen vergriffenen Band veröffentlichten Informationen möglichst zu ergänzen. Grundlage für diesen Beitrag waren Recherchearbeiten, die bereits für mein Buch: Christian E. Loeben: Die Ägypten-Sammlung des Museum August Kestner und ihre (Kriegs-)Verluste. Rahden/Westf. 2011 (Museum Kestnerianum 15) angestellt worden sind. Aus diesem Grund ist allen in jenem Werk Genannten (Loeben: Ägypten-Sammlung, S. 13–14) auch hier wieder Dank auszusprechen, wobei *expressis verbis* nur derjenige an das Stadtarchiv Hannover wiederholt sein soll. Besonderer Dank gilt Frau Grazia Schicht-Laves, Zumikon (bei Zürich/Schweiz), und ihrem Mann Hans Schicht für die 2013 dem Autor herzlich gewährte Gastfreundschaft und die freundlich gebotene Möglichkeit, das in ihrem Besitz befindliche Hausbuch der Familie Laves anschauen und daraus sogar fotografieren zu können. Christian Tepper, Fotograf des Museum August Kestner, gebührt – wie stets – Dank für die Bearbeitung der Abbildungen.

2   Zur Kunst- und Naturalienkammer im Schloss Salzdahlum siehe: Alfred Walz: ›Seltenheit der Natur als auch der Kunst‹: Die Kunst- und Naturalienkammer auf Schloß Salzdahlum. Braunschweig 1994.

in der ersten Hälfte des 18. Jahrhunderts durch kontinuierliche Kunst- und Kuriositätenankäufe ausgebaut, so dass daraus schließlich das 1753/54 gegründete »Kunst- und Naturalienkabinett« hervorgehen konnte, dessen Bestände sich größtenteils – genauso wie die herzogliche Gemäldesammlung – heutzutage im Herzog Anton Ulrich-Museum befinden.[3] Bei diesem weltweit bekannten Museum handelt es sich um eines der drei gegenwärtig vom Bundesland Niedersachsen betriebenen Landesmuseen in Braunschweig. Hier gingen die Sammlungen des regierenden Adels also annähernd direkt in die Sammlungen des Landes über. Das gleiche gilt für andere große Kunststädte Deutschlands: Berlin, Dresden, München, Kassel, Mannheim, Karlsruhe usw., die alle einst fürstliche Residenzstädte waren.

Ganz anders im 1636 zur Residenzstadt erhobenen Hannover – erkennbar allein schon daran, dass es in der heutigen Landeshauptstadt nur ein Niedersächsisches Landesmuseum gibt: sogar Oldenburg hat zwei! Der Grund dafür ist im Umstand zu suchen, dass während der längsten Zeit des für die europaweite Entstehung bedeutender herrschaftlicher Kunstsammlungen so prägenden 18. Jahrhunderts Hannover Residenzstadt ohne Regenten war. Ab 1714 wurde das Kurfürstentum Hannover bekanntermaßen 123 Jahre lang von London aus durch die in Personalunion herrschenden britischen Könige Georg I.–IV. sowie William IV. »nur mitregiert«.[4] Ein sich mit Kunst schmückender Hof war in Hannover bis zum Ende der Personalunion 1837 nicht präsent. Damit wurde abrupt einer Entwicklung ein Ende bereitet, die unter anderem am »Musenhof von Herrenhausen« mit Kurfürst Ernst August (1629–1698) und seiner Gattin Sophie (1630–1714) sowie deren heute weltweit bekannten »Musen« Gottfried Wilhelm Leibniz (1646–1716; ab 1676 in Hannover) und Georg Friedrich Händel (1685–1759; 1710 und 1712 in Hannover und danach durchgehend in London) begonnen hatte. Wie es so treffend in einem Hannover-Führer zusammengefasst zu lesen ist: »Diese Blütezeit fand zwar 1714 ein plötzliches Ende, als der hannoversche Kurfürst den englischen Thron bestieg und der Hof verwaiste, aber die Künste fanden auch weiterhin ihre Förderung, nun vorwiegend durch die alteingesessenen und geistig führenden sog. ›hübschen Familien‹«.[5]

Die (welt-)politischen Umstände sind es also gewesen, die in Hannover kulturelles Engagement schon früh in die Hände der Bürgerschaft legten – und so sollte es eigentlich auch immer bleiben. Selbst nach dem Ende der Personalunion und der Rückkehr des Welfenhauses nach Hannover 1837 taten sich die Welfen schwer, für Hannover Kunst zu sammeln und der Öffentlichkeit zu präsentieren. Solche Aktivitäten setzten eigentlich erst zwanzig Jahre später, 1857, ein, als der kunstsinnige König Georg V. diejenige Gemäldesammlung aufkaufte, die vorher von einem Bürgerlichen, dem durch den Eisenbahnbau reich gewordenen Oberbaurat und Tuchfabrikanten David Conrad Bernhard Hausmann (1784–1873) zusammengetragen worden war. Dieser hatte 1818 auf einer Versteigerung 72 der 533 Gemälde der Sammlung eines Adligen erworben, nämlich der des Reichsgrafen Johann Ludwig von Wallmoden-Gimborn (1736–1811), angeblich un-

3   Zur Geschichte des Herzog Anton Ulrich-Museums siehe ausführlich: Jochen Luckhardt (Hrsg.): Das Herzog Anton Ulrich-Museum und seine Sammlungen: 1578, 1754, 2004. München 2004.

4   Waldemar R. Röhrbein; Alheidis von Rohr: Hannover im Glanz und Schatten des britischen Weltreiches: Die Auswirkungen der Personalunion auf Hannover von 1714 bis 1837. Hannover 1977; siehe jetzt auch den Katalog zur Jubiläumsausstellung 2014 in Hannover: Katja Lembke (Hrsg.): Als die Royals aus Hannover kamen – Hannovers Herrscher auf Englands Thron 1714–1837. Hannover 2014.

5   Illustrierter Führer durch die Landeshauptstadt Hannover und Umgebung mit Einschluß von Hildesheim. Woerl's Reisehandbücher. 12. Auflage. Lübeck 1951, S. 22. Zu den »hübschen Familien« siehe: Klaus Mlynek; Waldemar R. Röhrbein (Hrsg.): Stadtlexikon Hannover: Von den Anfängen bis zur Gegenwart. Hannover 2009, S. 310.

ehelicher Sohn – und als solcher nie anerkannt – von König Georg II. und Diplomat Großbritanniens und Hannovers in Wien.[6] Diese Sammlung konnte Hausmann nun einer eigenen Gemäldesammlung hinzufügen, deren 1831 verfasster Katalog bereits 311 Stücke verzeichnete – neben der Kestnerschen und der Culemannschen die bedeutendste Privatsammlung des 19. Jahrhunderts in Hannovers. Die gräfliche Sammlung Wallmoden war bis zu dessen Tod in seinem Palais im Georgengarten, dem Georgen-Palais bzw. auch Wallmodenschlösschen (heute »Deutsches Museum für Karikatur und Zeichenkunst – Wilhelm Busch«), aufbewahrt und enthielt auch die ersten nach Hannover gelangten Antiken. 1765 konnte Wallmoden in Rom um die 80 bedeutende Skulpturen erwerben, wobei er von niemand geringerem als von Johann Joachim Winckelmann (1717–1786), dem »Vater der Archäologie«, beraten wurde. Den ersten Katalog der kompletten Sammlung von Gemälden und Antiken verfasste 1767 übrigens der von Wallmoden dafür angestellte Rudolf Erich Raspe (1736–1794), der Autor der Geschichten des »Lügenbarons« Münchhausen. Wallmodens für Hannover zusammengetragene Kollektion von Antiken ist überhaupt als eine der ältesten privaten Antikensammlungen Deutschlands anzusehen. Bedauerlicherweise wurden die Antiken der Sammlung Wallmoden nach dessen Tod nicht von Hausmann oder einem anderen Bürger Hannovers, sondern von König Georg III. erworben und gelangten somit also nach dem privaten Sammeln in königliche Hände. Bis heute immer noch Eigentum des Welfenhauses und bis dato als Teil der welfischen Fideikommiß-Galerie im Landesmuseum ausgestellt,[7] konnten diese bedeutenden Stücke ab 1963 als Dauerleihgaben in der Antikensammlung des Kestner-Museums vom hannoverschen Publikum bewundert werden. Seit 1979 sind sie als persönliche Leihgabe »S.K.H. Ernst August Prinz von Hannover Herzog zu Braunschweig und Lüneburg« in der »Originalsammlung des Archäologischen Instituts der Georg-August-Universität« in Göttingen ausgestellt.[8]

Es ist bezeichnend, dass Hausmann mit dem Aufbau seiner Gemäldesammlung immer im Blick hatte, mit ihr die fehlende öffentliche Galerie in Hannover zu ersetzen, und die vielen im Gästebuch festgehaltenen Besucher seiner Sammlung zeigen, dass sie als solche vom Publikum bereits wahrgenommen wurde. Aus diesem Grund spielten die angekauften Gemälde aus der Hausmann-Sammlung keine unbedeutende Rolle im 1861 von Georg V. für alle Kunstschätze des Königshauses begründeten »Welfen-Museum«. Ausschlaggebend für die Gründung dieses »Hannoverschen Nationalmuseums« war das im Vorjahr von Friedrich Culemann (1811–1886) für den König in Prag erworbene »Evangeliar Heinrichs des Löwen« (inzwischen von der Bundesrepublik Deutschland zurückerworben und heute in der Herzog August Bibliothek, Wolfenbüttel) sowie eine angemessene Ausstellung des sogenannten »Welfenschatzes«, der seit 1671 in der Kapelle des Leine-Schlosses aufbewahrt worden war. In das »Welfen-Museum« wurde 1862 das zehn Jahre zuvor von Georg V. begründete »Familienmuseum« des Herrscherhauses integriert, um in Hannover eine repräsentative Sammlung zu zeigen. Dennoch kam die Initiative »Welfen-Museum« zu spät für

6   Zu Hausmann und Wallmoden siehe: MLYNEK; RÖHRBEIN: Stadtlexikon Hannover, S. 275–276 und S. 654–655; Peter STRUCK: Kestner & Co.: Zur Tradition eines privaten hannoverschen Kunstsinns – Ein Vortrag, Stiftung Ahlers Pro Arte / Kestner Pro Arte, 15. Juni 2007. Hannover 2007, S. 7–12.

7   Hier bearbeitete und veröffentlichte sie 1914 der seit 1911 am Kestner-Museum angestellte Ägyptologe Carl Küthmann: Carl KÜTHMANN: Katalog der antiken Skulpturen und kunstgewerblichen Geräte der Fideikommißgalerie des Gesamthauses Braunschweig-Lüneburg nebst einem Stücke aus dem Besitz der Provinz. Hannover 1914.

8   ARCHÄOLOGISCHES INSTITUT DER UNIVERSITÄT GÖTTINGEN (Hrsg.): Die Skulpturen der Sammlung Wallmoden. Ausstellung zum Gedenken an Christian Gottlob Heyne (1729–1812). Göttingen 1979. Zur Kunstsammlung Wallmodens siehe jetzt ausführlich: Ralf BORMANN: Die Kunstsammlung des Reichsgrafen Johann Ludwig von Wallmoden-Gimborn. In: LEMBKE (Hrsg.), Als die Royals aus Hannover kamen. Hannover 2014, S. 238–263.

das erst 1814 auf dem Wiener Kongress gegründete und 1866 schon wieder untergegangene Königreich Hannover. Obwohl nach der nur fünfjährigen Existenz dieses Museums ein Teil der Kunstsammlungen des Welfenhauses weiterhin in Hannover zu sehen blieb (1955 dann vom Land Niedersachsen erworben), ist das herrschaftliche Engagement, Kunst für Hannover zu sammeln und sie den Bürgern der Stadt zu präsentieren, als relativ gering zu bezeichnen.

Wie oben bereits gesehen, waren es nämlich die Bürger Hannovers selbst, die sich bereits lange vor der Gründung des »Welfen-Museums« 1861 für Sammlungen in ihrer Stadt engagiert haben. Schon sehr früh haben sie Kunstvereine und daraus hervorgekommene Kunstsammlungen in überraschend großer Zahl gegründet: 1832 »Kunst-Verein für das Königreich Hannover«,[9] 1842 »Hannoverscher Künstlerverein« und 1848 »Verein für die öffentliche Kunstsammlung«, 1851 »Architekten- und Ingenieurverein Hannover«. Die zwei letztgenannten Vereine gründeten 1852 – zusammen mit der bereits seit 1797 bestehenden »Naturhistorischen Gesellschaft Hannover« und dem 1835 gegründeten »Historischen Verein für Niedersachsen«[10] – für die Sammlungen dieser drei Vereine und für Ausstellungen des »Hannoverschen Künstlervereins« schließlich das »Museum für Kunst und Wissenschaft«. Nachdem es zunächst in der Calenberger Straße 40 der Öffentlichkeit zugänglich gemacht worden war, erhielt es nach dreijähriger Bauzeit 1856 den ersten Museumsbau Hannovers, das von Conrad Wilhelm Hase (1818–1902) in der Sophienstraße 2 errichtete heutige »Künstlerhaus«. Die dort gezeigten Sammlungsbestände wurden 1886 von den drei genannten Vereinen auf den Staat übertragen, wodurch das »Provinzialmuseum Hannover« entstand (seit 1933 »Landesmuseum« und seit 1950 »Niedersächsisches Landesmuseum Hannover«). 1902 erhielt dieses seinen repräsentativen, mit der nicht korrekten Bezeichnung »Museum der Provinz Hannover« überschriebenen Neubau von Hubert Stier (1838–1907) am Maschpark, für den die Stadt Hannover im Austausch mit dem alten Museumsbau in der Sophienstraße nicht nur den Baugrund, sondern auch Finanzmittel zur Verfügung stellte.

Abb. 2: August Kestner, Selbstbildnis in Kreide, im Hausbuch der Familie Laves (Privatbesitz von Grazia Schicht-Laves, Zumikon; Foto: Christian E. Loeben mit freundlicher Erlaubnis der Eigentümerin)

Zwischen dem ersten und diesem zuletzt genannten repräsentativen Museumsbau kam es in Hannover jedoch noch zu einer weiteren Gründung, nämlich der des ersten städtischen Museums, des Kestner-Museums (heute Museum August Kestner). Der vor genau 125 Jahren, am 9./10.11.1889 am Friedrichswall eröffnete Bau war im Wesentlichen für die Kunstsammlungen von August Kestner (1777–1853) bestimmt. Beinahe auf das Jahr genau in der Mitte der Personalunionszeit geboren, gehörte August Kestner einer Familie an, die zu den oben genannten »hübschen Familien« der kulturprägenden geistigen Elite

9 Ines KATENHUSEN: 1832–2007 – 175 Jahre Kunstverein Hannover. In: Stephan BERG (Hrsg.): 175 Jahre Kunstverein Hannover 2007, S. 178–275. Zu allen Vereinen siehe auch das jeweilige Stichwort in: MLYNEK; RÖHRBEIN: Stadtlexikon Hannover.
10 Thomas VOGTHERR: 175 Jahre Historischer Verein für Niedersachsen. In: Hannoversche Geschichtsblätter N.F. 65 (2010), S. 5–21.

Hannovers gehörte.[11] August Kestner konnte studieren und reisen, was ihn befähigte, Diplomat in Rom zu werden, wo er mit Akribie eine bedeutende Kunstsammlung zusammentrug. Der genaue Beginn von Kestners Sammelleidenschaft von Kunst lässt sich bereits für 1818, das zweite Jahr seines langen, 36 Jahre währenden Rom-Aufenthalts ausmachen. Anfänglich galt diese offensichtlich nur den antiken Münzen und der Grafik, dann aber schon bald auch den Gemälden, wie folgender Tagebucheintrag vom 4.1.1819 zeigt:[12] »Zu Koch und Palmaroli, wo ich drei Breughels und zwei Grinaldi, Bolognese, die vielleicht Carracci sind, kaufte für zwölf Louisdor.«

Von Anfang an hoffte Kestner, seine Sammlung systematisch ausbauen zu können und dachte auch schon ausgesprochen früh an deren öffentliche Ausstellung in Hannover. Am 13.11.1819 schrieb er in einem Brief an seine Schwester Charlotte:[13] »Ich stehe oft von diesem Brief auf, weil ich ein hübsches Madonnenbild aus der florentinischen Zeit vor Raffael, etwa von den Jahren 1460 bis 1480 gekauft habe, welches von Signorelli sein soll, einem berühmten Maler, der von Michel Angelo besonders geschätzt wurde. [...] Ich habe schon drei größere Gemälde und fünf kleinere und einen Porträtkopf aus Guido Renis Schule. Von den drei größeren sind zwei eminent und können in jeder Galerie stehen, und die anderen bedeutend genug, um ihren Besitz schätzbar zu machen.« Er schrieb dann, dass in Hannover auch von anderen Personen Gemälde gesammelt würden und führte fort: »und so bringen wir noch in Hannover so viel zusammen, um den Geschmack zu wecken. Vielleicht lässt sich an die vom Prinzregenten gekaufte Wallmodensche Galerie der Statuen eine bedeutende Kunstsammlung reihen, und auf jeden Fall wird die dortige Barbarei in Beziehung auf Kunst gemildert werden.« Bezeichnenderweise schrieb Kestner diese Sätze beinahe auf den Tag genau 70 Jahre vor der Eröffnung eines »Kestner-Museums« am 10.11.1889 in Hannover!

Rom war damals der denkbar geeignetste Platz, um eine Kunstsammlung von gewissem Rang aufzubauen, die Kestner mit außergewöhnlicher Kennerschaft und Geschmack ständig um bedeutende Gemälde, Grafiken, wertvolle Bücher und Münzen sowie archäologische Objekte der griechischen, römischen und etruskischen Antike bereicherte. Letztere stammten zum Teil sogar aus eigenen Grabungen in Italien.[14] Hinzu kam eine außergewöhnlich große Zahl altägyptischer Antiquitäten, wohl um die 800 Stücke, was die Kestnersche Sammlung zur zweitgrößten Privatsammlung ägyptischer Kunst im 19. Jahrhundert machte.[15] Dass wie alle anderen Kunstwerke auch die ägyptischen von Kestner mit hervorragender Kennerschaft gesammelt worden sind, beweisen seine 1825 und 1826 in Rom erfolgten Zusammenkünfte mit dem Entzifferer der Hieroglyphen Jean-François Champollion (1790–1832), der die dortigen ägyptischen Monumente studierte und von Kestner mit Begeisterung und Aufnahmefähigkeit verfolgte Vorträge über die Hieroglyphen-Schrift hielt.

11 MLYNEK; RÖHRBEIN: Stadtlexikon Hannover, S. 310; zu August Kestner jüngst (und mit weiterer Literatur): Anne Viola SIEBERT: August Kestner: Bürgerliches Engagement und institutionalisierte Archäologie. In: LOEBEN: Ägypten-Sammlung, S. 31–39.
12 Wenn nicht anders angegeben, erfolgen alle Zitate aus Briefen und Tagebüchern Kestners nach Marie JORNS: August Kestner und seine Zeit 1777–1853: Das glückliche Leben des Diplomaten, Kunstsammlers und Mäzens in Hannover und Rom – Aus Briefen und Tagebüchern zusammengestellt. Hannover 1964.
13 Hermann KESTNER-KÖCHLIN (Hrsg.): Briefwechsel zwischen August Kestner und seiner Schwester Charlotte. Straßburg 1904, S. 113.
14 Dazu siehe: Anne Viola SIEBERT: August Kestner, Etrurien und die Etruskologie. Hannover 2010 (Museum Kestnerianum 14).
15 Die mit 3109 Stücken weltweit größte Privatsammlung ägyptischer Antiken im 19. Jahrhundert besaß der Bologneser Künstler Pelagio Palagi (1775–1860, N.B. beinahe genau die Lebensjahre Kestners!), die sich heute im Museo civico archeologico in Bologna befindet (siehe: LOEBEN: Ägypten-Sammlung, S. 54). Zu Kestners ägyptischer Sammlung siehe jetzt ausführlich: LOEBEN: Ägypten-Sammlung, S. 41–59. Zu ägyptischen Objekten aus Kestners eigenen Grabungen siehe: Christian E. LOEBEN: Ägyptische Objekte aus Etrurien in der Sammlung von August Kestner. In: SIEBERT: August Kestner, Etrurien, S. 30–31.

Leider erfahren wir über einzelne Objekte seiner Kunstsammlung nur ausgesprochen selten etwas davon, wann oder wo genau und unter welchen Umständen August Kestner sie erwarb. Auf alle Fälle präsentierte er sie stolz im Salon seiner Wohnung im römischen Palazzo Tomati in der Via Gregoriana 42 nahe der Spanischen Treppe. Hier wohnte Kestner die längste Zeit seines Rom-Aufenthaltes und teilte sich den Palazzo zeitweise auch mit dem berühmten dänischen Bildhauer Bertel Thorvaldsen (1770–1844). 1853, direkt nach Kestners Tod, wurden die Räumlichkeiten seiner Wohnung in Rom von seinem Großneffen Georg Laves d. J., einem Sohn des berühmten hannoverschen Baumeisters gleichen Namens und Kestners Nichte Wilhelmine, in Aquarellen dokumentiert. In Kestners Salon finden sich die von ihm offensichtlich als seine wichtigsten Stücke angesehenen Werke zusammen mit einer vom Bildhauer Heinrich Kümmel 1845 angefertigten Marmorbüste von Kestner in der Mitte der linken Wand angeordnet: unten die zwei uneingeschränkt wichtigsten Hauptwerke ägyptischer Kunst, darüber säumen zwei sehr gut erhaltene griechische Vasen die Kestner-Büste, hinter der »Der jugendliche Johannes der Täufer« hängt, eine heute

Abb. 3: Georg Laves d. J., Bild des Empfangszimmers August Kestners im Palazzo Tomati, Bleistift mit Höhungen, 1853, im Hausbuch der Familie Laves (Privatbesitz von Grazia Schicht-Laves, Zumikon; Foto: Christian E. Loeben mit freundlicher Erlaubnis der Eigentümerin)

dem Raphael-Zeitgenossen Dosso Dossi zugeschriebene Kopie nach Raphael, sicher ebenfalls ein Hauptwerk der Kestnerschen Gemäldesammlung. Rechts neben dem Dossi hängt der »Heilige Hieronymus als Büßer« von Pontormo, das einzige Gemälde dieses bedeutenden Maler des Florentiner Manierismus, das heutzutage in einer öffentlichen Sammlung in Deutschland zu sehen ist, somit unbestritten das wertvollste Gemälde Kestners![16] Diesem folgt rechts dann ein weiteres Meisterwerk, die »Lukretia« von Sodoma; rechts anschließend dann »Die Madonna mit Kind und Johannesknaben« von Marco Palmezzano. Die Nennung dieser Gemälde und das »name dropping« ihrer berühmten Maler erfolgte hier nur, um einen Einblick in die Bedeutung und den Wert der Kestnerschen Sammlung zu bieten.[17]

Bei Betrachtung von Kestners Salon ist gut nachvollziehbar, warum 1830 Julie Gräfin von Egloffstein »Sein Haus ist ein wahres Museum!« bemerken und Hermann Kestner am 21.10.1846 schreiben konnte: »Die Einrichtung des ganzen Hauswesens hat übrigens außerordentlich gewonnen, so wie die Ausstellung der reichen Kunstschätze jetzt

---

16 Bastian ECLERCY (Hrsg.): Pontormo. Meisterwerke des Manierismus in Florenz. Petersberg 2013.
17 Ausführlich zum Sammeln von Gemälden durch August Kestner siehe: Christian E. LOEBEN: August Kestners Pontormo in Rom und seine ersten 160 Jahre in Hannover. Ein Beitrag zur Sammlungsgeschichte. In: ECLERCY: Pontormo, S. 86–95; zur kunsthistorischen Bedeutung von August Kestner siehe jetzt: Thomas ANDRATSCHKE: August Kestner. Künstler, Sammler, Kunsthistoriker. In: Bürgerschätze. Sammeln für Hannover – 125 Jahre Museum August Kestner. Hannover 2013 (Museum Kestnerianum 19), S. 30–45.

ihren Genuss sehr erleichtert. In der langen Zeit meiner Abwesenheit ist natürlich vieles Neues und Schönes hinzugekommen, und ich werde noch lange zu betrachten haben, ehe ich in dieser Hinsicht wieder völlig zu Hause bin. Ein Zimmer, das zum eigentlichen Museum eingerichtet ist, enthält herrliche Schätze und würde leicht jede hannöversche National-Galerie hinter sich lassen.«

Als August Kestner 1853 in Rom verstarb, hinterließ er ein ausführliches, bereits am 12.9.1851 in Hannover verfasstes Testament. Darin bestimmte er seinen Neffen Hermann ›Kestnerino‹ (1810–1890) zum Erben, der jedoch damit beauftragt wurde, sein Möglichstes zu tun, der von August stolz »Museum Kestnerianum« genannten Kunstsammlung den »obrigkeitlichen Schutz [...] der Höheren Behörde in Hannover [...] zu verschaffen«. August Kestners Wunschempfänger für seine Sammlung war also seine Heimatstadt Hannover.

Hermann Kestner, der jüngste Sohn des Archivrats Georg Kestner, ließ die Sammlung des Onkels 1853 in Rom in 49 riesigen Kisten verpacken – von denen z. B. eine allein 100 Gemälde enthielt – und ließ die Fuhre mit einem Gesamtgewicht von 197 Zentnern und 67 Pfund zuerst nach Livorno an der Westküste Italiens und dann per Schiff nach Harburg und von dort aus weiter mit der Bahn nach Hannover bringen. Hier wurde sie im Stadthaus der Kestners, in der Leinstraße 11, aufbewahrt, wo sie aber nicht in Gänze gezeigt werden konnte.

Dem Testament seines Onkels entsprechend, verhandelte Hermann Kestner mit der Stadt Hannover, die sich bereit erklärte, für die Sammlung ein Museum zu bauen. Am 5.4.1884 wurde ein Schenkungsvertrag geschlossen, nach dem die Sammlung von (1) den Altertümern, (2) neueren Kunstgegenständen, (3) einer Bibliothek von ca. 10 000 Bänden und (4) einer Bibliothek für Musikwissenschaft sowie 100 000 Mark, was ein Viertel der Bausumme ausmachte, der Stadt geschenkt wurde. Ein Großteil der Bücher- und Musikaliensammlung stammte üb-

Abb. 4: Hermann Kestner, Kreidezeichnung von August Kestner, Rom, 1847, im Hausbuch der Familie Laves (Privatbesitz von Grazia Schicht-Laves, Zumikon; Foto: Christian E. Loeben mit freundlicher Erlaubnis der Eigentümerin)

rigens nicht von August sondern von Georg und dessen Sohn Hermann Kestner. Letzterer war z. B. ein begeisterter Sammler von Volksliedern und komponierte auch selbst.

Die Stadt verpflichtete sich im Gegenzuge, ein Museum, einen »würdigen Bau« von »reinem Renaissancen Styl« am Friedrichswall mit dem Namen »Kestnersches Museum der Stadt Hannover« zu errichten. Laut Vertrag sollte der Eintritt in das Museum an mindestens zwei Tagen der Woche frei sein. Am wesentlichsten war jedoch, dass die Stadt keinen einzigen Teil der Sammlung weggeben oder veräußern durfte, wenn dies dennoch geschehe »so soll die Universität Göttingen berechtigt sein, die unentgeltliche Herausgabe der gesamten Sammlung zu begehren, zu welchem Zweck dem Prorektor des Universitäts-Collegiums ein Exemplar [dieses Vertrages, Anm.] zur eventuellen Mitunterzeichnung zugestellt werden soll.«

Für diese Schenkung an die Stadt ließ der »Südstädtische Verein« – das Museum liegt im Süden der Stadt – Hermann Kestner »den freudigsten Dank sagen für den selbstlosen

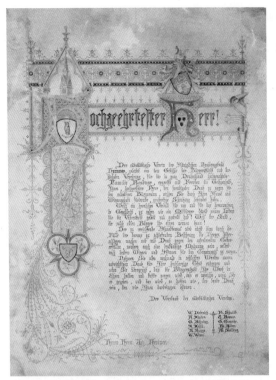

Abb. 5: Dankesurkunde des Südstädtischen Vereins an Hermann Kestner (Museum August Kestner; Foto: Christian Tepper, Museum August Kestner)

Abb. 6: Entwurfszeichnung von Wilhelm Manchot für das Kestner-Museum (Museum August Kestner)

Bürgersinn, welchen Sie durch Ihre Kunst und Wissenschaft fördernde, großartige Schenkung bekundet haben«.

Ende 1884 wurde eine Baukommission eingesetzt, der bis zu seinem Tod übrigens auch der hannoversche Druckereibesitzer, Senator und Kunstsammler Friedrich Georg Hermann Culemann (1811–1886) angehörte. Am 18.1.1885 kam es dann zur Bauausschreibung, auf Grund derer 48 Entwürfe eingereicht wurden, von denen jedoch schnell 37 ausschieden. Am Ende wurde heftig über zwei, sich eigentlich recht ähnelnde Entwürfe diskutiert, wobei der vom bereits oben beim Neubau für das Provinzialmuseum genannten Architekt Hubert Stier gewann, aber schließlich derjenige von Wilhelm Manchot (1844–1912) aus Mannheim realisiert wurde.

1886 wurde mit dem Bauen begonnen, jedoch ergaben sich bereits im Folgejahr größere Änderungen bei der Anlage der Innenräume im Obergeschoss. 1887 wurde von der Stadt nämlich die hauptsächlich aus mittelalterlichen Kunstwerken aus Ländern nördlich der Alpen sowie Büchern und Drucken bestehende Sammlung des kurz zuvor verstorbenen Friedrich Culemann angekauft[18], die würdig in das im Bau befindliche Museum einzugliedern war. Durch diese Planänderungen entschloss man sich kurzfristig, den nach Süden gerichteten Flügel zu erweitern, in dem

---

18   Thorsten HENKE: Unverhoffter Zuwachs vor der Museumseröffnung 1889: Senator Friedrich Culemann und seine Sammlung. In: LOEBEN: Ägypten-Sammlung, S. 69–74; Thorsten HENKE: Friedrich Georg Hermann Culemann. In: Bürgerschätze. Sammeln für Hannover – 125 Jahre Museum August Kestner. Hannover 2013 (Museum Kestnerianum 19), S. 47–50.

die Stadtbibliothek und das Stadtarchiv sowie ein 100 Personen fassender Vortragssaal untergebracht wurden. Im Zuge dieser Änderungen wurde auch eine Terrasse um das Gebäude hinzugefügt sowie der Entschluss gefasst, den Dachstuhl statt aus Holz besser aus Eisen zu errichten – wie sich im Zweiten Weltkrieg herausstellen sollte – ein weiser Entschluss. In der ersten Etage befand sich die Antike: »Egyptisch, Römisch, Münzen u. geschnittene Steine«, und in der zweiten: »größere Gemälde, kleinere Gemälde, Kupferstich-Sammlung (und) Mittelalter«.[19]

Zum 2.6.1888 wurde der aus Hannover stammende, an den Berliner Museen beschäftigte Archäologe Carl Schuchardt (1859–1943) zum ersten Direktor des Museums bestellt.[20] Gegen eine Reihe von in Betracht gezogenen Kunsthistorikern

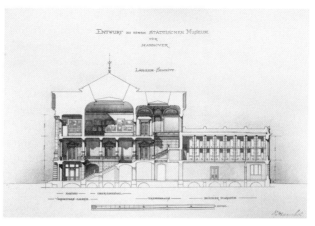

Abb. 7–8: Entwurfszeichnung von Wilhelm Manchot für ein um einen Südflügel erweitertes Kestner-Museum (Museum August Kestner)

war ganz besonders ein Archäologe in Hannover von niemand geringerem als dem großen Kunsthistoriker und Berliner Museumsmann Wilhelm Bode (1845–1929) empfohlen worden, denn Bode »erklärte nun, dass nach seiner Meinung entschieden ein Archäologe an das Kestner-Museum kommen sollte. Des öfteren schon habe man gesehen, dass ein Archäologe sich leichter und besser in die folgenden Kunstzeitalter hineinarbeite als ein Kunsthistoriker in die Archäologie. Außerdem sei es gut, wenn ein Hannoveraner hinkomme; bei der Inzucht, die man da treibe, werde der sich am leichtesten durchsetzen.«[21]

Der am 8.8.1859 in der hannoverschen Osterstraße 22 geborene Carl Schuchardt (gestorben am 7.12.1943 in Arolsen) wuchs in Vegesack bei Bremen, berühmt auch als Geburtsort des bedeutenden deutschen Afrika-Forschers Gerhard Rohlfs (1831–1896), auf und studierte ab 1877 Englisch, Französisch, Latein, Griechisch, Alte Geschichte, Klassische Archäologie und Kunstgeschichte in Leipzig, Göttingen und Heidelberg, wo er 1882 in Klassischer Philologie promovierte.[22] Nach Schullehrertätigkeiten in Kons-

19 Wilhelm MANCHOT: Das Kestner-Museum in Hannover. In: Centralblatt der Bauverwaltung X, 9. August 1890, S. 1.
20 MLYNEK; RÖHRBEIN: Stadtlexikon Hannover, S. 551.
21 Carl SCHUCHARDT: Aus Leben und Arbeit. Berlin 1944, S. 153.
22 Schuchardt berichtet selbst ausführlich über sein Leben in seiner nur sechs Wochen vor seinem Tod vollendeten und 1944 posthum erschienenen Autobiographie »Aus Leben und Arbeit« (Verlag: Walter de Gruyter & Co. Berlin).

Abb. 9: Carl Schuchardt 1886 in Pergamon (Aufnahme C. Humann; nach: SCHUCHHARDT: Leben. 1944, Tafel 17)

Abb. 10: Carl Schuchhardt im 60. Lebensjahr 1919 (nach: SCHUCHHARDT: Leben. 1944, Tafel 1)

tanz und Karlsruhe unterrichtete er die Kinder des rumänischen Fürsten Alexander Bibesco auf Gut Epureni an der rumänischen Moldau. In der Dobruscha wurde er auf die Trajanswälle aufmerksam und untersuchte sie mit Erlaubnis aus Konstantinopel archäologisch, was sein ihn prägendes Interesse an antiken und vorgeschichtlichen Befestigungsanlagen begründete. 1886/87 konnte er dank des Reisestipendiums des Deutschen Archäologischen Institutes Italien, Griechenland und Kleinasien besuchen, wo er anschließend ein Jahr Assistent Alexander Conzes bei den Ausgrabungen in Pergamon war. Vor seiner Berufung nach Hannover war er zehn Monate wissenschaftlicher Hilfsarbeiter an den Königlichen Museen zu Berlin, wohin er wieder, nach 20 Jahren am Kestner-Museum, zum 1.4.1908 als Direktor der Vorgeschichtlichen Abteilung des Museums für Völkerkunde zurückkehrte. In dieser Position war er dann auch Generalinspektor aller Ausgrabungen in Preußen, und nachdem er 1912 Mitglied der Preußischen Akademie der Wissenschaften geworden war, begründete er 1914 mit der »Denkschrift über die Notwendigkeit eines gesetzlichen Schutzes der Bodenaltertümer in Preußen« die erste staatliche Bodendenkmalpflege in Deutschland. Nachdem er noch in Hannover 1890 den »Atlas vorgeschichtlicher Befestigungen in Niedersachsen« mitherausgegeben hatte, folgten mit »Alteuropa in seiner Kultur- und Stilentwicklung« (1919), »Vorgeschichte von Deutschland« (1928) und »Die Burg im Wandel der Weltgeschichte« (1931) wesentliche, meist mehrfach wieder aufgelegte und zum Teil heute noch gültige Grundlagenwerke. Bis heute existiert auch noch als bedeutendes Fachorgan die 1909 von ihm begründete »Prähistorische Zeitschrift«. Obwohl unumstrittener Pionier der Wallanlagen- und Burgenforschung, wird sein Name am engsten wohl mit den Ausgrabungen des römischen Legionslagers (11–9 v. Chr.) von Feldherr Drusus in Haltern am See in Verbindung bleiben, wo er neue Grabungsmethoden (Plana und Schnitte) sowie die genaue Zeichnung und die Fotographie in die Archäologie einführte, was Baustadien, Verfüllschichten und ausgehobene Löcher für in der Zwischenzeit vergangene Holzpfosten erkennen ließ und interpretierbar machte. Legendär ist Schuchhardts 1904 bei einem dortigen Besuch von Kaiser Wilhelm II. ausgesprochener Satz: »Majestät, nichts ist dauerhafter als ein ordentliches Loch.«

Als junger, nicht einmal 30-jähriger Museumsdirektor in Hannover sollte Carl Schuchhardt nun schnellstmöglich das neue städtische Museum einrichten, jedoch musste dies

(Abb. 11–12: Ansichtskarten des Kestner-Museums)

wegen des zu langsamen Trocknens der Wände vom Sommer 1888 auf das Frühjahr des Folgejahres verschoben werden. Vom April bis Oktober 1889 wurden dann die Sammlungsgegenstände ins neue Haus überführt und am 10.11.1889, »dem Geburtstag von zwei deutschen Geistesheroen, Luther und Schiller«, wie Schuchhardt schreibt[23], »öffnete die neue geistige Bildungsstätte der Bevölkerung Hannovers zum ersten Male ihre Thüren«.[24] Den offiziellen Einweihungsfeierlichkeiten am Vortag blieb ausgerechnet Hermann Kestner fern, der fünf Tage nach der Museumseröffnung, am 15.11.1889, mit der Ehrenbürgerschaft Hannovers ausgezeichnete Museumsstifter, angeblich aus gesundheitlichen Gründen. Vielleicht war das aber auch nur ein Vorwand, denn Hermann war gar nicht sonderlich begeistert davon gewesen, dass dem »Museum Kestnerianum«, dem Denkmal des Lebenswerks seines geliebten Onkels, die Culemannsche Sammlung eingegliedert und somit um Bereiche erweitert worden war, die August nicht am Herzen lagen.[25] Und in der Tat, mit der Culemannschen Sammlung hatte Direktor Schuchhardt natürlich nun auch seine Schwierigkeiten damit, was denn am besten aus dem Sammlungskonglomerat des Kestner-Museums zu machen sei. Wie er es uns in seiner ausführlichen Autobiographie berichtet, riet ihm der große Wilhelm Bode mit dem oft zitierten Satz zu: »Sie müssen ein Kunstgewerbemuseum daraus machen«.[26] Weniger bekannt dagegen ist, dass Schuchhardt davon jedoch gar nicht begeistert war und uns wissen lässt: »Ich selbst hatte dem Bodeschen Plan auch nur in gewissem Sinne zu folgen gedacht: ich wollte nicht von der Technik ausgehend, einen ganzen Saal mit Holzarbeiten, einen anderen mit Eisen, einen dritten mit Porzellan füllen, wohl aber statt Gemälde und Skulptur die Kleinkunst der verschiedenen Zeiten und Völker sammeln und dem Publikum damit immer vollständigere Bilder der alten Kulturen vorführen. Ich hatte also den Museumscharakter im Auge [...]: ein Kulturmuseum.«[27]

In seiner hannoverschen Eröffnungsrede stellte Schuchhardt dann auch schon damals klar, dass es mit dem neuen städtischen Museum in Hannover eine Sammlungspolitik geben musste, die nicht mit den anderen Museen in Hannover konkurrieren, sondern sie ergänzen sollte: »Mit unserem einen Bildersaale z.B., so wertvolle Stücke derselbe auch enthalten mag, können wir doch niemals den reichen vereinigten Gemäl-

23 SCHUCHHARDT: Leben, S. 173.
24 Carl SCHUCHHARDT: Bericht über die Verwaltung des Kestner-Museums vom 1. Juli 1888 bis 1. Januar 1898 dem Magistrat der Königlichen Haupt- und Residenzstadt Hannover erstattet. Hannover 1898, S. 4.
25 SCHUCHHARDT: Leben, S. 174.
26 Ebd.
27 Ebd.

desammlungen des Provinzialmuseums und der Cumberlandgallerie an die Seite treten. [...] Ebenso verkehrt würde es auf der anderen Seite sein, wenn das Provinzialmuseum z.B. seine eine Mumie zum Anlaß nehmen wollte, um sich eine ägyptische Sammlung anzulegen ...«[28] Er beendet seine Rede mit der expliziten Aufforderung: »Helfen Sie nun auch alle mit in einmüthigem Zusammenstehen, dass wir bald ein ebenso tüchtiges Kunstgewerbemuseum erhalten.«[29]

Also bereits am Eröffnungstage des Kestner-Museums 1889 kam öffentlich und offiziell zur Sprache, dass eine Positionierung und Profilierung der Museen in Hannover nicht nur wünschenswert, sondern unbedingt notwendig sei. Um dies zu forcieren hatte man – wiederum auf Wilhelm Bodes Anraten – ursprünglich sogar daran gedacht, »für das Provinzialmuseum keinen besonderen Direktor zu berufen, sondern seine Verwaltung dem Direktor des Kestnermuseums mitzuübertragen. Aber sie hatten nicht mit dem hannoverschen Partikularismus gerechnet. Die Provinz wollte einen Direktor für sich alleine haben, ...«[30] Schuchhardt fährt in seiner Autobiographie dann fort: »Als er [der Ägyptologe Carl Küthmann, vierter Museumsdirektor, Anm.] vor kurzem pensioniert wurde [d.h. 1937, Anm.[31]], ist nun aber bezeichnenderweise die zu allem Anfang vorgeschlagene Personalunion eingetreten: der Leiter der Kunstabteilung am Provinzialmuseum, Dr. Stuttmann, ist zugleich von der Stadt zum Direktor des Kestnermuseums bestellt worden.«[32]

In den 20 Jahren seiner Leitung verfolgte Schuchhardt die von ihm genannte Politik, das Kestner-Museum zu einem »Kulturmuseum« zu entwickeln. Dabei und auch bei einer Abgrenzung des Kestner-Museums zu einem Kunstgewerbemuseum half ihm der Umstand, dass ab 1893 die Sammlungen des 1885 mit dem Ziel des Aufbaus eines Museums gegründeten »Kunstgewerbevereins Hannover« als »Kunstgewerbemuseum« im Leibnizhaus gezeigt wurden, jenem 1456 errichteten Haus in der Schmiedestraße 10, in dem Gottfried Wilhelm Leibniz von 1698 bis zu seinem Tod im Jahre 1716 lebte.[33] Schon vor der Einrichtung dieses »Kunstgewerbemuseums« wurde darüber diskutiert, ob dessen Bestände – vor allem in Anbetracht der häufigen finanziellen Schwierigkeiten des Vereins – dem Kestner-Museum einzugliedern seien. Haus und Sammlungen wurden schließlich 1895 der Stadt übertragen, die aber erst 1921 nach einer Zahlung von 75 000 Mark an den Verein die volle Verfügungsgewalt darüber erhielt, wodurch das Leibnizhaus und seine Bestände von nun an voll und ganz vom Kestner-Museum mitverwaltet werden konnten.[34]

Obwohl er mit dem 1903 erfolgten, spektakulären Ankauf des »Fischbecker Kopfes«, ein aus dem dritten Viertel des 12. Jahrhundert stammendes Kopfreliquiar aus dem Damenstift Fischbeck an der Weser, das bis heute wertvollste Stück der kunstgewerblichen

28 Zwei Mumien aus dem Bestand des Landesmuseums befinden sich seit den 1950er Jahren im Museum August Kestner: Christian E. LOEBEN: Ägyptische Mumien in Sonder- und Dauerausstellungen – Zwei Fälle von Erfahrungen mit ihren Besuchern. In: Alfred WIECZOREK; Wilfried ROSENDAHL; Hermann WIEGAND (Hrsg.): Mumien und Museen – Kolloquium zur Ausstellung ›Mumien – Der Traum vom ewigen Leben‹ (Mannheim: Reiss-Engelhorn-Museen, 08.–09.02.2008). Mannheim 2009 (Mannheimer Geschichtsblätter, Sonderveröffentlichung 2), S. 62–68.
29 SCHUCHHARDT: Bericht, S. 6 und 8.
30 SCHUCHHARDT: Leben, S. 174.
31 Zu Carl Küthmann, ab 1911 als Ägyptologe am Kestner-Museum angestellt und dessen Direktor 1920–1937 sowie 1945–1951, siehe ausführlich: LOEBEN: Ägypten-Sammlung, S. 85–92 und 123–127.
32 SCHUCHHARDT: Leben, S. 174–175; siehe dazu auch: LOEBEN: Ägypten-Sammlung, S. 135; zu Stuttmann: MLYNEK; RÖHRBEIN: Stadtlexikon Hannover, S. 612; und ausführlich: Ines KATENHUSEN: 150 Jahre Niedersächsisches Landesmuseum Hannover. In: Heide Grape-Albers (Hrsg.): Das Niedersächsische Landesmuseum Hannover: 150 Jahre Museum in Hannover, 100 Jahre Gebäude am Maschpark. Festschrift zum Jahr des Doppeljubiläums. Hannover 2002, S. 78–85.
33 Cord MECKSEPER: Das Leibnizhaus in Hannover. Die Geschichte eines Denkmals. Hannover 1983.
34 MLYNEK; RÖHRBEIN: Stadtlexikon Hannover, S. 377.

Sammlung, zu der sich 1906 noch die Sammlung Rehbock gesellte,[35] dem Museum hinzufügen konnte, war es Schuchhardt – wie unten noch ausgeführt wird – nicht möglich, die von ihm formulierte Sammlungsstrategie konsequent durchzusetzen. Dabei war ein eher geringes Problem folgendes: »Alle Augenblicke kamen freundliche Mütterchen und brachten mir aus ihren Häusern alte Tranlampen, Bunzlauer Kaffeekannen, Mündner Humpen und meinten, da wir nun glücklich ein ›städtisches Museum‹ hätten, wollten sie doch auch etwas dazu beitragen. Ich vertröstete sie auf ein zukünftiges stadtgeschichtliches, volkskundliches Museum und hielt es für dringend geboten, die Allgemeinheit über die Absichten, die im Kestner-Museum schlummerten, ausführlich und eindringlich aufzuklären.«[36]

Schuchhardt wählte hierfür zum einen das Mittel der öffentlichen Vorträge. Als er den ersten Zyklus »Die Ruinen von Athen« angekündigt hatte, war das Interesse für den 100 Personen fassenden Vortragssaal des Museums einfach zu groß: »Es meldeten sich [...] über 200. Nach Engerstellen der Stühle und Einrechnen von Stehplätzen an den Wänden ließen wir 150 Bewerber zu; die übrigen wurden abgewiesen. Ich wollte die Vorträge nicht in einen anderen Saal verlegen ... So bildete sich auch hier bald ein Stammpublikum, und ich habe dann 20 Jahre hindurch immer den Saal voll gehabt. Da wir im eigenen Hause waren, konnte ich die Originale selbst in den Saal bringen, und es ist ihnen auch nie etwas zugestoßen.«[37]

Ein weiteres Mittel Schuchhardts, die Öffentlichkeit ausführlich über die Sammlungen des Kestner-Museums zu unterrichten, waren die gedruckten »Führer durch das Kestner-Museum«, die unter seiner Leitung veröffentlicht wurden. Bereits 1891 erschien in einer Auflage von 2000 Exemplaren die »Erste Abtheilung: Alterthum« (1889 schon vergriffen; 2. Aufl. 1900) und 1894 dann in einer 1000-Stück-Auflage die »Zweite Abteilung: Mittelalter und Neuzeit« (2. Aufl. 1904). Für die sachkundige Bearbeitung derjenigen Sammlungsteile, die nicht in den wissenschaftlichen Bereich des Archäologen Schuchhardt gehörten, holte er sich Experten ins Museum: »Für die ägyptische Abtheilung war es eine wesentliche Förderung, daß 1889 bei der Einrichtung des Museums Herr stud. W. Spiegelberg (jetzt Dr. phil. und Privatdozent in Straßburg) ihre Ordnung und Verzettelung besorgte, sowie ferner, dass im Herbst 1890 Herr Prof. Dr. Erman = Berlin eine mehrtägige Revision vornahm, nach deren Ergebniß die Beschreibung der Sammlung in unseren ›Führern‹ abgefasst wurde.[38] Nicht minder ist es den Abtheilungen der neueren Kunst, besonders den mittelalterlichen Geräthen, der Plastik und den Gemälden zu statten gekommen, dass Herr Geh. R. Dr. W. Bode, im Herbst 1889 einer Einladung des Magistrats freundlich folgend, dem Museum mehrere Tage widmete.«[39] Die Führer enthalten kurze Notizen zu allen ausgestellten Gegenständen und wurden in dieser umfassenden Form danach bedauerlicherweise nie wieder vom Museum herausgegeben.

---

35 Wolfgang SCHEPERS: Georg Wilhelm Rehbock. In: Bürgerschätze. Sammeln für Hannover – 125 Jahre Museum August Kestner. Hannover 2013 (Museum Kestnerianum 19), S. 66–68.
36 SCHUCHHARDT: Leben, S. 175.
37 Ebd., S. 176.
38 Der in Hannover geborene Wilhelm Spiegelberg (1870–1930) wurde später mit Professuren in Straßburg, Heidelberg und München einer der bedeutendsten Ägyptologen Deutschlands und Adolf Erman (1854–1937), einer seiner Lehrer, war, indem er über ein halbes Jahrhundert lang (1881–1934) an der Berliner Universität Ägyptologie unterrichtete, nicht nur Begründer der sog. »Berliner Schule« mit Schülern weltweit, sondern auch Direktor des Berliner Ägyptischen Museums (1885–1914); Morris L. BIERBRIER: Who Was Who in Egyptology. Fourth Revised Edition. London 2012, S. 180–181 und S. 521–522; Thomas L. GERTZEN: École de Berlin und ›Goldenes Zeitalter‹ (1882–1914) der Ägyptologie als Wissenschaft. Das Lehrer-Schüler-Verhältnis von Ebers, Erman und Sethe. Berlin 2013.
39 SCHUCHHARDT: Bericht, S. 10.

Mit der hannoverschen Museumspolitik konnte Schuchhardt in den beinahe genau 20 Jahren seiner Amtszeit sehr zufrieden sein. Denn nachdem das von ihm geforderte »Kunstgewerbemuseum« in Hannover Realität geworden war, kam es schließlich auch zur Einrichtung des von ihm erhofften »stadtgeschichtlichen Museums« und zwar in Gestalt des am 26.4.1903 in der Cumberland-Galerie eröffneten »Vaterländischen Museums«, dem nun zweiten Museum in städtischer Trägerschaft (heute »Historisches Museum« mit den zwei Standorten: seit 1966 am Hohen Ufer und 2013 auch im wiedererrichteten Schloss Herrenhausen). Nach einem 1901 von Stadtdirektor Heinrich Tramm an die Bürgerschaft gerichteten »Aufruf zur Pflege eines Vaterländischen Museums« und der Initiativen des im gleichen Jahr eingerichteten »Heimatbundes Niedersachsen« ging es im Wesentlichen aus der umfangreichen Sammeltätigkeit des bereits 1892/93 gegründeten »Vereins für die Geschichte der Stadt Hannover« hervor, der seinen Sitz am Stadtarchiv hatte, das wiederum im ersten Stock des Kestner-Museums seine Räumlichkeiten besaß. Bis 1925 war übrigens der Direktor des Kestner-Museums als »Direktor der städtischen Museen« auch für die Geschicke des sonst aber mit einem eigenen Verantwortlichen weithin autarken Vaterländischen Museums zuständig. Diese Personalunion des Direktors der beiden Museen wurde übrigens 1995–1997 mit dem eingangs genannten Waldemar R. Röhrbein (1935–2014) nochmals Realität und wurde zum 1.9.2014 mit der Verfügung zur Einrichtung eines Verbundes »Museen für Kulturgeschichte in Hannover« mit der Einsparung des Direktors des Museum August Kestner für die Zukunft festgeschrieben.[40]

Dem ersten Kurator (bis 1909) des Vaterländischen Museums, dem Bibliothekar am Kestner-Museum und Heimatforscher Friedrich Tewes (1859–1931), ist übrigens ein weiteres Museum in Hannover zu verdanken. Mit einem einer heutigen »Bürgerinitiative« vergleichbaren Engagement kämpfte er 1927 erfolgreich gegen den Abriss des Geburtshauses von Wilhelm Busch (1832–1908) in Wiedensahl, woraus 1930 dann die »Wilhelm Busch Gesellschaft« hervorging, deren schnell wachsende Sammlung ab 1937 als »Wilhelm-Busch-Museum« am Rustplatz (heute Georgsplatz) im Herzen Hannovers öffentlich gezeigt werden konnte (seit 1949 im Wallmodenschlösschen im Georgengarten und bis heute ein in Trägerschaft eines Vereins unterhaltenes Museum). Das Vaterländische Museum mit seinen klar umrissenen Sammelaufgaben von Stadt- und Landesgeschichte unterschied sich natürlich erheblich von den Sammlungsinhalten des Kestner-Museums. Es wäre durchaus denkbar, dass das Vaterländische Museum – wenn es schon damals existierte hätte – auch der geeignetere Empfänger für die stark mit deutscher Kunst und Kultur verbundenen Sammlung Culemann gewesen wäre, schon allein wegen seiner im Kestner-Museum bis heute völlig alleinstehenden Buch- und Inkunabelsammlung. Jedoch gab es 1887 beim Ankauf der Sammlung Culemann durch die Stadt nur eine einzige städtische Einrichtung in Hannover, die damals als Empfänger in Frage kam: das im Bau befindliche Kestner-Museum.

Andere ebenfalls nicht ins »Urprofil« des Kestner-Museums passende Sammlungserweiterungen musste Schuchhardt auch noch miterleben, ehe er 1908 zurück nach Berlin ging, um dort Direktor der Vorgeschichtlichen Abteilung der Königlichen Museen

---

40 Röhrbein selbst schreibt 2008 dazu: »Eine Vereinigung des Kestner-Museums und des Historischen Museums unter gemeinsamer Leitung als ›Städtische Museen – Kestner-Museum/Historisches Museum‹ halte ich bei wissenschaftlicher Besetzung jeder Abteilung der beiden Häuser auch heute noch für denkbar – allein schon, um ein stärkeres Gegengewicht gegen die beiden großen Dampfer Landesmuseum und Sprengel-Museum zu schaffen und die beiden städtischen Museen finanziell, personell, werblich und besucherzahlenmäßig nicht wie kleine Schaluppen hinter den großen Dampfern herdümpeln zu lassen.« (Waldemar R.. Röhrbein: Geschichte und Neuordnung der musealen Sammlungen in der Stadt Hannover in den 1920er Jahren – nur eine historische Reminiszenz? In: Mitteilungsblatt des Museumsverbandes Niedersachsen Bremen 69 (2008), S. 25).

zu werden. Um sie in Hannover zu behalten und ihre Abwanderung nach Hamburg zu verhindern, kaufte die Stadt 1891 die Japan-Sammlung des Landgerichtsrates Otto Rudorff (1855–1922) – natürlich ein völliges Exotikum im Kestner-Museum (Totalverlust im Zweiten Weltkrieg) – und 1900 vermachte Hermann Schlüter (1846–1900), der Besitzer des »Hannoverschen Tageblattes«,[41] dem Museum seine Sammlung von Gemälden und Grafiken. Allein damit war nun genau der Fall eingetreten, vor dem Schuchhardt in seiner Eröffnungsrede gewarnt hatte, nämlich eine Erweiterung des Kestner-Museums um solche Bestände, die im Provinzialmuseum besser vertreten waren: Völkerkunde, Gemälde und Grafiken. Aber wohin sonst damit, wenn solche Werke der Stadt geschenkt wurden? Als damals einziges städtisches kam dafür nur das Kestner-Museum in Frage.

Aus ganz genau diesen, von Außen an das Museum herangetragenen Verpflichtungen heraus ist dann die so genannte »Städtische Galerie« (auch »Moderne Galerie der Stadt Hannover«) im Kestner-Museum entstanden, deren Ausbau aber erst nach dem Weggang des Archäologen Schuchhardt vorangetrieben werden konnte. Ganz besonders zwischen 1909 und 1918 wurden durch die direkte »Mitwirkung« des in Museumsankäufen besonders »umtriebigen« Stadtdirektors Heinrich Tramm (1854–1932, Stadtdirektor: 1891–1918) seinem persönlichen Kunstgeschmack entsprechend hauptsächlich Gemälde und Grafiken für die Stadt angekauft.[42] Nur wenige der somit den Gemäldebestand des Kestner-Museums stark erweiternden Werke konnten überhaupt im Museum ausgestellt werden. An den Bau einer eigenen Gemäldegalerie der Stadt war nicht zu denken und somit musste irgendwann zwangsläufig ein Austausch mit dem Provinzialmuseum in Betracht gezogen werden. Der Leiter der Prähistorisch-Ethnographischen Sammlung dieses Museums, Karl Hermann Jacob(-Friesen), hatte bereits 1919 eine »Denkschrift über den Plan einer Neugestaltung der Museen in Hannover« vorgelegt.[43] Unter anderem in deren Folge kam es nun zu einem 1922 unterzeichneten und ein Jahr später ergänzten Vertrag, der den ersten Austausch und damit eine erste »Neuordnung« zwischen den hannoverschen Museen regelte. Durch ihn überstellte die Kommunalverwaltung alle Gemälde der »Städtischen (modernen) Galerie« als ständige Leihgabe an das Museum an der Masch und im Gegenzug erhielt die Stadt von dorther stadt- und landeshistorische Objekte sowie kunstgewerbliche Gegenstände, die nun im Vaterländischen Museum respektive im Kestner-Museum aufbewahrt wurden.

Stadtdirektor Heinrich Tramms Bevormundungen in Sachen Gemäldeankäufe hatten bereits 1912 Wilhelm Behncke (1871–1933?), den Nachfolger Schuchhardts als Direktor des Kestner-Museums, Kunsthistoriker aus dem Kunstgewerbemuseum in Berlin, zur Aufgabe seines städtischen Postens und zum Wechsel an das Provinzialmuseum (Direktor dort bis 1924) bewogen. Zehn Jahre später folgten ihm also die modernen Gemälde vom Kestner- ins Provinzialmuseum, ein endlich vollzogener sinnvoller Schritt, den übrigens Behncke selbst bereits 1911 als Direktor des Kestner-Museums angeregt hatte! Behnckes nachhaltigste Spur im Kestner-Museum ist jedoch darin zu sehen, dass er direkt nach seiner Ernennung zum Direktor 1908 das erste Inventarbuch des Museums anlegte. Es war wohl auch seine Entscheidung, den Altbestand aus den Sammlungen von Kestner und Culemann

41 Mlynek; Röhrbein: Stadtlexikon Hannover, S. 544–545.
42 Zu Tramms »Kunstpolitik« siehe jetzt neu und ausführlich: Ines Katenhusen: ›… der beste Spiegel seines Geistes …‹. Heinrich Tramm, das Neue Rathaus und die hannoversche Kunstpolitik in Kaiserreich und Demokratie. In: Cornelia Regin (Hrsg.): Pracht und Macht. Festschrift zum 100. Jahrestag der Einweihung des Neuen Rathauses in Hannover. Hannover 2013 (Hannoversche Studien: Schriftenreihe des Stadtarchivs Hannover 14), S. 201–226.
43 Katenhusen: 150 Jahre Landesmuseum, S. 32–33; Röhrbein: Geschichte und Neuordnung, S. 13–16.

– leider ohne dabei auf eine strikte Trennung bzw. Kennzeichnung der beiden zu beharren – im sog. »Neuen Inventar« mit den Inventar-Nummern von 1 bis X durchzunummerieren, und, um von jenen alle Neuerwerbungen seit der Museumseröffnung zu unterscheiden, diese mit stets das Eingangsjahr nennende Inventar-Nummern zu versehen. Leider wurde dieses, Nummern wie »2345« deutlich von »1912.345« unterscheidbare Prinzip von den nachfolgenden Kuratorengenerationen nicht systematisch verfolgt, so dass es bei »Nachinventarisierungen«, z.B. nach dem Zweiten Weltkrieg, zu nicht korrekten Ergänzungen im »Neuen Inventar« und somit zu falschen Zuweisungen von nachweisbar nach 1889 erworbenen Objekten an den Altbestand kam.[44]

Dank dieses Inventarisierungsprojektes von Direktor Behncke kann die beinahe genau 20 Jahre während Ära von Direktor Carl Schuchardt am Kestner-Museum, während der der städtische Erwerbungsetat des Museums von 3 000 auf 30 000 Mark gestiegen ist, auch in Erwerbungszahlen »statistisch« als die das Haus prägende dokumentiert werden:

Erwerbungsjahr	Objekte insgesamt	Ägypten	Antike Kulturen	Numismatik	Angewandte Kunst	Islam
1889	7				2	5
1890	38		1		20	17
1891	32		16		11	5
1892	26			2	22	2
1893	30		9		21	
1894	207	202 (b)			4	1
1895	29		5		22	2
1896	59		3		54	2
1897	48		8		40	
1898	58		20	1	37	
1899	34		9	5	20	
1900	108	5	62 (d)	1	28	12
1901	73		61 (e)		12	
1902	105		4	2	102	1
1903	43	27 (c)		2	10	
1904	6				6	
1905	35			3	27	5
1906	210 (a)	1	11		196	2
1907	39				37	2
1908	72			3	69	
insgesamt	<u>1259</u>	235	209	19	740	56

N.B.

Erfasst sind hier ausschließlich Objekte des aktuellen Bestandes derjenigen Sammlungsbereiche, die das Museum heute noch unterhält, d.h. abgegebene Bestände wie z.B. Gemälde und Grafiken[45] sowie kriegsbedingte Verluste,[46] wie z.B. die Rudorffsche Japan-

---

44   Siehe z.B.: LOEBEN: Ägypten-Sammlung, S. 176.
45   Zum sogenannten »Ringtausch« unter den hannoverschen Museen siehe: LOEBEN: August Kestners Pontormo, S. 94–95.
46   Zu den Auslagerungen der Museumsbestände und damit in Verbindung stehenden Verlusten siehe ausführlich: LOEBEN: Ägypten-Sammlung, S. 129–320.

Sammlung, sind nicht berücksichtigt. Eine eigene Aufstellung seiner Neuerwerbungen von 1888–1898 (mit Schenkungen und Überweisungen durch den Magistrat der Stadt) veröffentlichte Carl Schuchhardt selbst in: SCHUCHHARDT: Bericht, S. 11–23. Bedauerlicherweise sind die dort genannten Objekte wegen nicht angegebener Inventar-Nummern und zu summarischer Beschreibung nur schwer mit Stücken des vorhandenen Bestandes (oder Verlusten) identifizierbar.

Anmerkungen:
(a) Davon 177 Objekte aus der Sammlung des hannoverschen Möbelfabrikanten Georg Wilhelm Rehbock.[47]
(b) Sämtliche Objekte sind spätantik-koptische Textilien, die von Leutnant Gimbel (Baden-Baden) erworben wurden.[48]
(c) Sämtliche Objekte sind dem Museum von der Deutschen Orientgesellschaft für die Mitgliedschaft des Magistrats der Stadt Hannover überwiesen worden.[49]
(d) Davon 57 Objekte aus der Sammlung Peter-Meyer, zu der nichts weiter bekannt ist.
(e) Sämtliche Objekte sind Repliken von minoisch-mykenischen Goldschmiedearbeiten in sogenannter Galvano-Technik der Firma der Gebrüder Gilliéron.[50]

* * *

Anlässlich des 230. Geburtstags des Sammlungsbegründers August Kestner am 28.11.2007 wurde das Kestner-Museum in Museum August Kestner umbenannt. Zum einen sollte dadurch eine Abgrenzung zur Kestner-Gesellschaft in Hannover erfolgen, die als ausschließlicher Sonderausstellungsveranstalter keine der klassischen Aufgaben eines Museum wahrnimmt. Zum anderen sollte noch intensiver an den »Urvater« des Museums August Kestner – Diplomat und Weltbürger – erinnert werden, aus dessen Privatsammlung das Museum hervorgegangen ist. Sie ist dank bürgerlichem Engagement nicht nur der Bevölkerung Hannovers und ihren Gästen, sondern auch überregionalen sowie internationalen Ausstellungs- und Forschungsvorhaben zur Verfügung gestellt worden. Zusammen mit allen weiteren, in der Folgezeit getätigten Erwerbungen und Schenkungen aus ehemaligem Privatbesitz möchte das Museum deutlich machen, dass es sich Sammlern und ihren Sammlungen in ganz besonderem Maße verpflichtet fühlt und im Rahmen seiner Möglichkeiten bereit ist, diesen eine Heimstatt für die Zukunft zu bieten. Die Hoffnung mit der Namensabkürzung »MAK« auch »Museum für Angewandte Kunst« auszudrücken, erfüllte sich jedoch nicht, weil das entsprechende Museum in Wien diese Abkürzung als »Marke« urheberrechtlich geschützt und schon anderen Museen Angewandter Kunst in Deutschland, so z.B. in Frankfurt a.M., die Bezeichnung »MAK« unter Androhung von juristischen Schritten erfolgreich untersagt hat. Das ist auch gut so, denn aus der Not heraus entstand nun der Slogan »Mehr als Kunst«, der nicht nur auf die künstlerische, sondern insbesondere auf die kulturgeschichtliche Bedeutung des Museums hinweist – ganz so wie der erste Museumsdirektor Carl Schuchhardt vor genau

---

47 Dazu siehe: SCHEPERS: Rehbock. 2013, S. 66–68.
48 Dazu siehe: Marianne EATON-KRAUSS: Karl Georg Peter Gimbel. In: Bürgerschätze. Sammeln für Hannover – 125 Jahre Museum August Kestner. Hannover 2013 (Museum Kestnerianum 19), S. 58–61.
49 Dazu siehe: Christian E. LOEBEN: Hannover in Ägypten: Das Engagement der Stadt in der Deutschen Orientgesellschaft (Berlin) und hannoversche Grabungsaktivitäten in Ägypten. In: Hannoversche Geschichtsblätter N.F. 67 (2013), S. 55–71.
50 Dazu siehe: Veit STÜRMER: Gilliérons minoisch-mykenische Welt. Berlin 1994.

125 Jahren »sein« Museum verstanden sehen wollte, nämlich als »Kulturmuseum«. Nichts könnte besser Schuchhardts damalige, bewundernswerte Weitsicht für die aktuelle Prägung des Museums demonstrieren. Und mit der am 1.9.2014 vollzogenen Vereinigung des Museum August Kestner mit dem Historischen Museum Hannover zu einem »Museen für Kulturgeschichte in Hannover« genannten Verbund betont die Landeshauptstadt ihr Interesse daran, ihre Museen ganz wesentlich als Vermittler nicht nur von Kunst zu verstehen, sondern von den – Kunst natürlich mit einschließenden – größeren kulturhistorischen Zusammenhängen. Die Zukunft (und besonders auch das finanzielle Engagement der Stadt in den neuen Museumsverbund) wird zeigen, ob dies gelingen kann.

Anhang

Die von Museumsdirektor Carl Schuchhardt zur Eröffnung des Kestner-Museums am 9. November 1889 gehaltene Rede im Wortlaut

Folgendermaßen mit Einleitung und Schlusswort abgedruckt in:
Bericht über die Verwaltung des Kestner-Museums vom 1. Juli 1888 bis 1. Januar 1898 dem Magistrat der Königlichen Haupt- und Residenzstadt Hannover erstattet von Dr. Carl Schuchhardt, Hannover: Schlütersche Buchdruckerei, 1898, S. 4–8.

[S. 4] ... Bei der Eröffnungsfeier berichtete Herr Stadtdirektor Haltenhoff über die Erwerbungsgeschichte der Sammlungen und die Baugeschichte des Hauses und bedauerte lebhaft, daß Herr Hermann Kestner, dessen hochherzige Stiftung die Anregung zu dem Ganzen gegeben habe, durch Krankheit der Einweihung ferngehalten werde. Sodann entwickelte der Direktor Dr. Schuchhardt sein Verwaltungsprogramm in folgender Rede:

»Nachdem der Herr Stadtdirektor Ihnen die Entstehung dieses Museums ins Gedächtnis gerufen und im Namen der Stadt dasselbe unserer Fürsorge überwiesen hat, ist es an uns, Ihnen in den Hauptzügen darzulegen, in welcher Art wir die uns gewordene Aufgabe zu erfüllen gedenken. Der Bestand der Sammlungen ist ein außerordentlich vielseitiger. Die Kestnersche Stiftung bietet einen guten Ueberblick über die verschiedenen Kunstzweige des ägyptischen, griechischen und römischen Alterthums, wobei einzelne Gattungen, wie geschnittene Steine und Lampen, in hervorragender Güte und Menge vertreten sind. Für das Mittelalter tritt die Culemannsche Sammlung ergänzend ein, mit ihren Elfenbein- und Holzschnitzereien, Metallarbeiten und Stoffen die byzantinische, romanische [5] und gotische Zeit darstellend. Für die Renaissance haben wir aus beiden Sammlungen Gemälde, Kupferstiche, Handzeichnungen, Majoliken, Medaillen, und zwar aus Kestnerschem Besitze vorwiegend der italienischen, aus Culemannschem der deutschen Kunst. Rechnen wir hierzu noch die Handschriften, Drucke und Autographen der Culemannschen Sammlung, sowie die von Herrn Kestner später zu erwartende Bibliothek von Musikalien und Volksliedertexten aller Nationen, so stellt sich in dem Ganzen ein Bild der geistigen und künstlerischen Entwicklung von den ältesten ägyptischen Zeiten bis auf unser Jahrhundert dar.

»Es wird immer unsere vornehmste Pflicht sein, im Sinne des hochherzigen Stifters, dessen Namen unser Haus trägt, dieses Bild der allgemeinen Kulturentwicklung zur Geltung zu bringen, aus den Denkmälern der vergangenen Zeiten diejenige künstlerische und ethische Ideen vorzuführen, welche noch heute befruchtend und wegweisend wirken können.

»Um diese Aufgabe zu erfüllen, werden wir nicht die Sammlungen allein zu dem Publikum sprechen lassen, sondern auch selbst das Wort ergreifen und in regelmäßigen Vorträgen die verschiedenen Felder unseres reichen Gebietes behandeln. Wir denken diese Vorträge so einzurichten, daß neben allgemeinen, etwa alle vierzehn Tage stattfindenden Erklärungen der Sammlungsgegenstände, auch gelegentlich Cyklen über geschlossene Themata der Kunst- und Kulturgeschichte stattfinden sollen, in welchen einmal etwa

›Bilder aus dem Alterthum‹, ein anderes Mal ›die Maler der italienischen Frührenaissan-ce‹, ein drittes Mal ›Dürer‹, ein viertes Mal ›die Goethe- und Schillerbriefe‹, immer im Anschluß an unsere Sammlungen uns beschäftigen könnten.

»Ist diese Nutzbarmachung der vorhandenen Sammlungen nun auch unsere nächste und hauptsächliche Aufgabe, so erwächst uns darüber hinaus doch noch eine andere. Ein Museum, welches dauernd das Interesse des Publikums wachhalten und einen Einfluß auf dasselbe sich bewahren will, darf sich nicht mit seinem vorhandenen Bestande zufrieden geben, sondern muß weiter sammeln. Unsere Sammlungen sind reichhaltig und schön; aber deshalb können sie doch noch an vielen Stellen sehr vorteilhaft ergänzt werden. Nur müßte man mit diesen Ergänzungen so vorgehen, daß nicht Dinge noch einmal ange-schafft werden, welche bereits an anderer Stelle in Hannover existieren. Ein Weitersam-meln auf der ganze Linie unseres Bestandes würde ungeheure Mittel erfordern und doch niemals zu einem geschlossenen Ganzen führen. Mit unserem einen Bildersaale z. B., so werthvolle Stücke derselbe auch enthalten mag, können wir doch niemals den reichen vereinigten Gemäldesammlungen des Provinzialmuseums und der Cumberlandgallerie an die Seite treten. Wozu also sollen wir mit großen Kosten ihn weiter ausgestalten, wenn das Publikum, um ein ins Einzelne gehendes Bild von der Entwicklung der Malerei zu be-kommen, sich doch immer nach der Sophienstraße [Sitz sowohl des Provinzialmuseums als auch der Cumberlandschen Galerie; Anm.] wenden muß? Soll in Hannover Geld für Gemälde [6] ausgegeben werden, so möge es im Provinzialmuseum geschehen. Dort führt jede neue Erwerbung sofort zu dem sichtbarsten und greifbarsten Schmuck, während wir viele Jahre lang beschäftigt sein würden, um nur ein Fundament zu legen.

»Ebenso verkehrt würde es auf der anderen Seite sein, wenn das Provinzialmuseum z. B. seine eine Mumie zum Anlaß nehmen wollte, um sich eine ägyptischen Sammlung anzulegen, oder wenn es griechische Gefäße oder römische Lampen oder italienische Ma-joliken anschaffen wollte, lauter Abtheilungen, die bei uns in guter oder gar hervorragen-den Weise vertreten sind.

»Provinzial- und Kestnermuseum müssen demnach sich die Aufgabe theilen und bei allem künftigen Sammeln nach gemeinsamen Plane vorgehen. Wie dieser Plan zu gestal-ten ist, ergibt sich klar aus dem jetzigen Bestande der beiden Museen. Das Provinzialmu-seum muß seine große Gemäldegallerie und seine vielversprechende Skulpturensamm-lung fortsetzen, in letzterer Beziehung vor allem eine Gipsabguß-Sammlung nach Antike, Mittelalter und Renaissance schaffen; wir dagegen, die wir auf solche Dinge schon des Raumes wegen Verzicht leisten müssen, haben mit unserem fast ausschließlichen Bestan-de an Kleinkunst und zwar Kleinkunst des Alterthums in Bronzen, Terrakotten, Vasen, Gemmen, Münzen, des Mittelalters und der Neuzeit in Kirchengeräthen, Majoliken, Gläsern, Stoffen, Medaillen, – wir haben, sage ich, in diesem Bestande die vortrefflichste Grundlage für eine Fortsetzung der Sammlungen auf dem Gebiete der Kleinkunst und des Kunstgewerbes. Und von diesem Geschichtspunkte aus haben wir auch bereits be-gonnen, die Sammlungen fortzusetzen. Der hannoversche Apothekerverein hat seit vielen Jahren die gemalten Gläser, Dosen und verschiedenartige Instrumente aus Apotheken des vorigen und vorvorigen Jahrhunderts gesammelt und uns jetzt freundlicher Weise zum Geschenk gemacht. Die Sachen befinden sich bereits im Hause und sollen zu ei-ner alten Apothekerstube und einem Laboratorium zusammengestellt, dem Publikum in den nächsten Wochen zugänglich gemacht werden. Desgleichen werden auf Wunsch des Schützenvereins die prächtigen Silbergeräthe des Schützenschatzes bei uns ihre Auf-stellung finden. Und wenn wir dann, wie nach der bisherigen Liberalität der städtischen

Kollegien doch wohl angenommen werden darf, auch etatsmäßig mit einer hinreichen-
den Summe für Neuanschaffungen ausgestattet werden, hoffe ich, daß in einheitlichem
Vorgehen mit dem Provinzialmuseum binnen kurzer Zeit dort ein geschlossenes Bild der
großen Kunst, der Malerei und Skulptur, hier ein solches der Kleinkunst und des Kunstgewerbes erstehen wird.

»Andere Städte von der Bedeutung Hannovers, ja viel kleinere, sind uns auf diesem
Wege schon weit voraus. Wir werden sie nur einholen können, wenn von jetzt ab auch
alle in unserer Stadt verfügbaren Kräfte sich auf die beiden genannten Museen als die beiden Brennpunkte unseres Kunstlebens vereinigen. Das Ziel, welches wir dem Kestner-
museum gesteckt haben, verfolgen hier am [7] Orte bisher zwei Vereine, der Gewerbeverein
und der Kunstgewerbeverein. Der erstere freilich war in erster Linie Lehranstalt und ging
auch bei den Ankäufen für seine Sammlung hauptsächlich von dem Gesichtspunkte aus,
Lehrmittel für Handwerker zu erwerben. Der Kunstgewerbeverein dagegen hatte, wenn
ich seine Bestrebungen recht verstehe, doch wohl als Ziel ein öffentliches Kunstgewerbemuseum vor Augen. Es ist gewiß großentheils seinen Bemühungen zu verdanken, wenn
das Bedürfniß nach einem solchen immer lebhafter empfunden worden ist, und wir sind
uns bewußt, zum Theil seine Saat zu ernten, wenn unsere Bestrebungen Erfolg haben
sollten. Deshalb wäre es aber auch um so erfreulicher, wenn der Verein fürderhin mit uns
Hand in Hand gehen wollte, um den dann sicheren und desto größeren Erfolg voll mit-
zugenießen. Ich kann das Gerücht nicht wohl ernst nehmen, nach welchem das Leibnizhaus noch zu einem besonderen Kunstgewerbemuseum ausersehen wäre. Man weiß doch
in Hannover zu gut, daß der Hauptgrund von all den Mängeln unserer Kunstverhältnisse
die beklagenswerthe bisherige Zersplitterung derselben ist. Wenn nun in demselben Augenblicke, wo die beiden öffentlichen Museen sich anschicken, die große Aufgabe der
Stadt in würdiger Weise zu lösen, noch ein drittes Museum geschaffen würde, so hieße
das den Zustand der Zersplitterung, der bisher nur dadurch erträglich schien, daß man
ihn für provisorisch hielt, zu einem definitiven zu machen.

»Die Berechtigung, unser Museum zu einem Kunstgewerbemuseum auszugestalten,
wird uns wohl nicht bestritten werden. Wenn irgendwo in Hannover ein solches aufwach-
sen soll, so bietet die Eigenart unserer Sammlungen und ihre Reichhaltigkeit und Kostbar-
keit den besten Boden dazu. Es erübrigt nur noch, mit einem Worte zu sagen, wie wir uns
die Wirksamkeit eines solchen Kunstgewerbemuseums vorstellen.

»Dasselbe braucht sich nach unserer Meinung nicht in erster Linie an diejenigen zu
wenden, welche das Kunstgewerbe ausüben. Wir werden diesen Ausübenden gewiß immer mit der größten Bereitwilligkeit entgegenkommen. Wir werden ihnen die Benutzung
der Muster, die sie bei uns finden mögen, in jeder Weise leicht und angenehm machen.
Aber unser hauptsächliches Bestreben wird sein, das Auge des Publikums, das heißt derer,
welche jene Ausübenden in Nahrung setzen, an gute Beispiele zu gewöhnen. Was nützt
es einem Kunstschlosser oder Silberschmied, wenn er die vortrefflichsten Arbeiten liefern
kann, aber für das mühevoll Hergestellte keine Abnehmer findet, weil der Käufer den
Aufwand an Zeit und Kunst nicht zu schätzen weiß und deshalb den nöthigen Preis nicht
zahlen mag? Da er darauf angewiesen ist, seine Waare auch abzusetzen, wird er gezwungen sein, zu dem zurückzukehren, was dem landläufigen Geschmacke entspricht.

»Die Fachschulen sollen den Handwerker, die Museen den Besteller in den Stand setzen, ein künstlerisches Urtheil bei der Wahl der Waare walten zu lassen. Die Fachschulen
sind bei uns aufs beste vertreten in dem eine reiche Vergangenheit [8] aufweisenden Gewerbeverein und der neu organisirten Kunstgewerbeschule, unserer lieben Nachbarin [das

Schulgebäude befand sich zwischen Friedrichswall und Köbelinger Markt; Anm.]. Helfen Sie nun auch alle mit in einem einmüthigen Zusammenstehen, daß wir bald ein ebenso tüchtiges Kunstgewerbe m u s e u m erhalten.«

Auf dem hier vorgezeichneten Wege ist in den folgenden Jahren die Verwaltung vorgegangen, indem sie einmal das Vorhandene bekannt und nutzbar zu machen suchte durch Vorträge und Veröffentlichungen und zum Andern seine Ergänzung erstrebte durch weiteres Sammeln.

Anmerkungen des Bearbeiters:

Wie oben im Hauptbeitrag ausführlich dargelegt (S. 25–26) wollte Carl Schuchhardt das Kestner-Museum *expressis verbis* nicht zu einem »Kunstgewerbemuseum«, sondern zu einem »Kulturmuseum« machen. Indem er dem Kestner-Museum in seiner Eröffnungsrede auch Aufgaben eines Kunstgewerbemuseums zuweist, spricht er sich im Wesentlichen und auffallend vehement gegen die Existenz eines weiteren, dritten Museums in Hannover aus. Denn zu dieser Zeit, also 1889, wurde allem Anschein nach bereits öffentlich über ein »Kunstgewerbemuseum« im in Renovierung begriffenen Leibnizhaus diskutiert, das schließlich 1892 auch realisiert wurde. Bereits 1895 ging die Sammlung des Kunstgewerbemuseums im Leibnizhaus in die Verfügungsgewalt der Stadt, d.h. des Kestner-Museums über (siehe unten; 1921 dann nach Zahlung von 75 000 an den Kunstgewerbeverein komplette Übernahme und Mitverwaltung des Leibnizhauses und Kunstgewerbemuseums durch das Kestner-Museum).

Im »Rückblick und Ausblick« betitelten, letzten Kapitel seines eingangs genannten Berichtes [S. 26–27] schreibt Carl Schuchhardt dazu:

[S. 26] … Der Kunstgewerbeverein hat seine im Leibnizhaus aufgestellte Sammlung durch Vertrag vom 1. April 1895 der Stadt zum Eigenthum übertragen. Dem Verein ist zugestanden worden, die Sammlung auch fernerhin selbst zu erweitern und nutzbar zu machen. Ueber die Art dieser Erweiterung heißt es in dem Vertrage (§ 5):
»Obgleich die Hauptgebiete des Kestnermuseums und Kunstgewerbevereins vielfach organisch in einander greifen und deshalb eine scharfe Abgrenzung zwischen beiden nicht möglich ist, so soll doch als Hauptgesichtspunkt für das fernere Sammeln festgehalten werden, daß das Leibnizhaus wesentlich Vorbilder für das praktische Handwerk und Kunstgewerbe, das Kestnermuseum solche für das große Publikum zu sammeln hat.«
[27] … Bei der rührigen Sammelthätigkeit des Vereins ist daher zu erwarten, daß auch er eines Tages mit dem Wunsche nach größeren Räumen an die Stadt herantritt. Einem Erweiterungsbau des Leibnizhauses wird immer die Feuergefährlichkeit des Platzes entgegenstehen. Deshalb wird man gut thun, in einem vergrößerten oder neuen Kestnermuseum auch die kommenden Bedürfnisse des Kunstgewerbevereins gleich im Voraus zu berücksichtigen. … Sollten die Verhältnisse sich in dieser Richtung entwickeln [nämlich den Inhalt des Leibnizhauses in ein – am besten erweitertes – Kestner-Museum zu übertragen; Anm.], so könnte das Leibnizhaus sehr passend die Rolle des stadtgeschichtlichen Museums übernehmen. … Geschichtliche Alterthümer, bei denen doch das künstlerische Interesse zurücktritt, wirken immer in alten malerischen Räumen weit besser als in hellen

modernen Museumssälen. Einheitlich als Museum althannoverscher Kultur eingerichtet würde das Leibnizhaus dann hoffentlich auch denjenigen regen Besuch finden, welchen der schöne alte Bau in seiner trefflichen Wiederherstellung verdient.«

Es ist höchst bemerkenswert, dass Carl Schuchhardt bereits 1898 – also nicht einmal zehn Jahre nach seiner Eröffnung – sowohl eine Vergrößerung (sogar Neubau!) des Kestner-Museums als auch ein zweites städtisches Museum fordert, von dem er als »das in der Gründung begriffene ›Museum stadthistorischer Alterthümer‹.« [S. 26], spricht. Ein solches ist dann mit der Gründung des »Vaterländischen Museums« 1902 und seiner im Folgejahr in der Cumberlandschen Galerie erfolgten Eröffnung Realität geworden (seit seiner Wiedereröffnung 1966 im Neubau am Hohen Ufer: »Historisches Museum Hannover«). Bis zu seiner kompletten Zerstörung in der Nacht vom 8. auf den 9. Oktober 1943 verlieb das Leibnizhaus, inklusive Gedenkstätten für Leibniz und den hier geborenen August Wilhelm Iffland, *das* Kunstgewerbemuseum der Stadt Hannover.

Christian E. Loeben

*(unter Mitwirkung von Andrea Basse, Eva Gläser,
Thorsten Henke, Anne Viola Siebert und Simone Vogt)*

Kestner-Museum — Museum August Kestner
Über 125 Jahre Museumschronik

Die Sammler

Georg Christian August Kestner
Hannover 28. November 1777 – 5. März 1853 Rom

1796–1799 Studium der Rechtswissenschaften in Göttingen
1799–1802 Auditor am Hofgericht in Hannover; Praktikum am
        Reichskammergericht in Wetzlar
1803–1813 mit Unterbrechungen: Geheimer Kanzleisekretär in
        hannoverschen, französischen und preußischen Diensten
1808/09 Erste Italien-Reise mit längerem Rom-Aufenthalt
1813–1817 Notar in Linden/Hannover
1817/18–1824 Konkordatsverhandlungen mit dem Papst in Rom
1823   Gründung der »Römischen Hyperboräer«
1824   Legationsrat für das Königreich Hannover am Heiligen Stuhl
Sept.–Nov. 1824 Sizilien-Reise mit Stackelberg und Panofka
1827   Entdeckung der etruskischen Kammergräber in Tarquinia; eine
        davon wird Kestner zu Ehren »Tomba del Barone« genannt
1829   Gründung des »Instituto di Corrispondenza Archeologica« (Vorgängerinstitution des Deut-
        schen Archäologischen Instituts); Kestner wird stellvertretender Generalsekretär
1837   Kestner wird Generalsekretär des »Instituto«
1844   Kestner wird Vizepräsident des »Instituto«
1849   Pensionierung als Ministerresident des Königreichs Hannover
Sept. 1851 Verfassen des Testamentes

Friedrich Georg Hermann Culemann
Hannover 22. August 1811 – 6. Dezember 1886 Hannover

1836   Übernahme der Druckerei des Vaters
1840   Culemann stellt seine Inkunabelsammlung in Teilen aus
        (Anlass: 400-Jahrfeier zur Erfindung der Buchdruckerkunst)
1843   Berufung zum Senator für das Schulwesen in Hannover
1844   Publikation der Inkunabelsammlung Culemanns (180 Nummern) durch
        Carl Ludwig Grotefend, den Sohn des Keilschrift-Entzifferers
1846   Culemann erhält die Goldene »Medaille für Kunst und Wissenschaft«
        für seine Schriften und Polytypen
1860   Culemann erwirbt im Auftrag König Georgs V. für 10 000 Thaler das
        »Evangeliar Heinrichs des Löwen« von einem Vertreter des Prager Domkapitels
1861   Verleihung des Guelphen-Orden von Georg V. an Culemann
14.6.1866 Culemann ist Mitglied einer Deputation des Magistrats der Residenzstadt, um den
        Krieg zwischen Hannover und Preußen abzuwenden
nach 1866 obwohl Hannover preußische Provinz wird, bleibt die »Neue
        Hannoversche Zeitung«, die in der Druckerei Culemanns gedruckt wird,
        weiterhin das offiziöse Blatt

| 1870 | Versteigerung eines großen Teils der Culemannschen Inkunabelsammlung bei Sotheby's in London |
| 1878 | Culemann stellt einen Teil seiner Sammlung auf der »Allgemeinen Gewerbeausstellung der Provinz Hannover« aus |

Vorgeschichte bis zur Museumseröffnung

1851   **August Kestner verfasst sein Testament** und bestimmt seinen Neffen Hermann (1810–1890) zum Erben, verbunden mit dem Auftrag, seiner Kunstsammlung den »obrigkeitlichen Schutz [...] der Höheren Behörde in Hannover [...] zu verschaffen«, also die Sammlung der Stadt Hannover zu übergeben. Sie umfasst Kunstgegenstände nahezu aller geographischen Bereiche des antiken Mittelmeerraumes sowie europäisches Kunsthandwerk, Malerei, Grafik und Münzen.

1853   **August Kestner stirbt in Rom (5.3.).** Durch den Neffen Hermann Kestner Verpackung seiner Sammlung in 49 Kisten – von denen z. B. eine allein 100 Gemälde enthält – mit einem Gesamtgewicht von 197 Zentnern und 67 Pfund, Verschiffung in Livorno an der Westküste Italiens und von Harburg weiter mit der Bahn nach Hannover, Aufbewahrung im Stadthaus der Kestners in der Leinstraße 11.

1884   **Hermann Kestner schließt einen Schenkungsvertrag** mit dem Magistrat der Stadt Hannover über die Sammlung Kestner (5.4.). Außerdem stiftet er 100 000 Mark für den Bau eines Museums.

1885   **Der Bau eines Museums wird ausgeschrieben.** Aus 48 Architektenbeiträgen fällt die Wahl auf den Entwurf von Wilhelm Manchot (1844–1912) aus Mannheim.
           Gründung des »Kunstgewerbevereins Hannover«

1886   **Das Kestner-Museum wird gebaut.** Kosten: 405 350 Mark.

1887   **Die Sammlung des Druckereibesitzers und Schulsenators Friedrich Culemann** (1811–1886) wird durch die Stadt Hannover für das zukünftige Museum angekauft (8.5.). Der durch das Auktionshaus Lempertz (Köln) geschätzte Wert von 750 000 Mark kann in Verhandlung mit den Erben auf 600 000 reduziert werden, wovon die preußische Staatsregierung und der Magistrat der Stadt jeweils die Hälfte aufbringen. Die etwa 7 500 Objekte umfassen vor allem Druckwerke, Grafiken, Gemälde, kirchliche Altertümer sowie Kunsthandwerk des Mittelalters und der frühen Neuzeit, aber auch 152 ägyptische und über 100 antike Stücke.

1888   **Fertigstellung des Museumsbaus.** Unvorhergesehen langsames Trocknen des Mauerwerks verhindert jedoch ein zügiges Einräumen des Museumsgutes.
           Berufung von Carl Schuchhardt (1859–1943) zum Museumsdirektor (am 2.6. zum 1.7.). Der aus Hannover stammende Archäologe und Prähistoriker war vorher an den Königlichen Museen zu Berlin angestellt und wurde vom dortigen Museumsdirektor Wilhelm Bode nach Hannover empfohlen.

Museumseröffnung bis heute

1889   **Feierliche Eröffnung des Kestner-Museums** als erstes Museum der Stadt Hannover am 9. November (mit Stadtarchiv und -bibliothek). Am 10. November Öffnung für das Publikum: »dem Geburtstag von zwei deutschen Geisteheroen, Luther und Schiller, öffnete die neue geistige Bildungsstätte der Bevölkerung Hannovers zum ersten Male ihre Thüren.« (Schuchhardt).
           Hermann Kestner wird Ehrenbürger der Stadt Hannover (15.10.).

1890 **Tod von Hermann Kestner** (27.6.).

1891 **Ankauf der Japan-Sammlung** des Landgerichtsrates Otto Rudorff, Hannover, um sie vor ihrem Weggang nach Hamburg zu retten. Sie wird Totalverlust des Zweiten Weltkrieges. **Der erste Museumsführer erscheint**: »Erste Abtheilung: Alterthum« (2. Aufl. 1900).

1892 **Der »Kunstgewerbeverein Hannover«** eröffnet im umgebauten Leibnizhaus das »Kunstgewerbemuseum«.

1894 **Ankauf von 201 spätantik-koptischen Textilfragmenten** aus der Sammlung von Leutnant Karl Georg Peter Gimbel, Baden-Baden. **Der zweite Museumsführer erscheint**: »Zweite Abteilung: Mittelalter und Neuzeit« (2. Aufl. 1904).

1895 **Die Sammlung des Kunstgewerbevereins** (Leibnizhaus) wird der Stadt übertragen.

1900 **Schenkung der Sammlung von Gemälden und Grafiken** von Hermann Schlüter, Besitzer des »Hannoverschen Tageblattes«, und damit Gründung der »Städtischen Galerie« (später auch »Moderne Galerie der Stadt Hannover«) im Kestner-Museum.

1901 **Ankauf von 2 300 mittelalterlichen Münzen und Brakteaten** aus der Sammlung von Friedrich Tewes, Hannover.

1902 **»Einrichtung des Vaterländischen Museums** unter der Leitung des Herrn Direktor Dr. Schuchardt«, der damit zum »Direktor der Städtischen Museen« wird. Das Vaterländische Museum wird am 26.4.1903 in den Räumen der Cumberlandschen Galerie eröffnet und ist die bedeutendste der Vorgängerinstitutionen des heutigen Historischen Museums Hannover (seit 1966). **Eröffnung des Provinzialmuseums** (heute Landesmuseum) im Neubau am Maschpark.

1903 **27 bedeutende Fundstücke aus Ägypten werden dem Museum überwiesen** durch seine Mitgliedschaft in der Deutschen Orient-Gesellschaft, Berlin. **27 ausgewählte Gemälde des Kestner-Museums** werden in München in dem opulenten Bildband »Bruckmanns Pigmentdrucke der Gemälde des Provinzialmuseums und des Kestnermuseums in Hannover« veröffentlicht, die einzige speziell zu den Gemälden des Museums erschienene Publikation.

1906 **Ankauf der Renaissance- und Barock-Sammlung** (25.1.) des Hannoverschen Möbelfabrikanten Georg Wilhelm Rehbock (1848–1931). Für die 247 Stücke Goldschmiedearbeiten, Meißner Porzellane und Möbel bezahlt die Stadt 247 650 Mark. **Ankauf des »Fischbecker Kopfes«**, eines der kunsthandwerklichen Hauptwerke des Museums, ein Kopfreliquiar aus dem Kloster Fischbeck an der Weser (Niedersachsen, 3. Viertel des 12. Jahrhunderts).

1908 **Wilhelm Behncke (1871–1933?) wird neuer Museumsdirektor.** Er folgt auf Direktor Schuchardt, der zum Direktor der Vorgeschichtlichen Abteilung der Königlichen Museen zu Berlin berufen wird. **Begründung des Inventarbuchs des Museums.**

1909 **Anstellung des Kunsthistorikers Albert Brinkmann** (1877–1925), 1912–1920 Direktor. **Schenkung von 25 Brakteaten** durch den aus Hannover stammenden Ägyptologie-Studenten Carl Küthmann (1885–1968).

1911 **Der Ägyptologe Carl Küthmann** arbeitet das erste Mal am Kestner-Museum (ab 1919 Festanstellung als Assistent sowie 1920–1937 und 1945–1951 Direktor).

Ein Hauptwerk der Ägyptischen Sammlung, ein Relief aus dem Totentempel des Sahure, wird dem Museum überwiesen durch seine Mitgliedschaft in der Deutschen Orient-Gesellschaft, Berlin.

1912 **Albert Brinkmann wird neuer Museumsdirektor.** Er folgt auf Direktor Behncke, der als Direktor an das Provinzialmuseum, heute Niedersächsisches Landesmuseum Hannover, wechselt.

1913 **Der Kunsthistoriker Victor Curt Habicht** (1883–1945) wird eingestellt (bis 1914). Als Professor für Kunstgeschichte an der Technischen Hochschule Hannover (heute Leibniz Universität) wird er unrühmlicher Protagonist der »Bücherverbrennung« durch die Nationalsozialisten am 10. Mai 1933 in Hannover.
Ankauf von 21 Stücken aus der Sammlung des Architekten Edwin Oppler (1831–1880). Sie umfasste ca. 1 660 Werke und war seit 1887 Teil der Sammlung des Kunstgewerbevereins.

1914 **Die Sammlung zyprischer Altertümer** des Diplomaten Paul von Tischendorf, Hannover, kommt als Dauerleihgabe ins Haus. Sie umfasst rund 120 Objekte und wird 1952 vom Museum angekauft.

1915 **Paul Erich Küppers** (1889–1922) wird am Kestner-Museum angestellt, wo er bis 1919 als Volontär und wissenschaftlicher Assistent tätig ist.

1916 **Gründung der Kestnergesellschaft** durch Direktor Brinkmann zusammen mit Paul Erich Küppers und Wilhelm von Debschitz; weitere Gründungsmitglieder sind u.a. Herbert van Garvens-Garvenburg und August Sprengel.

1916 **Das Museum erbt 20 000 neuzeitliche Münzen** des Pianoforte-Fabrikanten Karl Patschke, Hannover.

1919 **Eine »Denkschrift über den Plan einer Neugestaltung der Museen in Hannover«** mit Vorschlägen zu einer Neuordnung aller hannoverschen Museumsbestände wird von Karl Hermann Jacob(-Friesen), Leiter der Prähistorisch-Ethnographischen Sammlung und späterer Direktor am Provinzialmuseum, veröffentlicht.

1920 **Carl Küthmann wird neuer Direktor**, nachdem Direktor Brinkmann das Kestner-Museum verlässt (1.3.), um Kunsthändler in Hamburg zu werden.

1921 **Erster wichtiger Ankauf von ägyptischen Altertümern.** 35 Objekte aus dem Bestand des Ägyptischen Museums Berlin kommen nach Hannover.
Aus Anlass des »Niedersächsischen Münzforschertages« erste große Sonderausstellung zum Thema Münzen und Medaillen im Museum, zusammengestellt aus Beständen des Kestner-Museums, des Provinzialmuseums und aus Privatsammlungen.
Mitverwaltung des Leibnizhauses durch das Kestner-Museum nach einer Zahlung von 75 000 Mark an den Kunstgewerbeverein.

1922 **Vertrag zur »Neuordnung« zwischen den hannoverschen Museen.** Die Kommunalverwaltung überstellt alle Gemälde der städtischen Galerie als ständige Leihgabe an das Provinzialmuseum, heute Niedersächsisches Landesmuseum Hannover. Die Stadt erhält im Gegenzug stadt- und landeshistorische Objekte sowie kunstgewerbliche Gegenstände, die von nun an im Vaterländischen Museum, heute Historisches Museum Hannover, und im Kestner-Museum aufbewahrt werden.

1923 **Ende der seit 1902 bestehenden »Personalunion«** eines »Direktors der städtischen Museen« für Kestner- und Vaterländisches Museum, heute Historisches Museum Hannover. Ab 1.10. ist Küthmann einer von zwei »Abteilungsdirektoren an den städtischen Museen«; Wilhelm Peßler (1889–1962) der andere (1928–1945 Direktor des Vaterländischen Museums).

1925   **Ankauf von 3 700 Münzen der Römischen Republik** aus der Sammlung von Otto Hager, vormals Breslau. Das Museum erhält dadurch eine der bedeutendsten Sammlungen auf diesem Gebiet in deutschen Museen.

1927/28 Das Museum schließt ein dreiviertel Jahr lang für die Erneuerung der Heizungsanlage sowie Renovierung und Neueinrichtung der Säle zwecks eines annähernd chronologischen Rundgangs, der mit Altägypten und der Antike im Erdgeschoss beginnt und mit dem Islam eine neue Abteilung bekommt.

1928   **Ankauf des »Münzschatzes von Bokel«.** Auf einem Acker bei Bokel, Kreis Bremervörde, werden 14 000 mittelalterliche Silbermünzen in einem Keramikgefäß gefunden.
Direktor Küthmann wird Erster Vorsitzender des Numismatischen Vereins.

1929   **Der Herzog von Braunschweig bietet der Stadt den Welfenschatz** zusammen mit den Herrenhäuser Gärten für 10 Mio. Reichsmark an. Wegen Uneinigkeit im Bürgervorsteherkollegium kommt es nach weiteren Verhandlungen 1936 nur zum Erwerb der Gärten durch die Stadt, jedoch nicht zum Ankauf des Welfenschatzes.

1930   **Ankauf von etwa 1 000 Münzen** (Knyphausensche Sammlung norddeutscher Münzen) aus dem Bestand des Provinzialmuseums Hannover, das den Verkauf seines kompletten Münzkabinetts veranlasst, um den Ankauf des Bertram-Altars zu realisieren.

1931   **Umzug der Stadtbibliothek aus dem Kestner-Museum** in den Neubau an der Hildesheimer Straße.

1935   **Beginn der Ankäufe von ägyptischen Objekten** aus der Sammlung des Ägyptologen Friedrich Wilhelm Freiherr von Bissing, Oberaudorf/Inn (bis 1951 annähernd 2 000 Stücke).
Ankauf des Konvoluts von 1 500 ägyptischen Objekten aus der Bissingschen Sammlung für 61 500 Reichsmark (Dez.).

1937   **Die »Entartete Kunst« genannte Kampagne der Nationalsozialisten** zieht Beschlagnahme von 106 Werken des Kestner-Museum mit sich (am 6.9. hauptsächlich aus der Kunstabteilung des Landesmuseums entfernt).
Zwangspensionierung von Direktor Küthmann wegen seiner jüdisch-stämmigen Ehefrau (zum 1.12.).

1938   **Ferdinand Stuttmann (1897–1968) wird neuer Direktor** des Kestner-Museums und des Leibnizhauses (15.7.). Der Kunsthistoriker ist NSDAP-Mitglied und seit 1922 am Provinzialmuseum, heute Niedersächsisches Landesmuseum Hannover, angestellt; seit 1937 als Leiter der dortigen Kunstabteilung.

1939   **Stuttmann fordert einen Neubau** des Kestner-Museums mit doppelt so großer Stellfläche (4.1.).
Beginn des Zweiten Weltkriegs (1.9.).

1941   **Erster Bombenschaden am Museumsgebäude** (11.2.). Beginn der Evakuierung und innerstädtischen Einlagerung der Museumsbestände. Einrichtung einer ersten Museumsnachtwache.

1942   **31 antike und neuere Goldmünzen der ehemaligen Sammlung von Albert David** (1866–1940) aus Burgwedel werden für 27 290 Reichsmark von der Deutschen Reichsbank angekauft, wobei es sich jedoch um durch die Reichsbank unrechtmäßig erfolgter Vermögensenteignung eines jüdischen Mitbürgers auf Druck der Nationalsozialisten handelt.

1943   **Erster Transport von Kunstwerken des Museums ins Hannoversche Umland,** ins Kloster Loccum (3.5.). Bis Mai 1944 Verteilungen auf neun weitere Auslagerungsorte in der Umgebung von Hannover.

Schwere Beschädigungen des Gebäudes durch die Bombenangriffe im September bis Dezember. Am 8./9.10. wird der Südflügel komplett zerstört, worin die Museumbibliothek und Grafikbestände, darunter auch alle Portraitzeichnungen aus der Hand von August Kestner, verbrennen.

Komplette Zerstörung des Leibnizhauses in der Altstadt (8./9.10.). Die dort noch vorhandenen Bestände des Kestner-Museums werden gänzlich vernichtet.

1945   **Wiedereinstellung von Carl Küthmann als Direktor** des Kestner-Museums (zum 15.10.).
»Bergung und Sortierung des Sammelgutes« lautet der städtische Auftrag an Ferdinand Stuttmann, weiterhin Direktor am Landesmuseum, um die ersten Rücktransporte des ausgelagerten Museumsgutes nach Hannover durchzuführen (bis Ende 1946).
Eröffnung der Sonderausstellung »Kunst und Leben im 18. Jahrhundert« (18.9.) in der unbeschädigten Orangerie des ansonsten zerstörten Schlosses von Herrenhausen, die hauptsächlich aus zurückgeführten Beständen des Kestner-Museums besteht.

1946   **Leinehochwasser** (10.2.) mit Zerstörung zahlreicher Museumsbestände im Keller des Neuen Rathauses.
Schenkung von 4 500 deutschen neuzeitlichen Münzen aus der Sammlung Georg Pfannenberg, ehemaliger Mitarbeiter der hannoverschen Münzhandlung von Henry Seligmann.

1947   **Teil-Wiedereröffnung des Kestner-Museums** mit der Ausstellung »Skulpturen, Kleinkunst und neuere Grafik – Kostbarkeiten des Kestner-Museums«.

1950   **Komplette Wiedereröffnung** des Kestner-Museums, jedoch ohne die Gemälde sowie die Sammlungen Ägypten und Antike; in diesem Jahr werden 27 603 Besucher gezählt.

1951   **Eröffnung der Galerie Alter Meister** im Landesmuseum Hannover (im Februar) unter Einbeziehung des kompletten Gemäldebestandes des Kestner-Museums als »Städtische Galerie in der Landesgalerie«.
Wiedereröffnung der ägyptischen Sammlung unter dem Titel »Das Leben nach dem Tode in der ägyptischen Kunst«.
38 bedeutende Aegyptiaca, Antiken und Münzen aus dem Besitz des Hannoverschen Bauhistorikers Uvo Hölscher (1878–1963) gelangen sowohl als Schenkung als auch durch Ankauf in das Museum.
Letzter Ankauf von ägyptischen Stücken aus der Sammlung des Freiherrn von Bissing (22.12.).

1952   **Alfred Hentzen (1903–1985) wird neuer Direktor.** Der Kunsthistoriker war vorher Leiter der nach der Schließung der Nationalsozialisten 1948 wiedereröffneten Kestnergesellschaft.
Schließung des Museums vom Frühjahr bis zum 27.9. zwecks Umbau und Neueinrichtung.
Das Stadtarchiv erhält eigene Räumlichkeiten im Alten Rathaus.
Die kompletten Grafik-Bestände des Landesmuseums werden an das »Grafische Kabinett« des Kestner-Museums überführt.
Ankauf der 102 zyprischen Antiken der Sammlung von Paul von Tischendorf, die sich bereits seit 1914 als Leihgabe im Museum befinden.

1953   **Planung eines Teilneubaus** des Museums durch Stadtbaudirektor Werner Dierschke und Ingenieur Rudolf Wildometz mit Flächenvergrößerung von 115%. Der um den Südflügel gestutzte Kernbau soll von einer kubusartigen, aus 4 785 Fenstern bestehenden »Vitrine« umbaut werden (Kosten: knapp 1,4 Mio. DM).
50 ägyptische Stücke des Museums sind Leihgaben für die Ausstellung »Schaetze altaegyptischer Kunst« in der Kunsthalle von Basel, der ersten international bestückten Ägypten-Ausstellung; ein Objekt aus Hannover ziert die Katalogtitelseite

1955 **Die Ägyptologin Irmgard Woldering (1919–1969) wird neue Direktorin.** Die erste und bis heute einzige weibliche Leitung kam direkt nach ihrer Promotion 1950 als vorerst unbezahlte Praktikantin an das Museum. Alfred Hentzen wechselt an die Hamburger Kunsthalle wo er bis 1969 Direktor ist.
Erscheinen von »Ausgewählte Werke der Aegyptischen Sammlung« (2. Aufl. 1958), dem ersten Band der Reihe »Bildkataloge des Kestner-Museums Hannover« (12 Bände bis 1975).

1956 **Erste hauptamtliche Numismatikerin** am Kestner-Museum wird Margildis Schlüter.
Besuch des griechischen Königspaares anlässlich der international beachteten Sonderausstellung »Welfen-Schatz – Schatz der Goldenen Tafel – Lüneburger Ratssilber – Hildesheimer Silberfund«, die mit 32 000 Besuchern in 15 Wochen die erfolgreichste Ausstellung der Direktionszeit von Woldering ist.

1958 **Schließung des Museums** für den Umbau (23.9.).
Erscheinen des jeweils ersten Bandes der »Kataloge der Münzsammlung des Kestner-Museums Hannover« (3 Bände bis 1967) und der »Kataloge der Grafischen Sammlung, Kestner-Museum Hannover« (13 Bände bis 1968).

1959 **Beginn des Erweiterungsbaus.**
Die bedeutendste Sammlung asiatischer Münzen in der Bundesrepublik kommt ins Kestner-Museum: Die Sammlung von Richard Schlösser, Hannover, umfasst ca. 6 500 Objekte.

1961 **Feierliche Wiedereröffnung des Museums** (21.4.) mit erstmalig auch einem Münzkabinett in eigenen Räumlichkeiten.
Erscheinen eines neuen Museumsführers (3. Aufl. 1968) sowie des opulenten Bildbandes »Meisterwerke des Kestner-Museums zu Hannover«.
Mit »Vier Frauen herrschen im Musentempel« ist ein Artikel in der »Hannoverschen Rundschau« (19.12.) betitelt, der darauf verweist, dass das Kestner-Museum fest in weiblichen Händen ist: Irmgard Woldering, Direktorin und Ägyptologin, Margildis Schlüter, Archäologin und Numismatikerin, Christel Mosel, Kunsthistorikerin und Spezialistin für Glas und Silber, Ruth Grönwoldt, Kunsthistorikerin und Textilexpertin.
Die Reformationsmedaillen der Sammlung Bruns kommen als Dauerleihgabe in das Kestner-Museum.

1963 **Überführung der Antiken im Besitz des Herzogs zu Braunschweig und Lüneburg** (ehemals Sammlung Wallmoden-Gimborn) aus dem Landes- in das Kestner-Museum als Leihgabe zur Ergänzung der Antikensammlung (bis 1979 im Kestner-Museum, seitdem in der »Originalsammlung des Archäologischen Instituts der Georg-August-Universität« in Göttingen).

1964 **75 Jahre Kestner-Museum** wird feierlich begangen.

1966 **Ankauf von 75 griechischen Objekten der Antikensammlung von Erhart Kästner** (1904–1974), Direktor der Herzog-August-Bibliothek in Wolfenbüttel, dem daraufhin die »Kestner-Plakette« der Kestner-Gesellschaft Hannover verliehen wird.

1969 **Überraschender Tod von Irmgard Woldering** im Alter von nur 50 Jahren. Eine Straße am Stadtfriedhof Seelhorst ist nach ihr benannt.

1970 **Der Ägyptologe Peter Munro (1930–2009) aus Hamburg wird neuer Direktor** nach elfmonatiger Interimsleitung durch Christel Mosel.
Die erste selbständige Tagung der »Ständigen Ägyptologenkonferenz (SÄK)« findet im Kestner-Museum statt.

1971 **»Der teuerste Kopf Hannovers«.** Der Kopf des Pharaos Echnaton wird dank der großen Spendenbereitschaft der Bürger Hannovers angekauft. Der Kaufbetrag übersteigt den jährlichen Erwerbungsetat des Museums um ein Dreifaches.

1973– **Umbau der ägyptischen Dauerausstellung** nach Entwürfen des Museumsdirektors Munro
1976 und des Architekten Thilo Mucke; dabei auch Einbau eines Magazins und des ersten Fahrstuhls im Museum.

1973– **Feldprojekt des Museums in Saqqara (Ägypten)** in Zusammenarbeit mit der Bauforschung
1981 der Technischen Universität Hannover.

1977 **August Kestners 200. Geburtstag** wird am 28. November feierlich im Museum begangen.
In diesem Kontext: Direktor Munro plant die Gründung eines Fördervereins.
Ankauf von 40 etruskischen Fundstücken aus der Sammlung Jochen Waßmann, Rom/
Winsen, die aus einer Gräbergruppe der etruskischen Stadt Veji stammen.

1978 **Ankauf eines romanischen Bronzeleuchters** aus der ehemaligen weltbekannten Sammlung
Robert von Hirsch für die Mittelalter-Abteilung des Museums.
Arbeitstreffen von Museumsägyptologen aus 21 Ländern im Kestner-Museum, um das
»Corpus Antiquitatum Aegyptiacarum (CAA)«, eine an den internationalen Veröffentlichun-
gen antiker Vasen orientierte, standarisierte Publikationsreihe altägyptischer Museumsbestän-
de in Form von Lose-Blatt-Katalogen zu begründen (bis 2014: 46 Bände).
Die Sonderausstellung »Geheimnisvolles Nepal« ist mit 83 190 Besuchern die erste inter-
nationale »Blockbuster«-Ausstellung des Kestner-Museum.

1979 **Noch erfolgreicher ist die Sonderausstellung »El Dorado – Der Traum vom Gold«** mit
220 000 Besuchern, die erstmals in Deutschland Schätze aus dem Goldmuseum von Bogotá
zeigt.
Gründung von »Antike & Gegenwart e.V.«, dem Freundes- und Förderkreis des Museums,
der sich u. a. auch im Ankauf von Museumsobjekten engagiert.
Auflösung des »Grafischen Kabinetts« des Kestner-Museums und Abgabe der Grafiken an
die Landesgalerie sowie an das am 7.6. eröffnete Sprengel-Museum. Die Bestände von alten
Handschriften, Inkunabeln und Wiegendrucke verbleiben im Kestner-Museum. Weiterhin
Abgabe der ca. 10 000 Blätter umfassenden Sammlung von Porträtstichen des Kestner-Muse-
ums an das Historische Museum Hannover.
Erster Band der Schriftenreihe »Sammlungskataloge des Kestner-Museums« im quadra-
tischen Format (13 Bände bis 1996).

1981 **Den bis heute ungebrochenen Ausstellungsbesucherrekord in Hannover** erzielt die Sonderausstellung »Tutanchamun« mit ca. 414 000 Besuchern in nur zwei (!) Monaten.

1982 **Ulrich Gehrig wird neuer Direktor.** Der Klassische Archäologe war zuvor an der Antikensammlung in Berlin tätig. Er löst Peter Munro ab, der die erste für Kunst und Archäologie
spezialisierte Ägyptologie-Professur Deutschlands an der Freien Universität Berlin erhält.

1984 **Die Sonderausstellung »Osiris – Kreuz – Halbmond: Die drei Religionen Ägyptens«** ist
mit ca. 65 000 Besuchern die erfolgreichste Ausstellung der Direktorenzeit von Gehrig.

1987 **Eröffnung des Münzkabinetts** im Erdgeschoss des Museums (von Thilo Mucke gestaltet).

1988 **Der Bereich Mittelalter** wird umgestaltet.

1990 **Der Eingangsbereich** des Museums wird neu gestaltet.

1989 **100jähriges Museumsjubiläum.** Die Festschrift »100 Jahre Kestner-Museum Hannover
1889–1989« erscheint und die Ausstellung »August Kestner und die Geschichte des Kestner-
Museums« wird gezeigt.

1991 **Mit »Islamische Kunst«** erscheint erstmals ein Band der Reihe »Museum Kestnerianum«, die
aus Anlass der 750-Jahr-Feier der Landeshauptstadt Hannover begründet wird (20 Bände bis
2014).

1993   **Erste Schenkung durch Ulla und Lothar Hübl** an das Museum (bis 2014: 90 Stücke hauptsächlich von W. Wagenfeld).

1995   **Eine erneute »Personalunion«:** Nach der Pensionierung von Ulrich Gehrig leitet der Direktor des Historischen Museums, Waldemar R. Röhrbein (1935–2014), beide Museen (bis 1997).

1996   **Eine Stelle für Museumspädagogik** wird erstmals mit zwei ABM-Teilzeitkräften besetzt.

1996/97 **Renovierung des Verwaltungstraktes** und Umzug der Museumsbibliothek ins Neue Rathaus.
Ein museumspädagogischer Raum wird erstmalig eingerichtet.

1997   **Ende der »Personalunion«** durch Pensionierung von Röhrbein, kommissarische Leitung des Kestner-Museums (bis 1999) durch die Ägyptologin des Hauses Rosemarie Drenkhahn.
Wechsel des städtischen Numismatikers Frank Berger an das Historische Museum Frankfurt a.M. ohne Wiederbesetzung der Stelle in Hannover.
Einrichtung einer halben Stelle für Öffentlichkeitsarbeit.

1998   **Erste Schenkungen von Knut Engelke** an das Museum, der seine komplette Sammlung von 148 Einzelstücken Porzellans testamentarisch dem Museum vermacht (gest. 2003).

1999   **Wolfgang Schepers wird neuer Direktor.** Der Kunsthistoriker und Designspezialist war zuvor am heute »museum kunst palast« genannten Haus in Düsseldorf tätig.
Anne Viola Siebert wird neue Klassische Archäologin des Museums (verantwortlich: Antike Kulturen, inklusive Vorderasien).
Feste Einrichtung einer Stelle für Museumspädagogik mit Pia Drake.
Erste »Nacht der Museen« in Hannover.

2000   **Anlässlich der Weltausstellung »EXPO 2000«** in Hannover werden die Sonderausstellungen »Expo – ausgezeichnet! Plakate – Medaillen – Produkte der Weltausstellungen 1851–2000« und »Jahrhundert des Design« gezeigt.

2000/01 **Die Sonderausstellung »Die Grabkammer des Tutanchamun«,** in der die originalgetreue Nachbildung des Pharaonengrabes im Mittelpunkt steht, ist mit ca. 50 000 Besuchern die erfolgreichste Ausstellung der Direktorenzeit von Schepers.

2001   **Beginn der sukzessiven Sanierung der vier Fassaden** des Museums und Ausstattung der Fenster mit UV-Schutz (bis 2005) und Beginn der technischen Grundsanierung im 1. OG.
Mit der Sonderausstellung »geaECHTet – Fälschungen und Originale aus dem Kestner-Museum« beginnt die Tradition der alle zwei Jahre gezeigten, durch die Inhaber des seit 2000 eingerichteten Museumsvolontariats quasi als »Gesellenstücke« erarbeiteten Ausstellungen.
Beginn von Ankäufen und Schenkungen von Heinz Jürgen Averwerser (bis 2014: 981 Einzelstücke).

2003   **Der 150jährige Todestag August Kestners** ist Anlass für die Sonderausstellung »Auf den Spuren von August Kestner« und ihre erfolgreiche Begleitpublikation (zwei Auflagen).

2004   **Einbau einer Klimaanlage im Magazin des Museums** mit Schließung der Oberlichter.
Christian E. Loeben aus Berlin wird neuer Ägyptologe am Kestner-Museum (verantwortlich: Ägyptische und Islamische Sammlungen).
Anlässlich der Olympischen Spiele in Athen und damit ihrer Rückkehr ins Ursprungsland zeigt das Museum in enger Zusammenarbeit mit der »Numismatischen Gesellschaft zu Hannover e.V.« die Sonderausstellung »Olympia – Geld und Sport in der Antike«.

2005 **Neugestaltung des Münzkabinetts** in Folge der Olympia-Ausstellung.
Das Jubiläum des 30. Deutschen Evangelischen Kirchentags, das in Hannover begangen wird, ist Anlass für zwei Sonderausstellungen: »Fromme Bilderwelten – Mittelalterliche Textilien und Handschriften« und »2000 Jahre Christentum am Nil«; erstere wird Modell für die Neueinrichtung der Mittelalterabteilung und letztere zeigt erstmalig die zahlreichen koptischen Bestände des Museums.

2006 **Die 38. Jahrestagung der »Ständigen Ägyptologenkonferenz (SÄK)«** wird vom Museum zusammen mit dem Roemer- und Pelizaeus-Museum Hildesheim mit über 400 Teilnehmern veranstaltet. Das Museum zeigt aus diesem Anlass die Sonderausstellung »Ägypten-Fieber – Aus Hannover: 100 Jahre Forschergeist«.

2007 **Umbenennung in »Museum August Kestner«** anlässlich von August Kestners 230. Geburtstag am 28. November. Mit dem neuen Namen soll zum einen verstärkt auf den Gründer hingewiesen und zum anderen demonstriert werden, dass das Museum aufwändige museale Aufgaben (u.a. Bestandspflege und Dauerausstellungen) bewältigt und sich damit ganz wesentlich von der nur Sonderausstellungen veranstaltenden »kestnergesellschaft« unterscheidet.
Qualifizierung des Museums als »Registriertes Museum Niedersachsens und Bremens«.
Wiederbesetzung der Numismatikerstelle (halbe Stelle) mit der Klassischen Archäologin Simone Vogt (verantwortlich: Münzen und Medaillen).
Der Bereich Mittelalter wird neu gestaltet.
Mit 39 byzantinischen Bleisiegeln (ehemals Sammlung von Marie Luise Zarnitz) gelangen die ersten Dauerleihgaben aus dem Kunstbesitz der Stiftung Niedersachsen ins Museum (bis 2014 ergänzt um 33 Aegyptiaca aus der »Schenkung Pelling/Zarnitz« der Stiftung Niedersachsen)

2008 **Mit »Money, Mäuse und Moneten«** wird die erste speziell für Kinder konzipierte Sonderausstellung im Museum gezeigt.
Die Jahrestagung des »Komitees für Ägyptologie (CIPEG)« im Internationalen Museumsrat (ICOM) wird zusammen mit dem Roemer- und Pelizaeus-Museum Hildesheim organisiert und im Museum August Kestner abgehalten. 54 Museumsägyptologen aus 37 Institutionen in 16 Ländern nehmen daran teil.

2009 **2000 Jahre Varusschlacht in Deutschland** ist Anlass für die Sonderausstellung »Kaiser – Krieger – Schlachtverlierer: Die Münzen des Augustus im Museum August Kestner«.
Übereignung von etwa 37 000 Münzen durch die Sparkasse Hannover aus der Sammlung des Anwalts Horst Egon Berkowitz (1898–1983) an das Museum. Bereits 1975 hatte sie der Sammler an die Stadt verkauft und zur Aufbewahrung an die Sparkasse überstellt, die sie bis 2007 in ihrem Gebäude am Raschplatz ausgestellt hat.

2010 **Schließung des Münzkabinetts** im Zuge der Umgestaltung der museumspädagogischen Räume und der Schaffung neuer Büros. Die Münzen werden fortan dezentral im Kontext mit Objekten in allen Bereichen der Dauerausstellung gezeigt.

2011 **Ein Teil der umfangreichen Kriegsverluste des Museums** wird erstmalig aufgearbeitet und mit einer Ausstellung und dem ausführlichen Band »Die Ägypten-Sammlung des Museum August Kestner und ihre (Kriegs-)Verluste« dokumentiert.

2013/14 **Die Sonderausstellung »Bürgerschätze: Sammeln für Hannover – 125 Jahre Museum August Kestner«** erinnert daran, dass das Museum im Wesentlichen aus vielen einzelnen bürgerlichen Sammlungen besteht, die dem Museum entweder gestiftet bzw. von diesem angekauft wurden.

2014 Mit der Veröffentlichung des Bandes »Nub Nefer – Gutes Gold« erinnert das Museum zusammen mit der »Numismatischen Gesellschaft zu Hannover e.V.« an deren langjährigen, 2013 verstorbenen Präsidenten und guten Freund des Museums, Manfred »Rudi« Gutgesell, und begründet die Schriftenreihe »Hannoversche Numismatische Beiträge«.

Vorzeitiger Ruhestand von Museumsdirektor Schepers (zum 31.8.).

Die »Museen für Kulturgeschichte in Hannover«, ein Verbund aus Museum August Kestner, Historischem Museum und Schlossmuseum Herrenhausen, werden zum 1. September von der Landeshauptstadt Hannover geschaffen. Der Direktor des Historischen Museums, Thomas Schwark, wird Leiter des Verbundes und damit auch neuer Direktor des Museum August Kestner.

Festwoche zum 125. Museumsjubiläum (9.–14.11.)

Alfred Schröcker

Johann Christian Kestners Harzreise

Der Jurastudent Johann Christian Kestner (*28. August 1741) reiste am 24. Dezember 1763 von Göttingen aus auf den Oberharz nach Clausthal, begleitet von seinem Bruder Otto Christian Kestner (*1739, †1765) und fünf weiteren Kommilitonen. Über diese studentische Exkursion führte er bis zum 2. Januar 1764 ein Tagebuch. Es handelt sich um ein genaues Protokoll der Führungen und Besichtigungen, deshalb stellt es eine einzigartige Quelle über die »Harzreise« von Göttinger Studenten und anderen Personen dar, die (in dieser Zeit) mehrtägige Führungen erhielten. Dieses Reisetagebuch liegt nun ediert und kommentiert vor und ist im Buchhandel erhältlich.[1]

Das Tagebuch habe ich zufällig bei der Sichtung des eigenhändigen Nachlasses von Johann Christian Kestner im Stadtarchiv Hannover entdeckt, im umfangreichen Nachlass der Familie Kestner enthalten. Meine Absicht bestand seit 2005 darin, die Jugend des späteren Goethe-Korrespondenten und durch die Leiden des jungen Werthers weithin bekannten Kestner zu erforschen.[2] Kestner heiratete 1773 Charlotte Buff, sie war in manchen Punkten Vorbild für Goethes literarische Lotte, Kestner wurde zeitgenössisch als der mit Lotte verlobte Albert erkannt. Bei der Durchsicht von Kestners reichlich erhaltenen Notizzetteln, Tagebüchern und Briefen seiner Korrespondenten (bis 1767) stellte sich dieser eigenhändige Teil des Nachlasses als Fundgrube heraus. Er enthält Dokumente, die nicht nur für Kestners Persönlichkeit aufschlussreich sind, sondern auch über andere Personen oder Verhältnisse Auskunft geben. Zunächst konnte ich das Tagebuch Kestners über seine dreiwöchige Badekur im Juli 1765 in Bad Rehburg kommentiert herausgeben, für den nach dem Siebenjährigen Krieg wieder aufstrebenden Badebetrieb eine vielseitige und sehr anschauliche Quelle.[3] Ein mehrseitiges Protokoll (1765) zu einer Sitzung der von Johann Christoph Gatterer im Oktober 1764 gegründeten Historischen Akademie in Göttingen gibt zum Beispiel nicht nur über die Arbeitsweise der Akademie Aufschluss, sondern stellt auch ein sehr frühes Zeugnis dar über die Wirkung des Studenten Georg Christoph Lichtenberg (*1742), der später als aufklärerischer Professor für Physik an der Universität Göttingen bekannt wurde.[4] Einen beachtenswerten Einblick in das Denken und Fühlen junger Bürgerlicher in Hannover ein Jahrzehnt vor Goethes Werther geben die Briefe des Orchester- und Kirchenmusikers Christian Ludwig Meyer (*1736).[5]

---

1   Johann Christian KESTNER: »Reise auf den Harz«. Tagebuch vom 24. Dezember 1763 bis 3. Januar 1764. Mit einem Nachwort herausgegeben von Alfred SCHRÖCKER. Hannover 2013.
2   Alfred SCHRÖCKER: Johann Christian Kestner. Der Eigendenker. Eine Jugend in der Mitte des 18. Jahrhunderts, 2 Teilbände. Hannover 2011.
3   Alfred SCHRÖCKER (Hrsg.): Die wahre Brunnenfreiheit. Das Kurtagebuch des Johann Christian Kestner vom 9. bis 30. Juli 1765 in Bad Rehburg, herausgegeben und kommentiert von Alfred Schröcker. Hannover 2005, 2. Aufl. 2009.
4   Alfred SCHRÖCKER: Johann Christian Kestner erlebt Lichtenbergs Vortrag in der Historischen Akademie zu Göttingen, in: Lichtenberg-Jahrbuch 2006, S. 165–174.
5   Alfred SCHRÖCKER: »In der Zärtlichkeit«. Aus der Jugend des hannoverschen Schlossorganisten Christian Ludwig Meyer (1736–1790), in: Hannoversche Geschichtsblätter N.F. 66 (2012), S. 119–137. Über die hannoverschen Hof- und Schlossorganisten des 18. Jahrhunderts ist kaum etwas bekannt.

Sachtext und andere Textsorten bei Kestner

In diese Fundstücke reiht sich nun Kestners »Reise auf den Harz« ein. Es handelt sich um einen Sachtext, wie die folgende Stelle des Tagebuchs überaus deutlich zeigt: »Darauf gingen wir nach den Treibhütten, deren drei sind. Hier wird nun das Silber von den übrigen Metallen abgesondert, welches <u>treiben</u> heißt. Es sind Oefen darinn, rund und zimlich weit, oben mit einer eisernen Haube bedeckt, die inwendig mit Leim ausgeschmirt, damit sie das entsetzliche Feuer nicht verdirbt, und beweglich, so daß sie durch eine Maschine können in die Höhe abgehoben und zur Seite geschoben werden, damit die Oefen nach vollendung des treiben, etwas kalt und wieder zubereitet werden können.«[6]

Hinweise auf einen gefühlten Eindruck bei den Führungen sind äußerst spärlich, Kestners Charakter eines sehr sensiblen und nachdenklichen, ja zum Sinnieren neigenden Menschen ist in diesem Tagebuch nicht zu erkennen. Seine anderen erhaltenen Tagebücher von 1760 bis 1765 unterscheiden sich in Stil und Schreibhaltung erheblich.

Im erwähnten Kurtagebuch verfolgt Kestner ausdrücklich die Absicht, seinen drei Schwestern in Hannover möglichst unterhaltsam zu schildern, was er in Bad Rehburg erfährt und beobachtet.[7] Er erzählt dementsprechend locker über die Kurgäste, aber notiert auch eigene Gefühle und Ansichten, nicht zuletzt sein Verhältnis zu den jungen Frauen und seine Liebeswünsche. Das früheste erhaltene Tagebuch von 1760/61 ist eine Sammlung von emotionalen und gedanklichen Notizen, vermischt mit erzählerischen Versuchen, teilweise mit einem erheblichen Pathos geschrieben.[8]

Ein Einzelblatt enthält die gefühlten Eindrücke über Lichtenbergs Vortrag und bringt dabei die eigene seelische Situation, von Zweifeln und Unsicherheit geprägt, lebhaft zum Ausdruck; sachlich geschrieben sind die beiden Protokolle vom 30. Januar und 6. Februar 1765. Sie enthalten Informationen zu Lichtenbergs Vortrag und vor allem zu den Gesprächen in der Akademie. Kestner ist durch die Vortragskunst Lichtenbergs sehr beeindruckt und aufgewühlt; er möchte selber gerne so glänzend vortragen können. Er befindet sich in der Krise, zwischen zwei unvereinbar scheinenden Richtungen in der Klemme: Er hasst die »trockene« Rechtswissenschaft, besonders die schier unendlichen Pandekten, er möchte sich ausschließlich den »Schönen Wissenschaften« zuwenden, also der Geschichtswissenschaft und der Literatur. Diese Situation schlägt sich in den emotionalen Notizen nieder. Sein eigener Akademievortrag am 30. März 1765 ist dagegen ein klarer, sehr sachlicher Text, der im Stil der »Reise auf den Harz« ähnelt. Die Ausarbeitung wird von Gatterer ohne jede Änderung zum Druck gebracht.[9] Trotz der Abneigung gegen die Rechtswissenschaft spielt im Hintergrund vermutlich eine Rolle, dass Kestner in einer Familie aufgewachsen war, die bereits eineinhalb Jahrhunderte das Jurastudium pflegte und im Staatsdienst von Schaumburg-Lippe und Hannover verwurzelt war.[10]

---

6   KESTNER: Reise, s. Anm. 1, S. 21. Unten weitere Textproben.
7   SCHRÖCKER: Brunnenfreiheit, s. Anm. 3, S. 9: »ja, ich soll amusemens des eaux de Rehburg schreiben.«
8   Stadtarchiv Hannover, Nachlass Kestner 1.A.2.3 (»Rhapsodisches Tagebuch«). Dazu SCHRÖCKER: Kestner, s. Anm. 2, S. 444–467 (Kap. 14).
9   Johann Christian KESTNER: Untersuchung der Frage: Ob sich der Nutzen der neueren Geschichte auch auf Privatpersonen erstrecke? In: Johann Christoph GATTERER (Hrsg.): Allgemeine historische Bibliothek Band 4. Halle 1767, S. 214–226. Dazu SCHRÖCKER: Kestner, s. Anm. 2, S. 401–424.
10 Ausführliche Daten: Rüdiger R. E. FOCK: Die Kestner. Eine deutsch-französisch-schweizerische Familie macht Geschichte(n). Warendorf 2009. SCHRÖCKER: Kestner, s. Anm. 2, S. 31. Zum kreativ-ästhetischen Einfluss der Mutter Dorothea Gertrud Kestner geb. Tolle vgl. SCHRÖCKER: Kestner, s. Anm. 2, Personenverzeichnis.

Ende 1763, im dritten Semester seines spät begonnenen Jurastudiums, gut 22 Jahre alt, hatte Johann Christian Kestner eine umfangreiche Schreiberfahrung: Sie reicht von einer Robinsonade in seiner frühen Jugend bis zu den zahlreichen Gedichten, die er bis 1762 verfasste.[11] Das Hauptinteresse des von Kindheit an sehr belesenen Kestner war, wie bei seinem Lieblingsbruder Otto, die Literatur.

Das exzessive Lesen von Romanen – Kestner geriet in eine ausgesprochene »Lesewut« – in den 1750er Jahren wurde durch seinen Hauslehrer Carl Gottfried Rimrod gefördert; vermutlich wurde von ihm aber auch das Sachinteresse erheblich angeregt. Der Theologe und spätere Prediger in Quenstedt bei Aschersleben, von Kestner 1765 als Lehrer und Freund gesehen, hatte neben der Theologie besonders natur- und agrarwissenschaftliche Interessen.[12] Einen Hinweis gibt auch, dass Kestner zusammen mit Rimrod in der Mergelgrube von Gehrden (nahe bei Leveste) gelegentlich nach Versteinerungen suchte und 1765 zu Hause ein kleines Naturalienkabinett einrichtete. Ferner ist eine Grundeinstellung wichtig, die Kestner zeitgenössisch teilte. Obwohl er ein Bücherfreund war, schätzte er letztendlich »Erfahrung« höher ein. Erfahrung meint dabei nicht nur das, was heute anklingt, wenn wir sagen, jemand habe Erfahrung, sondern auch eine Zuwendung zu den Realien, zur erfahrbaren Welt.[13] So ist mental bereits vor dem Studium das wachsende Interesse an der greifbaren Wirklichkeit vorbereitet; in der »Reise auf den Harz« wird es offensichtlich, bei mehrwöchigen Aufenthalten 1764 und 1765 beim Obersalzfaktor Heinrich Christian Drönewolf in Sülbeck (bei Einbeck) notiert Kestner eifrig seine Beobachtungen an Personen und Einrichtungen der Salzproduktion. 1765 erreicht seine Charakterisierung von Personen aus seiner Umgebung ihre höchste Intensität. Prompt stellt er im späten Frühjahr 1765 fest, dass er drei Jahre nichts Literarisches mehr versucht habe.[14]

Gründe für die Harzreise

Eine persönliche Anregung für Kestners Harzreise war sicherlich die Bekanntschaft mit dem Clausthaler Jurastudenten Friedrich Heinrich Heinemann. Heinemann ritt von Göttingen aus mit. In Clausthal wohnten die beiden Kestner-Brüder im Hause Heinemann.[15] Am 2. Januar fungierte Friedrich Heinrich als Führer nach Zellerfeld und in die dortige Münze.[16]

Friedrich Heinrich Heinemann hatte in Helmstedt Jura studiert. Von dort kommend immatrikulierte er sich am 14. April 1763 in Göttingen. Am 20. Dezember 1763 trug er sich in Kestners Stammbuch ein; das verweist bereits auf eine nähere Bekanntschaft vor der Harzreise. Heinemann fügte im Stammbuch seinem Namen hinzu: »*p. t. Berg Amts Auditor*«, also pro titulo Bergamtsauditor, d. h. gewöhnlich nominelles Gerichtsmitglied

---

11 Edition der von Kestner für einen möglichen Druck zusammengestellten Gedichte: Johann Christian KESTNER: »Du bist ein Sterblicher!« Gedichte des jungen Johann Christian Kestner (1760/61). Mit einem Nachwort herausgegeben von Alfred Schröcker. Hannover 2007. Zu den nicht veröffentlichten Gedichten, Konzepten für Tragödien und Komödien sowie zur Prosa s. SCHRÖCKER: Kestner, s. Anm. 2, S. 308–400.

12 Carl Gottfried Rimrod (1733–1814), Sohn von Christoph Rimrod (Pastor von Leveste), hat in späteren Jahren in Zusammenarbeit mit der Universität Leipzig publiziert (SCHRÖCKER: Kestner, s. Anm. 2, S. 817, Personenverzeichnis; Bernd FEICKE: Art. Rimrod, Carl Gottfried, in: Biographisch-Bibliographisches Kirchenlexikon B. XXXII, Nordhausen 2011). Er war Hauslehrer Kestners in der Mitte der 1750er Jahre, nachdem er das Theologiestudium in Göttingen abgeschlossen hatte.

13 SCHRÖCKER: Kestner, s. Anm. 2, Kap. 15.

14 Zur literarischen Produktion Kestners ausführlich SCHRÖCKER: Kestner, s. Anm. 2, Kap. 11 sowie KESTNER: Gedichte, s. Anm. 11.

15 »Wir kamen um 6 Uhr in Clausthal bei Herrn H. an.« KESTNER: Reise, s. Anm. 1, S. 10. Ansonsten z. B.: »Wir gingen in dem stärksten Regenwetter wieder nach Hauß.« Ebd. S.34.

16 KESTNER: Reise, s. Anm. 1, S. 35 f.

als Richter. Im Oberharz war dies die Bezeichnung für den Vorbereitungsdienst in der höheren Laufbahn im Berg- und Forstwesen, im 18. Jahrhundert noch nicht getrennt. Ein Jurastudium war die Voraussetzung für beides. Im Staatskalender wurde Heinemann ab 1763 als Bergamtsauditor geführt.[17] Es gibt keinen Hinweis, dass Kestner ein berufliches Interesse in dieser Richtung hatte. Dass Heinemann 1763 auf 1764 auch als Hofmeister (als Erzieher und Betreuer junger Adeliger) agierte, hatte vermutlich den einfachen Grund, dass er sich einen Lebensunterhalt schaffen musste, denn ein Bergamtsauditor pro titulo erhielt gewöhnlich keine Besoldung. Die Entscheidung für das Berg- oder Forstwesen fiel in der Regel erst nach drei bis vier Jahren Auditorenzeit. An einer Tätigkeit als Hofmeister wäre Kestner eher interessiert gewesen.[18]

Mit den Heinemanns hatte Kestner direkten Zugang zu wichtigen Bergbedienten: Ein Johann Hermann Heinemann fungierte in Clausthal als Bergschreiber, ein J. H. Heinemann als Knappschaftsschreiber, beide möglicherweise mit Friedrich Heinrich verwandt.[19]

Einen weitergespannten Hintergrund für die »Reise auf den Harz« bildet die generelle Einstellung zu Bildungsreisen. An der Universität Göttingen wurden längst vor Kestners Studienzeit und auch 1762/63 Vorlesungen über das Reisen gehalten, angeboten von den Professoren Johann David und Johann Tobias Köhler, Vater und Sohn, sowie von Professor Georg Christoph Hamberger.[20] Ob Kestner diese Vorlesungen gehört hat, wissen wir nicht. Aber sie zeigen, dass der Universität an diesem Thema gelegen war. Entsprechend lagen in der Universitätsbibliothek Göttingen, damals mit ca. 60 000 Bänden eine große Bibliothek, gedruckte Berichte aus der Zeit vor 1763 bereit, die nicht nur Professoren, sondern auch Studenten ausleihen konnten: Julius Bernhard von Rohr von 1739 (in Ausgaben von 1736, 1739 und 1748 auch in der kurfürstlichen Bibliothek in Hannover); Sethus Heinrich Calvisius von 1738.[21] Der europaweit wichtige und technisch exemplarische Bergbau im Oberharz, d. h. in Clausthal und Zellerfeld, stellte ein internationales Reiseziel für Fachleute, gebildete Interessenten und auch Politiker in Gestalt fürstlicher Personen dar. Das erhaltene Besucherbuch der sehr tiefen und ertragreichen Grube Dorothea in Clausthal gibt mit ca. 22 000 Einträgen einen Eindruck davon. Otto und Christian Kestner trugen sich am 30. Dezember 1763 nach der Befahrung der Dorothea ein.[22]

In seinen Tagebüchern notierte Kestner wiederholt Gedanken über das Reisen. Es ermöglichte Erfahrungen und erweiterte den Horizont. Reisen hieß für ihn nicht nur eine Fahrt nach Berlin, wo sich in dieser Zeit sein älterer Bruder Georg Kestner länger in dienstlichen Geschäften aufhielt – diesen Wunsch konnte Johann Christian nur fantasieren, nicht verwirklichen –, sondern auch ein mehrtägiger Ausflug auf das Land, wo der Städter eine andere Lebenswelt kennenlernen konnte. In dem Wunsch nach Reisen zeigte sich ein »Welthunger«. Reisen war eines von vielen Mitteln, sich der Welt zuzuwenden, Erfahrungen und Erkenntnisse zu sammeln. So steht bei Kestner die Harzreise in diesem Motivationszusammenhang.

---

17 Königlich-Großbritannisch- und Chur-Fürstlich-Braunschweig-Lüneburgischer Staats-Calender 1763, S. 34.
18 Dieser Gedanke taucht bei Kestner 1765 auf: SCHRÖCKER: Kestner, s. Anm. 2, S. 81, 109, 349, 371, 514.
19 Nachweise KESTNER: Reise, s. Anm. 1, S. 45 Anm. 10.
20 KESTNER: Reise, s. Anm. 1, S. 60 f.
21 Titel und Nachweise KESTNER: Reise, s. Anm. 1, S. 50 Anm. 22. Zu den Reisen in der zweiten Hälfte des Jahrhunderts s. Katja UNVERHAUN: Der Harz in Reiseberichten des ausgehenden 18. und beginnenden 19. Jahrhunderts, Teil I, in: Allgemeiner Harz-Berg-Kalender 2000 (Clausthal-Zellerfeld), S. 157–161, Teil II ebd. 2001, S. 78–81.
22 Reproduktion des Eintrags in KESTNER: Reise, s. Anm. 1, S. 8. Die mitreisenden Kommilitonen trugen sich nicht ein, waren demnach auch nicht eingefahren; die Brüder Kestner fuhren in Begleitung von zwei Bergleuten ein (KESTNER: Reise, s. Anm. 1, S. 30).

Inhalt des Tagebuchs

Es mag nur uns Heutige verwundern, dass Kestner und seine Kommilitonen gerade am 24. Dezember nach Clausthal ritten. Man nützte die vorlesungsfreie Zeit zwischen Weihnachten und Neujahr; der 24. Dezember war ein Samstag, der Neujahrstag im Schaltjahr 1764 ein Sonntag. Die Rückreise nach Göttingen erfolgte am 3. Januar, einem Dienstag. Die Anreise zu Pferd notiert Kestner genau: 11 Stunden, davon zweimal eine halbe Stunde Rast, fast drei Stunden in Dunkelheit, insgesamt 6 Landmeilen zu je 7,5 km, macht ca. 45 Kilometer, ein respektabler Ritt, zumal auch einige Steigung zu überwinden war, der Höhenunterschied Göttingen-Clausthal beträgt gut 400 m.

Personen

Eines der wichtigsten Themen war für den jungen Kestner die Erforschung des Menschen, der Versuch, ein auf Erfahrung und Beobachtung gründendes Menschenbild zu gewinnen. Diese Absicht war ein typisches Kennzeichen einer aufklärerischen Haltung. 1765 sammelte Kestner für sein Buchprojekt »Gedanken Kabinett« zahlreiche Charakteristiken lebender Personen, die er gut kannte. Im Tagebuch ist die Charakterisierung bei zwei Personen greifbar. Zum Berggeschworenen Nädler merkt Kestner an: »Der Berggeschworne Nädler (ein ehrwürdiger Greiß, welchen sein silbernes Haar, seine gesetzte Miene und Wesen, und seine Heiterkeit doppelt verehrungswürdig machte) führte uns in die Grube mit noch einem Bergmann.«[23]

   Am 2. Januar trifft er in Zellerfeld einen nicht näher identifizierten Herrn Schweckard und seine Frau. Über diese notiert er: »Wir fanden in wenigen Augenblicken, daß sie die Herrschaft über den Mann haben wollte. Er konnte nichts sagen, auch in Männersachen, was sie nicht besser wißen wollte, und dieses mit einer Miene, die gezwungen war, und mit Blicken die herum gingen und bewunderung einsamlen wollten. Dabei legte sie [gestrichen: den Arm] die Hand nachlässig auf ihres Mannes Schulter, wie ein großer Herr seinem Bedienten, wenn er gnädig ist. Sie gab sich das Ansehen, als wenn sie zu leben wüßte. Mit abgemessenem Schwunge der Hand nahm sie eine Priese und tranck auch so ein Glaß Wein. Der Grund zu diesem Bezeigen war wohl im Amthause gelegt, da sie bei der Frau v. B. Kammeriungfer gewesen; wo sie vieleicht vieles gesehen, daß ihr aber nicht kleiden will. Er war ein artiger Mann; gab sich aber Mühe seine Situation mit der Frau zu verbergen.«[24]

   Hier zeigt sich die Beobachtungsfähigkeit Kestners ähnlich wie bei den technischen Einrichtungen. Die negative Einschätzung der Frau Schweckard ist offensichtlich. Die Geschlechterrollen scheinen ihm vertauscht.

   Diese beiden Stellen sind die einzigen, an denen Kestners Gefühl anklingt. Bettler und die arbeitenden Bergleute erwähnt Kestnerer kühl und sachlich, auch wenn angesichts der Schwere ihrer Arbeit Emotionen durchaus zu erwarten wären, wie er sie beispielsweise zwei Jahre vorher in seinem »Rhapsodischen Tagebuch« über die Armen notierte.[25] So schreibt er über den Treibofen: »Es gehört hiezu aber sehr viel Holz und beständig muß eine unbeschreibliche Gluth darinn sein, wobei zu bewundern ist, wie dieß die Arbeitsleute aushalten können, die immer davor stehen, das Feuer anschüren, und Holz zu wer-

---

23   KESTNER: Reise, s. Anm. 1, S. 28.
24   Ebd., S. 35 f.
25   SCHRÖCKER: Kestner, s. Anm. 2, S. 202 und 205.

fen, mit einer Leichtigkeit und mit dem Anschein, als wenn sie nichts anders ganz was gewöhnliches thäten.«[26]

Kestner kennt die lange Arbeitszeit: »Was die Bergleute anbetrift, so bleiben sie die mehrste Zeit 12 Stunden nach ein ander in der Grube. Sie haben Eßen bei sich. Die Arbeit geht Tag und Nacht. Wenn einer länger als 12 Stunden arbeiten will, das kann er auch thun, wenn er sich etwa viel zu verdienen sucht.«[27]

Die Arbeitsatmosphäre vor Ort scheint ihn fast anzurühren, knapp und sehr zurückhaltend ausgedrückt: »Es sieht aber traurig aus, wenn man so ein Paar Leute allein in einem Winkel findet, die bei einem schwachen Lichte arbeiten, und unter dem Hämmern stöhnen.«[28]

Eine ganz andere Gruppe von Arbeitenden sind die Puchjungen (Pochjungen). In mit Wasserkraft betriebenen Anlagen, den Pochwerken, wurde das metallhaltige Gestein zerstoßen und trocken sortiert oder nass ausgewaschen. Beides war eine Arbeit der Pochjungen im Alter ab 8 oder 9 Jahren. Den ganzen Vorgang beschreibt Kestner ausführlich. Über die Pochjungen notiert er folgendes: »Die Harzer, und besonders die Bergleute, und die mehrsten Harzer sind bei den Bergwercken beschäftigt, sind eine schlaue Nation, durchtrieben listig. Dieß findet sich schon bei den kleinsten Knaben, die alle, [so] bald wie möglich, in den Puchwerken arbeiten, wo sie die Woche 11 mg. verdienen. Sie suchen sich aber durch Betteln, worinn sie sehr starck sind, und sich durch nichts abweisen lassen, etwas zu erwerben. ›Herr Vetter, gaab er mir ä Pfen‹ sagen sie lieber 100 mal, und öfter, ehe sie gehen. Denn sie nennen alles: Vetter. Wer ihnen nichts giebt, der muß sich nachrufen lassen: der Junker hat Stroh in der Fick; oder: er hat keine Kloten in der Fick. Mit einem Pfennig sind sie aber zufrieden.«[29]

Fick oder Ficke ist niederdeutsch eine eingenähte Tasche. Kloten oder Klöten sind die Hoden. Es handelt sich also durchaus um ein sehr zweideutiges Nachrufen.

Wenige Seiten später geht Kestner nochmals auf die Pochjungen ein. Dabei unterscheidet er genaue Abstufungen: »Die Arbeit in den Puchwerken geschieht von Puchiungen, daher sie auch ihren Nahmen haben. Die aber das umrühren thun in den Kasten über den Herdten, die sind einen kleinen Grad besser wie die andern Puchiungen, welche letztern nur zutragen und andere Arbeit thun. Sonst sind auch noch einige beiahrte Bergleute darinn, die die Aufsicht haben. Solcher Puchwerke fanden wir in diesem Thale einige 12 bis 14.«[30]

Technik über Tage

Die technischen Beschreibungen nehmen den größten Raum ein. Zum Beispiel stellt Kestner ein Pochwerk folgendermaßen dar: »Dieses war eins von naßer Arbeit. Dahinein ging ein Canal von der Innerst, welcher dasselbe treibt. Hier werden die Erze, die noch sehr viele Unart oder Berg bei sich haben durch Stempel, welche durch ein Rad getrieben werden, zerstoßen, und dieses heißt, puchen. Weil nun die Unart und der Berg, von dem Guten Erze nicht anders könnte abgesondert werden, so fließt Wasser unter diese Stempel, welches die Unart, auch eine leichtere Materie, wie das Erz, mit sich nimmt, und ganz fortreißet, das gute bleibt aber in Trögen, die im Puchwerke sind, liegen. Inde-

26   Kestner: Reise, s. Anm. 1, S. 23.
27   Ebd., S. 31.
28   Ebd..
29   Ebd., S. 14.
30   Ebd., S. 17.

ßen bleibt noch viele Unart bei dem guten zurück. Daher sind Herdte gemacht, welche abhängig sind und aus Brettern bestehen, die mit Planen (als ist Tüchern von grober Leinewand) belegt sind. Oben an den Herdten sind Kasten wohinein Wasser fließt, und das schon gepuchte Erz geschüttet wird. Dieß wird beständig umgerührt, so daß das gepuchte, wenn die Kasten überfließen, mit sammt dem Wasser sich auf der Plane herunter lassen kann. Dieß heißt waschen. Hier bleibt nun das Schwereste, welches der Schlich (das gute gepuchte Erz) ist, liegen, und das Wasser nimmt die noch übrige Unart mit sich, durch Canäle, die aus dem Puchwerke gehen, wo aber das Wasser wieder in Tröge aufgefangen wird, weil es noch viel Gutes mit nimmt. Hier setzt sich dann der After (so heißt nun das, was von dem Ein mal gepuchten vom Wasser weg[ge]führt wird) auf den Boden und das Wasser fließt ab. Dieser After wird aus diesen Trögen hernach herausgeschöpft, und auf dem Puchwerke auf einen Haufen geworfen; welcher dann im Winter noch ein mal gepucht und noch einmal gewaschen wird. Wieder auf die Plane zu kommen, so dieselben, ihrer 4 bis 5, auf den Heerdten herunter ausgebreitet, ein an das andere. Was auf dem obersten und 2ten Plan von Erze sich gesenckt ist beste Schlich, der den mehrste Gehalt hat, weil er als der Schwerste gleich oben liegen geblieben; auf dem 3ten und 4ten Plan der schlechtere und so weiter. Wenn nun das bestimmte, aus dem Kasten, über die Plane gegangen ist, so fließt kein Wasser mehr zu und also auch nichts mehr über die Plane.«[31]

Die Genauigkeit der Beschreibung lässt nichts zu wünschen übrig. Beachtenswert ist hier wie im ganzen Tagebuch, dass Kestner die wichtigen Fachausdrücke wie Pochen, Planen, Schlich oder After knapp erklärt. Dies zeigt, dass für ihn selbst die Sache und damit auch die Sprache neu ist. Vielleicht steht dahinter auch ein Gedanke oder Wunsch, das Tagebuch einmal zu veröffentlichen, d. h. eben auch sprachlich einem breiteren als dem fachlichen Publikum zugänglich und verständlich zu machen. Diese Vermutung wird durch eine andere Publikationsabsicht in 1763 wahrscheinlich; Kestner stellte eine Auswahl seiner Gedichte als druckfertiges Manuskript zusammen.[32] Texte zum Druck zu bringen, war zweifellos ein Wunschtraum literarisch interessierter junger Bürger.[33]

Kestners Informationsbedürfnis und genauer Beobachtung entgeht nicht, dass durch die zahlreichen nassen Pochwerke ein nicht geringes Umweltproblem entsteht. Er notiert zum Abwasser der Clausthaler und Zellerfelder Pochwerke: »Wenn das Erz das zweite mal gepucht und gewaschen so wird weiter nichts aufgefangen und fließt alles in die Inerst ab, worunter den zwar noch etwas Gutes ist, das aber die Mühe belohnen würde, es aus der Unart hervorzusuchen. Von dießem Zuflusse wird die Innerst ganz trübe, und bleibt auch noch einige Meilen so, ob sie gleich schon im Lande fließt. Wo sie herfließt, da dürfen die Leute keine Hühner und dergleichen haben, denn diese sterben von dem vergifteten und verdorbenen Wasser.«[34]

An anderer Stelle erkennt Kestner sehr klar ein Gesundheitsproblem der Bergleute selber, als er die Arbeit am Schmelzofen schildert: »Von dieser Gluth geht eine blaue Flamme, welche von dem Arsenico ihre Farbe bekommt, der davon aufsteiget und sich oben in dem Schornstein so wohl, [als] auch in der ganzen Hütte ansetzt. Dieser Arsenick wird dann abgekratzt und Kupfer davon getrieben. Er macht, daß diese Arbeit sehr ungesund

---

31   Ebd., S. 15 f.
32   KESTNER: Gedichte, s. Anm. 11, S. 110 ff.
33   Ebd. S. 112; SCHRÖCKER: Kestner, s. Anm. 2, S. 490 (Gedanken Kabinett).
34   KESTNER: Reise, s. Anm. 1, S. 17.

ist. Denn die Arbeitsleute, wann sie alt werden, bekommen sie die Hütte=Katze (das ist sie werden lahm und contract).«[35]

Arsenik heißt das Arsentrioxid. Das Halbmetall Arsen oxidiert leicht zu Arsenik, es entsteht bei der Arbeit mit arsenhaltigen Erzen als »Hüttenrauch«, entweder in porzellanartigen Stücken oder als weißes Pulver. Das starke Gift wurde und wird als Mäuse- und Rattengift verwendet. In der zeitgenössischen Fachliteratur kurz vor Kestners Besuch wird diese Vergiftung der »Hüttenkatze« ausführlich geschildert, teilweise auch auf das Blei zurückgeführt.[36]

Bei der Silbergewinnung in den Schmelzhütten gibt es einen geradezu magischen Moment: den Silberblick. Das erschmolzene Silber wird im Prozess sichtbar, ein Glück, die reiche Ernte, der Erfolg aus dem großen Aufwand des Bergbaus und der Verhüttung. Heinrich Heine überträgt dieses Erblicken des Silbers in seinem Reisebild Harz (1824) auf sein Leben: »In den Silberhütten habe ich, wie oft im Leben, den Silberblick verfehlt.«[37] Von der metaphorischen Ausdeutung Heines ist Kestner weit entfernt, er beschreibt den Vorgang völlig sachlich: »Darauf sahen wir das Blicken an. Jetzt war schon nicht viel Glätte mehr auf dem Guße. Es fingen schon weiße Wolken an sich sehen zu lassen. Indessen kochte der Guß wie Wasser. Die Blasen näherten sich immer mehr dem Centro. Dieß sind alles Zeichen, daß der Blick bald fertig ist. Die weißen Wolken, sind das Silber, welches noch mit dem letzten Blei streitet und sich davon absondern will. Darauf kam der Zeitpunkt, da es sich absonderte, und das Silber zeigte sich in der Mitte, ohne noch mit der Glätte vermischt zu sein; und das heißt Blicken. Bei dem kleinen Feuer, soll das Blicken sehr schön aussehen und mancherlei Farben hervorbringen. Hier verhinderten die großen Feuerflammen, daß man dieses nicht bemerken konnte. Wir werden aber das kleine Feuer auch sehen.«[38]

Den hier wichtigen Begriff der Glätte erklärt Kestner am Tag davor.[39] »Unterdeßen, daß es nun schmilzt, gehen die Blasebälge immer fort, und blasen die Glätte (welches das in dem Werck[40] enthaltene Blei, und mit dem Kupfer vermischt, und calcinirt[41] ist, und hierinn auf diese Weise verwandelt) immer von dem Silber weg und nach der sodersten Oefnung zu, wo der Arbeiter mit einer Hacken eine Riefe in den Herdt=Leim macht und auf solche Weise die Glätte abzapft, welche glühend herab fließt, und wenn sie kalt ist, wie geschmolzen Blei aussieht, […]«

Es handelt sich um die glasartige Schlacke des Bleis, sie scheidet sich beim Abtreiben silberhaltiger Bleierze ab; die Bleioxide sind zunächst flüssig und schaumig, dann erstarren sie kristallin. Die Glätte wird laufend abgestrichen, das flüssige Silber sammelt sich unter dem Blei und oxidiert nicht.

Silber ist das im Oberharz begehrte Hauptprodukt; es wird in der Münze, die Kestner ebenfalls besichtigt und präzise beschreibt, zu kostbarem Geld verarbeitet.[42]

---

35   Ebd., S. 19.
36   Johann Friedrich Zückert: Die Naturgeschichte und Bergwercksverfassung des Ober=Harzes. Berlin 1762, Kapitel 21.
37   Heinrich Heine: Die Harzreise, in: Heinrich Heine: Sämtliche Schriften in zwölf Bänden, hrsg. von Klaus Briegler, Band 3: 1823–1731. München und Wien 1976, S. 114.
38   Kestner: Reise, s. Anm. 1, S. 25. Ebd. S. 25 erklärend: »der Blick (so heißt das Silber, welches nun auf diese Weise abgetrieben)«.
39   Ebd., S. 23.
40   Ebd. S. 21: »Nun heißt das geschmolzene, Werck, und besteht aus Silber, Kupfer und Blei; sieht auch, wenn es kalt ist, wie Blei aus, ist aber härter.«
41   Kalzinieren = Entfernen von Kohlensäure, Kohlendioxid und Wasser durch Erhitzen im Ofen.
42   Kestner: Reise, s. Anm. 1, S. 37. Dagegen Heine: Harzreise, s. Anm. 37, S. 114 f.: »In der Münze traf ich es schon besser, und konnte zusehen, wie das Geld gemacht wird. Freilich, weiter hab ich es auch nie bringen können. Ich hatte bei solcher Gelegenheit immer das Zusehen, und ich glaube, wenn mal die Taler vom Himmel herunter regneten, so bekäme ich davon nur Löcher in den Kopf, während die Kinder Israel die silberne Manna mit lustigem Mut einsammeln würden.«

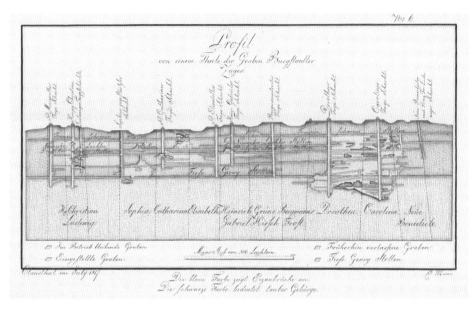

Burgstätter Zug im Riss von 1817 (Grube Dorothea rechts) – Landesamt für Bergbau, Energie und Geologie in Clausthal-Zellerfeld (Bergarchiv)

Technik unter Tage

Nicht weniger beeindruckend als die Verhüttungstechnik ist die Technik in den Gruben. Dabei sticht besonders die »Fahrt« hervor, das Leitersystem, mit dem die Bergleute in der Mitte des Jahrhunderts im Schacht hinab- und hinaufsteigen. Christian Kestner fährt zusammen mit seinem Bruder Otto, begleitet von zwei Bergleuten, im Schacht Dorothea die 166 Klafter bis ins Gesenk, bis zur tiefsten Stelle ein, das sind bei 1,92 m je Oberharzer Lachter ca. 318 Meter. Wenn man eine »Fahrt« mit zwei Lachter ansetzt, wären es immerhin 83 Leitern, da sie teilweise kürzer sind, vermutlich noch einige mehr. Kestner notiert: »Ueber einer ieden Grube ist ein ordentliches Gebäude, und in iede Grube gehen zwei Schächte, ein Zieh=Schacht und ein Fahr=Schacht. Durch den ersten werden die Tonnen mit Erz heraus gezogen und hinunter gelassen; und in dem zweiten fährt man hinunter. Diese beiden Schächte sind nicht weit von einander; und man kann in den ersten immer hineinsehen, wenn man in dem andern fährt. In dem Fahr=Schacht, sind Leitern (Fahrten. hier) worauf man hinunter steigt. Wenn eine Farth zum Ende, so kömmt man auf einen Ruheplatz, welcher eine Bühne heißt, wo man sich ausruhen kann. Eine Fahrt ist, manchmal 1 bis 2 Lachter, und wohl weniger lang. Von der einen Fahrt, kömmt man nicht unmittelbar auf die folgende, sondern diese steht neben daran; so daß wenn einer fällt, er nicht so leicht gleich gerade in dem Schacht hinunter fällt, sondern auf die Bühne fallen kann. Die Wand, wo gegen die Farth gelehnt ist, heißt das Liegende, und hinten das Hängende. Die Fahrten sind zwar ein bisgen angelehnt, aber doch fast ganz stickel. Wenn man fährth, müßen Hände und Füße helfen, weil aber eine jede Sproße mathematisch gleich weit von der andern ist, so wird einem das Fahren und das finden der Sproßen sehr bald ganz mechanisch. Eine Haupt=Regel dabei ist, daß man sich an keine Wasser oder Koth kehrt, sondern sich fest an den Sproßen der Fahrt hält. Die

Schächte sind auf allen Seiten mit Balken versehen, welche sehr dick und sehr fest in ein ander gefüget sind; und in der Breite einer über den andern liegen.«[43]

Mit diesem System vergleichsweise die dreifache Höhe des neuen Hannoverschen Rathauses in die Tiefe zu steigen, wobei nur die zwei Bergleute je ein Grubenlicht haben, ist für einen Besucher eine mutige Leistung. Kestner ist bewusst: »Das herunter fahren geht zimlich leichte, und geschwinde.«[44]

»Das hinauf fahren ist viel beschwerlicher; denn hier muß man sich hinauf arbeiten, da man sich dort nur hinunterlaßen durfte, und überdem ist man doch schon hierdurch und durch das Herumsteigen in der Grube müde geworden. Bei dem herauf fahren, geht der Dampf von einem; und ob es gleich unsere Führer schon gewohnt sein mußten, so vergoßen sie doch auch ihren Schweiß.«[45] Kestner beobachtet bei aller Mühe des Ein- und Ausfahrens die Holzbautechnik der Grube, die Örter des Abbaus, die Fördertechnik, das Verständigungssystem usw.

Nach dem Eintrag in das Besucherbuch der Dorothea bemerkt Christian Kestner mit einer Art unterschwelligem Stolz, vielleicht auch mit Blick auf die nicht eingefahrenen Kommilitonen: »Dann zogen wir unsere Bergmannskleider wieder aus in dem Zechenhause, wo wir uns auch in das Buch schrieben, welches da ist für Fremde, die sich in den Bergwerken besehen. Wir fanden darinn, daß die meisten in die Dorothee nur auf die Hälfte gekommen waren, und nicht weiter gegangen wie denn überhaupt viele Fremde auf den Harz kommen, und nicht in die Grube fahren, theils weil sie es sich ohne Ursache gefährlich vorstellen, theils wenn sie leicht schwindlich werden.«[46]

Zusammenfassung

Die angeführten Beispiele lassen die Vielfalt des protokollarischen Tagebuchs erkennen. Darüber hinaus notiert Kestner weitere Informationen zum Beispiel über die Wasserregulierung und die Teichwirtschaft, über das Bohren und Sprengen, über Holzbau, Holztransport und Holzverbrauch, Wetter, Schlittenfahren und vieles mehr. Neun Tage Führung in einem der damals wichtigsten Bergbaugebiete werden präzise in einem protokollartigen Tagebuch festgehalten. Dies macht die »Reise auf den Harz« zu einem einmaligen Dokument über die Exkursionen und Besichtigungsfahrten in das Montangebiet des Oberharzes.

Im großen Oberharzer Bergwerksmuseum in Clausthal-Zellerfeld ist im Original erhalten, was Kestner im Tagebuch beschreibt. So kann das Tagebuch einen Museumsbesuch gut vorbereiten, aber auch nach dem Besuch die Erinnerung daran wach halten.

43 KESTNER: Reise, s. Anm. 1, S. 28.
44 Ebd., S. 30.
45 Ebd., S. 32 f.
46 Ebd., S. 33. Abb. des Eintrags und mitreisende Kommilitonen s. o. Anm. 22.

Eberhard Firnhaber

Der Hannoveraner Musiker Johann Christian Firnhaber und Haydns »Paukenschlag«

Kürzlich hat der lange vergessene Hannoveraner Clavecinist und Komponist Johann Christian Firnhaber (geb. 1753 in Langenhagen, gest. 1828 in Hannover)[1] in seiner Heimatstadt Hannover eine besonders ehrenvolle Beachtung erfahren: Im Rahmen der von der Landeshauptstadt und dem Renaissance Gartenfriedhof e. V.[2] am 13. Dezember 2013 veranstalteten 10. Patenschaftsfeier in der Gartenkirche St. Marien gelangten drei seiner Klavier-Trio-Sonaten zur Aufführung.[3] Es ist nicht bekannt, dass jemals vorher in einem öffentlichen Konzert Musik aus seiner Feder in Hannover erklungen ist. Johann Christian Firnhaber hat in der Zeit von 1780 bis 1796 als Clavecinist / Pianist, als Komponist und als Musikalienhändler in Moskau gewirkt. Der Unternehmens-Syndikus Martin Firnhaber, der die Patenschaft für die Grabstätten des Komponisten und seiner Frau Anne Sophie Friederike für die Familie übernommen hat, wies in seinem Veranstaltungsbeitrag darauf hin, dass Johann Christian in den dreißig Jahren nach seiner Rückkehr aus Russland bis zu seinem Tode in Hannover weder als Musiker noch als Musikalienhändler weiter in Erscheinung getreten ist. Alle hannoverschen musikhistorischen Recherchen sind ergebnislos geblieben. Immerhin ist eine schriftliche Wortmeldung des Hannoveraner Bürgers Firnhaber überliefert: Im Jahre 1802 brachte er beim Rat der Stadt Hannover ein Memorandum ein, mit dem er die Errichtung einer »Musikalischen academie« nach dem Vorbild von Mannheim und Paris anregte,[4] ein kleiner Baustein in der Vorgeschichte zur Gründung der heutigen Hochschule für Musik, Theater und Medien.

Diese Patenschaftsfeier-Darlegungen ermuntern dazu, eine weitere schriftliche Äußerung Firnhabers aus der Versenkung hervorzuholen. Sie betrifft den »Paukenschlag« im 2. Satz, dem Andante, in Josef Haydns G-Dur-Sinfonie Nr. 94 von 1791 (Hob. I: 94). Hier schreckt mitten in einer liedartigen Melodie ein plötzlicher Fortissimoschlag die Zuhörer auf. Schon zu Lebzeiten Haydns wurde hierzu die bekannte Anekdote in Umlauf gebracht, Haydn habe mit diesem Effekt Besucher, von denen manche – vermutlich ohnehin nicht aus Musikliebhaberei, sondern aus gesellschaftlicher Verpflichtung ins Konzert gekommen – infolge reichlichen Abendessens eingenickt seien, spontan aus dem Schlaf reißen wollen. Zartbesaitete Damen seien in Ohnmacht gefallen. In dieser amüsanten Version wird die Paukenschlag-Geschichte noch heute erzählt.

1 Eberhard Firnhaber: Johann Christian Firnhaber (1753–1828). Zu seinem 250. Geburtstag, in: Helmut Loos und Eberhard Möller (Hrsg.): Musikgeschichte in Mittel- und Osteuropa, Mitteilungen der internationalen Arbeitsgemeinschaft an der Universität Leipzig, Heft 9. Leipzig 2004, S. 72–94; ders., Ein vergessener Musiker: Zum 250. Geburtstag von Johann Christian Firnhaber (1753–1828), in: Hannoversche Geschichtsblätter N.F 57/58(2004), S. 261–265.

2 Engagierter Initiator der Aktion zur Wiederbeachtung und Pflege der alten Grabstätten auf dem aufgelassenen Gartenfriedhof ist der Vereinsvorsitzende Dieter Zinßer, Landessuperintendent i. R., Hannover.

3 Heike Schmidt: Musik aus Hannover für den russischen Hof, in: Hannoversche Allgemeine vom 16. Januar 2004, Stadtanzeiger S. 2; Ingeborg Rupprecht: Patenschaftschaftsfeier Freitag, 13. Dezember 2013 auf dem Gartenfriedhof Hannover (Wort- und Bilddokumentation, auch mit CD). Hannover im Dezember 2013. Die Interpreten der professionell begeisternd dargebotenen Sonaten, Studenten der Musikhochschule Hannover, waren Masahiro Masumi, Klavier, Yulia Van, Violine, und Lev Kucher, Violoncello.

4 Stadtarchiv Hannover, AAA Nr. 3583. Das Memorandum wurde bisher fälschlich seinem Bruder Johann Heinrich, Organist der Garnisonkirche, zugeschrieben. Zur Richtigstellung: Eberhard Firnhaber, Johann Christian Firnhaber, wie Anm. 1 (1), S. 85.

Unser Hannoveraner Musiker meldet sich 34 Jahre, nachdem Haydn die Sinfonie komponiert hat, in der Zeitschrift »Der Freimüthige oder Unterhaltungsblatt für gebilde-te, unbefangene Leser«[5] vom 3. Dezember 1825 unter der Rubrik »Zeitung für Theater, Literatur, Kunst- und Welt-Leben« zu Wort mit einer »Berichtigung, als Beitrag zur Ge-schichte der Musik«.[6] Hierin referiert auch er die Paukenschlag-Anekdote und berichtet sodann darüber, was er 1792/93 in London zu dem originellen Einfall Haydns gehört und erlebt hat.[7] Nach der Akademie-Anregung von 1812 ist dieser Zeitungsbeitrag von 1825 die einzige überlieferte weitere Wortmeldung des in Hannover offenbar sehr zu-rückgezogen lebenden Johann Christian Firnhaber geblieben. Damit erhält sie eine lokal- und familiengeschichtliche Bedeutung, die es wohl rechtfertigt, sie hier in seiner Sprache und in vollem Umfang wiederzugeben:

»Am Ende des 60st Blattes der »Zeitung für die elegante Welt« vom Monat März 1825 befindet sich folgende Anekdote vom Grafen Orlof aufgezeichnet:

›Als Haydn London besuchte, beleidigte es ihn auf das Äußerste, daß während seiner Syphonieen das Auditorium gar sanft einschlummerte. Er fügte also in der Geschwindig-keit ein Andante hinzu, welches aber in der Mitte plötzlich in einen solchen Lärm von Trommeln, Trompeten und Cymbalen ausbrach, daß auch die hartnäckigsten Schläfer, zur großen Ergötzung der Wachgebliebenen, dermaßen aufgeschreckt wurden, daß sie erst gar nicht wußten, wie ihnen geschehen sei, und sich in ihrer Verblüffung höchst spaßhaft ausnahmen.‹

Auch den Nichtkenner der Musik muß die Unwahrscheinlichkeit, ja, die Unmöglich-keit einer solchen Handlungsweise des großen Componisten H a y d n einleuchten, und erlaubt sich der Unterzeichnete, welcher von dem Hergange der Sache genau unterrichtet ist, nachfolgende Berichtigung:

»Ein aus Bonn gebürtiger, sehr liebenswürdiger Mann und brühmter Violin-Spieler, Salomon, war alleiniger Unternehmer von zwölf Concerten, für welche er sich ganz aufop-ferte; der größte Theil derjenigen Personen, welche sich in der musikalischen Welt damals einen bedeutenden Ruf erworben hatten, war bei diesen Concerten angestellt, oder ließen sich doch darin hören, und das Auditorium bestand aus den ersten Personen Londons, da schon der ansehnliche Preis, 6 Guinees á Person, die niederen Volks-Klassen, John Bull[8], hinlänglich entfernte, Selbst der damalige Kronprinz, Se. Majestät, der jetzt regierende König, Georg der Vierte, beehrte diese Concerte mit seiner Gegenwart.

Im Jahre 1791 reisete S a l o m o n unter andern auch nach Wien, und überredete Haydn, auf seine (Salomons) Kosten mit nach London zu reisen, um für seine zwölf Con-certe eben so viele Symphonieen zu schreiben; jedoch unter der Bedingung, daß solche (Salomons) Eigenthum bleiben. Hierzu entschloß sich Haydn, und sind die erwähnten Symphonieen, welche Salomon nachher hat stechen lassen, in den Handel gekommen und dem musikalischen Publiko bekannt geworden.

---

5   Professor Dr. Alfred Estermann, Literatur- und Medienwissenschaftler (1938–2008), Brief vom 2. August 2005 auf Anfrage: »Die Zeitschrift ‚Der Freimüthige‘ zählt zu den prononciert liberalen Blättern der ersten Hälfte des 19. Jahrhunderts, wie bereits durch die Person des Gründers [August von Kotzebue] manifest wird.« Diese Auskunft kann vielleicht auch auf die politische Ausrichtung J. Ch. Firnhabers hindeuten.

6   Eine Kopie von Firnhabers Beitrag verdanke ich Dr. Armin Raab, Joseph Haydn-Institut, Köln, übersandt mit Schreiben vom 27. Juni 2005.

7   Schon 1787 hat er in einer Annonce in der Moskauer Zeitung angekündigt, nach London zu reisen, um dort einige Werke drucken zulassen und diese nach seiner Rückkehr nach Moskau zur Subskription abzugeben: Eberhard Firnhaber, Johann Christian Firnhaber, wie Anm. 1 (1), S. 80.

8   Was hier mit dem Einschub »John Bull« gemeint ist, ist unklar: Die personifizierte Bezeichnung für das Königreich Großbritan-nien auf die »Niederen Volks-Klassen« eingeengt?

In einer dieser Symphonieen kommt unter andern ein herrliches Andante vor, in dessen Mitte sich während eines Einschnitts (musikalischen) ganz unerwartet ein fürchterlicher Pauken-Schlag hören läßt, wodurch das ganze Auditorium, wie durch einen elektrischen Schlag erschüttert wird.

Diesen Pauken-Schlag hat H a y d n in der Probe sechs mal machen lassen, ehe er damit zufrieden gewesen ist, wobei ich beiläufig noch bemerke , daß derselbe nicht, nach der allerneuesten Mode das Orchester mit dem Stocke in der Hand, sondern, wie es von großen Virtuosen gewöhnlich geschieht, mit einem Flügel oder Fortepiano dirigirte.

Die erwähnten Symphonieen habe ich, im zweiten Jahrgange, im Winter 1793 gehört, und wie in dem so eben berührten Andante der Pauken-Schlag erfolgte, wurde abermals das ganze Auditorium auf das Heftigste erschüttert, was besonders bei den Damen der Fall war.

Diesesmal hatte jedoch C l e m e n t i H a y d n s Stelle bei dem Flügel eingenommen, und kann ich hier noch anführen, daß ich nie etwas Vollkommeneres gehört habe, als diese Concerte.

Daß die Anwesenheit H a y d n s in London bei allen Musik-Freunden Epoche machte, brauche ich wohl nicht zu erwähnen. Schon hieraus möchte sich der Ungrund einer den Engländern überkommenen Schlafsucht während der Aufführung der Haydnschen Symphonieen ergeben. Die Engländer sind große Liebhaber und Verehrer der Musik, nur haben sie es in der Ausführung nicht sehr weit gebracht. Die obige Erzählung kann ich um so mehr verbürgen, da ich während meiner siebenmonatlichen Anwesenheit in London den Winter von 1792 und 93, mit S a l o m o n in einem Hause gewohnt habe.

> Hannover, im November 1825
> [J. Ch. F i r n h a b e r]«

Abgesehen von einigen am Rande mitgeteilten kleinen musikhistorischen Kostbarkeiten wie die Taktstockverachtung und die Hausgemeinschaft mit dem Haydn-Impresario Johann Peter Salomon, bei der man sich vorstellen möchte, dass die beiden auch zusammen musiziert haben, ergibt sich für uns die von vornherein erwartete Bestätigung, dass Haydn den »fürchterlichen Paukenschlag« nicht aus dem Augenblick heraus auf das »Auditorium« niedergeschmettert hat: Er stand in den Noten und wurde vorher bis zur Perfektion mit dem Orchester geprobt. Die Haltlosigkeit der Geschichte hätte man schon dem Bericht des ersten Haydn-Biographen Georg August Griesinger entnehmen können, in dem dieser schreibt:

> »Ich fragte ihn [Haydn] einst im Scherz, ob es wahr wäre, daß er das Andante mit dem Paukenschlage komponiert habe, um die in seinem Konzert eingeschlafenen Engländer zu wecken? ›Nein‹, erhielt ich zur Antwort, ›es war mir daran gelegen, das Publikum durch etwas Neues zu überraschen, und auf eine brillante Art zu debütiren, um mir nicht den Rang von Pleyel, meinem Schüler, ablaufen zu lassen, der zur nämlichen Zeit bei einem Orchester in London angestellt war.‹«[9]

Diese authentische Auskunft ist offensichtlich weithin unbekannt geblieben. Bemerkenswerterweise zitiert ein Artikel »Quand Haydn décide d'emballer Albion« in dem Journal des concerts de l' Ensemble orchestral de Paris, namens »à l'écoute«, vom

---

9   Georg August G R I E S I N G E R : Biographische Notizen über Joseph Haydn, Leipzig 1810, S. 55 f.

2. November 2001 den Bericht Griesingers, beruft sich sodann für die Richtigstellung des »Hergangs der Sache« aber auf den »pianiste et compositeur Johann Christian Firnhaber« mit dessen Äußerung von 1825![10]

Die persönliche Niederschrift ergänzt auch das lückenhafte Lebensbild, das wir von unserem Johann Christian haben. Sie lässt seine Freude an den Aufführungen der Londoner Sinfonien Haydns erkennen und wohl auch einen gewissen Stolz, in welchem er sich mit seiner Nähe zu dem berühmten Salomon als Zeitzeuge der Paukenschlag-Geschichte zur Geltung bringt. Die Begegnung mit dem wieder hervorgeholten Dokument lässt Freude und gewissen Stolz gleichermaßen bei der Familie Firnhaber aufkommen, der Hannover mit der Würdigung ihres Musikers in der Patenschaftsfeier einen besonderen Platz eingeräumt hat![11]

---

10   Den Hinweis auf dieses Zitat habe ich 2004 dankenswerterweise von Dr. Christian Firnhaber, Hannover, damals Doktorand in Bielefeld, erhalten. Wie sich herausfinden ließ, ist es dem »Freimüthigen« entnommen! (s . Anm. 6).
11   Johann Christian ist der Bruder des Ururgroßvaters des Verfassers, Ernst Philipp (1764–1850), Pastor in Dassenen (»Pastorenzweig« im »Hannoverschen Ast« der Familie).

Detlev Büttner

Gerhardus de Gerdine und die Geschlechter von Roden in Gehrden im Marstemgau
Eine Spurensuche

Die ältere Geschichte Gehrdens im Marstemgau ist bis auf wenige urkundliche Nennungen terra incognita. Im und beim Ort sowie auf dem Burgberg in Gehrden sind Einzelfunde aus verschiedenen Zeiträumen bis ins Mittelalter gemacht worden. Die Bestimmung von Alter und Nutzung der dort gelegenen Wallgrabenanlage kann hoffentlich durch derzeit laufende archäologische Untersuchungen möglich sein. Interessant ist unter anderem die Frage, ob die Befestigung eine strategische Bedeutung schon für die Siedlungen aus der römischen Kaiserzeit bzw. Völkerwanderungszeit am Bünteweg im Norden von Gehrden hatte, die seit 2000 durch Ausgrabungen erforscht worden sind. Zeitlich passt dazu der Fund in Gehrden von vier römischen Münzen des 3. Jahrhunderts. Ob nach dieser Zeit dort und/oder an der Stelle des heutigen Ortes Gehrden weiter gesiedelt wurde, ist noch nicht archäologisch gesichert.

Eine Stütze für die Annahme späterer Besiedlung ergibt sich aber seit 1997 aus der Entdeckung von merowingerzeitlichen Gräbern in Gehrden, die unter Einbeziehung früherer Funde von Knochen und Metallteilen wohl zu einem größeren Gräberfeld gehören.[1] Die fränkischen Grabbeigaben eines Mannes werden auf etwa 600 / 1. Hälfte des 7. Jahrhunderts datiert und sprechen für dessen zumindest ökonomisch gehobene Stellung in einer sächsischen Bevölkerung.[2] Weder für diese noch für eine spätere Zeit ist eine Nutzung der Wehranlage auf dem Burgberg belegt. Eine Karte zeigt ihre zentrale Lage im Marstemgau am Helweg; weitere Höhenburgen finden sich nur westlich im Deister.[3] Eine zugehörige Siedlung oder ein Wirtschaftshof sind in Gehrden bislang nicht nachgewiesen.

Um die erste schriftliche Nennung als Ort »Gehrden« zwischen 826 und 876 konkurrieren Gehrden im Marstemgau und Gehrden bei Brakel in Westfalen.[4] Um 1225 wird im Lehensverzeichnis des Heinrich Hisse in Reden erstmals ein Hof in Gehrden aufgeführt.[5]

In den Abhandlungen zu Gehrdens Geschichte fehlen naturgemäß die genannten neueren Funde.[6] Zum Haupt- und Kirchort Gehrden im Mittelalter finden sich im Gegensatz zu den zugehörigen, heute wüsten Siedlungen nur sehr wenige Angaben. Grohmann hält eine Kirchweihung in Gehrden im Jahr 1089 durch Bischof Volkmar von

---

1 Hans-Jürgen Hässler: Zwei merowingerzeitliche Körpergräber vom Fuß des Burgbergs in Gehrden, in: Studien zur Sachsenforschung, hrsg. von Hans-Jürgen Häßler. Oldenburg 1997, Bd. 10, S. 275–292.
2 Ebd., S. 285.
3 Armin Mandel: Das Wunstorf-Buch: aus der Geschichte einer Stadt und ihrer Landschaft. Wunstorf 1990, S. 61.
4 Uwe Ohainski; Jürgen Udolph: Die Ortsnamen des Landkreises Hannover und der Stadt Hannover. Bielefeld 1998, S. 161–162.
5 Hans Dobbertin: Der Lehns- und Eigenbesitz des Heinrich Hisse (um 1225) und die Erbauung der Burg Reden bei Pattensen (um 1230), in: Niedersächsisches Jahrbuch für Landesgeschichte Bd. 41/42, 1969/1970, S. 169–191.
6 G. F. Fiedeler; H.W.H. Mithoff: Das Kirchspiel Gehrden nebst einer Beschreibung des Fleckens Gehrden. Zeitschrift des historischen Vereins für Niedersachsen 1862, S. 145–242; August Kageler: Gehrden – Entwicklung und Schicksale einer Calenbergischen Kleinstadt. Gehrden 1950; Werner Fütterer: Gehrden. Vom Flecken zur Großgemeinde. Gehrden 1991; Martina Grohmann: Gehrden. Aspekte der Ortsgeschichte. Gehrden 1994

Minden für möglich.[7] Vermutlich hat auch diese Gemeindekirche einen grundherrschaftlichen Ursprung.

Im sächsischen Marstemgau herrschten im 10. und 11. Jahrhundert die Grafengeschlechter der Billunger und der Schwalenberger, nach ihnen die Welfen. In den Ortschaften waren oft Angehörige des niederen Adels ansässig, dabei Geschlechter mit den Namen ihrer Orte: z.B. in den heute wüst gefallenen Gehrdener Siedlungen die Ritter von Sperse, von Stedern und von Suerssen. Letztgenannte, ursprünglich südlich von Gehrden wohnend waren dann später als Vasallen der Welfen herrschendes Geschlecht in Gehrden.[8] Nach einem in Gehrden im 11./12. Jahrhundert herrschenden Adligen ist bisher vergeblich gesucht worden. Argumente für seine Existenz sind die exponierte Ortslage am Helweg, eine vermutlich höhere Gesellschaftsschicht zumindest in der Merowingerzeit, eine im Bedarfsfall nutzbare Wallgrabenanlage auf dem Burgberg sowie eine eigene Kirche seit 1089.

Bei der Suche nach einem Rittergeschlecht stieß man auf Heinrich von Gehrden; er ist 1142 urkundlich Stifter des Klosters Gehrden in Westfalen und auch dort ansässig gewesen; er wurde Vogt des Klosters und starb 1158. Aufgelistet wird in der Ortsgeschichte auch Burkhard von Gehrden; als Urkundenzeuge 1233 und 1238 genannt soll er dem gleichen westfälischen Geschlecht angehört haben.[9]

In einer Urkunde von 1153 bestätigt Herzog Heinrich der Löwe die Schenkung des Dorfes Hampenhusen an das Kloster Gehrden unter Erwähnung Heinrichs von Gehrden.[10] Zeitnah dazu taucht 1154 ein drittes Mal ein Herr von Gehrden auf: In einer für das Kloster Riechenberg ausgestellten Urkunde Herzog Heinrichs ist in der Zeugenliste unter den Ministerialen Gerhardus de Gerdine genannt.[11] Wegen der zeitlichen Nähe beider Urkunden ist es verständlich, dass Gerhard ebenfalls nach Gehrden bei Brakel verortet worden ist.[12]

Eine weitere Spur Gerhards oder Burkhards findet sich in den Urkunden und der Memoria des Klosters Gehrden, den Urkunden des Bistums Paderborn und Heinrichs des Löwen nicht.

Bei weiterer Nachforschung erweist sich der erstgenannte »von Gehrden« als Heinrich aus dem Ministerialengeschlecht de Lippia. Er hat sich lediglich – wie es Brauch war – nach dem Gutshof in Gehrden, den seine Ehefrau Helmburg von Schwalenberg, eine Schwester Graf Widukinds I. als Mitgift in die Ehe einbrachte, dann Heinrich von Gehrden genannt. Heinrich ist der einzige, der mit Gehrden in Westfalen in Beziehung gebracht werden kann. Die Ehe blieb kinderlos. Von Heinrich und Helmburg ging gemäß der vorliegenden Stammtafel kein Geschlecht »von Gehrden« aus.[13]

Wenn demnach in Westfalen eine Familie von Gehrden nicht zu finden ist, so bleibt Gehrden im Marstemgau. 1106 wurde Lothar von Supplingenburg Graf im Marstemgau, für 1124–1140 setzten die Welfen Graf Hildebold von Roden als Vizegrafen ein.[14] Das Amt eines Gografen in Linden und Linderte übte Graf Volkwin von Schwalenberg aus,

7   Martina GROHMANN: Die Gehrdener Margarethenkirche. Privatdruck, 1998.
8   Wilfried KAUFMANN: Geschichte der um 1603 erloschenen niedersächsischen Familie von Suerssen. Wuppertal 1985.
9   GROHMANN, 1994, S. 9 f.
10   Karl JORDAN (Bearb.): Monumenta Germaniae Historica. Die Urkunden Heinrichs des Löwen Herzog von Sachsen und Bayern. Stuttgart 1941, 1949. ND 1960, Nr. 21.
11   Ebd., Nr. 27.
12   Ebd., S. 224.
13   Diether PÖPPEL: Gehrden. Benediktinerinnenkloster / Schloß – Kirche – »Stadt«. Brakel 1987.
14   Werner SPIESS: Großvogtei Calenberg. Göttingen 1933, S. 57 f.

im Go Ronnenberg wird für die Jahre von etwa 1121–1124 ein Graf Gerbert genannt.[15]
Er könnte zur Sippe des Hoger von Ripen bei Bad Nenndorf gehören, der als Stamm-
vater der Grafen von Roden angesehen wird. Der Namensteil –ger verbindet Hoger und
Gerbert, aber auch Gerhard.[16] Zeitgleich zu Hoger von Ripen kommt die (verwandte?)
Grundherrin Gerburga vor, die zwischen 1121–1140 ihren Besitz bei Hohnhorst nörd-
lich von Bad Nenndorf dem Bistum Minden stiftet. Später trug auch eine Tochter Graf
Konrads I. von Roden den Namen Gerburga. In der Familie von Stumpenhausen kom-
men bei Brüdern die Namen Gerbert und Gerhard vor.[17] Analog kann es auch in dieser
Familie im Marstemgau diese Kombination gegeben haben. Beim Hoftag 1154 in Goslar
hatte Heinrich der Löwe eine große Schar seiner Anhänger um sich versammelt; es fehlte
aber nach dem Tod Hildbolds I. aus unklarem Grund ein Vertreter der bedeutenden
Familie von Roden. Waren die Söhne noch zu jung und der verwandte Gerhard von
Gehrden statt ihrer der Repräsentant der Sippe?[18]

Nach diesen Ausführungen wird hier angenommen, dass Gerhardus von Gerdine der
Familie von Ripen/ von Roden zuzurechnen ist ohne ihn exakt verwandtschaftlich einordnen zu können. Der Ort Gehrden im Marstemgau wird mit der genannten Urkunde
– früher als bisher bekannt – erstmals 1154 erwähnt.

Die Lokalisierung des Stammsitzes der Grafen von Roden ist trotz vielfältiger Hypo-
thesen bisher nicht sicher gelungen.[19] Die einflussreiche Familie war im 12. Jahrhundert
unter anderem auch im Marstemgau reich begütert. Mit dem Sturz Heinrichs des Löwen
wird ihre Stellung schwächer. Ausgelöst durch die Neuverteilung des welfischen Besitzes
unter den Söhnen Heinrichs des Löwen gelingt es den Schaumburgern, ab etwa 1202–
1204 Besitz auch östlich des Deisters zu erwerben. Trotz ihres wechselnden Verhältnisses
zu Staufern und Welfen gab es anscheinend eine politische Freundschaft von Heinrich
dem Langen mit Adolf III. von Schaumburg-Holstein, die den Schaumburgern weiteren
Besitz gebracht hat.[20] Zudem könnte Graf Adolf IV. von Anbeginn in engerer Beziehung
zu Kaiser Otto IV. gestanden haben.[21] In Urkunden Graf Adolfs IV. zur Ausstattung der
Klöster Leveren, Reinbek und Mariensee von 1233 wird als Zeuge der erwähnte Burchar-
dus einmal als de Gerdene, einmal als de Gertlene und 1238 erneut als de Gerdene genannt.[22] Burchard könnte Nachkomme Gerhards gewesen sein. Die dreimalige Wahl eines Ritters aus dem Marstemgau als Zeuge passt zu den Bestrebungen der Schaumburger,
ihre Interessensphäre nach Osten jenseits des Deisters zu erweitern. Eigenen Besitz in
Gehrden, wenn auch unbekannten Umfangs hatten sie zu dieser Zeit bereits.[23] Adolf IV.
war mit Heilwig, der Edlen zur Lippe, Tochter Hermanns II. und Nichte Gerhards des
Bischofs von Bremen, verheiratet.[24] Entgegen diesen Familienbanden im Westen wird

15 Bernhard ENGELKE: Der Marstemgau. In: Hannoversche Geschichtsblätter 31 (1928), S. 247–287.
16 Helmut PLATH: Die Frühgeschichte. In: Klaus MLYNEK; Waldemar R. RÖHRBEIN (Hrsg.): Geschichte der Stadt Hannover.
    Bd. 1, Hannover 1992, S. 19.
17 Nathalie KRUPPA: Herkunft und Anfänge der Grafen von Schaumburg. In: Stefan BRÜDERMANN (Hrsg.): Schaumburg im
    Mittelalter. Bielefeld 2013, S. 145.
18 JORDAN, 1960, Nr. 27.
19 Thomas VOGTHERR: Die Grafen von Holstein-Schaumburg als Städtegründer. Die Entstehung der Schaumburger Städte, in:
    Stefan BRÜDERMANN (Hrsg.): Schaumburg im Mittelalter. Bielefeld 2013, S. 337.
20 Stefan EICK: Die politischen Freundschaften des Grafen Adolf III. von Schaumburg. In: Zeitschrift der Gesellschaft für Schles-
    wig-Holsteinische Geschichte 129 (2004,) S. 7–32.
21 Bernd Ulrich HUCKER: Die Kreuzzugsbewegung und die Grafen von Schaumburg. In: Stefan BRÜDERMANN (Hrsg.): Schaum-
    burg im Mittelalter. Bielefeld 2013, S. 226.
22 Paul HASSE: Schleswig-Holstein-Lauenburgische Regesten und Urkunden I (786–1250). Hamburg 1886, Nr. 506, 512, 576.
23 DOBBERTIN, 1969/1970, S. 171.
24 Helge BEI DER WIEDEN: Stammtafeln der Grafen von Holstein und Schaumburg – auch Herzöge von Schleswig – bis zu ihrem
    Aussterben. Melle 1999.

aus Adolfs Vita eine politische Orientierung eher nach Osten und Norden erkennbar.[25] Verwandtschaft lässt sich auch für die folgenden »von Gehrden« nur annehmen. Erst 1334 taucht im Zusammenhang mit Kauf, Verkauf und Pachtung ein weiteres Mal im Ort ein »von Gehrden« auf, Arnold, auch von der Nygen Strate genannt, mit seiner Frau Adelheid, erneut 1347 und 1369.[26] In Hannover testieren in ihrer Eigenschaft als einer der zwölf Ratsherren 1277 Olricus de Gerdene und 1308 Johannes de Gherdene – dieser ist ab 1311 mehrfach in der Liste von Hannovers Bürgern aufgeführt.[27]

Nach den vorhandenen Urkunden scheinen die Machtverhältnisse in Gehrden vom Adel dominiert gewesen zu sein. Eine größere Bedeutung des Domstifts Minden lässt sich nicht erkennen; um 1300 ist zugehöriger Grundbesitz in Gehrden nicht aufgelistet.[28] Allerdings könnten sich bis dahin die Herren von Berge Kirchenbesitz angeeignet und als Lehen weiter gegeben haben. Die Situation im Ort hatte sich im 13. Jahrhundert so verändert, dass es nach Schwächung der Grafen von Roden Graf Adolf VI. von Schaumburg 1298 möglich war, einen Freiheitsbrief für Gehrden auszustellen; der Ort wurde zum Flecken.[29] Das Privileg wurde 1332 erneuert.[30]

Aus dem Besitz der vermuteten gemeinsamen Familie von Ripen / von Gehrden / von Roden und Wunstorf übereignete Graf Johann 1329 dem Kloster Barsinghausen zwei Hufen, die die Herren von Negenborn ihm resigniert hatten.[31] Die Wunstorfer Äbtissin Jutta von Wunstorf (aus dem Geschlecht von Roden) schenkte 1370 dem Stift aus ihrem reichen Besitz auch Äcker (paucis agris) in Gehrden.[32] Was mit den restlichen Besitzungen der Grafen von Roden in Gehrden weiter geschah, ist unbekannt. Im Jahr 1533 sind die Grafen von Roden-Wunstorf ausgestorben, die Welfen waren wie auch anderen Orts hier die Nutznießer.

Als Inhaber des alten, (ursprünglich Grafen von Rodenschen?) im Westen Gehrdens zwischen Hornstraße und Neuer Straße gelegenen großen Hofes wird 1585 ein Heinrich vom Rode genannt. Sein Vater Heinrich – bis dahin nur in Parensen in Südniedersachsen ansässig – Rat und Rentmeister Herzog Erichs von Calenberg war 1576 mit dem von den Grafen von Roden 1248 gegründeten Langenhagen, mit Höfen (dabei vermutlich Gehrden) und Zehnten üppig belehnt worden.[33] 1710 gab es weiteren Familienbesitz in Engelbostel, Ricklingen, Limmer, Woelpe, Ronnenberg, Hemmingen, Pattensen und Eldagsen.[34] Die Herren von Roden gelangten somit an Besitzungen in der Gegend, wo die Grafen von Roden begütert gewesen waren. Unter den Nachfolgern erlangte Erich von Roden (1748–1792) die Würde eines Reichsgrafen und den bayerischen Grafenstand. Zu

25 Nathalie Kruppa: Erinnerungen an einen Grafen – Adolf IV. von Schaumburg und seine Memoria. In: Nathalie Kruppa (Hrsg.): Adlige – Stifter – Mönche. Zum Verhältnis zwischen Klöstern und mittelalterlichem Adel. Göttingen 2007, S. 183–223.

26 Achim Bonk (Bearb.): Urkundenbuch des Klosters Barsinghausen. Quellen und Untersuchungen zur Geschichte Niedersachsens im Mittelalter. Bd. 21, Hannover 1996, Nr. 240, 297; Calenberger Urkundenbuch VII, 168.

27 C. L. Grotefend; G. F. Fiedler: Urkundenbuch der Stadt Hannover. Erster Theil. Vom Ursprunge bis 1369. Hannover 1860, 45, 94, 108, 109, 132; Karl Friedrich Leonhardt: Das älteste Bürgerbuch der Stadt Hannover und gleichzeitige Quellen. Veröffentlichung der Stadt Hannover. Hannover 1933, Jahre 1307–1313.

28 Dieter Scriverius: Die weltliche Regierung des Mindener Stiftes 1140–1397. Hamburg 1966, Marburg 1972; Bernd-Wilhelm Linnemeier: Die Edelherren und Mindener Stiftsvögte zum Berge. In: Stefan Brüdermann (Hrsg.): Schaumburg im Mittelalter. Bielefeld 2013, S. 416 ff.

29 Vogtherr, 2013, S. 341.

30 Fütterer, 1991, S. 37.

31 Bonk, 1996, Nr. 228.

32 Calenberger Urkundenbuch IX, 155, 170.

33 Kageler, 1950, S. 211; Hans Friedrich von Ehrenkrook: Die Familie von Roden, eine niedersächsische Beamtenfamilie. In: Familiengeschichte 27 (1929), S. 277–288.

34 NLA-HStAH Hann. 301, 6.

Lebzeiten seines Sohns erfolgte 1802–1842 die Ablösung des Meierhofes in Gehrden.[35]
Die Zeit der von Roden in Gehrden näherte sich ihrem Ende.

Die Rückkehr der Familie von Roden nach Gehrden erklärt sich durch ihre Wurzeln
in dieser Gegend. (D)Udo, der Bruder des oben genannten Hoger von Ripen wurde
Burggraf von Moringen, nannte sich seither von Moringen.[36] Drei seiner Söhne hießen als
Zeugen von Thüdinghausen. Ihre Nachfahren nannten sich teils gleichzeitig, teils wech-
selnd von Roden, von Novalis und von Hardenberg; weitere Verwandte z.T. als Burgmannen der Moringer Burg tragen den Namen von Moringen.[37] Einige von Roden ohne
ausreichenden Grundbesitz als Erbteil zogen in die Städte Göttingen und Duderstadt.[38]
Mehrere Generationen waren Burgmannen auf Burg Lauenrode, andere Vogt, Ratsherren
oder Bürger von Hannover.[39] Herren und Ritter von Roden finden sich als Zeugen für die
Grafen von Schwalenberg und mehrfach für den Bischof von Hildesheim; für ihn zeugten
auch Geistliche in der Familie.[40] Siegfried von Roden miles war Vasall Graf Gerhards von
Hallermund; er oder ein namensgleicher Verwandter testierte 1329 für Graf Gerhard von
Hallermund und Graf Johann von Roden und Wunstorf.[41] Weibliche Familienmitglieder
finden sich auch mit eigenem Besitz als Kanonissen in Barsinghausen.[42] Trotz intensiver
Bemühungen ist es bisher nicht gelungen, aus dieser mit wechselnden Namen auftretenden großen und verzweigten Familie eine direkte Nachfolge von Udo von Ripen über das
erste fassbare Mitglied, den um 1335/40 auftretenden Bertold von dem Rode bis zu den
Gutsherren in Gehrden am Ende des 16. Jahrhunderts mit Sicherheit zu belegen.[43]

35   NLA-HStAH Hann. 301, 6, Nr. 78.
36   Walter OHLMER: 1000 Jahre Moringen 983–1983. Hildesheim 1983; Hans Adolf VON HARDENBERG; Alexandra VON HARDEN-
      BERG: Stammtafeln der Grafen und Freiherrn von Hardenberg 1139–1970. Göttingen 1970
37   OHLMER, 1993, S. 38.
38   Günter VON RODEN: Zum Geschlecht (der) von Roden aus Parensen, in: Deutsches Familienarchiv Bd. 115, Neustadt Aisch
      1997, S. 115–213.
39   GROTEFENDT; FIEDELER, 1860.
40   BONK, 1996, Nr. 57; Calenberger Urkundenbuch IV, 83 und weitere.
41   Calenberger Urkundenbuch IV, 77 und 258.
42   BONK, 1996, Nr. 282.
43   VON RODEN, 1997, S. 119 f.

Sind Äußerungen in einem wissenschaftlichen Gutachten als Verunglimpfung des Andenkens Verstorbener nach §189 StGB strafbar?

– Urteil des Amtsgerichts Hannover, 220 Bs 1/12 –
(Mitgeteilt von Dr. Catharina Schwind, Hannover)

Der Stadtbezirksrat Ahlem-Badenstedt-Davenstedt der Landeshauptstadt Hannover hat mit Bezirksratsbeschluss vom 27.09.2007 ein straßenrechtliches Umbenennungsverfahren eingeleitet mit dem Ziel, die in Hannover-Badenstedt gelegene Lettow-Vorbeck-Allee in Namibia-Allee umzubenennen. Neben einer länger dauernden verwaltungsrechtlichen Auseinandersetzung zwischen Anwohnern der Straße und der Stadt um die Rechtmäßigkeit dieser Entscheidung, die letztlich in der tatsächlichen Umbenennung der Straße geendet ist, war auch das Amtsgericht Hannover wegen einer Privatklage mit den weiteren Umständen dieser Straßenumbenennung befasst. Weil sie das Andenken ihres Vaters, dem Namensgeber der in Rede stehenden Straße Paul von Lettow-Vorbeck, verunglimpft sahen und der Auffassung waren, dass die Angaben in dem Gutachten, das zur Grundlage der Straßenumbenennung geführt hat nicht zutreffend seien, haben die Töchter Lettow-Vorbecks Privatklage gegen den Gutachter erhoben. Mit der Privatklage nach § 374 ff. StPO ist es Verletzten bestimmter Straftaten möglich, anstelle der Staatsanwaltschaft Anklage vor dem Amtsgericht zu erheben. Das mit der Privatklage im vorliegenden Fall angegriffenen Gutachten ist in den Hannoverschen Geschichtsblättern N.F. 62 (2008) veröffentlicht. Das im Folgenden wiedergegebene Urteil ist durch die Privatklägerinnen mit dem Rechtsmittel der Revision angegriffen worden. Die Revision ist durch das Oberlandesgericht Celle mit Beschluss vom 22.05.2014 als unbegründet verworfen worden.

Durch das Amtsgericht Hannover ist am 19.12.2013 unter dem Aktenzeichen 220 Bs 1/12 das folgende Urteil ergangen:

URTEIL

Im Namen des Volkes!

In der Privatklagesache

gegen

Prof. …

Verteidiger:
Rechtsanwalt …

wegen Verunglimpfung des Andenkens Verstorbener.

Das Amtsgericht Hannover – Abt. 220 –
hat in der öffentlichen Sitzung vom 19.12.2013, an der teilgenommen haben:

> …
> als Strafrichterin,
>
> Rechtsanwalt …
> als Verteidiger,
>
> Rechtsanwalt …
> als Prozessvertreter der Privatklägerin,
>
> Justizangestellte …
> als Urkundsbeamtin der Geschäftsstelle

am 19.12.2013   für **Recht**   erkannt:

> **Der Privatbeklagte wird auf Kosten der Privatklägerinnen,
> die auch seine notwendigen Auslagen zu tragen haben,**
>
> **f r e i g e s p r o c h e n .**

Gründe:

I.

Zu den persönlichen Verhältnissen.

II.

Dem Privatbeklagten wird mit der Privatklageschrift der Privatklägerinnen Gräfin zu R. und Gräfin zu R., beide geborene von Lettow-Vorbeck, vorgeworfen, in dem von ihm verfassten und verbreiteten »Gutachten über Paul von Lettow-Vorbeck« folgende unwahre Tatsachenbehauptungen über ihren Vater aufgestellt zu haben:

1.
»Er nutzte den Belagerungszustand und Kriegs- wie Standgerichte zur Verletzung aller Normen des Rechts, einschließlich der exzessiven Anwendung der Todesstrafe ohne rechtliche Garantien.«

2.
»Insgesamt ist festzustellen, dass Lettow-Vorbeck persönlich an Kriegs- und Menschenrechts-Verbrechen in Afrika und Deutschland, wahrscheinlich auch in China beteiligt war.«

3.
»… Teilnahme am Genozid in Südwestafrika-Namibia als Adjutant des verantwortlichen Generalleutnants von Trotha für den Vernichtungsbefehl gegen die Herero.«

4.
»… prägte sich auch bei Lettow-Vorbeck die Erfahrung des brutalisierten Guerillakrieges ohne irgendeine rechtliche Beschränkung ein. Seine weitere militärische Praxis ist in dieser Hinsicht von großer Kontinuität geprägt.«

5.
»Auch im Zuge dieser Kriegsführung wurden Gefangene meist hingerichtet oder zumindest in Ketten und Halseisen gelegt.«

6.
»Die Jagd nach flüchtigen Trägern war ebenfalls brutalisiert. Zunächst wurden Gefangene in Ketten gelegt, nachdem dieses Mittel erschöpft war, mit Telefondraht gefesselt. Gruppen von 6 bis 8 Personen mussten so gefesselt marschieren. Kranke wurden auf Märschen liegengelassen.«

7.
»Lettow-Vorbeck befahl rücksichtsloses Vorgehen, ließ Menschen aufhängen und Dörfer verbrennen.«

8.
»Es wurden auch vom deutschen Militär die von der Haager Landkriegsordnung ver-
boten Dum-Dum-Geschosse eingesetzt. Indische und portugiesische Kriegsgefangene
wurden erschossen. Es kam zu Tötungen von Verwundeten. Lettow-Vorbeck wiederholte
in diesem Kontext die Formel von Wilhelm II. zum Boxerkrieg: ›dass kein Pardon gegeben wird‹«.

9.
»Vergewaltigungen und Leichenfledderei waren ebenfalls auf beiden Seiten verbreitet.«

10.
»Der Krieg in Ostafrika wurde … durch die Tendenz zur Rücksichtslosigkeit und Brutalität des Militarismus von Lettow-Vorbeck gesteigert. Persönliche Verantwortung für
Kriegsverbrechen nach der Haager Landkriegsordnung und dem deutschen Militärrecht
lag vor, nicht nur gegenüber Afrikanern, sondern auch Soldaten der Alliierten.«

11.
»Hochverrat und Verantwortungsgefühl für illegale Standgerichte und Todesurteile und
Morde durch Aufforderung zum rücksichtslosen Schusswaffengebrauch, Verantwortung
von Tötung, insbesondere von Streikenden sind dementsprechend von Lettow-Vorbeck
persönlich zu verantworten.«

Mit der Privatklage wird dem Privatbeklagten vorgeworfen, das Andenken des Vaters der
Privatklägerinnen verunglimpft zu haben. Die Privatklageschrift stellt auf eine Strafbar-
keit nach den §§ 189, 185, 186, 187 StGB ab.

III.

Der Stadtbezirksrat Ahlem-Badenstedt-Davenstedt der Landeshauptstadt Hannover hat mit
Bezirksratsbeschluss vom 27.09.2007 ein straßenrechtliches Umbenennungsverfahren eingeleitet mit dem Ziel, die in Hannover-Badenstedt gelegene Lettow-Vorbeck-Allee in Namibia-Allee umzubenennen. Öffentlich-rechtliche Grundlage der Straßenumbenennung sind
die »Grundsätze und Verfahren für die Benennung von Straßen, Wegen und Plätzen« der
Landeshauptstadt Hannover (Ratsbeschluss vom 11.05.1978 DsNr. 427/1978; 19.10.1989
DsNr. 1320/1989; 09.12.1999 DsNr. 2810/99, 17.09.2009 DsNr. 1248/2009). Danach
kann gemäß Ziff. 3.3 der Grundsätze eine Straßenumbenennung erfolgen, wenn eine Benennung einer Persönlichkeit im Nachhinein Bedenken auslöst, weil diese Person Ziele und
Wertvorstellungen verkörpert, die im Widerspruch zu den Grundsätzen der Verfassung, der
Menschenrechte bzw. Einzelner für die Gesamtrechtsordnung wesentlicher Gesetze steht.
Zur Prüfung dieser Voraussetzungen in Bezug auf die Person Paul von Lettow-Vorbeck
als Namensgeber der in Hannover gelegenen Lettow-Vorbeck-Allee beauftragte die Lan-
deshauptstadt Hannover den Privatbeklagten aufgrund seiner Kompetenz als ehemaliger
Inhaber des Lehrstuhls für neuere und afrikanische Geschichte an der Universität … mit der
Erstellung eines Gutachtens. Er sollte auf geschichtswissenschaftlicher Grundlage ein Gut-

achten über das Handeln von Paul von Lettow-Vorbeck (1870 bis 1964) insbesondere in Deutsch-Süd-West-Afrika-Namibia (1904 bis 1906) und als Kommandeur der Schutztruppe in Deutsch-Ost-Afrika-Tansania im ersten Weltkrieg erarbeiten.

Im Rahmen des Gutachtens sollte geklärt werden:

1.
ob Lettow-Vorbeck eine Person ist, die Ziele und Wertvorstellungen verkörpert, die im Widerspruch zu den Grundsätzen der Verfassung, der Menschenrechte bzw. einzelner, für die Gesamtrechtsordnung wesentlicher Gesetze stehen und

2.
Lettow-Vorbeck schuldhafte Handlungen persönlich anzulasten sind.

Der Privatbeklagte hat sein Gutachten darüber hinaus erweitert und zudem folgende weitere Aspekte in sein Gutachten einbezogen:

1.
die Teilnahme Lettow-Vorbecks am China-Feldzug 1900,

2.
die Besetzung Hamburgs durch Reichswehrtruppen im Juni bis August 1919 aus Anlass der sogenannten »Sülzen-Unruhen«, die er als Kommandeur leitete und dabei Kriegsgerichte unter Belagerungszustand einrichtete,

3.
die Teilnahme Lettow-Vorbecks am Kapp-Putsch gegen die Reichsverfassung und die Reichsregierung sowie Landesregierung in Mecklenburg als vom Putschisten Lüttwitz eingesetzter Kommandeur,

4.
das Wirken Lettow-Vorbecks als »Kolonialheld« auch als aktiver Propagandist für den Nationalsozialismus.

Die Erweiterung des Gutachtens auf die vorgenannten vier weiteren Punkte erfolgte aus eigener Motivation des Privatbeklagten und ohne Rücksprache mit der Landeshauptstadt als Auftraggeberin des Gutachtens. Die weiteren Gutachtenfragen sind von dem Privatbeklagten selbst so formuliert worden. Die Kosten für das Gutachten haben sich dadurch nicht erhöht, weil von vornherein ein Pauschalbetrag für das Gutachten vereinbart war. Unter dem 20.02.2008 hat der Privatbeklagte sein Gutachten vorgelegt, welches den Anforderungen an eine wissenschaftliche Forschungstätigkeit genügt und damit als wissenschaftliches Werk einzuordnen ist. Das Gutachten ist darüber hinaus in den Hannoverschen Geschichtsblättern Band 62/2008 sowie online auf der Internetseite der Universität Hannover veröffentlicht worden. In seinem Gutachten bejaht der Privatbeklagte die Voraussetzungen für die Umbenennung der Lettow-Vorbeck-Allee. Zur Begründung stützt sich der Privatbeklagte unter anderem auf die Beteiligung Lettow-Vorbecks an der

Niederschlagung des Herero-Aufstandes im damaligen Deutsch-Süd-West-Afrika im Jahre 1904, an der Kriegsführung als Kommandeur beim Ostafrika-Feldzug während des ersten Weltkrieges, auf seine Mitwirkung bei der Niederschlagung des sogenannten Spartakus-Aufstandes in Hamburg im Jahre 1919 sowie auf seine Beteiligung am Kapp-Lüttwitz-Putsch im Jahre 1920. Das Gutachten enthält die von der Privatklageschrift als Tatsachenbehauptungen oben unter Ziff. II. des Urteils wiedergegebenen Ausführungen.

In den Schlussfolgerungen des Gutachtens ist unter anderem ausgeführt:

> *»Im Sinne der Richtlinien für Straßenumbenennungen lässt sich damit feststellen, dass der gesamte militärische Lebensweg Paul von Lettow-Vorbeck im Widerspruch zu dem vorherrschenden Mythos und der Traditionspflege der Bundeswehr nach 1955 von schweren Menschenrechtsverstößen, aggressivem Rassismus und Kolonialismus, Kriegsverbrechen zumindest in Namibia und vor allem in Ostafrika, möglicherweise auch in China geprägt ist.«*

Das Gutachten endet mit der Feststellung des Privatbeklagten, dass

> *»eine Namens-Umbenennung (…) vor diesem Hintergrund erforderlich«*

erscheint. Auf der Grundlage dieses Gutachtens fasste der Rat der Landeshauptstadt Hannover am 22.10.2009 den Beschluss, die Lettow-Vorbeck-Allee in Namibia-Allee umzubenennen.

IV.

Die unter Ziffer I. getroffenen Feststellungen zum Werdegang und persönlichen Verhältnissen des Privatbeklagten beruhen auf seinen eigenen Angaben sowie auf der Verlesung des Bundeszentralregisterauszugs.

Die Feststellungen zu der Tathandlung, konkret der Erstattung des Gutachtens, dessen Inhalts und der im Zusammenhang mit der Erstattung des Gutachtens im Zusammenhang stehenden Umstände beruhen auf den umfassenden Angaben des Privatbeklagten sowie auf den damit nicht im Widerspruch stehenden Angaben der Privatklägerinnen. Das von dem Privatbeklagten veröffentlichte und mit der Privatklage inhaltlich angegriffene »Gutachten über Paul von Lettow-Vorbeck« ist in der Hauptverhandlung auszugsweise, nämlich soweit es die vorgeworfenen Textpassagen und ihren jeweiligen Kontext betrifft, verlesen worden. Der Privatbeklagte hat sich inhaltlich zu dem Gutachten bekannt und angegeben, dieses Gutachten für die Landeshauptstadt Hannover wegen einer Straßenumbenennung erstattet zu haben. Er hat zudem angegeben, das Gutachten auch in den Hannoverschen Geschichtsblättern Band 62/2008 sowie online auf der Internetseite der Universität Hannover veröffentlicht zu haben. Der Privatbeklagte hat die von den Privatklägerinnen beanstandeten Äußerungen nicht in Abrede genommen, sondern vielmehr angegeben, dass die Formulierungen in der Privatklage inhaltlich richtig aus dem von ihm erstatteten Gutachten entnommen worden sind.

Die Feststellungen hinsichtlich des Anlasses der Beauftragung des Privatbeklagten durch die Landeshauptstadt Hannover beruhen neben den übereinstimmenden Angaben

des Privatbeklagten und den Angaben der Privatklägerinnen zusätzlich auf der auszugs-
weisen Verlesung der beigezogenen Verfahrensakte des Verwaltungsgerichts Hannover
zu dem Aktenzeichen 10 A 6277/09. In dem dortigen Verfahren hatten Anwohner der
vormaligen »Lettow-Vorbeck-Allee« gegen die Umbenennung ihrer Straße in »Namibia-Allee« geklagt. Zudem ist der Beschluss des Bezirksrates Hannover Ahlem-Badenstedt-Davenstedt vom 27.09.2007 (Bl. 61 ff. Beiakte 1171 Js 20631/10, Staatsanwaltschaft Hannover) verlesen worden.

Zum Forschungsstand zu der Person Lettow-Vorbecks sind die sachverständigen Zeugen P... und Sch... vernommen worden. Beide haben über das von ihnen ausgewerte-
te Quellenmaterial referiert und zusammenfassend bekundet, dass sich die Quellenlage
teilweise widerspricht. So geben beispielsweise die Kriegstagebücher, die Paul von Lettow-Vorbeck selbst verfasst hat und die von ihm verfassten Memoiren einen anderen
Tatsachenbericht wieder als dies in neueren Biographien oder den amtlichen Kriegsta-
gebüchern des Heeres der damaligen Zeit der Fall ist. Der sachverständige Zeuge P...
hat ausgeführt, dass nach seiner Auffassung die Quellenlage viel stärker als von dem Privatbeklagten vorgenommen aus dem historischen Kontext heraus interpretiert werden
muss. Die auch bei Lettow-Vorbeck selbst anzutreffenden Formulierungen sollten nicht
mit heutigen Maßstäben gemessen werden, sondern sollten sich an den Gegebenheiten
orientieren, die zu Lebzeiten Lettow-Vorbecks gegolten hätten. Dagegen hat der sachverständige Zeuge Sch... dargelegt, dass für eine Beurteilung der historischen Person
Lettow-Vorbecks die heutige Deutungsweise entscheidend ist, zumal es bei der Straßenumbenennung darum gehe, ob im Nachhinein Bedenken gegen die Benennung nach
einer historischen Person Bedenken auslöst.

V.

Von dem Vorwurf des Verunglimpfens des Andenkens Verstorbener entsprechend der
Privatklageschrift ist der Privatbeklagte aus rechtlichen Gründen freizusprechen.

Der objektive Tatbestand des Verunglimpfens des Andenkens Verstorbener nach
§ 189 StGB kann sowohl durch ein Werturteil im Sinne des § 185 StGB als auch durch
die Behauptung nicht erweislich wahrer Tatsachen im Sinne des § 186 StGB als auch
in der Form einer wider besseren Wissens abgegebenen unwahren Tatsachenbehauptung
im Sinne des § 187 StGB begangen werden. Dabei ist jedoch zu berücksichtigen, dass
ehrenrührige Äußerungen über einen Verstorbenen nicht ohne Weiteres den objektiven
Tatbestand des § 189 StGB erfüllen. Die ist nur dann der Fall, wenn es sich um eine nach
Inhalt, Form, Motiv oder den Begleitumständen besonders grobe und schwerwiegende
Herabsetzung des Toten handelt (vgl. *Rogall* in: SK zum StGB, 8. Auflage, § 189 Rn. 12
m.w.N.). Von den möglichen Tathandlungen des § 189 StGB erfüllt den Tatbestand der
Vorschrift in aller Regel eine Verleumdung, eine üble Nachrede, falls ihr erhebliches Gewicht beiwohnt, ein den Tatbestand der Beleidigung erfüllendes Werturteil hingegen nur
dann, wenn es unter besonders gravierenden Begleitumständen erfolgt (vgl. BayObLGt,
ständige Sammlung BayObLGSt 1988, 27; *Regge* in Münch-Komm StGB, 2. Auflage
§ 189 Rn. 18; *Fischer*, StGB, 60. Auflage, § 189 Randnummer 3).

Vor diesem Hintergrund sind die mit der Privatklageschrift beanstandeten Äußerungen zunächst dahingehend zu überprüfen, ob sie als Tatsachenbehauptungen oder Meinungsäußerungen bzw. Werturteile zu qualifizieren sind. Dabei ist auf ihren objektiven

Sinngehalt abzustellen. Maßgebend sind dabei sowohl der Wortlaut der beanstandeten Äußerungen, ihre Form sowie der Gesamtzusammenhang, in dem die Äußerung getätigt wurde. Ferner ist zu beachten, dass es sich bei den angegriffenen Äußerungen nicht um 11 einzelne Taten sondern vielmehr um eine einzelne Tat handelt, die entsprechend den vorstehenden Erwägungen auch in ihrer Gesamtheit zu beurteilen ist.

Dies vorangeschickt ist die mit der Privatklage unter Ziffer 1. angegriffene Behauptung, Lettow-Vorbeck habe den Belagerungszustand genutzt und Kriegs- wie Standgerichte zur Verletzung aller Normen des Rechts, einschließlich der exzessiven Anwendung der Todesstrafe ohne rechtliche Garantien ausgenutzt, als Werturteil zu qualifizieren. Der Privatbeklagte hat diese Aussage in seinem Gutachten im Rahmen der zusammenfassenden Einleitung getätigt. Die Aussage steht in einer Textpassage in der der Privatbeklagte die Person Lettow-Vorbeck hinsichtlich seiner Persönlichkeit beschreibt. In diesem Zusammenhang ist ferner ausgeführt, dass sich Lettow-Vorbeck nicht hinter Befehlsnotstände zurückgezogen habe und selbst ausgeführt habe, dass grundsätzlich auch militärische Unterführer im Zweifel selbständig zu handeln hätten. Bezogen auf den Kapp-Putsch habe Lettow-Vorbeck die Entlassung seines vorgesetzten Befehlshabers Lüttwitz nicht beachtet, und so den Belagerungszustand und Kriegs- wie Standgerichte zur Verletzung aller Normen des Rechts, einschließlich der exzessiven Anwendung der Todesstrafe ohne rechtliche Garantien ausgenutzt. In diesem Kontext stellt die angegriffene Äußerung eine reine Meinungsäußerung bzw. ein Werturteil des Privatbeklagten dar. Denn ihr ist kein bestimmter Tatsachenkern zu entnehmen. Die dargestellten Ausführungen stellen erkennbar die Meinung des Privatbeklagten und Autors dar.

Die unter Ziffer 2. angegriffene Äußerung, »insgesamt ist festzustellen, dass Lettow-Vorbeck persönlich an Kriegs- und Menschenrechtsverbrechen in Afrika und Deutschland, wahrscheinlich auch in China beteiligt war«, enthält dagegen einen Tatsachenkern. An dieser Stelle wird ausgeführt, dass Lettow-Vorbeck persönlich an Kriegsverbrechen und Verbrechen gegen die Menschlichkeit beteiligt gewesen sei. Wobei die Formulierung »beteiligt« wiederum jede konkrete Form der Beteiligung offenlässt. Die zu dieser Ziffer angegriffene Textpassage befindet sich ebenfalls in der soeben dargestellten zusammenfassenden Einleitung des Gutachtens und dient der zusammenfassenden Beschreibung der Persönlichkeit der Person Lettow-Vorbecks.

Die unter Ziffer 3. in der Privatklage angegriffene Formulierung »… Teilnahme am Genozid in Südwestafrika/Namibia als Adjutant des verantwortlichen Generalleutnants von Trotha für den Vernichtungsbefehl gegen die Herero« stellt hingegen wiederum eine Meinungsäußerung bzw. ein Werturteil dar, weil aus ihrem objektiven Sinngehalt keine dem Beweis zugänglichen Tatsachen entnommen werden können. Die angegriffene Äußerung zu Ziffer 3 enthält insoweit keine Ausführung hinsichtlich einer Lettow-Vorbeck konkret vorwerfbaren Tathandlung. Die Äußerung befindet sich in dem Gutachten unter der Überschrift »Lettow-Vorbeck im Kontext der Deutschen Geschichte im 20. Jahrhundert«. Dort erörtert der Privatbeklagte die Frage der politischen Radikalisierung des deutschen Militärs seit Beginn der Weltpolitik Kaiser Wilhelms II. Insoweit führt der Privatbeklagte aus, dass die militärische und politische Karriere von Lettow-Vorbeck repräsentativ für diesen Prozess sei. Als eine Station der von dem Privatbeklagten behaupteten Radikalisierung wird sodann auf die unter Ziffer 3. ausgeführte Teilnahme am Genozid requiriert. Aufgrund der Einbettung in den Gesamtkontext des Gutachtens und den Ausführungen vor und nach dieser Äußerung wird deutlich, dass es sich hierbei eben um eine Schlussfolgerung des Privatbeklagten und mithin um eine Meinungsäußerung handeln soll und eben gerade nicht um eine Tatsachenbehauptung.

Die unter Ziffer 4. der Privatklage angegriffene Formulierung »… prägte sich auch bei Lettow-Vorbeck die Erfahrung des brutalisierten Guerillakriegs ohne irgendeine rechtliche Beschränkung ein. Seine weitere militärische Praxis ist in dieser Hinsicht von großer Kontinuität geprägt«, ist ebenfalls als Meinungsäußerung einzuordnen. Auch dieser Aussage fehlt jegliche Tatsachenbehauptung. Es handelt sich lediglich um eine meinungsmäßige Schlussfolgerung aus dem Gutachten. Die angegriffene Textstelle unter Ziffer 4. der Privatklageschrift ist darüber hinaus verkürzt wiedergegeben. Sie ist in der Einleitung zu der Überschrift »der Krieg in Namibia/Südwestafrika 1904 bis 1908« enthalten. Die vollständige Textstelle lautet: »So wie Trotha nach seinem Einsatz im Hehe-Krieg 1896 in Ostafrika, dann in China und anschließend in Namibia (Südwestafrika) sich einsetzen ließ, weil er einen präventiven »Rassenkrieg« führen wollte, prägte sich auch bei Lettow-Vorbeck die Erfahrung des brutalisierten Guerillakrieges ohne irgendeine rechtliche Beschränkung ein. Seine weitere militärische Praxis ist in dieser Hinsicht von großer Kontinuität geprägt.«

Unter derselben thematischen Überschrift findet sich am Ende des Abschnitts zu dem die unter Ziffer 5 angegriffene Behauptung »auch im Zuge dieser Kriegsführung wurden Gefangene meist hingerichtet oder zumindest in Ketten und Halseisen gelegt«. Auch diese Aussage ist sehr allgemein gehalten. Was mit der Formulierung »meist hingerichtet« in Bezug auf die Person Lettow-Vorbecks gemeint sein soll, lässt diese Formulierung offen. Eine Tatsachenbehauptung ist ihr insoweit nicht zu entnehmen, so dass es sich auch insoweit lediglich um eine Schlussfolgerung handelt, die als Meinungsäußerung zu qualifizieren ist. Etwas anderes ergibt sich auch nicht aus dem Gesamtkontext des Gutachtens, in dem diese Äußerung getätigt wird. An dieser Stelle wird zwar zum Guerillakrieg der Nama ausgeführt. Vollständig heißt es dort jedoch: »die Nama wurden nach dem Tode von Oberhäuptling Hendrik Witbooi von Morenga geführt, der den deutschen Truppen in der Guerillakriegsführung in besonderer Weise gewachsen war und deshalb auch bei Lettow-Vorbeck militärischen Respekt genoss. Auch im Zuge dieser Kriegsführung wurden Gefangene meist hingerichtet oder zumindest in Ketten und Halseisen gelegt.«

Soweit mit Ziffer 6 der Privatklage die Formulierung »Jagd nach flüchtigen Trägern war ebenfalls brutalisiert, zunächst wurden Gefangene in Ketten gelegt, nachdem dieses Mittel erschöpft war, mit Telefondraht gefesselt. Gruppen von 6 bis 8 Personen mussten so gefesselt marschieren. Kranke wurden auf Märschen liegengelassen«, angegriffen wird, ist dieser Äußerung zwar ein Tatsachenkern zu entnehmen. Der konkrete Bezug zu der Person Lettow-Vorbecks bleibt jedoch offen. In welcher Form Lettow-Vorbeck etwa durch Befehle oder durch die Erfüllung einer solchen Praxis an diesen Taten beteiligt gewesen sein soll, wird nicht ausgeführt, so dass es sich auch insoweit lediglich um eine Schlussfolgerung aus dem Gutachten handelt. Die angegriffene Äußerung befindet sich im Gutachten unter der Überschrift »der Feldzug in Ostafrika im ersten Weltkrieg«. Dem Zusammenhang der Textpassage der die angegriffene Äußerung von Ziffer 6 entnommen ist, ist zudem auch kein konkreter Bezug der Person Lettow-Vorbecks zu entnehmen. Denn dort heißt es vollständig: »Demgegenüber führte der vierjährige Guerillakrieg in Ostafrika (Tansania) ab 1917 auch in Mosambik und in Sambia zu einem extremen Umfang an Zerstörung des Landes, der bäuerlichen Produktion unzähliger Dörfer. Der Regierungsarzt Moesta schätzte 1919 300.000 Tote unter den nicht an den Kampfhandlungen beteiligten Afrikanern durch Hunger und Krankheiten. Für die zwangsrekrutierten

Träger ging er von 100.000 bis 120.000 Todesfällen aus. Die Jagd nach flüchtigen Trägern war ebenfalls brutalisiert. Zunächst wurden Gefangene in Ketten gelegt, nachdem dieses Mittel erschöpft war, mit Telefondraht gefesselt. Gruppen von 6 bis 8 Personen mussten so gefesselt marschieren. Kranke wurden auf Märschen liegengelassen. Es wird geschätzt, dass mindestens 14 % der Träger und Askari desertiert sind.

Die Ziffer 7 in der Privatklageschrift angegriffene Formulierung »Lettow-Vorbeck befahl rücksichtsloses Vorgehen, ließ Menschen aufhängen und Dörfer verbrennen« ist als Meinungsäußerung bzw. Werturteil zu qualifizieren. Eine konkrete, einen nachprüfbaren Tatsachenkern enthaltende Beschreibung etwaiger Geschehnisse werden insoweit nicht mitgeteilt. Auch der Kontext der Textstelle, der diese Formulierung im Gutachten entnommen ist, enthält eine solche nachprüfbare Tatsachenbehauptung nicht. An dieser Stelle des Gutachtens ist deutlich gemacht, dass es sich hierbei auch nicht um eigene Äußerungen des Gutachters handelt, sondern um Zitate aus Werken von Schulte-Varendorff. Vollständig lautet die Textpassage: »Sowohl Illiffe wie auch Schulte-Vahrendorff verweisen auf vielfältige Unruhen, die mit »Strafexpeditionen« niedergekämpft wurden. Lettow-Vorbeck befahl rücksichtsloses Vorgehen, ließ Menschen aufhängen und Dörfer verbrennen«, zu beiden Behauptungen sind Fußnoten gesetzt, die auf die Veröffentlichung von Schulte-Vahrendorff verweisen.

Die mit Ziffer 8. in der Privatklageschrift angegriffene Äußerung »es wurden auch vom deutschen Militär die von der Haager Landkriegsordnung verbotenen Dum-Dum-Geschosse eingesetzt. Indische und portugiesische Kriegsgefangene wurden erschossen. Es kam zu Tötungen von Verwundeten. Lettow-Vorbeck wiederholte in diesem Kontext die Formel von Wilhelm II. zum Boxerkrieg: »dass kein Pardon gegeben wird« ist wenn überhaupt als Meinungsäußerung zu qualifizieren. Auch hier fehlt ein konkreter Bezug zu der Person Lettow-Vorbecks. Der rein pauschale Zusammenschluss, dass von Seiten des deutschen Militärs Dum-Dum-Geschosse eingesetzt worden seien, ist aufgrund seiner Pauschalität nicht geeignet, eine der Person Lettow-Vorbeck selbst konkret zuzuordnende Tathandlung abzuleiten. Es wird daraus nicht deutlich, ob Lettow-Vorbeck selber dafür gesorgt hat, indische und portugiesische Kriegsgefangene zu erschießen. Ebenso ist die Feststellung, dass es zu Tötungen von Verwundeten kam, zu pauschal, um als Tatsachenbehauptung gewertet werden zu können. Etwas anderes ergibt sich auch nicht aus der Lettow-Vorbeck zugeschriebenen Wiederholung eines Zitats von Kaiser Wilhelm II. Die Gutachtentextstelle, aus der diese Formulierung entnommen ist, ist ebenfalls so allgemein gehalten, dass ihr ein nachprüfbarer Tatsachenkern nicht zu entnehmen ist. Denn dort heißt es: »Generell verrohte die Kriegsführung in der Art wie sie bereits Waldersee für den Krieg in China konstatiert hatte. Es wurden auch vom deutschen Militär die von der Haager Landkriegsordnung verbotenen Dum-Dum-Geschosse eingesetzt. Indische und portugiesische Kriegsgefangene wurden erschossen. Es kam zu Tötungen von Verwundeten. Lettow-Vorbeck wiederholte in diesem Kontext die Formel von Wilhelm II. zum Boxerkrieg: ›dass kein Pardon gegeben wird‹. Diese Verrohung des Krieges blieb nicht auf die Truppen L-Vs beschränkt, sondern galt auch für die alliierten Truppen, die ebenfallsteilweise aus dem Lande lebten und Zwangsrekrutierungen vornahmen.«

Soweit unter Ziffer 9 der Privatklageschrift die Formulierung angegriffen wird »Vergewaltigungen und Leichenfledderei waren ebenfalls auf beiden Seiten verbreitet«, stellt auch diese Äußerung keine Tatsachenbehauptung, sondern lediglich eine Meinungsäußerung dar. Es wird nicht ausgeführt, in welchem Umfang welche Personen Vergewaltigungen und Leichenfledderei begangen haben sollen. Die Formulierung »auf beiden Seiten verbreitet« lässt keine konkreten Schlüsse auf konkret nachprüfbare Vorkommnisse zu. Die Formulierung steht im selben Abschnitt wie die mit Ziffer 8. angegriffene Formulierung und schließt sich dieser im Kontext unmittelbar an. Auch sie enthält eine Verweisung auf das Werk Schulte-Vahrendorffs und ist auch insoweit als Schlussfolgerung des Gutachters und nicht als konkrete Tatsachenbehauptung zu bewerten.

Der mit Ziffer 10 der Privatklageschrift angegriffene Text »der Krieg in Ostafrika wurde … durch die Tendenz zur Rücksichtslosigkeit und Brutalität des Militarismus von Lettow-Vorbeck gesteigert. Persönliche Verantwortung für Kriegsverbrechen nach der Haager Landkriegsordnung und dem deutschen Militärrecht lag vor, nicht nur gegenüber Afrikanern, sondern auch Soldaten der Alliierten«, ist ebenfalls eine Tatsachenbehauptung nicht zu entnehmen. Die Äußerung »durch die Tendenz zur Rücksichtslosigkeit und Brutalität des Militarismus von Lettow-Vorbeck gesteigert« ist vage und lässt keinen konkreten Rückschluss auf Tathandlungen zu. In welcher Form Lettow-Vorbeck persönliche Verantwortung für Kriegsverbrechen nach der Haager Landkriegsordnung vorzuwerfen sind, wird nicht ausgeführt. Auch hieraus wird deutlich, dass es sich insoweit um eine Schlussfolgerung des Privatbeklagten in seinem Gutachten handelt. Etwas anderes ergibt sich auch nicht aus dem Gesamtzusammenhang der Gutachtenpassage, denn dort heißt es vollständig: »Der Krieg in Ostafrika wurde ohne jede Rücksicht auf die Afrikaner ausschließlich im deutschen und auch im britischen kolonial-politischen Interesse geführt und durch die Tendenz zur Rücksichtslosigkeit und Brutalität des Militarismus von Lettow-Vorbeck gesteigert. Persönliche Verantwortung für Kriegsverbrechen nach der Haager Landkriegsordnung und dem deutschen Militärrecht lag vor, nicht nur gegenüber Afrikanern, sondern auch Soldaten der Alliierten.«

Die mit Ziffer 11. angegriffene Formulierung »Hochverrat und Verantwortung für illegale Standgerichte und Todesurteile und Morde durch Aufforderung zum rücksichtslosen Schusswaffengebrauch, Verantwortung von Tötung, insbesondere von Streikenden sind dementsprechend von Lettow-Vorbeck persönlich zu verantworten«, stellt keine nachprüfbare Tatsachenbehauptung dar, sondern ist als gutachterliche Schlussfolgerung des Privatbeklagten zu werten. Darauf verweist schon die Formulierung »dementsprechend«. Die angegriffene Formulierung findet sich in dem Gutachten unter der Überschrift »Lettow-Vorbeck als Putschist gegen die Weimarer Verfassung und Reichsregierung der Kap-Lüttwitz-Putsch vom 13. bis 17.03.1920, sie steht dort im letzten Absatz dieses Abschnitts. Der vollständige Abschnitt lautet: »Das Hochverratsverfahren wurde dann durch Beschluss des Reichsgerichts vom ersten Strafsenat auf Antrag des Oberreichsanwalts eingestellt aufgrund des Gesetzes vom 04.08.1920, das Amnestie gewährte gegenüber Personen, »die an einem hochverräterischen Unternehmen gegen das Reich mitgewirkt haben, sofern sie nicht Urheber oder Führer des Unternehmens sind«. Der Tatbestand des Hochverrats wurde also bestätigt, letztlich aber nur Kap und Lüttwitz für verantwortlich erklärt. Einzige Sanktion war, dass Lettow-Vorbeck bei Gewährung der Pension als General entlassen wurde. Hochverrat und Verantwortung für illegale Standgerichte und Todesurteile und Morden durch Aufforderung zum rücksichtslosen Schusswaffengebrauch, Verantwortung von Tötung, insbesondere von Streikenden, sind dementsprechend von Lettow-Vorbeck persönlich zu verantworten.« Auch aus diesem Kontext ergibt sich, dass es sich bei dieser Formulierung nicht um eine Tatsachenbehauptung handeln soll. Sie ist als Meinungsäußerung des Privatbeklagten zu bewerten.

Insoweit ist festzustellen, dass nur in sehr geringer Weise überhaupt Anhaltspunkte für Tatsachenbehauptungen in dem Gutachten des Privatbeklagten enthalten sind. Weit überwiegend sind die Formulierungen als Schlussfolgerungen, mithin also Meinungsäußerungen bzw. Werturteile des Privatbeklagten zu qualifizieren.

Soweit diese Werturteile geeignet sind, den Tatbestand der Beleidigung im Sinne des § 185 StGB zu erfüllen, sind diese jedoch als Tathandlung nach § 189 StGB nicht ausreichend. Zwar kann eine einfache Beleidigung nach § 185 StGB auch als Tathandlung im Sinne des § 189 StGB gewertet werden. Dies ist jedoch nur dann als Tathandlung des Verunglimpfens des Andenkens Verstorbener ausreichend, wenn die Beleidigung unter gravierenden Begleitumständen erfolgt. Dies ist vorliegend jedoch nicht der Fall. Die möglicherweise beleidigenden Äußerungen in dem Gutachten stehen in einem gesamtwissenschaftlichen Kontext. Gravierende Begleitumstände liegen auch nicht schon allein deswegen vor, weil das Gutachten des Privatbeklagten veröffentlicht worden und also einem breiten Publikum zugänglich gemacht ist. Denn auch insoweit ist für jedermann erkennbar, dass es sich hierbei nicht um eine propagandistische Schmähschrift handeln soll, sondern um eine von ihrer Intension her wissenschaftliche Auseinandersetzung mit der historischen Person Lettow-Vorbecks.

Soweit dem Gutachten an einigen wenigen Stellen Tatsachenbehauptungen zu entnehmen sind, sind diese geeignet, den objektiven Tatbestand einer üblen Nachrede nach § 186 StGB zu begründen. Dies ist – wie bereits ausgeführt – hinsichtlich der Ziffern 2 und 6 in geringem Umfang der Fall. Eine den Tatbestand der üblen Nachrede nach § 186 StGB erfüllende nicht erweislich wahre Tatsachenbehauptung ist als Tathandlung für ein Verunglimpfen nach § 189 StGB ausreichend. Soweit dem Gutachten Tatsachenbehauptungen entnommen werden können, sind diese auch nicht erweislich wahr im Sinne der Strafnorm. Die zur Aufklärung dieser Tatsachenfragen durchgeführte Beweisaufnahme hat ergeben, dass auf dem Gebiet der historischen Forschung keine Einigkeit besteht über die tatsächlichen Vorkommnisse in den deutschen Kolonien zwischen 1900 und dem Ende des ersten Weltkrieges. Da direkte Zeugen nicht mehr zur Verfügung stehen, war ein strafprozessualer Tatsachenbeweis letztlich nicht mehr zu führen. Die Vernehmung der sachverständigen Zeugen P… und Sch… hat zudem ergeben, dass die zur Verfügung stehende geschichtswissenschaftliche Quellenlage nicht eindeutig ist. Während der sachverständige Zeuge Sch… starken Rückgriff auf Aufzeichnungen der Person Lettow-Vorbecks selbst genommen hat, hat sich der sachverständige Zeuge P… auf andere militärhistorische Quellen bezogen und sich auf verschiedene aktuelle Biographien über Lettow-Vorbeck gestützt. Der sachverständige Zeuge P… hat zudem ausgeführt, dass nach seinem Dafürhalten, die historischen Quellen aus dem historischen Kontext heraus zu interpretieren sein müssten. Der sachverständige Zeuge Sch… hat sich dagegen wesentlich deutlicher auf die in den von ihm ausgewerteten Quellen enthaltenen Tatsachenbehauptungen gestützt. Letztlich ist damit festzustellen, dass die in dem Gutachten angegriffenen Tatsachenbehauptungen mit den Erkenntnismöglichkeiten der Strafprozessordnung nicht mehr zweifelsfrei aufzuklären sind. Sie sind insoweit als nicht erweislich wahre Tatsachenbehauptungen im Sinne des § 186 StGB zu werten und sind somit grundsätzlich geeignet, auch den objektiven Tatbestand des § 189 StGB zu erfüllen.

Sofern damit der objektive Tatbestand des § 189 StGB als erfüllt angesehen werden muss, fehlt es jedoch am erforderlichen subjektiven Tatbestand. Denn der Privatbeklagte müsste auch vorsätzlich gehandelt haben. Für den Tatbestand des Verunglimpfens des Andenkens Verstorbener nach § 189 StGB ist dabei bedingter Vorsatz ausreichend. Dieser muss sich auf die Tathandlung des Verunglimpfens selbst beziehen. Dies ist den Gesamtumständen der Tat jedoch nicht zu entnehmen. Es sind keine Anhaltspunkte dafür ersichtlich, dass der Privatbeklagte mit seinem Gutachten zumindest bedingt vorsätzlich das Andenken der Person Lettow-Vorbecks verunglimpfen wollte. Der Gesamtform der angegriffenen Schrift des Privatbeklagten ist zu entnehmen, dass es sich auch nach der Intension des Verfassers um ein wissenschaftliches Gutachten handeln soll. Der Privatbeklagte hat die Ausführungen erkennbar nicht deswegen getätigt, um die Person Lettow-Vorbecks zu verschmähen. Auch dem Gesamtzusammenhang des Textes ist zu entnehmen, dass der Privatbeklagte sich bemüht hat, sich wissenschaftlich und gutachterlich mit der Person Lettow-Vorbecks auseinanderzusetzen. Etwas anderes ergibt sich auch nicht aus dem Umstand, dass der Privatbeklagte von sich aus den ihm erteilten Gutachtenauftrag um vier Fragestellungen erweitert hat. Denn auch dadurch ändert sich nichts an der Einordnung des Gutachtens als wissenschaftliche Arbeit. Es sind auch aus der Gutachtenerweiterung keine Anhaltspunkte dafür ersichtlich, dass der Privatbeklagte das Gutachten nur als Plattform zur Diskreditierung der Person Lettow-Vorbeck nutzen wollte.

Bereits aus diesen Gründen war der Privatbeklagte daher freizusprechen. Eine hier in sehr geringem Umfang festzustellende objektive Tathandlung wäre darüber hinaus jedoch auch gerechtfertigt, sollte man hinsichtlich der Bewertung der Motivlage des Privatbeklagten zu einem anderen Ergebnis kommen wollen. Der Privatbeklagte kann sich insoweit auf den Rechtfertigungsgrund der Wahrnehmung berechtigter Interessen im Sinne des § 193 StGB berufen. Diese Vorschrift ist auch auf § 189 StGB anwendbar (*Fischer*, StGB, 60. Auflage, § 193 Randnummer 3). Die Vorschrift des § 193 StGB stellt dabei eine besondere Ausprägung des Grundsatzes der Meinungsfreiheit dar. Insoweit sind auch abwertende Äußerungen hinzunehmen. Gerade bei Äußerungen, die im Rahmen öffentlicher und politischer Meinungsbildung getätigt werden, gilt für die vorzunehmende Güterabwägung eine Vermutung zu Gunsten der Meinungsäußerungsfreiheit. Zudem wird auch das Grundrecht auf Wissenschaftsfreiheit nach Artikel 5 Abs. 3 Satz 1 Grundgesetz über § 193 StGB geschützt. Danach sind auch Mindermeinungen sowie Forschungsansätze und Forschungsergebnisse, die sich als irrig oder fehlerhaft erweisen, geschützt. Voraussetzung dafür, dass sich eine Schrift auf das Grundrecht der Wissenschaftsfreiheit nach Artikel 5 Grundgesetz stützen kann und also als nicht rechtswidrige Tathandlung anzusehen ist, ist, dass es sich bei der jeweiligen Schrift um wissenschaftliche Tätigkeit handelt. Dabei ist wissenschaftlicher Tätigkeit alles das zuzurechnen, was nach Inhalt und Form als ernsthafter Versuch zur Ermittlung von Wahrheit anzusehen ist (BVerfG, NStZ 2000, S. 363). Insoweit sind Schlussfolgerungen und Wertungen hinzunehmen, solange sie den Sachzusammenhang nicht gänzlich verlassen oder die Wissenschaftsform nur als Vorwand oder als Bühne für persönliche Herabsetzungen ausnutzen. Dies ist bei dem hier zu beurteilenden Gutachten nicht der Fall. Eine mutwillige Schmähkritik, bei der es nicht mehr um die Sache, sondern allein um die Deformierung einer Person geht, liegt nicht vor. Bei den in dem Gutachten ausgeführten Tatsachen handelt es sich weit überwiegend um historische Bewertungsfragen, über deren Beantwortung die Meinungen – wie nicht zuletzt die Beweisaufnahme gezeigt hat – weit auseinandergehen. Das Gutachten ist auf Wahrheitserkenntnis gerichtet und in seiner Gesamtheit als wissenschaftliches Werk einzuordnen, so dass der Privatbeklagte für sein Gutachten den Grundrechtsschutz aus

Artikel 5 Abs. 3 beanspruchen kann und also der Rechtfertigungsgrund des § 193 StGB, die Wahrnehmung berechtigter Interessen, erfüllt ist.

Auch insoweit ist der Privatbeklagte daher freizusprechen gewesen.

VI.

Die Kostenentscheidung folgt aus § 471 Abs. 2 StPO.

– Unterschrift –

Manfred v. Boetticher

Vereinschronik des Historischen Vereins für Niedersachsen
179. Vereinsjahr 2013/2014

Im Winterhalbjahr 2013/2014 fanden sechs **Vorträge** statt. Am 31. Oktober 2013 sprach **Eva Heesen**, Hannover, zum Thema »Herzog Adolf Friedrich von Cambridge«. Mit der Befreiung von der französischen Fremdherrschaft 1813 und der Erhebung zum Königreich 1814 begann für Hannover eine entscheidende Phase der Konsolidierung und der Neujustierung interner staatlicher Identität. Nach den einschneidenden Ereignissen der Napoleonischen Kriege war es für das Welfische Herrscherhaus von enormer Bedeutung, das Land und seine Bevölkerung emotional wieder enger an sich zu binden und zugleich seinen Herrschaftsanspruch nach außen zu untermauern. Zu diesem Zweck wurde 1816 der Posten des Generalgouverneurs für das Königreich Hannover geschaffen, dessen identitätsstiftende Bedeutung dadurch unterstrichen wurde, dass man ihn mit dem jüngsten Sohn König Georgs III., dem Herzog von Cambridge, besetzte. Die Position des Herzogs in Hannover – zunächst als Generalgouverneur und ab 1831 als Vizekönig – war mit vergleichsweise geringen politischen Kompetenzen ausgestattet und in erster Linie auf gesellschaftliche Funktionen ausgerichtet.

Ein Vortrag von Dr. **Hansjörg Rümelin**, Hannover, am 28. November war den »Bildprogrammen der Spätgotik und Renaissance im Fürstensaal des Lüneburger Rathauses« gewidmet. Seit 2003 gelten einem der bedeutendsten Rathäuser Europas, dem Rathaus der Hansestadt Lüneburg, intensive bau- und kunstgeschichtliche Untersuchungen. Einen Schwerpunkt bildet dabei der repräsentative Festsaal, der als »Fürstensaal« seinen Namen der überlebensgroßen Darstellung von mehr als 50 Herrscherpaaren aus dem Hause Braunschweig und Lüneburg verdankt. Im Zentrum des Vortrages standen die Zusammenhänge von Raumnutzung, baulichen Strukturen und Ausstattungsaspekten mit den überlieferten und zu rekonstruierenden Programmen der flächendeckenden Wand- und Leinwandmalereien, die hier seit der Mitte des 15. Jahrhunderts entstanden. Vergleichbare Bildfolgen am Alten Rathaus und im Rittersaal des Leineschlosses spannten einen Bogen nach Hannover.

Am 5. Dezember stellte **Johannes Grüne**, Hannover, in einer gemeinsamen Veranstaltung des Historischen Vereins und des Vereins der Freunde des Historischen Museums die Geschichte der Trompete in Wort und Ton vor. Bereits vor 3500 Jahren wurden in Ägypten Trompeten geblasen – neben den Schlaginstrumenten gehört die Trompete damit zu den ältesten noch verwendeten Musikinstrumenten. Zwar wurden die Bauformen stets weiterentwickelt und Material und Herstellungsmethoden verbessert, die Grundstruktur des Instruments und auch die Spieltechnik blieben jedoch prinzipiell bestehen. Dabei zeigt sich eine bemerkenswerte Entwicklung vom militärischen Signalmittel zum differenziert eingesetzten Musikinstrument. Kaum ein Instrument ist in seinen Bauformen heute so vielseitig wie die Trompete: Es gibt sie in verschiedenen Stimmungen, in amerikanischer und deutscher Bauform, für ganz spezielle Einsatzbereiche wie die Aida-Trompete oder als Nachbau älterer Typen für die historische Aufführungspraxis. Dies spiegelt sich auch in der stilistischen Bandbreite wider – die Trompete ist als Orchesterinstrument in der Wiener Klassik genauso unverzichtbar wie in den Bigbands des Jazz oder im Funk. So ließ der Vortragende den Glanz des Barock auch akustisch erleben und endete mit passender Musik zur Weihnachtszeit.

Susanne Schilling, Hannover, sprach am 30. Januar 2014 zu Ernst Graf von Münster und der Entstehung des Königreichs Hannover. Der Name Münsters, des hannoverschen Staats- und Kabinettsministers, der in den Jahren 1805 bis 1831 die Stellung des Leiters der Deutschen Kanzlei in London innehatte, ist auf das Engste mit der Geschichte des Königreichs Hannover verbunden. Vor allem seine Erfolge als hannoverscher Bevollmächtigter auf dem Wiener Kongress, auf dem er nicht nur die territoriale Vergrößerung, sondern auch die Rangerhöhung des ehemaligen Kurfürstentums durchsetzte, kann als einer der Höhepunkte in der politischen Laufbahn des Grafen betrachtet werden. Prinzipien von altem und neuem Staatsdenken miteinander verbindend, trat er hier für eine Politik des praktisch Erreichbaren ein, die er auch bei der Reorganisation des neu gegründeten Königreichs umzusetzen suchte. Neben Graf Münsters Wirken in Wien wurde im Vortrag die politische Entwicklung des hannoverschen Staates in den ersten spannungsvollen Jahren zwischen Reform und Restauration in den Fokus der Betrachtung gestellt.

In einer gemeinsamen Veranstaltung mit dem Niedersächsischen Landesverein für Urgeschichte sprach der Unterwasserarchäologe Dr. **Thomas Förster**, Stralsund, am 27. Februar über seine Forschungen zum Thema »Schicksale von Schiffen und kostbarer Fracht – unterwasserarchäologische Untersuchungen zwischen Rügen und Hiddensee«. In den Tiefen der Ostsee liegen tausende Wracks, die Unterwasserarchäologen und Schifffahrtshistorikern ein umfangreiches Betätigungsfeld bieten. Die Weiterentwicklung der Tauch- und Ortungstechnik führte in den letzten Jahren zur Entdeckung vieler spektakulärer Schiffsfunde. Als wahre historische Schätze erwiesen sich Wrackfunde, die gerade in den letzten Jahren vor der Küste von Mecklenburg-Vorpommern entdeckt werden konnten. Zu den herausragenden Funden aus der Hansezeit zählt die »Darßer Kogge« – ein so genannter »Umlandfahrer«, der im 14. Jahrhundert mit Waren aus Norwegen am gefährlichen Darßer Ort scheiterte. Diesen und zahlreiche weitere neue Wrackfunde, die der Vortragende mit seinem Team entdecken und untersuchen konnte, wurden an dem Abend vorgestellt.

Am 27. März sprach Dr. **Thomas Krause**, Kiel, über »Gefängnisse und Zuchthäuser – Freiheitsstrafe und Strafvollzug im Kurfürstentum und Königreich Hannover«. Das Strafensystem wurde lange Zeit von Todes-, Körper- und Geldstrafen beherrscht, während die Freiheitsstrafe eine untergeordnete Rolle spielte. Erst seit der frühen Neuzeit erlangte die Freiheitsstrafe größere Bedeutung und wurde ab dem 18. Jahrhundert allmählich dominant. Wie diese Entwicklung im Kurfürstentum und Königreich Hannover verlaufen ist und welche Formen der Freiheitsstrafe es hier gab, war Gegenstand des Vortrages.

Am 24. April referierte **Timo Evers**, Göttingen, zum Thema »Musik und Musiker im Zeichen der Personalunion zwischen Großbritannien und Hannover«. Georg III., König von Großbritannien und Kurfürst von Hannover, sowie dessen Gattin Charlotte von Mecklenburg-Strelitz haben aus einer musikbegeisterten Haltung heraus Musik und Musiker maßgeblich gefördert. Zwar ist bekannt, dass Georg III. ein besonderer Verehrer und Förderer der Musik Georg Friedrich Händels war. Doch wurde von der musikwissenschaftlichen Forschung bisher eher übersehen, dass neben der Pflege der Händelschen Musik nach dessen Tod (1759) ein moderneres Repertoire am englischen Königshof aufgeführt wurde, dem gemeinhin das Prädikat »frühklassisch« verliehen wird. Auffälligerweise wurden in Königin Charlottes »privatem« Kammerorchester, »The Queen's Band« genannt, nahezu ausschließlich deutsche Musiker verpflichtet, die bisweilen andere musikalische Akzente gesetzt haben. Der Vortragende widmete sich diesem nur wenig beachteten, jedoch zur genaueren Auseinandersetzung reizenden Repertoire; anhand von Klangbeispielen gelang es ihm, in einige Charakteristika dieser Musik einzuführen.

Im Sommerhalbjahr 2013 fanden fünf **Exkursionen** statt. Am 18. Mai folgte in Hannover mit **Michael Heinrich Schormann** M. A. den Spuren von König und Militär vor 1866. Am Vormittag des Pfingstsonnabends 2013 trafen sich, trotz unaufhörlichen Dauerregens, 25 unentwegte Teilnehmer an der Waterloosäule. Ziel der Exkursion war es, am Beispiel von Baudenkmalen in Hannover im wahrsten Sinne des Wortes der Frage »nachzugehen«, wie Militär und Mobilität des Königs in der Stadt funktionierten. Der Waterlooplatz und die noch vorhandene Kaserne des Garderegiments boten Gelegenheit, über militärisches Zeremoniell, Unterbringung der Soldaten sowie Eigenheiten und Besonderheiten der Königlich Hannoverschen Armee zu informieren. Wie groß war die Garnison, welche oberste Kommandobehörden und welche weiteren militärische Einrichtungen bestanden in der Stadt? Am Leineschloss wurde der Wachdienst in der Garnison Hannover thematisiert, insbesondere der Wachdienst an der Residenz des Königs. Was musste am Residenzschloss besonders beachtet werden, wenn der König das Anwesen verließ? »*Beim Betreten oder Verlassen des Schlosses durch Seine Majestät den König oder Ihre Majestät die Königin oder durch Mitglieder des Königlichen Hauses oder durch Fürstliche Personen oder durch militärische Fahnen und Standarten tritt die Wache heraus und präsentiert unter Trommelschlag oder Marschblasen das Gewehr.*« Wenige Schritte vom Leineschloss entfernt erreichte der Rundgang den ehemaligen Marstall und das Wagenhaus. Aus heutiger Sicht, im Hinblick auf unmittelbar verfüg- und benutzbare Kraftfahrzeuge, ist es schon erstaunlich, welche Anstrengungen im 19. Jahrhundert erforderlich waren, um den Landesherrn »reisefertig« zu machen oder auch nur eine spontane Ausfahrt vorzubereiten. Die auch heute noch in Resten erhaltenen Marstallanlagen lassen die Dimensionen crahnen, in denen sich die Unterbringung von 112 Wagen, 283 Pferden und 110 Mann Personal, aber auch die täglichen Arbeiten wie Füttern der Pferde und Reiten der Pferde abspielten. Längere und weitere Fahrleistungen für den König wurden im Relaisdienst abgewickelt. So z.B. als König Ernst August im August des Jahres 1842 nach Minden fuhr. Dazu war die Strecke in 5 Relais unterteilt, die im Abstand von etwa einer Stunde entlang der Strecke nach Minden in Hannover, Göxe, Nenndorf, Stadthagen und Bückeburg lagen. An jedem Relais warteten 1 Kutscher und 2 Postillions mit jeweils 6 Pferden. Für diese Reise wurden mithin 15 Bedienstete und 30 Pferde benötigt. Vorbei an Königsworther Platz und Marstall des Welfenschlosses führte die Exkursion zum Marstall am ehemaligen Wallmodenpalais im Georgengarten. Allein die Wegstrecke vom Waterlooplatz hierher machte deutlich, welche Fußmärsche die Wachsoldaten von ihren Kasernements zum Dienstort zurücklegen mussten. Der Marstall im Georgengarten ist wohl das einzige Bauwerk in der Stadt, das die Zeitläufte unbeschadet überstanden hat und bis auf den heutigen Tag seinem ursprünglichen Zweck dient: der Unterbringung von Pferden. Der heutige Nutzer, Herr Lakaschus, führte die Exkursionsteilnehmer durch das Gebäude. Im Erdgeschoß, in einem dreischiffigen, von gußeisernen Säulen getragenen gewölbtem Stall konnten ursprünglich 22 Pferde in Ständen mit Flankierbäumen eingestellt werden. Neben dem Eingang liegt die Sattelkammer, im Obergeschoß befanden sich früher Wohnungen für zwei Beamte mit je zwei Zimmern, das Zimmer für den Sattelmeister sowie Zimmer für mehrere

Diener. Mit einem kleinen Exkurs zum Gestüt Herrenhausen und den Besonderheiten der hannoverschen Pferdezucht wie Mausefalben, Isabellen und hannoverschen Weißgeborenen fand die Exkursion am Nachmittag ihr trockenes Ende.

Am 15. Juni 2013 ging es unter Führung von Dr. **Gudrun Pischke** und Dr. **Manfred von Boetticher** »auf den Spuren der Grafen von Everstein« zu den Überresten der Burg Everstein, in die Stadt Holzminden, zur Ruine der Burg Polle und in den Flecken Ottenstein. Die Grafen von Everstein lassen sich vom 12. bis zur Mitte des 15. Jahrhunderts über neun Generationen verfolgen. Aus dem Vogtland stammend, sind sie vielleicht von Herzog Lothar an die Weser geholt worden. Ihr Grafentitel ist verbunden mit der links der Weser liegenden Grafschaft Donnersberg, ihren Namen trugen sie nach der nordöstlich Holzminden liegenden Burg Everstein. Ausgehend von dieser Burg bauten die Grafen nach dem Sturz Heinrichs des Löwen, zu dessen Gegnern sie seit 1180 zählten, entlang der Weser einen eigenen Herrschaftsbereich aus, den sie 1408 an die welfischen Herzöge von Braunschweig und Lüneburg abtraten und der nunmehr zur »Grafschaft Everstein« wurde. Erste Station waren die kaum mehr auszumachenden Überreste der Burg Everstein, die 1122 erstmals erwähnt wurde und die die Grafen bereits 1285 an die Welfen verloren. Mit herzoglicher Genehmigung wurde die Burg 1498 vom Abt des Klosters Amelungsborn abgerissen und wurden die Steine beim Bau des Schlosses Bevern verwendet. Weiter ging es nach Holzminden. Der Ort wird bereits im 9. Jahrhundert in den Corveyer Traditionen erwähnt. Im ersten Drittel des 11. Jahrhunderts befanden sich hier zwei Vorwerke im Besitz des Bischofs von Paderborn, am Ende des 12. Jahrhunderts war dort ein Hof als Paderborner Lehen der Grafen von Everstein, die um 1200 am Weserufer eine Burg anlegten und die Stadt Holzminden gründeten, deren Rechte sie 1245 bestätigten. Hier führte ein Rundgang vom heute mit der Jugendherberge bestandenen Burgplatz zu den beiden einstigen Stadttoren und der Kirche, die 1231 erwähnt wird. Mit dem Verkauf von Burg und Stadt an den Erzbischof von Köln 1284 zogen sich die Grafen von Everstein aus Holzminden zurück. Ab 1300 war die Stadt im Pfandbesitz der Edelherren von Lippe, bevor sie nach mehrjähriger Belagerung durch ein Fürstenbündnis 1393 zunächst »vierherrig« wurde (Herzog von Braunschweig(-Göttingen), Abt von Corvey, Graf von Everstein, Edelherr von Homburg), bevor Burg und Stadt 1408 an die Herzöge von Braunschweig und Lüneburg kam. Dritte Station war die oberhalb der Weser gelegene Burgruine Polle, die 1283 erwähnt wird. Die Burg war nach dem Verkauf Holzmindens Sitz der Grafen von Everstein. Für den vor der Burg angelegten Ort (»Burgflecken«) ist 1374 eine Ratsverfassung nachzuweisen; in welfischer Zeit wurde er Amtssitz. Vierte und letzte Station der Exkursion war der Flecken Ottenstein auf der gleichnamigen Hochebene. Eine Burg Ottenstein geht auf einen Eversteiner Grafen namens Otto aus dem 14. Jahrhundert zurück. Im Schutz der Burg entstand der 1393 als Stadt bezeichnete Flecken; bis 1807 bestand hier ein Amt Ottenstein mit Sitz in der Burg, das zum Ende der Eversteiner und auch zu Beginn der welfischen Zeit an die Grafen von Pyrmont verpfändet war. Als abzusehen war, dass die Eversteiner ohne männliche Erben bleiben würden, versprachen sie ihre Herrschaft zunächst dem Bischof von Paderborn (1399), schlossen dann jedoch mit den Edelherren zur Lippe eine Erbverbrüderung (1403). Dies führte zum Eversteiner Erbfolgekrieg mit den welfischen Herzögen, der damit endete, dass Elisabeth von Everstein Herzog Otto von Braunschweig-Lüneburg heiratete und so die »Grafschaft« Everstein als Brautschatz den Welfen zubrachte; der letzte männliche Eversteiner, Graf Hermann, blieb bis zu seinem Lebensende 1425 »Pensionär« Herzog Bernhards von Braunschweig-Lüneburg.

Vom 17. bis 22. Juli führte eine Exkursion unter Leitung von Dr. **Manfred von Boetticher** nach Tallinn (Reval), Saaremaa (Ösel) und Hiiumaa (Dagö) in Estland. Da der zunächst geplante Direktflug von Hannover nach Tallinn mit der Estonian air zu Beginn des Jahres eingestellt worden war, erfolgte die Anreise mit dem Flugzeug über Berlin. Die erste Nacht verbrachte die Gruppe in Tallinn; abends konnten im Hotel noch einmal der Verlauf der Reise besprochen und die Grundzüge der Geschichte des Baltikums erläutert werden. Der folgende Tag brachte zunächst eine kleine Stadtrundfahrt und einen Rundgang durch die Altstadt mit Domberg und Unterstadt von Tallinn. Nachmittags begann die Rundfahrt mit dem Bus nach Süden zum Fährhafen Virtsu (Werder), von dort per Schiff zur Insel Muhu (Mohn), wo die Kirche von Liiva, in strahlendem Weiß und mit einem kleinen Steinwall umgeben, die Gruppe auf die malerische ländliche Ostseearchitektur einstimmte. Weiter ging die Fahrt von dort über einen Damm zur Insel Saaremaa (Ösel) zur Ruine der ehemaligen Ordensburg Maasilin (Soneburg), aus strategischen Gründen direkt an einer Bucht gelegen. Im Mittelalter zwischen den Herrschaftsbereichen des Livländischen Ordens und des Bistums Ösel-Wiek aufgeteilt, gehörte die Insel nach dem Zusammenbruch des alten Livland im 16. Jahrhundert zunächst ebenfalls unterschiedlichen Landesherren an: Während an die Stelle des Ordens die schwedische Herrschaft trat, wurde das ehemalige Bistum für etliche Jahrzehnte Teil des dänischen Reiches. In den folgenden kriegerischen Auseinandersetzungen wurde die Burg zerstört, die immer noch gewaltige Ruine gibt jedoch einen guten Eindruck vom Ausmaß der ehemaligen Festungsanlage. Von hier folgte eine Fahrt quer über die Insel, wobei auf einem Friedhof bei Oti die ehemalige Grabstelle von Walter Flex, dem Dichter der »Wildgänse«, des bekannten Liedes der Jugendbewegung, gezeigt wurde. Westlich von Kuressare (Arensburg) fand die Gruppe unmittelbar am Sandstrand für zwei Nächte ein traumhaftes Hotel, das alle, die es wollten, abends und morgens zum Schwimmen in der Ostsee einlud. Am 19. Juli war die Besichtigung der vollständig erhaltenen Bischofsburg von Arensburg auf dem Programm, gleichsam die bischöfliche Gegenfestung zur Ordensburg Maasilin und wie diese am Meer gelegen. Als Besonderheit wurde der Gruppe in der Stadt eine kleine orthodoxe Kirche geöffnet, die nach der Unabhängigkeit Estlands wieder zu einem eigenständigen religiösen Mittelpunkt geworden ist. Innerhalb des Russischen Kaiserreichs hatte sich vor allem im estnischen Sprachraum ein großer Teil der Bauernschaft in Opposition zu den lutherischen deutschen Grundherren der orthodoxen Kirche angeschlossen; dabei erfolgt der Gottesdienst in den orthodoxen Kirchen Estlands bis heute nicht in russischer, sondern in estnischer Sprache. Es folgte eine Inselrundfahrt zum Meteoritenkrater von Kaali (Kahli), zu einer weiteren Wehrkirche in Karja und zur einmaligen Steilküste von Panga. Spätestens hier zeigte es sich, dass auf dieser Reise die von Wind und Meer einmalig geprägte Region für das Verständnis der historischen Landschaft ebenso bedeutsam war wie die Besichtigung von Bauwerken oder von Menschenhand geschaffener Relikte. Deutlich wurde dies auch am nächsten Tag bei der Überfahrt mit einer schon etwas altersschwachen Fähre zur Insel Hiiumaa (Dagö), auf die sich offensichtlich nur selten ausländische Besucher verirren. Vorbei an der wiederum ganz anders, von Schilfwäldern geprägten Küste bei Kassari wurde die Besichtigung des Gutshauses von Großenhof (Suureomoisa), heute als Schule genutzt, zu einem besonderen Erlebnis. Eine Gutsanlage aus dem 18. Jahrhundert von solchem Ausmaß hatte niemand auf der kleinen Insel erwartet; die Besitzer de la Gardie, in schwedischer Zeit mit den Königsmarck verwandt, ließen Bezüge ins nördliche Niedersachsen herstellen. Bei strahlendem Sommerwetter folgte ein rustikales Mittagessen im Freilichtmuseum bei

Tempa, aufgrund der hingebungsvollen Köchin und ihren beeindruckenden Kommen-
taren zu Holzbauten und Speisen sicher einer der Höhepunkte der Reise. Nach längerer
Fahrt durch Sanddünen und Wälder ließ der Leuchtturm von Hirmuste – an einer Stelle,
an der sich schon zur Hansezeit ein Seezeichen befand – das Gefühl aufkommen, das
Ende der Welt erreicht zu haben. Stehen geblieben schien die Zeit auch im Hotel von
Käina, doch passte auch dies mit den übrigen Eindrücken auf der Insel wunderbar zusammen. Am folgenden Tag begann die Rückreise vom Fährhafen Heltermaa (Helterma) aus
zurück ans Festland nach Haapsalu (Hapsal), wo noch einmal Ruinen einer großen Burg
der Bischöfe von Ösel-Wiek zu besichtigen waren. Auf der Fahrt nach Tallinn machte die
Gruppe noch einmal beim ehemaligen Zisterzienserkloster Padise (Padis) Station – eine
seltene Ausnahme in dem im Mittelalter sonst allein im Livländischen Orden dominier-
ten Gebiet. Nach der Reformation zur Festungsanlage umgebaut, später zerstört, erwies
sich dieser Halt als eine abschließende Attraktion. Die letzte Übernachtung erfolgte noch
einmal in Tallinn, bevor es wieder per Flugzeug nach Berlin ging.

Am 17. August fand die Exkursion unter Führung von **Wolfgang Brandis** und Dr.
Manfred von Boetticher zu »Hildesheimer Bischofsburgen« statt. Das Hochstift Hildesheim, 815 als Bistum von Kaiser Ludwig dem Frommen errichtet, wurde später auch
weltliches Fürstbistum. Es war vollständig vom Herzogtum Braunschweig und Lüneburg
mit den Fürstentümern Lüneburg im Norden, dem Fürstentum Calenberg im Westen
und dem Fürstentum Wolfenbüttel im Osten und Süden umgeben. Diese politische In-
sellage bedingte den Bau zahlreicher Burgen an der Peripherie; sie bildeten das sog. Hildesheimer Burgenvieleck. Aber auch am Rand der Bischofsstadt Hildesheim, mit der
die Bischöfe oft im Streit lagen, wurden Burgen errichtet – im Norden die Burg Steuerwald, im Süden die Burg Marienburg. Diese dienten einerseits der Einschüchterung des
Magistrats, konnten andererseits aber auch als bischöfliche Residenzen genutzt werden.
Einige dieser Burgen sind heute noch erhalten. Die Exkursion führte zu zwei Burgen des
genannten Vielecks: zur Burg Poppenburg am westlichen Rand des Fürstbistums, direkt
am Übergang über die Leine (heute Burgstemmen), und zur Burg Wohldenberg im Südwesten des Bistums, heute beim Dorf Sillium in der Gemeinde Holle; außerdem nach
Steuerwald und zuletzt zur Marienburg. Vor Ort bekamen die Teilnehmer von den jeweiligen heutigen »Hausherren« eine ausführliche und individuelle Führung. Dabei werden
die Burgen werden heute sehr unterschiedlich genutzt; als Heim der Diakonischen Werke
(Poppenburg), als Reitergut (Steuerwald), als Pfarrhaus und Aussichtsturm (Wohldenberg) und als Standort der Universität Hildesheim (Marienburg).

Eine vom Historischen Verein für Niedersachsen und der Gesellschaft für niedersächsische Kirchengeschichte vom 5. bis 12. Oktober 2013 gemeinsam durchgeführte Exkursion führte in den heute polnischen Teil Pommerns. Prof. Dr. **Hans Otte**, Hannover,
hatte dazu zwei sprach- und ortskundige Experten als Begleiter gewinnen können: den
langjährigen Geschäftsführer der Arbeitsgemeinschaft für pommersche Kirchengeschichte Dr. **Haik Porada,** Leipzig, und **Lisaweta von Zitzewitz**, Berlin, Vorsitzende der Euro-
päischen Akademie Külz/Kulice. Erster Halt auf der Hinfahrt war das Dominikanerklos-
ter Prenzlau in der Uckermark, das heute ein Stadtmuseum beherbergt; es folgte eine
Besichtigung der aufwendig restaurierten Marienkirche. Am folgenden Tag ging es nach
Köslin (Koszalin). Hier wurde die Gertrudenkapelle besichtigt, die im Spätmittelalter
vor den Toren der Stadt errichtet worden war und seit der Reformation eine wechselvolle
Geschichte hatte. Am Nachmittag ging es nach Körlin an der Persante (Karlino), einer
Kleinstadt, deren Mitte kaum zerstört worden war und in deren Bischofsburg 1456 die

Gründung der Universität Greifswald bestätigt worden war. Die Fahrt ging weiter zur Jo-
hanniskapelle in Kolberg-Altstadt, anschließend nach Kolberg (Kołobrzeg). Hier konnten
die Teilnehmer den Hafen mit Mole sowie die großartige Marienkirche besichtigen, die
nach schweren Zerstörungen wieder aufgebaut worden war, zumal große Teile der Innen-
ausstattung gerettet werden konnten. Am 7. Oktober wurde das Gut Trieglaff (Trzygłów)
besichtigt, dessen Herrenhaus im 19. Jahrhundert ein Zentrum der Erweckungsbewegung
war. Nächstes Ziel war Treptow an der Rega (Trzebiatów), in dessen Heilig-Geist-Kapelle
der pommersche Landtag 1534 die Einführung der Reformation beschloss. Nach einem
Blick auf das Schloss Marienbusch führte der Weg weiter zur Kirchenruine von Hoff
(Trzęsacz). Die Kirche am Ostsee-Steilufer wurde schon 1874 geschlossen, da große Teile
des Ufers ins Wasser abrutschten. Einige Jahre später brach die Nordostseite der Kirche
ab, heute sichert eine aufwendige Stützkonstruktion die Ruine. Es folgte die Besichtigung der alten Bischofsstadt Cammin (Kamień Pomorski). Das Programm des folgenden
Tages war Stettin (Szczecin) gewidmet: Erste Station war Finkenwalde, wo das Predi-
gerseminar der Bekennenden Kirche Preußens unter Leitung von Dietrich Bonhoeffer
lag. Bei der Besichtigung des Stadtzentrums wurde die Wiederaufbauleistung nach den
schweren Zerstörungen in den letzten Kriegstagen bewundert. Nach einer Führung durch
das Pommersche Landesmuseum ging es in die frühere Vorstadt Große Lastadie, in der
die Gertrudenkirche (heute Św. Trójce/St. Trinitatiskirche) steht, die das Zentrum der
Evangelischen Gemeinde bildet. Abschluss in Stettin bildete der Besuch der Hakenter-
rasse, die zu Beginn des 20. Jahrhunderts vor dem mittelalterlichen Hafengelände angelegt worden war. Die Rückfahrt führte über Kolbatz (Kołbacz), das Zisterzienserkloster
mit dem größten Landbesitz in Hinterpommern, das nach der Reformation in eine lan-
desherrliche Domäne umgewandelt wurde, zurück nach Ribbekardt. Erste Station am
9. Oktober war das Kloster Marienfließ (Marianowo), das von den pommerschen Herzögen 1248 gegründet wurde und den Landesausbau im »Land Stargard« vorantrieb.
Durch die Umwandlung in ein Damenstift blieben die Kirche und die Stiftsgebäude nach
der Reformation erhalten. Auf dem Weg nach Stargard, der nächsten größeren Station,
passierte die Gruppe das Wasserschloss Pansin (Pęzino). In Stargard wurde als erstes die
imposante Marienkirche angesteuert, die noch heute das Stadtbild dominiert. In Pyritz
wurde am Otto-Brunnen, der im 19. Jahrhundert auf Initiative von König Friedrich-
Wilhelm IV. neu errichtet wurde, der Christianisierung Pommerns durch Bischof Otto
von Bamberg gedacht. Von dort ging die Fahrt in ein neues Quartier, das Hotel Podewils
in Krangen (Krąg). Heute ist das Schloss mustergültig restauriert und stellt zusammen
mit der waldreichen Umgebung und dem großen See ein reizvolles Ensemble dar. Erstes Ziel am 10. Oktober war Rügenwalde (Darłowo), das allen Teilnehmern durch die
Teewurst ein Begriff war. Für die Geschichte Pommerns ist auch die Marienkirche ein
besonderes Denkmal. Hier befinden sich die Gräber des pommerschen Herzogs Erich
(Erik), der 1397 zum König der drei nordischen Königreiche gewählt und gekrönt wurde,
mit seiner Dänemarkpolitik aber schließlich scheiterte. Schlawe (Sławno) war die zweite
Station dieses Tages. Nach einem Gang durch die Stadt mit ihren imposanten Stadttoren
ging es in die hochgotische Marienkirche, in der neben Einführungen auch ein kleines
Orgelkonzert auf die Gruppe wartete. In der Schlosskapelle von Stolp (Słupsk) zogen die
aufwendigen Epitaphien für Anna v. Croy und deren Sohnes Ernst Boguslav v. Croy die
Aufmerksamkeit auf sich. Am 11. Oktober wurde als erstes Varzin (Warcino) angefahren,
Otto v. Bismarcks Gut in Pommern. In dem von ihm umgebauten Gutshaus befindet sich
heute eine staatliche Forstschule, in der auch noch bemerkenswert viele Einrichtungs-

gegenstände aus der Zeit Bismarcks zu sehen sind. In Neustettin (Szczecinek) wurden die zugänglichen Teile des herzoglichen Schlosses besichtigt, das von 1622–1650 Witwensitz der pommerschen Herzogin Hedwig war, einer Tochter von Herzog Heinrich Julius von Braunschweig-Wolfenbüttel. Weiter ging es nach Tempelburg (Czaplinek) und durch die »pommersche Schweiz« nach Alt Draheim (Stare Drawsko). Hier hatten zunächst die Templer und – ihnen folgend – die Johanniter eine Burg als Festung und Verwaltungsmittelpunkt errichtet. Seit 1368 als Mittelpunkt der Starostei Draheim in polnischem Besitz, kam die Burg mit ihrer Umgebung 1668 in brandenburgischen Pfandbesitz und gelangte 1772 an Preußen. Die lange Zugehörigkeit zur polnischen Krone erklärt das Nebeneinander beider Konfessionen, das nicht immer friedlich war. Von hier ging es nach Gramenz (Grzmiąca). Das Gut war im 19. Jahrhundert im Besitz der Familie Senfft v. Pilsach. Auch sie gehörte der pommerschen Erweckungsbewegung an; Friedrich v. Bodelschwingh, der Gründer der Betheler Anstalten, der in diesem Betrieb seine Ausbildung als Landwirtschaftsgehilfe absolvierte, entschloss sich unter dem Eindruck der hier erlebten Frömmigkeit zum Theologiestudium. Am letzten Tag konnte die Gruppe die Polziner Stadtkirche mit dem Kenotaph von Erasmus von Manteuffel-Arnhausen (1475–1544), des letzten altgläubigen Bischofs von Cammin, besichtigen. In polnischer Zeit wurde die Erinnerung an ihn als ›Katholiken‹ so wichtig, dass er ein Denkmal vor der Kirche erhielt. Von hieraus überquerte die Gruppe wieder die polnisch-deutsche Grenze nach Malchow in der Uckermark.

Im Anschluss an den Vortragsabend am 24. April 2014 fand die Mitgliederversammlung für das Geschäftsjahr 2012/2013 statt. Nach der Ehrung der verstorbenen Mitglieder trug der stellvertretende Vorsitzende den Jahresbericht vor. Er teilte mit, dass die Mitgliederzahl im Berichtszeitraum weitgehend konstant geblieben ist. Herr Arnoldt erstattete als Geschäftsführer den Kassenbericht mit der Bilanz zum 31. Dezember 2013. Er konnte wiederum ein ausgeglichenes Verhältnis von Ausgaben und Einnahmen vorstellen. Die Rücklagen des Vereins bewegen sich weiterhin in einer normalen und vom Finanzamt hinsichtlich der anerkannten Gemeinnützigkeit des Vereins akzeptierten Größenordnung. Die Kassen war von den Herren Dr. Merker und Dr. Otte geprüft worden; Beanstandungen hatten sich nicht ergeben. Auf ihren Antrag hin erteilte die Versammlung dem Vorstand Entlastung. Unter Beifall dankte der Vorsitzende dem Geschäftsführer, Herrn Arnoldt, und seiner Mitarbeiterin, Frau Krauß, für ihren Einsatz.

Jahresrechnung des Historischen Vereins für Niedersachsen für das Geschäftsjahr 2013

I. Einnahmen

1. Vortrag:
a) Handkasse	149,52 €
b) Postgirokonto	8.971,88 €
c) Sparkonten	17.453,78 €

	Summe Vortrag	26.575,18 €
2. Zuschüsse und Beihilfen		–,– €
3. Patronats- und Mitgliedsbeiträge		17.567,00 €
4. Spenden		88,00 €
5. Exkursionen und Studienfahrten		69.045,00 €
6. Verkaufslager (Verkauf von Veröffentlichungen)		186,56 €
7. Zinsen (Sparkonten)		28,10 €

Summe Einnahmen	**113.489,84 €**

II. Ausgaben

1. Reisekosten   –,–
2. Verwaltungskosten

a) Honorare und Aufwandsentschädigungen	4.375,00 €
b) Schreib- und Bürobedarf	2.295,96 €
c) Versendungskosten, Porto- und Telefongebühren	2.193,51 €
d) Kontoführungsgebühren	127,25 €

Summe Verwaltungskosten	8.991,72 €

3. Nds. Jahrbuch für Landesgeschichte (Bd. 84/2012)	9.186,21 €
4. Quellen u. Darstellg. z. Gesch. Niedersachsens (Bände 134 und 135)	133,30 €
5. Hannoversche Geschichtsblätter (Band 67/2013)	1.786,20 €
6. Sonstige Veröffentlichungen und Projekte	–,– €
7. Mitgliedsbeiträge an andere Vereine	346,49 €

8. Vorträge und Exkursionen

a) Vortragshonorare	1.045,75 €
b) Exkursionen und Studienfahrten	68.722,86 €

Summe Vorträge und Exkursionen	69.768,61 €

9. Unvorhergesehenes, Verschiedenes	1.589,17 €
10. Beitragsvorauszahlungen und ausstehende Rechnungen	21.688,14 €

Summe Ausgaben	**113.489,84 €**

Es ist anzumerken, dass sich hinter der Ausgabenposition 10 »Beitragsvorauszahlungen und ausstehende Rechnungen« das Guthaben des Vereins verbirgt, das allerdings Verbindlichkeiten für Band 85 des Niedersächsischen Jahrbuches, die Autorenhonorare für Band 68 ff. der Hannoverschen Geschichtsblätter sowie für die Herstellung der demnächst erscheinenden Bände in der Reihe Quellen und Darstellungen zur Geschichte Niedersachsens in einer Größenordnung von insgesamt etwa 22.000,– € enthält, so dass die tatsächlichen Rücklagen des Vereins sich in einer vom Finanzamt noch akzeptierten Größenordnung bewegen.